Wolfram zu Mondfeld

Schicksale berühmter Segelschiffe

WILHELM HEYNE VERLAG
MÜNCHEN

HEYNE SACHBUCH
Nr. 19/17

INHALT

9

EINFÜHRUNG

S chiffe sind nicht nur von Menschenhand erbaute und gesteuerte Fahrzeuge, sie sind lebendige Wesen mit unverwechselbarem Charakter, unverkennbar eigenen Gewohnheiten und einem ganz persönlichen Schicksal. Schiffe haben eine Seele.

Landratten werden das vielleicht als Gefühlsduselei abtun. Aber wer je in irgendeiner Form mit Schiffen zu tun hatte, der wird aus eigener Erfahrung bestätigen, daß da etwas dran ist. Wie wäre es sonst zu erklären, daß Schiffe, die auf derselben Werft nach genau den gleichen Plänen gebaut wurden – und im modernen Schiffbau kann diese Identität bis zum letzten Nietenkopf reichen –, sich doch in ihrem Verhalten auf See voneinander unterscheiden können wie höchst ungleiche Geschwister.

Es ist darum kein Zufall, daß Schiffe, stets mit dem männlichen oder mit dem weiblichen, nie aber mit dem sächlichen Artikel bezeichnet werden. Bevor sie »ins Leben« entlassen werden, werden sie auf persönliche Namen »getauft«. Umbenennungen nehmen sie oft höchst übel. In der Galionsfigur sieht der Seemann die Personifikation, in der Glocke hört er die Stimme seines Schiffes. Und in aller Welt halten sich Seeleute an zahllose ungeschriebene Regeln und Gesetze, um ihr Schiff nicht zu »beleidigen«. Sie fürchten seine Launen wie die Launen einer anspruchsvollen Geliebten.

Sicher kann man vieles davon als reinen Aberglauben abtun. Aber Seeleute sind nun einmal abergläubisch wie kaum ein anderer Berufsstand. Dennoch: Ein Quentchen Wahrheit steckt in jedem Aberglauben. Wer wollte leugnen, daß es auf einem Schiff, dem ein Unglücksruf vorausgeht, in entscheidenden Momenten eher an Zuversicht und Vertrauen fehlen wird, als auf einem als glückhaft bekannten Schiff.

Aber ob man es glaubt oder nicht: Es gibt sie nun einmal, die »glückhaften« Schiffe, die allen Widrigkeiten zum Trotz Glanzleistungen vollbrachten wie die *Golden Hinde* Francis Drakes, die *Prince* mit insgesamt 143 Jahren Dienstzeit, die *La Confiance* Robert Surcoufs, die *Sea Witch* oder die *Flying Cloud*. Aber es gibt auch Schiffe, die selbst unter guten Kapitänen ihren schlechten Ruf nicht loswerden konnten wie die *Challenge;* und die regelrechten »Unglücksschiffe« wie die *Royal James* und die

13

ausgeraubte und später verbrannte *Kent;* ja, es gibt Schiffe, die Katastrophen geradezu magisch anzuziehen schienen wie die berühmte *Mary Celeste* und die gigantische *Great Eastern;* oder auch die stolzen Schiffe, die nicht im Abwrackdock sterben wollten wie die *Sovereign of the Seas;* oder solche, die sich für ihren Untergang rächten wie die *Frigorifique.*

Schiffe haben Geschichte gemacht: Zeitgeschichte, manchmal sogar Weltgeschichte. Sei es, daß sie als Kriegsschiffe politische Entscheidungen erzwangen wie etwa die *La Reale* bei Lepanto, die *Ark Royal* im Kampf gegen die spanische Armada oder die *Victory* bei Trafalgar; sei es, daß sie neue Länder und Seewege entdeckten wie die *Santa Maria* des Christoforo Colombo, die *São Gabriel* des Vasco da Gama, die *Victoria* des Fernão Magalhães oder die *Endeavour* des James Cook; sei es, daß sie technische Neuerungen und Erfindungen brachten wie die schottische *Great Michael,* die *Clermont* oder die unglückliche *Captain!*

Schicksale berühmter Segelschiffe, das sind lebendige Zeugnisse von Glanz und Katastrophe, von Tapferkeit und menschlichem Versagen, von Genialität und Engstirnigkeit, das ist die Geschichte und das sind die Geschichten von Schiffen und Menschen und der herrlichen, unerbittlichen See.

Rampoldstetten, im Dezember 1983

DAS OPFER AN DIE GÖTTER
HJORTSPRING-BOOT
DÄNEMARK CA. 300 v. CHR.

Über der Insel Alsen begann ein neuer Tag heraufzudämmern. Der Fischer, der im ersten Morgengrauen, einen Packen Netze auf der Schulter, zu seinem Boot an den Strand hinunterschlurfte, war kein junger Mann mehr, aber er hatte immer noch Augen wie ein Falke, und er besaß die Erfahrung von mehr als 40 Frühlingen, und so sah er, was manchem anderen entgangen wäre: zwei Schleifspuren, verwischt, aber eben doch noch sichtbar, die vom Wasser in das Gestrüpp hinter der nächsten Düne führten. Für einen Augenblick schien sein Herz vor Schreck auszusetzen, und am liebsten wäre er schreiend losgerannt: Die Männer aus Fünen, mit denen man seit Jahren in Blutfehde lag, sind gelandet – denn von nichts anderem als den Kielen ihrer Schiffe konnten die Schleifspuren stammen –, doch er zwang sich, ruhig zu bleiben, warf den Netzballen in sein Boot, kramte herum, schüttelte den Kopf, brummelte etwas in seinen Bart und trottete, als ob er etwas vergessen hätte, zum Dorf zurück, wo jetzt der erste Hahn krähte, die Schweine zu grunzen begannen, die Frauen Wasser holten und die Herdfeuer unter der Asche vom Vortag anbliesen.

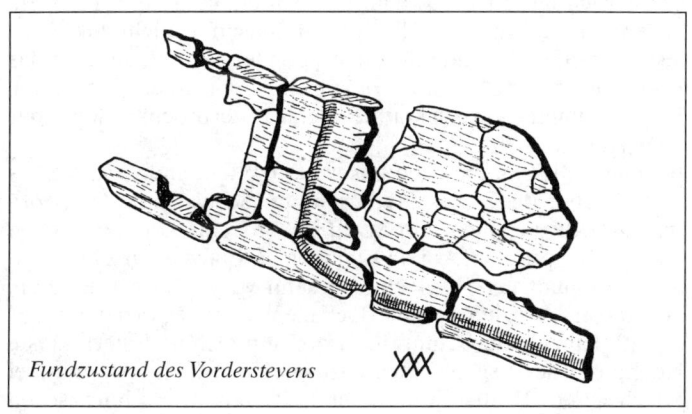

Fundzustand des Vorderstevens

15

Modell des ›Hjortspring-Bootes‹

Leise wurde die Nachricht von Mund zu Mund weitergegeben, und als mit den ersten Sonnenstrahlen die 50 schwerbewaffneten Feinde brüllend heranstürmten, empfingen die Dorfbewohner sie mit einem Hagel von Speeren und Pfeilen.

Der Kampf war lang und hart, 50 Angreifer blieben eine beachtliche Streitmacht, doch schließlich gehörte der Sieg den Dorfbewohnern dank der Götter, die schützend ihre Hände über die kleine Gemeinde gehalten hatten. So wurde denn auch am nächsten Tag das Opferfest mit besonderer Pracht gefeiert, und diesmal war es nicht genug, daß man die gefangenen Überlebenden opferte, die knappe Rettung vor Tod und Sklaverei verlangte eine größere, wertvollere Gabe: Eines der beiden Boote der Feinde wurde mit den 50 erbeuteten Schilden, 170 Speeren, acht kostbaren Stahlschwertern, etlichen Kettenhemden samt sonstigem Gerät beladen und zu Ehre und Ruhm der Götter im drei Kilometer vom Meer entfernten Moor versenkt.

1921 wurde in der Nähe des Landgutes Hjortspring ein Graben durch ein kleines Torfmoor gebaggert, und da man im Baggergut zahlreiche Bruchstücke offenbar sehr alter Gegenstände fand, benachrichtigte man das dänische Nationalmuseum in Kopenhagen, das bei einer gründlichen Untersuchung nicht nur die ältesten Stahlwaffen Skandinaviens, sondern vor allem auch das Boot – nach dem Fundort *Hjortspring-Boot* (oder auch Alsen-Boot) genannt – bergen konnte, ziemlich zerbrochen zwar, aber doch zu rekonstruieren.

Es mag vielleicht manchen Leser befremden, am Anfang eines Buches über die Schicksale berühmter Segelschiffe das *Hjortspring-Boot* und nicht ein Schiff der griechischen, römischen oder gar ägyptischen Antike zu finden und gar festzustellen, daß diese offenbar ganz einfach insgesamt vergessen wurde. Nun, »vergessen« wurde sie nicht, doch die Wurzeln etwa der Klipper des 19. Jahrhunderts, um die letzte und technisch perfekteste Hochblüte des Segelschiffes anzusprechen, liegt so wenig bei griechischen Pentekontoren und Trieren wie chinesischen

Dschunken. So sehr man die mediterrane Kultur und Zivilisation bewundern und lieben mag – und der Autor dieses Buches tut dies ganz uneingeschränkt –, in Schiffbau und Seefahrt kamen die entscheidenden Impulse stets aus dem Norden. Der ägyptische Schiffbau war der einer holzarmen Nation – in sich brillant und mit über 3000 Jahren traditionsreicher als der irgendeines anderen Volkes –, doch letztlich ohne Auswirkungen, und die vielgerühmten Phönizier fuhren nicht mehr als eine dürftige ägyptische Kopie. Die Griechen – selbst Kinder des Nordens – und ihre Schüler, die Etrusker, verstanden zwar exzellente Schiffe zu bauen, doch ihre Entwicklung stagnierte mit dem Herrschaftsantritt der Römer, die als eines jener extrem »wasserscheuen« Völker mit Schiffbau und Seefahrt nichts anzufangen wußten. Ihre Nachfolger, Byzantiner und Araber, waren zwar wieder erheblich bessere Seeleute, doch was sie an Neuerungen gegenüber der Antike einführten, etwa das Heckruder, stammte nicht von ihnen selbst, und ohne das in Deutschland erfundene Pulvergeschütz wären Schlachten wie 1571 bei Lepanto kaum anders ausgetragen worden als 480 v. Chr. bei Salamis oder 31 v. Chr. bei Actium. Wenn das Mittelmeer etwas zur Entwicklung des Segelschiffes beigetragen hat, so allenfalls das La-

Heutige Aufstellung des ›Hjortspring-Bootes‹

17

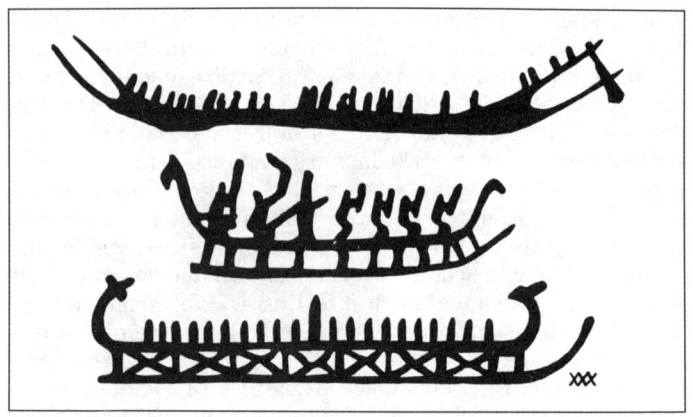

Drei südschwedische Hälleristningar-Boote; die Typenähnlichkeit mit dem ›Hjortspring-Boot‹ ist unverkennbar

teiner- oder Luggersegel, und selbst diese waren den nordischen Seefahrern im Prinzip ihrer Funktion durchaus vertraut, wie Werner Zimmermann, der derzeit wohl führende Kenner mittelalterlichen Schiffbaus, in seinem Buch ›Nef der Cinque Ports‹ nachweist.

Wenn man bereit ist, jene ach so lieb gewordene Grundthese, derzufolge jedwede höhere Kultur und Technologie aus dem Mittelmeer zu stammen hat, über Bord zu werfen und allein die Tatsachen sprechen zu lassen, so verläuft eine ungebrochene Entwicklungslinie von den südschwedischen Hälleristningar über das *Hjortspring-Boot,* das *Nydam-Schiff* und das *Sutton-Hoo-Schiff* (beide etwa 6. Jahrhundert n. Chr.) weiter zu den Wikingerschiffen, genauer gesagt zur ausschließlich gesegelten Knorre – das geruderte Langschiff war wie im Mittelmeer eine Sackgasse –, weiter über das Nef, die Holk, die Kogge bis hin zu Klipper und Windjammer.

Unter diesem Aspekt mag es nicht nur gerechtfertigt erscheinen, das *Hjortspring-Boot* an den Anfang dieses Buches zu stellen, es mag auch sinnvoll sein, diese Entwicklung noch etwas weiter in die Vergangenheit zurück zu verfolgen.

Die zahlreichen in Granit gehauenen oder in Schiefer geritzten Schiffsdarstellungen – die Hälleristningar – Südschwedens werden zwischen 2000 und 200 v. Chr. datiert. Typisch für sie sind die

doppelten Steven – bogenförmig verlängerte Kiele und Doll-
borde mit dazwischenliegenden, senkrechten Stevenbrettern –,
so daß manche Prähistoriker behaupteten, es handle sich dabei
gar nicht um Schiffe, sondern um Schlitten. Wenn diese Meinung auch recht unsinnig ist, so gibt sie doch einen nützlichen
Hinweis auf den Zweck dieser Konstruktion: Der schlittenför-
mige Kiel erleichterte es ganz beträchtlich, das Fahrzeug an
Land heraufzuziehen, ohne dabei den Boden zu beschädigen.
In der Regel wird davon ausgegangen, daß die Hälleristningar
Fellboote zeigen, also Fahrzeuge, deren »Beplankung« aus prä-
parierten Tierhäuten über einem Holzrahmen bestanden. Auch
das kann nur sehr bedingt der Wahrheit entsprechen, denn das
Hjortspring-Boot ist genau der Typ der Hälleristningar-Boote,
aber ganz aus Holz, und in einer Weise perfekt bearbeitetem
Holz, daß wir schlicht vor dem Rätsel stehen, wie beim damaligen Stand der Werkzeugtechnik dergleichen überhaupt machbar
gewesen sein soll.
Das *Hjortspring-Boot* war etwa 15,50 m lang über die Steven
und 13,70 m lang in der Wasserlinie, 2,10 m breit, hatte mittschiffs eine Höhe von 0,80 m und ging 0,30 m tief. Die Boden-
und Seitenplanken waren aus Lindenholz mit stehengelassenen
Klampen zum Einbinden der Spanten, die ihrerseits aus relativ
dünnen Haselnußstäben »eingenäht« waren. Die Planken
waren etwa 10 m lang, 50 cm breit, 15 mm stark und verjüngten
sich bis auf 5 mm (Sie haben richtig gelesen: fünf Millimeter!).
Da die einzelnen Bauteile mit Bastschnüren zusammengenäht
und nicht gedübelt oder genietet waren, hat man das *Hjortspring-Boot* oft als »primitiv« bezeichnet, doch das Gegenteil ist
richtig: Das Vernähen diente nicht nur der Elastizität – ein gutes
Jahrtausend später wurde diese Methode noch beim *Oseberg-*
und beim *Gokstad-Schiff* teilweise verwendet –, sondern auch
der Gewichtseinsparung. Das *Hjortspring-Boot* war alles andere als »primitiv«, vielmehr huldigte es bis ins Extrem jenem
Prinzip, das man heute als »Leichtbauweise« bezeichnen würde;
denn sein Leergewicht, samt Paddeln, betrug ganze 530 kg (!),
konnte aber eine Besatzung von 25 Mann samt Rüstungen, Waffen und Vorräten tragen!
Man trieb das System der Leichtbauweise sogar so weit, daß die
Ruderduchten hochoval waren, während die Sitzflächen T-för-
migen Querschnitt aufwiesen, um nur ja jedes kleinste, überflüs-
sige Stückchen Holz zu vermeiden.

19

So präsentiert sich denn das *Hjortspring-Boot,* der Urahn aller euro-amerikanischen Segelschiffe (Amerika ist hier, und nicht nur hier, wahrhaft nicht mehr als ein Teil Europas), keineswegs als »Primitiv-Fahrzeug«, sondern als technologisch in höchstem Maß überzüchtetes Endprodukt und symbolisiert damit eine Entwicklung, die, einzigartig in der Geschichte unseres Planeten, der Devise huldigte: Größer und schneller – schneller und größer!

ZU SCHIFF NACH ANGEL-LAND
NYDAM-BOOT
DÄNEMARK ENDE 5. JAHRHUNDERT

Das Imperium Romanum hatte durch Jahrhunderte erobert, kolonisiert, organisiert und ausgebeutet, den unterworfenen Völkern viel Gutes, aber auch viel Schlechtes gebracht, und es ist nicht Sache dieses Buches, darüber zu philosophieren, was letztlich überwogen haben mag. Die Führung dieses Staatskolosses bedurfte allerdings sehr geschickter, sehr sicherer Hände, an denen es leider nur zu oft mangelte: Kaiser Alexander Severus, der Mitte des 3. Jahrhunderts regierte, ängstigten die Sassaniden am Euphrat mehr als die Germanen, und so wurden die Legionen von Rhein und Donau nach Osten geschickt – und die Alemannen durchbrachen den Limes. Dieses und einige andere Ereignisse brachten den ganzen Norden und Nordosten jenseits der römischen Grenzen in jene ungeheure Umschichtungsbewegung, die wir als »Völkerwanderung« bezeichnen. Ende des 5. Jahrhunderts war das Imperium endgültig zusammengebrochen. Franken, Burgunder, Goten und Langobarden teilten sich die Beute, und die bis dahin in der norddeutschen Tiefebene ansässigen Angeln und Sachsen nisteten sich in Britannien ein, dem sie ihren Namen gaben: England – Angel-Land. Schiffbau und Seefahrt dieser Völker müssen gut entwickelt gewesen sein, denn nur so konnte es möglich werden, ganze Stammesgruppen über die Nordsee zu transportieren. Auch in diesen wilden Zei-

Das ›Nydam-Boot‹ in heutiger Aufstellung

ten waren Menschen-, Waffen- und Schiffsopfer an die verschiedenen Götter immer noch durchaus die Regel, und das Nydam-Moor bei dem Dorf Østersottrup, etwa 30 km nördlich von Flensburg, war eine der bevorzugten Opferstätten, wo 106 Schwerter, 552 Speerspitzen und 70 Schildbuckel aus Stahl und Bronze sowie drei Schiffe gefunden wurden.

Die Vorgeschichte des *Nydam-Bootes* dürfte der des *Hjortspring-Bootes* weitgehend geglichen haben. 1863 wurde das *Nydam-Boot* wieder entdeckt und mit zwei anderen Booten, wohl etwa der gleichen Epoche, ausgegraben. Professor C. Engelhardt, der die Ausgrabungs- und Konservierungsarbeiten mit damals erstaunlicher Sorgfalt leitete, konnte sich so des ersten wissenschaftlich geborgenen Schiffsfundes rühmen. Erhalten blieb freilich nur das *Nydam-Boot,* die beiden anderen wurden im Krieg von 1864 unter den Kesseln der Feldküchen österreichischer Soldaten verheizt (!).

Das *Nydam-Boot* war noch ein reines Ruderschiff, mit 22,84 m Länge, 3,26 m Breite, 1,09 m Höhe mittschiffs und 0,50 m Tiefgang, jedoch erstaunlich groß und für etwa 45 Mann Besatzung konstruiert. Statt eines Kiels hatte es eine starke Kielplanke, und die jeweils fünf Klinker überlappenden Plankengänge waren aus Eiche, 2,5 cm stark, 45 cm breit und untereinander vernietet. Obwohl recht robust, war auch dieses Boot auffallend leicht, rund 3300 kg, wenn auch keineswegs so extrem wie das *Hjortspring-Boot.*

Die Formtradition dieses Schiffes hat sich übrigens recht lange erhalten: Das 1970 geborgene und auf ca. 900 datierte *Graveney-Boot* weist bemerkenswerte Ähnlichkeiten auf; und noch im vorigen Jahrhundert gab es in Norwegen die sogenannten »Kirchgangsboote«, die äußerlich mit dem *Nydam-Boot* fast identisch waren.

Wenn die Angeln und Sachsen mit solchen Booten die Nordsee in Richtung England überquerten – und vieles spricht dafür –, so müssen sie allerdings schon recht mutige Seefahrer mit einer Menge Gottvertrauen gewesen sein.

DAS »GEISTERSCHIFF«
SUTTON-HOO-SCHIFF
ENGLAND 6. JAHRHUNDERT

Die Angeln und Sachsen, die im 5. und 6. nachchristlichen Jahrhundert die Britische Insel überrannten, ihre ungezählten Klein- und Kleinstaaten gründeten und die von den Römern mühsam importierte Kultur zerstampften, waren eine im höchsten Maß unzivilisierte Horde, die nicht einmal genug Verständnis dafür aufbrachte, daß Schrift und schriftliche Überlieferung schließlich auch dem Nachruhm des ärgsten Schlagetots recht dienlich sein können.

So ist von jenem Häuptling – pardon, »König« –, der damals in

Links: Eines der herrlich gearbeiteten Schmuckstücke
Rechts: Der Königshelm aus dem Sutton-Hoo-Fund

23

der Nähe von Golchester in der heutigen Grafschaft Essex gelebt und seine Nachbarn schikaniert hat, nicht einmal der Name überliefert, obwohl er einer der mächtigsten und reichsten Männer seiner Zeit gewesen sein muß. Als er starb – oder gestorben wurde –, setzte man ihn nach altgermanischem Brauch mit all seinen Waffen, seinem Schiff und all jenem, dessen er im Jenseits vielleicht bedürfen mochte, bei und überdeckte das Ganze mit einem mächtigen Erdhügel.

König Unbekannt schlummerte also an die 1300 Jahre, ehe englische Archäologen darangingen, den Hügel abzutragen und das Grab zu untersuchen. Was sie fanden, waren Waffen von höchster Qualität und erlesenstem Geschmack, die die Bedeutung ihres ehemaligen Besitzers augenfällig demonstrieren und einen der kostbarsten Schätze britischer Archäologie darstellen. Das Grabschiff selbst ist ein »Geisterschiff«, da keines seiner Holzteile mehr vorhanden war, denn der Grabhügel von Sutton-Hoo bestand aus luftdurchlässigem Sand und nicht aus jener tonhaltigen, konservierenden Erde der norwegischen Schiffsgräber. Trotzdem gelang es den Archäologen, allein anhand der Konturen der Bodenverfärbungen, sehr genau Typ und Größe des Schiffes festzustellen: Es war 27,30 m lang, 4,40 m breit, mittschiffs 1,22 m hoch und ging 0,60 m tief – für damalige Zeit durchaus ein »großes«, ja sogar ein sehr großes Schiff. Für 20 Paar Riemen und ohne Besegelung gebaut, muß es in Bau- und Formtradition dem *Nydam-Schiff* geglichen haben, allerdings waren seine geklinkerten Plankengänge bereits direkt auf die Spanten genagelt, und die 25 mm starken und etwa 25 cm breiten Planken waren nicht mehr wie beim *Hjortspring-* und beim *Nydam-Boot* aus einem Stück durchgehend, sondern aus mehreren Teilen zusammengesetzt.

Das Unglück wollte es, daß noch während der Ausgrabungen 1939 der Zweite Weltkrieg ausbrach. Die Ausgrabungsstätte blieb offen, Wind, Regen und Schnee ausgesetzt, liegen, und weil diese Wettereinflüsse offenbar noch nicht genug an Zerstörung leisteten, wurde das Gelände auch noch als Panzerübungsplatz benutzt – man fragt sich wirklich: Muß denn so etwas sein? Als man zwischen 1965 und 1967 endlich erneute Grabungen anstellte, war durch Witterung und Panzerketten so viel zerstört, daß die endgültige Form und Konstruktion, ja sogar auch die Materialhinweise nicht mehr feststellbar und für immer verloren waren.

DIE LUXUSJACHT KÖNIGIN AASAS
OSEBERG-SCHIFF

NORWEGEN CA. 800–850

König Harald Rotbart, der über Vestfold westlich des Oslofjords
herrschte, hatte ein Problem: Sein einziges Kind war eine Tochter, die um 800 geborene Aasa. Was half es, daß diese Tochter zu
einer außerordentlich hübschen, schlanken, feingliedrigen, dun-
kelhaarigen – mit einem Wort, in Wikingerlanden höchst unge-
wöhnlichen – jungen Frau heranwuchs und daß sich in dem zier-
lichen Köpfchen ein energischer und eisenharter Wille versteckte. Eine Tochter war – nun eben nur eine Tochter.
Und so hatte König Harald Rotbart bald ein zweites Problem,
seinen Nachbarkönig Gudröd nämlich, der unbedingt die hübsche Aasa heiraten wollte, während diese jedem anderen den
Vorzug gegeben hätte, nur nicht dem schon einigermaßen älti-
chen und zudem recht ungehobelten Klotz Gudröd.
Es passierte, was dazumal in solchen Fällen zu passieren pflegte:
König Gudröd fiel mit Waffengewalt in Vestfold ein, schlug Vater

Das ›Oseberg-Schiff‹ während der Ausgrabungen

Harald Rotbart tot, »raubte« Tochter Aasa, zerrte sie mit Gewalt ins Brautbett, und neun Monate später gebar Aasa einen Sohn, den die Geschichte Halvdan den Schwarzen nennen sollte. König Gudröd war zufrieden, höchst zufrieden sogar, und so veranstaltete er eine jener Freß- und Sauforgien, welche den Wikingern zwischen ihren Kriegs- und Beutezügen der liebste Zeitvertreib waren.

Ob Met, Bier oder Wein, eine bestimmte Quantität an Flüssigkeit erzeugt auch auf königliche Blasen einen gewissen Druck, und gerade als König Gudröd sich in einem stillen Winkel Erleichterung verschaffte, tauchte einer von Aasas Gefolgsleuten aus dem Dunkel auf und rammte ihm einen Speer in den Wanst.

Blutrache! Vom Nordkap bis Kap Passero auf Sizilien geheiligtes Rechtsprinzip und gar für die Nordlandrecken ein wundervoller Anlaß, die nächste Runde bardenbesungenen Gemetzels einzuläuten, doch diesmal wurde nichts daraus, denn die hübsche Königin Aasa bekannte sich ganz offen dazu, die Anstifterin des Mordes gewesen zu sein – und Gudröds Mannen brüllten vor Begeisterung über ihre Entschlußkraft und die pikante Form ihrer Rache. Kein Wort mehr von Vergeltung, im Gegenteil, Königin Aasa übernahm die Herrschaft über Gudröds Reich für ihren kleinen Sohn Halvdan, und auch als dieser längst erwachsen war, überließ er das Regieren weiterhin überwiegend der klugen, geschickten und starken Hand seiner Mutter.

Als Königin Aasa um die Jahrhundertmitte starb, wurde sie mit reichsten Grabbeigaben, darunter einer Dienerin, in ihrer Staatsjacht unter dem Hügel auf Oseberg (= Aasas Berg) beigesetzt.

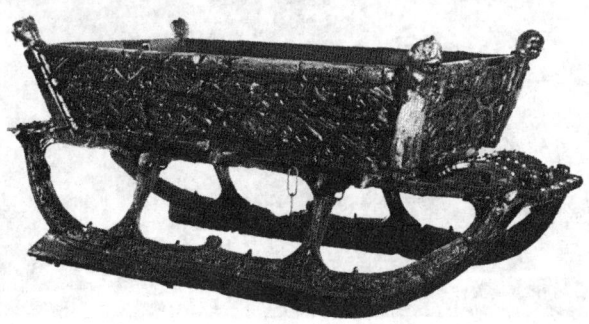

Der Schlitten vom Oseberg-Fund

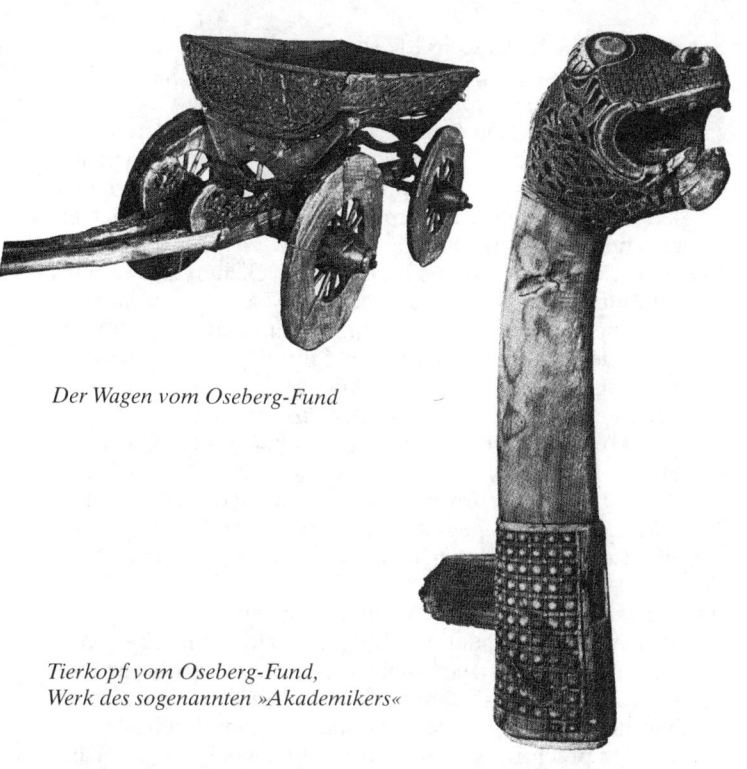

Der Wagen vom Oseberg-Fund

Tierkopf vom Oseberg-Fund,
Werk des sogenannten »Akademikers«

Halvdan der Schwarze wurde der Vater des berühmten Königs
Harald Schönhaar, dem es gelang, all die kleinen und größeren
Territorialfürsten unter seine Herrschaft zu zwingen und Norwegen zu einigen. Seither gilt Aasa als Stammutter des norwegischen Königshauses.
1904 begann Professor Gustafson, den Grabhügel auf dem Ose-
berg-Hof zu öffnen und abzutragen. Auch wenn er schnell erkennen mußte, daß das Grab schon einmal beraubt und alle Gegenstände von realem Wert entwendet worden waren, so genügte doch das, was unter der tonhaltigen Erde, die es treu
gegen Luft und Wasser abgeschirmt hatte, hervorkam, den Oseberg-Fund zum berühmtesten und prachtvollsten zu machen,
der aus der nordischen Frühgeschichte auf uns gekommen ist:
reichgeschnitzte Gegenstände wie der Wagen und der Schlitten

der Königin, an denen sechs Meister und mindestens drei Gesellen gearbeitet hatten, und dann das Schiff: 21,44 m lang, 5,10 m breit, mittschiffs 1,30 m hoch bei einem Tiefgang von 0,50 m, sehr schlank, sehr scharf, sehr elegant. Die geklinkerten Plankengänge waren bis zur Wasserlinie an die Knickspanten gebunden, darüber angenietet und mit jener Meisterschaft bearbeitet, die selbst die jahrtausendealten Kulturen des Mittelmeeres nie zu erreichen vermocht hatten.

Mit seinen nur 2 cm starken Planken, dem leichten, aus zwei Teilen zusammengesetzten Kiel und dem fast zarten, hochgeschwungenen Steven war das Fahrzeug eindeutig kein Kriegsschiff, sondern eine Luxusjacht, nicht für die Hochsee, sondern für Küstengewässer konstruiert. Angetrieben wurde es von 15 Paar Riemen, die, je nach Lage der Pforten über dem Wasser, 3,70−4,00 m lang waren. Segel trug das *Oseberg-Schiff* während seiner Dienstzeit wohl kaum, denn sein Mastfisch war leicht, der Spurklotz reichte nur über zwei Spanten, und der gefundene Mast war, ganz im Gegensatz zum übrigen Schiff, nur grob behauen, also wohl überhaupt erst zur Bestattung hergestellt worden.

Nach der Stilanalyse der Schnitzereien wurde das *Oseberg-Schiff* etwa um 800 erbaut, war also gleichaltrig mit seiner Königin. Vielleicht hatte es ursprünglich ihrer Mutter gehört und war Aasa zur Geburt ihres Sohnes geschenkt worden, vielleicht war es aber auch ein Präsent der Bewunderung von Gudröds Mannen für den prächtigen Mord an dem alten König − dergleichen lag damals durchaus im Rahmen des Denkbaren.

EIN EDLES KRIEGSSCHIFF
GOKSTAD-SCHIFF
NORWEGEN CA. 840

Als König Gudröd auf Geheiß seiner Gemahlin Aasa nach Walhall befördert war, folgte ihm auf dem Thron Olaf, sein Sohn aus erster Ehe mit Königin Alfhild. König Olaf war, wie wir von den Resten seiner Leiche wissen, ein gut 1,80 m großes und kräftiges Mannsbild, wenn damals auch nicht mehr der Jüngste und schwer an Gicht leidend, und entweder war er zu vernünftig, um ernsthaft an Rache für seinen Vater zu denken, oder zu bequem, um die Regierungsgeschäfte nicht lieber in den tüchtigen Händen seiner jungen Stiefmutter zu belassen. Als er, noch vor Königin Aasa, starb, wurde auch er in seinem noch fast neuen Schiff mit reichen Grabbeigaben, darunter einem Pfau, in einem Hügel bei Gokstad beigesetzt; doch auch dieses Grab wurde geplündert und aller Wertsachen beraubt.

1880 wurde das *Gokstad-Schiff* von N. Nikolaysen in hervorragendem Zustand wieder ausgegraben.

Dem Charakter seines Besitzers entsprechend, war das Schiff ein völlig schmuckloses und funktionell nüchternes Kriegsfahrzeug – doch vielleicht gerade dadurch wird die erlesene Linien-

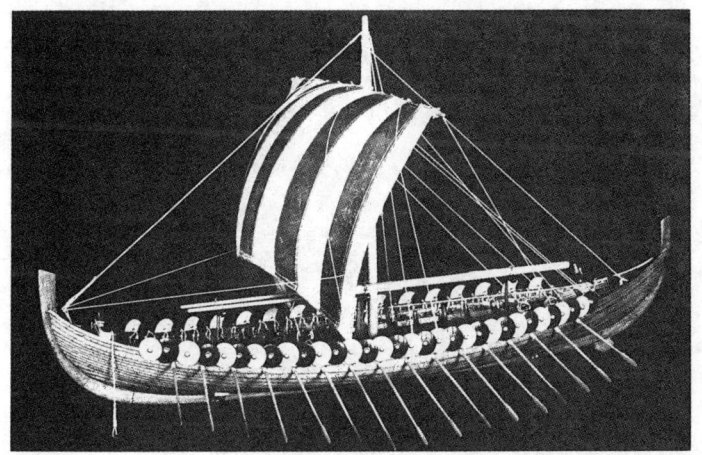

führung, die Verwendung ausgesucht schöner Hölzer und die hervorragende Handwerksarbeit so richtig sichtbar; nur die rekonstruierten Stevenenden wirken einigermaßen unpassend und sind vermutlich so auch nicht stilecht.

Mit 23,40 m Länge, 5,00 m maximaler Breite, 1,70 m Höhe mittschiffs und 1,00 m Tiefgang war das *Gokstad-Schiff* ein wenig völliger als das *Oseberg-Schiff*, doch trotz seiner scharfen, schnellen Linien war es auch erheblich widerstandsfähiger, stabiler und unbedingt hochseetüchtig. Der 17,40 m lange, 35 cm hohe Kiel war aus einem Stück gefertigt und die durchschnittlich 25 mm starken Planken wie beim *Oseberg-Schiff* bis zur Wasserlinie an die Spanten gebunden und darüber genietet, was die ganze Struktur ungeheuer elastisch machte: Sie paßte sich in der Bewegung dem Wasser an, ohne leck zu werden. Mit seinen 16 »Räumen«, d. h. 16 Riemenpaaren, rechnete das *Gokstad-Schiff* zum Typ der »Karfi« oder »Snekkja« – die berühmten »Drakkar« oder »Dreki« (Drachen) verfügten über 30 und mehr Riemenpaare. In der Hauptsache wurde das Schiff wohl gesegelt, wofür der stabile Mastfisch und der kielschweinähnliche Spurklotz, der sich über vier Spanten erstreckt, sprechen. Der Mast war etwa 12 m hoch und die Rah 10,7 m breit; durch Losschlagen eines Schloßbrettes im Fisch konnte der Mast umgelegt werden, da die Wikinger ihre Kämpfe nur unter Riemen ausfochten.

Die überragenden Eigenschaften des *Gokstad-Schiffes* bewies ein exakter Nachbau, der 1893 unter Kapitän Magnus Andersen in 28 Tagen von Bergen zur Weltausstellung nach Chicago segelte und dabei Geschwindigkeiten bis zu 11 Knoten erreichte.

DRACHEN-SCHLACHT
ORMRINN LANGE
NORWEGEN 999–1000

Unter den Wikinger-Totschlägern aufzufallen, das war gar nicht so leicht. Olav Tryggvasson schaffte nicht nur das, er, eine der größten, strahlendsten und wildesten Gestalten der skandinavischen Geschichte, wurde sogar eine Art nordischer Achill, von dem die Sagas zu berichten wußten, daß er »während des Ruderns außenbords auf den Riemen entlang zu laufen, auf dem Dollbord stehend mit drei Schwertern zu jonglieren, gleichzeitig zwei Speere zu schleudern, heranfliegende Speere aufzufangen, der beste Schwimmer und Läufer zu sein« sich rühmen konnte. Olav war 969 geboren, und nach der Ermordung seines Vaters Tryggve wollte ihn seine Mutter im russischen Nowgorod bei Verwandten in Sicherheit bringen, doch estnische Wikinger überfielen das Schiff, und Klein-Olav geriet in Sklaverei, wo man ihn erst als Neunjährigen wieder entdeckte. Nun kam er doch noch nach Nowgorod, ging mit 16 selbst auf »Wiking«, mordete und plünderte an den Küsten der Ost- und Nordsee und beglückte schließlich, als Bundesgenosse des Dänenkönigs Sven Gabelbart (Tjugeskegg), England mit seiner Anwesenheit. Das Verhältnis zu dem Dänenkönig muß recht gut gewesen sein, denn er heiratete in zweiter Ehe dessen Schwester Tyra und gab ihm dafür im Austausch seine Tochter aus erster Ehe zur Frau. Verblüffenderweise begeisterte sich dieser Erzraufbold in England für die sanfte Lehre des Christentums, ließ sich taufen und begann diese Lehre, freilich recht unsanft, in Norwegen zu verbreiten, nachdem er 995 heimgekehrt, den dort regierenden Jarl Eirik Haakonsson davongejagt und sich in Drontheim zum König ausgerufen hatte. Jarl Eirik floh mit seiner Frau, einer Tochter des dänischen Gabelbarts, nach Schweden zu König Olof Schloßkönig (Skötkonung) und hatte bald ein stattliches Gefolge von unzufriedenen Norwegern, denen der neue Herrscher allzu christlich-forsch war. Auch König Olav Tryggvassons eigene, mit Sven Gabelbart verheiratete Tochter hatte nur wenige Sympathien für ihren Vater, so daß sich bald eine recht unheimliche dänisch-schwedische Koalition gegen den nordischen Achill zusammenzog.

Olav Tryggvasson selbst hatte freilich zunächst nur im Sinn, sich ein standesgemäßes Flaggschiff zu verschaffen. Sein erstes Schiff *Trani* oder *Kranen* (Kranich), eine auf 30 Riemenpaare gebaute, schmale und schnelle »Snekkja«, hatte er im siegreichen Konflikt mit Raud von Halogaland in Nordnorwegen gegen dessen größere *Ormrinn Stutte* (kleine Schlange) ausgetauscht. Nun beschloß er, ein noch größeres Schiff bauen zu lassen, die *Ormrinn Lange* (große Schlange – die geläufige Schreibung *Ormen Lange* ist jüngeren Datums und unkorrekt), die im Winter 999/1000 auf Kiel gelegt wurde.

Die Saga berichtet: »Thorberg hieß der Stevenbauer, aber es waren viele, die außer ihm am Schiff arbeiteten, etliche hobelten es, etliche hatten es zugehauen, etliche die Balken herbeigetragen. Alles und jedes war wohl bedacht, und das Schiff war beides, lang und breit, hoch im Bord und stark im Balkenwerk. Da machte sich der König alsbald auf, noch denselben Abend, und ging mit Thorberg hinunter, um das Schiff zu besehen, wie es geworden sei, und alle sagten, daß noch nie ein Langschiff gesehen worden sei so groß und so schön. Da kehrte der König heim.

Anderen Morgens früh machte er sich wieder auf zum Schiffe und Thorberg mit ihm. Da waren die Werkleute schon vorher gekommen; sie standen aber umher, und keiner griff zu. Der König fragte, was sie schafften. Sie sagten, das Schiff sei verdorben; da müsse ein Mann vom Vordersteven bis zum Heckkastell entlang gegangen sein und von oben her in den Bord Scharten gehauen haben, eine neben der anderen.

Da trat der König hinzu und sah, daß sie wahr redeten. Und er tat einen Eid und schwor, der Mann sollte sterben, der aus Mißgunst das Schiff verdorben hätte – ›aber den will ich reich ma-

Wikinger beim Schiffbau

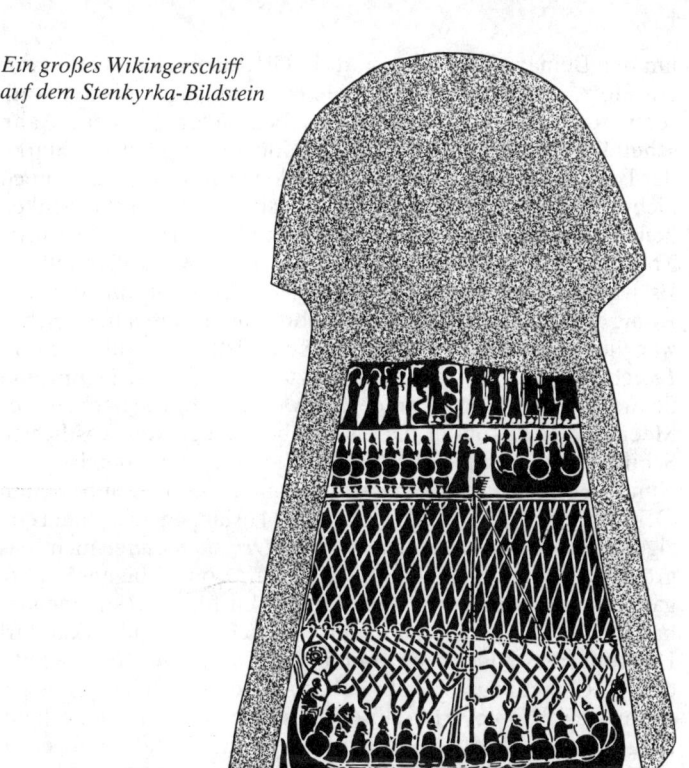

*Ein großes Wikingerschiff
auf dem Stenkyrka-Bildstein*

chen, der ihn mir sagen kann‹. Da sagte Thorberg: ›Ich werde dir den Mann sagen können, König, der dies getan hat – ich habe es getan.‹ Da schwor der König: › So sollst du es wiedergutmachen und so, daß es nicht minder herrlich aussieht, als es zuvor war, und daran soll dein Leben hängen.‹ Da ging Thorberg hinzu und hobelte den Bord entlang, daß alle Scharten verschwanden. Der König aber und alle, die bei ihm waren, sagten, daß das Schiff schöner wäre an dem Bord, den Thorberg zugeschnitten hätte als an dem anderen. Und der König gebot ihm, dasselbe an dem anderen Bord zu tun, daß beide einander gleichen würden, und großen Dank dazu haben.«

Nun, die Geschichte ist schön, doch ganz so kann sie sich in Wirklichkeit nicht abgespielt haben, den Thorberg, dem man daraufhin den Beinamen Skaffhögg, d. h. Glatthauer, gab, hätte zwar das Holz, aber nur schwerlich die ja schon eingeschlagenen Eisennieten derart mit dem Hobel bearbeiten können. Wahrscheinlicher ist, daß Thorberg mit König Olav über die Stärke der Bordwände stritt, daraufhin zur Axt griff, fertige, aber noch nicht montierte Planken zuhaute, sie, vielleicht tatsächlich heimlich, montierte – und den König überzeugte. »Da wurde Thorberg Meister über den Schiffbau, bis daß er vollendet war. Es war ein Drache nach dem Muster des *Ormrinn,* den der König von Halogaland gebracht hatte; aber dieses neue Schiff war viel größer und in allen Stücken köstlicher. Auf *Ormrinn Lange* waren 34 Ruderräume, je zu zwei Rudern; Haupt und Schwanz waren ganz vergoldet; so waren die Borde hoch, wie es Meerschiffen zukommt. Das ist das bestgefügte und köstlichste Schiff gewesen, das je in Norwegen hergestellt worden ist.«

Nun, auch das stimmte nicht ganz, denn trotz seiner imposanten Gesamtlänge von 50 m mit dem rund 44 m langen, aus einem einzigen Stück gefertigten Kiel war der *Ormrinn Lange* nicht das größte je in Skandinavien gebaute Schiff: König Magnus VI. Logabøter ließ von 1262/63 einen Drachen für 37 Riemenpaare bauen, und die Sagas berichten von dem Riesendrakkar Jarl Haakons mit 40 Riemenpaaren und gar von dem König Knuts, der 60 Riemenpaare gehabt haben soll, demnach 80 m lang gewesen sein müßte. »Maßlose Übertreibungen der Überlieferung«, wie manche Schiffshistoriker meinen? Das handwerkliche Können der Wikinger hätte durchaus genügt, um solche Giganten zu erbauen.

Doch zurück zu Olav Tryggvasson, der mittlerweile wohl davon träumte, ein skandinavisches Großreich, das außer Norwegen auch Schweden und Dänemark umfassen sollte, zu errichten, und der sich nach dem Motto »Alles oder nichts« nur zu gern und gegen den Rat seiner Vertrauten in die ohnehin unvermeidliche Auseinandersetzung mit Sven Gabelbart und Olof Schloßkönig stürzte.

Bei Svolder im Kattegat kam es zur Schlacht. Nun waren die Wikinger zwar brillante Seefahrer, doch ihre Seeschlachten blieben im Grunde Landkämpfe auf Schiffsplanken; spezielle Seekriegstechniken wie Niedersegeln, Abkämmen der Riemen oder Ausluven waren unbekannt. Einer stillschweigenden Übereinkunft nach suchte man sich zum Prügeln ruhige Buchten oder Fjorde – von Hochseekämpfen weiß keine Wikingersaga zu berichten –, legte die Maste nieder, vertäute die Schiffe Bordwand an Bordwand, das Flaggschiff in der Mitte, die anderen Fahrzeuge der Größe nach daneben abgestuft, was freilich den Nachteil recht schwacher und anfälliger Flanken hatte, wie Olav Tryggvasson noch leidvoll erfahren mußte, und begann fröhlich aufeinander einzuhauen, während kleinere Schiffe und Beiboote das Kampfgeschehen umkreisten, ins Wasser gefallene Freunde retteten, Feinde endgültig totschlugen oder bereits niedergekämpfte Fahrzeuge restlos ausräumten und als Beute abschleppten.

Die Saga berichtet weiter: »König Olav stand auf dem Lyffing (der erhöhten Plattform im Heck) des *Ormrinn;* er stand sehr hoch. Er hatte einen goldenen Schild und einen rotgoldenen Helm; er war leicht kenntlich vor anderen Männern, er trug einen kurzen roten Kapuzenrock über der Brünne. König Olav

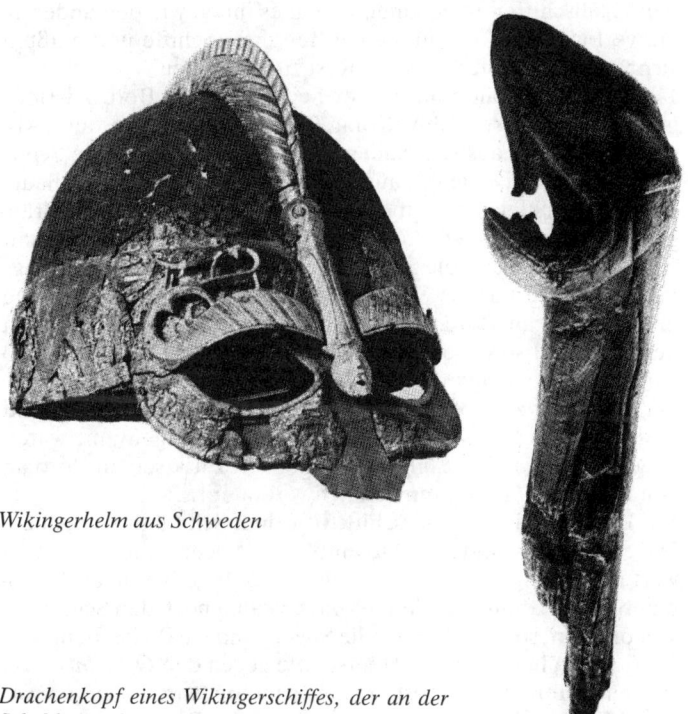

Wikingerhelm aus Schweden

Drachenkopf eines Wikingerschiffes, der an der Scheldemündung gefunden wurde

sah, daß die Massen vor ihm sich in Gruppen ordneten und Heerzeichen vor den Fürsten aufgepflanzt wurden.

Da ruderten die Könige heran, der Dänenkönig legte sein Schiff gegen *Ormrinn Lange,* der Schwedenkönig ganz außen mit dem Steven gegen König Olavs äußerstes Schiff, auf der anderen Seite Jarl Eirik. Da begann ein harter Kampf.

Die Stevenleute auf *Ormrinn Lange, Ormrinn Stutte* und dem *Kranen* warfen Anker und Stevensicheln in die dänischen Schiffe und zogen sie an sich. Da lagen sie unter ihren Füßen, und sie warfen von oben auf sie herunter. Sie räumten alle Schiffe aus, die sie zu halten bekamen. König Sven und die, welche außer ihm entkamen, flüchteten auf die anderen Schiffe und legten sich außer Schußweite. Und so fuhr dieses Heer, wie König Olav vermutet hatte.

An ihre Stelle legte sich der Schwedenkönig. Sobald sie aber den Großschiffen nahe kamen, ging es ihnen wie den anderen. Sie verloren viel Volk und einen Teil ihrer Schiffe und mußten sich übel zugerichtet mit dem Rest zurückziehen.

Jarl Eirik aber blieb auf seiner Seite. Er legte Bord an Bord gegen das äußerste Schiff König Olavs und räumte es aus. Alsdann hieb er es aus den Seilen und legte an das nächste Schiff und kämpfte, bis auch es ausgeräumt war. Da hub das Volk an, sich von den kleineren auf die großen Schiffe zusammenzudrängen. Der Jarl hieb jedes aus den Seilen, sobald es ausgeräumt war. Die Dänen und die Schweden unterdessen legten sich rings in Schußweite um die Schiffe König Olavs. Nur Jarl Eirik lag immer Bord an Bord mit den Schiffen und kämpfte mit dem Schwert, und sowie die Männer auf seinen Schiffen fielen, so kamen andere an ihre Stelle: Dänen und Schweden.

Da wurde der Kampf immer härter, und Ungezählte fielen, und er schloß so, daß alle Schiffe König Olavs ausgeräumt waren außer dem *Ormrinn Lange.* Da legte Jarl Eirik seinen Bord an den *Ormrinn* und begann den Schwertkampf.

Jarl Eirik stand im Vorderschiff, von einer Schildburg umgeben. Da erhob sich beides, Haukampf und Speerschuß, und man warf mit allem, was zum Wurf taugte, so Bogenschuß als Handschuß. Man konnte auf dem *Ormrinn* kaum noch den Schild vor sich bringen, so dicht folgten die Speere und die Pfeile; denn von allen Seiten her lagen die Heerschiffe gegen den *Ormrinn.*

Am härtesten und blutigsten ging es im Stevenraum zu; da war sowohl das Volk am auserwähltesten als der Bord am höchsten.

Aber als es im Mittelschiff sich lichtete und wenige mehr um den Mastbaum aufrecht standen, da beschloß Jarl Eirik den Aufstieg und erkletterte den *Ormrinn* mit 15 Mann. Hyrning, ein Gesippe König Olavs, kam ihm entgegen. Da hub der härteste Kampf an, und er schloß damit, daß der Jarl auf sein Schiff zurücksprang, die Mannen aber, welche ihm gefolgt waren, zum Teil fielen, zum Teil schwer verwundet wurden.

Da erhob sich von neuem der allerhärteste Kampf, und sie fielen in Mengen auf dem *Ormrinn;* als aber ihre Reihen zu dünn wurden zur Verteidigung, da beschloß Jarl Eirik zum anderenmal den Aufstieg auf den *Ormrinn.* Da hub abermals im Vorraum ein scharfer Kampf an. Es waren aber von den Leuten des Jarl so viele auf den *Ormrinn* gekommen, als irgend Platz hatten, seine Schiffe aber legten von allen Seiten außen an den *Ormrinn* an. Da war der Mannschaft zuwenig gegen ein so großes Heer. Und obwohl sie beides, stark und freudig waren, so fielen nun doch die meisten in einer kurzen Stunde. König Olav selbst aber und mit ihm zusammen Kolbjörn sprangen beide über Bord, jeder an einer Seite. Die Jarlsmannen hatten außen Beiboote angelegt und erschlugen alle, die in die Tiefe sprangen, und da, als König Olav selbst heruntergesprungen war, wollten sie ihn gefangennehmen und vor den Jarl Eirik führen; König Olav aber schwang über sich den Schild und sank in die Tiefe.« Den *Ormrinn Lange* erhielt Jarl Eirik als Siegesbeute, und das Reich teilten sich Schweden und Dänen. Die Norweger waren es zufrieden, da die neuen Herren, obwohl getauft, es mit dem christlichen Glauben nicht so genau nahmen und, im Gegensatz zu Olav Tryggvasson, jeden nach seiner Fasson selig werden ließen. Der schnelle, wilde Aufstieg und der glanzvolle Fall Olav Tryggvassons und seines *Ormrinn Lange* aber waren noch viele Jahrzehnte Stoff für Erzählungen und Lieder in den langen nordischen Winternächten.

Die Vermählung mit dem Meer

Bucentoro

VENEDIG 1001–1849

»Kaum war der von allen ungeduldig ersehnte Himmelfahrtstag angebrochen, begrüßte die ganze Nation mit Freudenrufen die ersten Strahlen dieses jungen Tages, der Glanz erhalten sollte durch die Erneuerung des feierlichen Herrschaftsaktes, bei welchem sich die Königin der Adria durch keusche Bande mit dem Meer vereint und so durch die Zeremonie eines heiligen Mysteriums ihre absolute Hoheit über das unbezähmbare Element manifestierte.

Sobald sich die verantwortlichen Schiffsführer vergewissert hatten, daß kein Unwetter die Freude des Festtages zu stören drohte, trafen sie schleunigst alle nötigen Vorbereitungen für die Abfahrt.

Der Doge begab sich in Begleitung der Botschafter und der wichtigsten Würdenträger der Republik, geleitet vom Admiral und den anderen prächtig gekleideten Chargen, auf das Schiff. Der prachtvolle *Bucentoro* löste sich dann von der Piazetta, wo er festgemacht hatte. Gefolge und Geleit bot ihm eine Vielzahl anderer, kleinerer Barken. Die ganze Lagune wurde nun mit einem Schlag zu einer mit eleganten Gondeln, Booten und Schiffen geschmückten Riesenfläche. Die Fahrzeuge strotzten von Gold, Purpur, Draperien und Schnitzwerk. Hier erstrahlten Genie und Kunstfertigkeit der besten venezianischen Künstler. Vor dem Arsenal angekommen, gegenüber der kleinen Kapelle, wo ein wundertätiges Bild Unserer Lieben Frau verehrt wurde, grüßten die Ruderer nach Galeerenbrauch die ruhmreiche Jungfrau, die Beschützerin Venedigs.

Seine Hochwürden, der Patriarch, erwartete den *Bucentoro* indessen auf der Insel Santa Elena im Kloster der Mönche von Monte Olivetta. Sobald das große Schiff in Sichtweite der Insel kam, bestieg der Patriarch im bischöflichen Ornat, begleitet vom Klosterkapitel und vom gesamten Klerus der San-Pietro-Kathedrale, ein Flachboot mit Goldbeschlägen und fuhr dem Schiff entgegen. Unterwegs sangen die Priester Psalmen und Gebete, während der Patriarch ein großes Wassergefäß weihte, das dann ins Meer entleert wurde.

Der ›Bucentoro‹ und Prunkgondeln bei der »Sensa«

Wenn der *Bucentoro* die Lido-Einfahrt passiert hatte und die Zeremonie der Ringweihe vorgenommen war, öffnete sich das Fenster, das der Thronrückwand entsprach, unter Beifall und Freudenschreien der Menge. Hervor kam die Hand des Dogen, der das Unterpfand der gegenseitigen Bindungen mit den Worten ›Mare noi ti sposiamo in segno del libero dominio sopra di te‹ (Meer, wir vermählen uns mit dir zum Zeichen unserer unbegrenzten Herrschaft über dich) ins Meer warf.

Nachdem so die alte Macht neu bekräftigt war, nahm die Bootsmenge, die den *Bucentoro* begleitete, wieder Kurs auf den Lido, wo sich seine Durchlaucht und das gesamte Gefolge an Land begaben und in der San-Nicolo-Kapelle der Mönche von Monte Cassino die vom Abt des Klosters zelebrierte Pontifikalmesse hörten. Danach bestiegen alle wieder das Schiff und kehrten zum Abfahrtsort zurück. Ein prachtvolles Gastmahl, zu dem der Doge alle jene einlud, die der Zeremonie beigewohnt hatten, beschloß dieses wahrhaft nationale Fest.«

Das Häuflein zu Tode erschreckter Menschen, das sich 452 vor den mordenden, brennenden, vergewaltigenden Horden des Hunnenkönigs Attila in die notdürftigen Binsenhütten auf den zahllosen schilfigen, morastigen Laguneninseln an der Brentamündung verkrochen hatte, war im Lauf der nächsten fünfeinhalb Jahrhunderte zu einem selbstbewußten und wohlhabenden Gemeinwesen herangewachsen.

Doge Pietro Orseolo II.

So mag der Hilferuf des Priors von Zara, der auch den Titel eines Dux (Herzog) von Dalmatien trug, gegen die von den Bergen immer wieder raubend und plündernd herunterbrechenden Kroaten den Venezianern wie ein Fingerzeig des Himmels erschienen sein.

Am Himmelfahrtstag des Jahres 1000 lief Pietro Orseolo II., der zweifellos mächtigste und wohl auch weiseste Doge in der Geschichte Venedigs, mit einer stattlichen Flotte aus, segelte nach Zara, wo er sich den Untertaneneid leisten ließ, und weiter hinunter bis Ragusa und sicherte den ganzen Küstenstreifen für seine Republik. Im Spätsommer kehrte er, gefeiert und umjubelt, an den Rialto zurück, ernannte sich selbst, als Erbe des Priors von Zara, zum Dux von Dalmatien und machte damit die obere Adria zu einem venezianischen Binnengewässer. Symbolisch wurde diese Annexion am ersten Jahrestag des Auslaufens zum Dalmatienfeldzug, am Himmelfahrtstag des Jahres 1001, vollzogen.

Diese Ehe zwischen Venedig und der Adria hielt 795 Jahre lang und wurde Jahr für Jahr am Himmelfahrtstag – der Sensa, wie sie im Volksmund hieß – in guten und schlechten Zeiten erneuert. Zunächst mag es die Flagg-Galeere des Dogen gewesen sein, die man zu diesem Festakt verwendete, doch bald schon wurde ein eigenes, einzig zu diesem Zweck gebautes Schiff in Dienst gestellt: der *Bucentoro*.

Was der Name *Bucentoro* oder *Bucentaurus* eigentlich bedeutet, ist bis heute umstritten. So meinen einige Autoren, der Name stamme von dem verballhornten Wort »ducentorum«, da der Senat 1311 anordnete, das Schiff solle eine Kapazität von »ducentorum hominum«, 200 Personen, haben; A. Jal glaubt in seiner ›Archéologie navale‹ »Bucentaurus« sei die Typenbezeichnung für besonders schwer bewaffnete Galeeren gewesen und bedeute »Großer Centauer«; eine andere Deutung vermutet »bu cin d'oro«, was »Schiff mit goldenem Gürtel« bedeuten würde; die wahrscheinlichste Lesart ist wohl »buzina d'oro«, also »Goldene Barke«.

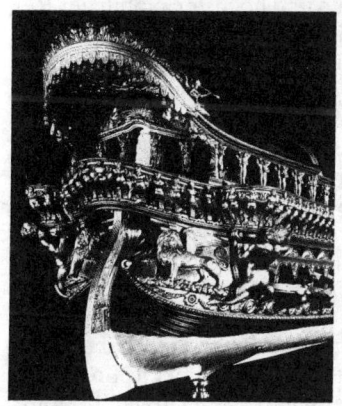 

Heck und Bug vom Modell des letzten ›Bucentoro‹ in Venedig

Der erste, rein für Repräsentationszwecke gebaute *Bucentoro* dürfte im Frühjahr 1177 vom Stapel gelaufen sein.

Nach einem 18jährigen Schisma, in das sich ganz Europa und sogar Byzanz an der Seite von zwei rivalisierenden Päpsten verstrickt hatte, war es der venezianischen Diplomatie unter dem Dogen Sebastiano Ziani gelungen, die beiden Hauptkontrahenten, Papst Alexander III. und Kaiser Friedrich I. Barbarossa, zu versöhnen. Am 23. März 1177 wurde der Papst mit dem neuen Staatsschiff nach Venedig geholt, und am 14. Juli folgte dann der Kaiser, der unter dem Dröhnen aller Glocken, Jubelchören und Posaunengeschmetter auf der Piazza von San Marco vor dem Stellvertreter Christi auf Erden das Knie beugte.

Diesem ersten *Bucentoro* folgten eine ganze Reihe weiterer Staatsschiffe gleichen Namens – nicht größer, jedoch stets noch kostbarer mit Gold, Schnitzwerk und Purpur ausgestattet: 1252, 1312, 1525, 1606 und der prunkvollste von allen 1727 unter dem Dogat von Aloysio Mocenigo, den der Schiffsbaumeister Stefano Conti und der Bildhauer Antonio Coradini geschaffen hatten, wobei letzterem wohl auch das herrliche Modell zuzuschreiben ist, das heute noch im Museo Storico Navale in Venedig steht.

Das Schiff war 100 Fuß (35,20 m) lang und 21 Fuß (7,39 m) breit, 168 Ruderer – ausgewählte junge Männer der verschiedenen Gewerbe des Arsenals – bedienten vom unteren Deck aus jeweils zu viert die 21 Riemenpaare.

Das obere Deck war den Senatoren und höchsten Nobili der Republik vorbehalten, und im zwei Stufen erhöhten Heck stand, nochmals drei Stufen höher, der Thron des Dogen.

Das ganze Schiff war über und über mit reichvergoldeten allegorischen Skulpturen geschmückt. Auf dem Bugsporn kauerte der Löwe von San Marco, dahinter erhob sich eine Figurengruppe mit der »Gerechtigkeit« in der Amtstracht des Dogen mit Schwert und Waage und ihr zur Seite kniend der »Frieden« mit Taube und Ölzweig. Putten mit Füllhörnern symbolisierten den Überfluß, Tritonen und Putten mit Hörnern und Posaunen verkündeten den Ruhm Venedigs. Die Decke schmückten Reliefs der Monate, der Tag- und Nachtstunden sowie 32 Figuren von Tugenden und Künsten: Wahrheit, Treue, Vaterlandsliebe, Mut, Lernen, Erziehung, Wachsamkeit, Ehre, Sittsamkeit, Frömmigkeit, Reinheit, Weissagung, Wissenschaft, Gerechtigkeit, Kraft, Mäßigung, Demut, Gewogenheit, gute Taten, Glaube, Barmherzigkeit, Prädestination, Keuschheit, Geographie, Geometrie, Symmetrie, Navigation, Geodäsie, Architektur, Bildhauerkunst, Malerei, Chirurgie, Idee, Astrologie, Medizin und Pracht.

Das Ende des letzten *Bucentoro* war würdelos wie das Ende seiner Republik: Auf den Druck des Generals Napoleon Buonaparte und seiner zerlumpten, aber ungemein schlagkräftigen Revolutionsarmee, die seit April 1796 Oberitalien »befreite«, berief der Doge Lodovico Manin für den 12. Mai 1797 den Großen Rat ein. Von mehr als 1600 Mitgliedern hatten sich ganze 573 eingefunden, das Gremium war theoretisch nicht einmal beschlußfähig. Der Doge stammelte die französischen Forderungen und schlug zitternd vor, sie anzunehmen. Mit 520 gegen 20 Stimmen fällte man das Todesurteil über die Republik; der von Weinkrämpfen geschüttelte Doge riß sich noch auf dem Weg in seine Gemächer die Zeichen seiner Würde herunter. Erst im Oktober dann rückte General Buonaparte tatsächlich in Venedig ein. Am 9. Januar 1798 wurde das Arsenal zerstört, und die Hände der Soldaten brachen die Goldbeschläge des *Bucentoro* ab, rissen die Purpurdraperien herunter und kratzten das Blattgold von den Skulpturen, ehe man das halbzerstörte Staatsschiff in einem Winkel des Arsenals liegenließ und vergaß. 1815 erklärte der Wiener Kongreß lautstark, er werde wieder die Zustände herstellen, wie sie vor der napoleonischen Ära geherrscht hätten – freilich mit der Ausnahme, daß die Sieger nicht selbst Verwendung für den einen oder anderen Teil des zerschlagenen Imperiums hatten wie etwa Österreich, das sich Venedig einverleibte.

In den 55 Jahren, die Venedig nun unter Habsburger Herrschaft stand, bemühten sich die »Austriaci« redlich, eifrig und teilweise sogar durchaus erfolgreich. Stadt und Hinterland der ehemaligen und doch arg heruntergewirtschafteten Serenissima wieder in Schwung zu bringen, freilich wurde auch keine Tolpatschigkeit ausgelassen, um die stolzen Venezianer gegen sich aufzubringen, wozu nicht nur das System des Herrn Metternich mit seinen Geheimpolizisten, Spitzeln und Denunzianten gehörte, sondern auch der ungemein sinnige Einfall, ausgerechnet den *Bucentoro* in ein Gefängnis zu verwandeln.

1848, als sich Revolutionen wie ein Buschfeuer durch ganz Europa ausbreiteten, riefen auch die Venezianer unter Führung des jüdischen Advokaten Daniele Manin wieder die Republik von

San Marco aus, und am 22. März verschwanden die österreichischen Truppen eiligst aus der Stadt.
Ein gutes Jahr später waren die Austriaci zurück – mit Soldaten und Kanonen. Zwei Monate dauerte die Belagerung, ehe die Österreicher am 30. August 1849 erneut einmarschierten. Zu ihren ersten Taten gehörte es, den *Bucentoro* endgültig abzubrechen und die Reste zu verbrennen.

DER EROBERER
MORA

<u>NORMANDIE 1066</u>

Die letzten – oder angeblich letzten – Worte Sterbender haben nur zu oft zu Unruhe, Streit, ja Krieg geführt.
Als am 5. Januar 1066 der kinderlose König Edward der Bekenner von England in Westminster entschlief, hatte seine letzten Worte nur ein Mensch gehört: Harald, Earl of Wessex – eben jener Harald, der sich, dank dieser Worte, schon am nächsten Tag zum König der Angeln und Sachsen krönen ließ – und sich damit in ein Schlangennest setzte, denn schon vor dem Tod des alten Königs hatte es drei weitere Anwärter auf die Nachfolge gegeben.
Da war einmal Harald Haarderaade, der nach einem abenteuerlichen Wikingerleben als Gefolgsmann des Großfürsten von Kiew und Chef der Warägergarde am byzantinischen Hof 1047 König von Norwegen geworden war. Seine Ansprüche gingen auf eine alte Zusage König Harthacnuts zurück. Doch war von ihm kaum Ernsthafteres zu erwarten, es sei denn, Earl Tostig, dem ältesten Bruder des frischgebackenen englischen Königs,

Harald, Earl of Wessex,
als König

Willelm le Bâtard,
Herzog der Normandie

45

der bis zu jenen ominösen »letzten Worten« als der unumstrittene Kronprätendent der Angelsachsen gegolten hatte und der sich nun, wohl nicht ganz zu Unrecht, hereingelegt fühlte und wutschnaubend nach Norwegen segelte, könnte es gelingen, Haarderaade entsprechend aufzuhetzen.

Der weitaus gefährlichste war Willelm le Bâtard, Herzog der Normandie, unehelicher Sohn Roberts des Teufels und Nachkomme des berühmten Wikingers Rollo, der sich mit seinen Leuten 911 als Herzog in der Normandie festgesetzt hatte. Rund 20 Jahre zuvor hatte Willelm le Bâtard König Edward gegen einen Angriff Knuts von Dänemark verteidigt und dafür die Krone nach dem Tod des alten Königs versprochen bekommen. Die in Nordfrankreich nun ansässigen Wikinger oder »Normannen«, wie man sie jetzt nannte, gaben sich zwar nicht mehr so rauhbeinig wie ihre skandinavischen Brüder und Vettern, »sie übernahmen höfische Sitten, sprachen vornehmes Französisch und kleideten ihre stämmigen Kriegerkörper in die neueste Festlandsmode. Doch unter dem dünnen Schafspelz verfeinerter Gesittung blieben dabei stets die harten Konturen der alten nordischen Seewölfe erkennbar«, meint Werner Zimmermann in seinem ›Nef der Cinque Ports‹.

Herzog Willelm hätte in der Tat sein Wikingerblut allzu sehr vergewaltigen müssen, wenn er sich mit der Thronbesteigung Haralds abgefunden hätte. Zudem gab es für ihn nicht den leisesten Zweifel an der Berechtigung seines Anspruches, denn der Usurpator Harald war sein abhängiger Lehensmann.

1064 war Harald, damals noch Earl of Wessex, in die Normandie gekommen – ob vom Sturm verschlagen oder auf Intrigenmission, ist ungeklärt –, hatte mit der Herzogin Mathilde intim an-

Die normannische Invasionsflotte, geführt von der ›Mora‹

Modell der ›Mora‹

gebändelt und sich an der Seite des Herzogs bei der Eroberung der Bretagne 1065 ganz wacker geschlagen. Zum Dank dafür hatte er angesichts der mächtigsten Grafen und Barone, Bischöfe und Äbte der Normandie und Bretagne wie dem versammelten Heer auf dem Feld von Bonneville-sur-Touques – nach anderen Berichten in Bayeux – den Lehens- und Treueid auf den Normannenherzog ablegen dürfen.

Als Willelm le Bâtard die Nachricht von der Krönung Haralds erhielt, hatte er getobt und das Weltreich der Normannen zum Rachefeldzug gegen die eidbrüchigen Angelsachsen aufgerufen. Juristisch gab es dieses »Weltreich« zwar nicht, doch so löblich zerstritten die Nordlandhelden gewöhnlich waren, gegen Dritte hielten sie zusammen wie Pech und Schwefel, und so wimmelte es bald im Heerlager an der Orne-Mündung bei Caen von baumlangen Isländern in schweren Kettenpanzern und mit Bärenfellen um die Schultern, Reitern aus Apulien auf tänzelnden Pferden arabischer Zucht, Bogenschützen aus Nowgorod mit Pelzkappen auf dem Kopf und Wolfsfellen als Mäntel, den stolzen Rittern aus der Normandie in geschmeidigen Kettenhemden, bretonischen Matrosen in lockeren Leinenkitteln, Schwerbewaffneten aus Kiew – in Schuppenpanzer byzantinischer Art geschient –, verwegenen dänischen Piraten mit silberbeschlagenen Helmen und Waffen, leichten Bogenschützen aus Flandern, fränkischen Söldnern und wilden Abenteurern aus Norwegen und Schweden mit struppigen Bärten und handbreiten Reifen aus massivem Gold an den nackten Armen, während ganze Wälder niedersanken, um die Schiffe der Invasionsflotte zu bauen, und Papst Alexander II. gar, auf massiven Druck des Normannenherzogs Robert Guiscard in Apulien, ein »heiliges Banner« in die Normandie schickte.

Als am Spätnachmittag des 27. September, nach wochenlangem Warten auf den richtigen Wind, die Normannenflotte unter Segel ging, zählte man 500 Kriegs- und 600 Troßschiffe, 2000 Reiter, 2500 Pferde, 6500 Schwerbewaffnete zu Fuß und 1500 Bogenschützen.

Das Flaggschiff Herzog Willelms war die *Mora,* ein Geschenk seiner Gattin Mathilde. Mit rund 28 m Länge und 19 Riemenpaaren war die *Mora* keiner jener protzigen Riesendrachen, sondern ein exzellent schnelles, wendiges und doch kampfstarkes Kriegsfahrzeug, das weitgehend dem 1962 im Roskilde-Fjord geborgenen »Langschiff« (Wrack 2/4) geglichen haben muß.

Am Morgen des 28. landete die Invasionsarmee in der Bucht von Pevensey, und am 14. Oktober stand sie dann bei Hastings dem Heer König Haralds gegenüber, das kurz zuvor bei Stamfordbridge im Norden den Angriff Earl Tostigs und Harald Haarderaades blutig und siegreich abgeschlagen hatte. Das Ergebnis der Schlacht von Hastings ist bekannt: König Harald fiel, sein Heer wurde aufgerieben, und Willelm le Bâtard konnte sich als neuer König Englands den ruhmvolleren Beinamen »The Conqueror« – »Der Eroberer« zulegen. Nach den Römern unter Julius Caesar 55 v. Chr. kann die *Mora* den Anspruch erheben, das Flaggschiff der zweiten – und letzten – Flotte gewesen zu sein, der eine Invasion Englands glückte.

PIRAT UND RÖMISCHER CAESAR
OLIVETTA
SIZILIEN UND BYZANZ 1291–1333

Ursprünglich hatte die Galeere *Falcone* geheißen und war 1291 unter der Flagge der Tempelritter bei der Erstürmung von Akkon, der letzten christlichen Festung in Palästina, durch die Mameluken dabeigewesen. Ihr Auftrag hatte gelautet: Rettung der Zivilbevölkerung und Evakuierung nach Marseille. Vielleicht war es ein Zufall, vielleicht auch nicht, daß sich vor allem Damen der besseren Gesellschaft samt ihren Wertsachen auf die *Falcone* retteten, denn ihr Kapitän Roger de Flor sah wirklich ungewöhnlich gut aus.

Dieser Roger de Flor war ein Deutscher und hieß eigentlich Rüdiger Blum. Sein Vater war Falkner des großen Stauferkaisers Friedrich II. gewesen und im Kampf gegen den vom Papst eingesetzten Königsmörder Charles d'Anjou gefallen. Sein Sohn Rüdiger wuchs in Armut auf, trieb sich am Hafen von Palermo herum, transformierte irgendwann seinen Namen ins Italienische, wurde mit zehn Jahren Schiffsjunge auf einem Frachter der Tempelritter, mit 15 Matrose, mit 20 Ritter des Ordens und nun mit 22 Kapitän der *Falcone*.

Das Schiff hätte wohl besser »Elster« geheißen, denn dem Funkeln der Edelsteine und des Goldes konnte de Flor nicht widerstehen. Wenn er die Damen auch wohlbehalten in Marseille absetzte, die in Eisentruhen verwahrten Preziosen rückte er nicht mehr heraus und entschwand nach Genua, wo es schon damals einen guten Markt für Wertsachen nicht ganz einwandfreier Herkunft gab.

Seine Galeere taufte er um in *Olivetta* (Glückspfennig), tat sich mit ein paar Gleichgesinnten zusammen, und die Herren beruhigten ihr christliches Gewissen vorläufig damit, daß sie zunächst nur sarazenische Schiffe angriffen. Doch bald fiel die kleine Flotte auch über christliche Küstenstädte her, die sie nach eigenem Ermessen als »feindlich« deklariert hatte.

Am 30. März 1282 hatten sich die Sizilianer gegen Charles d'Anjou erhoben und in der Sizilianischen Vesper – so genannt, weil der Aufstand am Abend des Ostermontags ausbrach – die Franzosen erst aus Palermo, dann aus ganz Sizilien vertrieben. König

Pedro III. von Aragon war mit einem Heer gelandet und hatte die Insel seinem Reich einverleibt. Sein Nachfolger, Federico III., holte sich nun den anrüchigen, verwegenen, aber tüchtigen Roger de Flor nach Sizilien, machte ihn zum Admiral und Kronrat und ließ ihn auf die Franzosen und ihre Verbündeten los.

Unermüdlich und unverwüstlich schlug sich de Flor unter der Flagge von Aragon in den nächsten 20 Jahren mit französischen, genuesischen, maurischen, sarazenischen und gelegentlich auch päpstlichen Schiffen herum, tauchte in Südspanien, in Neapel, in Pisa, in der Provence und in Nordafrika auf und füllte die Kassen seines Königs und mehr noch seine eigenen.

Die alte *Olivetta* hatte längst ausgedient, doch Roger de Flor blieb dem Andenken an sein erstes Schiff treu und taufte jedes neue Flaggschiff wieder auf den alten Namen.

Der Friede von Messina 1326 kostete de Flor seine staatliche Konzession, und plötzlich meldete sich auch der Großmeister der Tempelritter, man möge ihm den abtrünnigen »Bruder Roger« zur Aburteilung übergeben.

Roger de Flor schaute sich dringend nach einem neuen Mäzen um, der mächtig genug war, ihn vor den Tempelherren zu schützen, aber auch schwach genug, um seiner Hilfe dringend zu bedürfen.

Dieser Mann war der byzantinische Kaiser Andronikos II. Die griechischen und slavischen Truppen des Kaisers, ja selbst die hochgeschätzten Söldner aus dem Norden, die »Skandinavi«, hatten gegen die von Osten und Süden anstürmenden Türken, Mameluken und Sarazenen versagt, Hilfe war nirgends weit und breit in Sicht, und so mußte ein verwegener Söldnerführer mit einer wohlorganisierten Flotte und einer schlagkräftigen Truppe dem oströmischen Kaiser wie ein Geschenk des Himmels erscheinen.

Roger de Flor wußte das und stellte die entsprechenden Bedingungen: Fürstentitel, die Hand einer Prinzessin, den Sold für seine Truppen laufend vier Monate im voraus, eine Goldunze pro Soldat und Seemann, zwei für die leichten Reiter, vier für die schweren.

Byzanz sagte ohne Abstriche zu. In goldener Bulle wurde im Hafen von Licata Roger de Flor der unterzeichnete Vertrag nebst Kommandostab und Hut eines Megaduca (Großherzogs) überreicht.

Der Chronist dieser Ereignisse schildert auch die neueste *Olivetta*, die de Flor eigens zu diesem Anlaß hatte bauen lassen: »Sie war außergewöhnlich lang und schmal und flog über die Wellen wie ein Pfeil. Sie war über und über mit Gold geschmückt und jene Teile, die gewöhnlich aus Eisen sind, waren

Galeere des byzantinischen Kaisers Johannes VI. Cantacuzene; sehr ähnlich sah wohl die letzte ›Olivetta‹ aus

aus reinem Silber gefertigt. Die Segel waren aus feinstem Damast gewebt und das Sonnensegel über der Pupp so sehr mit Gold, Perlen und Edelsteinen bestickt, daß man das Tuch darunter kaum noch wahrnehmen konnte. Auch die zahllosen Banner und Wimpel waren schwer mit Gold und Silber bestickt, und das Schiff war größer und prachtvoller selbst als das des Kaisers.«

Die Flotte ging unter Segel, und »Gott gab ihnen gutes Wetter, und nachdem sie so nebenbei Korfu ein wenig geplündert hatten, langten sie im Hafen von Malvasia an und wurden prächtig empfangen, erhielten auch gleich die Hälfte des vereinbarten Soldes« berichtet der Chronist Muntamer weiter.

Der Empfang in Byzanz und die Hochzeit mit der 16jährigen Prinzessin Maria wurde mit oströmischer Pracht gefeiert.

Dann marschierte de Flor nach Osten den Türken entgegen. Bei Arta, dem antiken Ambrakia, kam es zur Schlacht. Was an Muselmanen bei dem Gemetzel nicht umkam und über zehn Jahre alt war, wurde hinterdrein erschlagen.

Die »Katalanische Kompanie« wurde für die Türken zum Schreckgespenst, für die Byzantiner eine Quelle des Hasses und der Mißgunst. Ihre katalanisch-aragonesisch-sizilianische Kerntruppe, laufend ergänzt durch Abenteurer aus aller Herren Länder, war und blieb samt ihrem ehrgeizigen Megaduca ein Fremdkörper im byzantinischen Reich, und doch waren diese Truppe und diese Flotte bei aller gelegentlichen Zügellosigkeit und Plünderungen auch griechischer Ortschaften das letzte christliche Bollwerk gegen die vordringenden Türken. Und dann, eines unschönen Tages, schloß die Stadt Magnesia, in deren Mauern de Flor einen Teil seiner Beute aufbewahrte, ihre Tore vor den Truppen des Megaduca, als dieser von einem siegreichen Zug gegen die Moslems zurückkehrte.

Roger de Flor plünderte als Ersatz die Insel Chios und setzte sich mit seinen Truppen auf Gallipoli, der wichtigsten Schlüsselstellung am Bosporus, fest. Seiner Unentbehrlichkeit sicher und von dem Zwischenfall in Magnesia gereizt, verlangte – und erhielt – er vom Kaiser einen neuen, höheren Titel, den eines »Römischen Caesars«, eine Würde, die seit 400 Jahren nicht mehr vergeben worden war und dem Mitregenten des Kaisers zukam, samt dem ganzen östlichen Teil des byzantinischen Reiches. Der Weg für Roger de Flor schien nun vorgezeichnet, denn vom Römischen Caesar und Mitregenten war es nur noch ein winziger Schritt zum Autokrator ton Romaion, Kyrios ton panton – Alleinherrscher der Römer, Herrn aller Dinge, wie der offizielle Titel des oströmischen Kaisers lautete. Daß Kronprinz Michael und seine Gattin dieser Entwicklung nicht gelassen zusahen, ist verständlich.

Mit einem siebentägigen prunkvollen Fest wurde Roger de Flor samt seiner 1300 Mann starken Leibwache am kaiserlichen Hof empfangen und gefeiert, bis alle Vorsicht und alles Mißtrauen eingeschläfert waren und die Soldaten des Kronprinzen das Fest zur Schlachtbank verwandelten.

RACHE FÜR BARON DE CLISSON
VENGEANCE
FRANKREICH 1315

1315 herrschte zwischen Frankreich und England kein Krieg –
das war eigentlich fast nur ein Zufall, den man dem politisch
ebenso uninteressierten wie unfähigen Edward II. zuschreiben
durfte. Seit den Tagen Herzog Wilhelm des Eroberers zitterten
die Engländer vor einer möglichen neuen Invasion vom Kontinent, erhoben aber andererseits selbst recht ungeniert Anspruch
auf das ehemals normannische Territorium, und um 1190 waren
tatsächlich der gesamte Westen und beträchtliche Teile der Mitte
Frankreichs englisch. 15 Jahre später hatte man alles bis auf das
Herzogtum Gascogne im Südwesten wieder verloren, doch 1294
bis 1299 hatte Edward I. erneut versucht, Flandern und Cu-
yenne zu erobern. 1339 erhob Edward III. gar Ansprüche auf
den französischen Thron, entfesselte, um diesen entsprechenden Nachdruck zu verleihen, den Hundertjährigen Krieg (der in
Wirklichkeit sogar von 1339 bis 1453 über 100 Jahre dauerte)
und setzte als äußeres Zeichen die französischen Lilien in sein eigenes Wappen. Erst am 1. Januar 1801 (!) wurde dieser Anspruch
wieder aufgegeben, und die Lilien wurden aus dem englischen
Staatswappen entfernt.
Bedenkt man dies alles, so mag schon verständlich sein, daß der
Hof in Paris Hochverrat witterte, als eben 1315 der Baron Oliver
de Clisson zu Nantes ein paarmal allzu laut die Ansicht vertrat,
daß jenseits des Kanals nicht ausschließlich Heiden und Mordbrenner hausten, sondern auch ein paar ganz anständige und
christliche Mitmenschen. Der Baron wurde nach Paris zitiert,
vor Gericht gestellt, verurteilt und geköpft. Seinen Kopf
schickte man nach Nantes zurück, wo er über dem Stadttor aufgehängt wurde zur Warnung für alle, die etwa mit dem englischen »Erbfeind« noch zu sympathisieren gedachten.
Die Witwe des Barons, Jeanne, eine geborene de Bellville und
eine berühmte Schönheit, schwor, ihren Gatten an Frankreich
zu rächen. Sie verkaufte alles – Landgüter, Juwelen, Schloß –,
rüstete drei Schiffe aus und heuerte eine Mannschaft uner-
schrockener Haudegen an, denen es nichts ausmachte, von
einer Frau befehligt zu werden, samt deren beiden Söhnen, die

Ein Nef vom Anfang des
14. Jahrhunderts

zwar noch reichlich jung und unerfahren waren, bald jedoch zu grimmigen Kämpfern heranwuchsen.

Die drei Schiffe, von denen das Flaggschiff bezeichnenderweise *Vengeance* (Rache) getauft wurde, gehörten zum Spättyp des Nef, wie er im 13. Jahrhundert von den Cinque Ports, jenem mächtigen und streitlustigen Städtebund an der englischen Südküste, aus dem Handelsschiff der Wikinger, der Knorre oder Knarr, entwickelt worden war, sich bis Flandern und Nordspanien ausbreitete und uns von zahlreichen Siegeltyparen bekannt ist. Breiter als seine Wikinger-Vorfahren – ohne deshalb auf die scharfen Unterwasserlinien zu verzichten –, konnte das Nef eine beachtliche Ladung, Handelsgüter ebenso wie Krieger, tragen und blieb dabei doch ein hervorragend schneller und wendiger Segler. Der exzellente Kenner mittelalterlichen Schiffbaus, Werner Zimmermann, der in seinem Buch ›Nef der Cinque Ports‹ erstmalig den Typ des Nefs exakt dokumentiert und rekonstruiert hat, gibt als Durchschnittsmaße an: Länge zwischen den Steven 22,00 m, Tiefgang 1,60 m, Freibord 1,30 m, größte Breite 5,10 m und Deplacement 120 Tonnen.

Unbehelligt segelte die Baronne de Clisson mit der *Vengeance* und ihren beiden Begleitschiffen die Loire hinaus, doch schon wenig später überschlugen sich bald aus diesem, bald aus jenem französischen Hafen die Schreckensmeldungen über mörderische Überfälle, niedergebrannte Lagerhäuser, blutige Gemetzel und gnadenloses Versenken harmloser Schiffe.

»Rache für Baron de Clisson!«

Wie eine Furie brauste die schöne Jeanne de Clisson mit ihren Söhnen, das Schwert in der Hand, die französische Küste auf und ab und mordete, was ihr vor die Klinge kam. Ganze Küstendörfer wurden ausgeplündert, in Asche gelegt und die Bewohner abgeschlachtet.

»Rache für Baron de Clisson!«

Für ein paar Monate kam der gesamte Seehandel zwischen Loire und Seine zum Erliegen. Kriegsschiffe, die ausgeschickt wurden, ihrer habhaft zu werden, kamen nie zurück, Küstendörfer wurden von den Einwohnern verlassen, Hafenstädte verödeten, Werften mußten stillgelegt werden, die Wirtschaft Frankreichs entlang der Küste drohte zusammenzubrechen.

»Rache für Baron de Clisson!«

Und dann, eines Tages, verschwanden die schöne Baronne, die *Vengeance* und ihre zwei Begleiter und blieben für immer verschollen.

VITALIER UND LIKENDEELER
BUNTE KUH
DEUTSCHE HANSE 1401

Das Wort »Hanse« wird zwar erst 1343 erstmalig urkundlich erwähnt, doch bereits 1252 hatte Lübeck die ersten Verträge mit anderen Kaufmannsstädten abgeschlossen, die den Mitgliedern monopolartige Privilegien gewährten. In seiner Glanzzeit umfaßte der Städtebund, in dem Bremen und Hamburg erst relativ spät größere Bedeutung erlangten, nicht weniger als 90 Hafen- und Binnenstädte. Die wichtigsten ausländischen Kontore waren der Stahlhof in London, die Tyske Brügge in Bergen, der Peterhof in Nowgorod und der Fondaco dei Tedeschi in Venedig.

Ursprünglich war die Hanse eine völlig unpolitische Vereinigung von Kaufleuten gewesen, doch wer gut zweieinhalb Jahrhunderte so ausschließlich die Seefahrt und die Meere beherrschte, wie das die Hanse tat, wird, ob er will oder nicht, in politische

Claus Störtebecker

Claus Stortzenbecher der Verrühmte Seeraüber
von den Hamburgern gefangen undt zum Todt verurtheilt A 1401

Auseinandersetzungen hineingezogen, und er erregt auch den Neid all jener, die an diesem Monopol nicht teilhaben dürfen. Dicht befahrene Handelswege lockten, wie in südlichen Gewässern die Haie, Piraten an, und die Hanse wäre durchaus mächtig genug gewesen, dem Unwesen sehr schnell ein Ende zu bereiten, wäre da nicht der Kaufmannsgeist gewesen – einerseits die Stärke des Hanse-Bundes, andererseits seine größte Schwäche –, der nur zu gern nach den billigen Warenangeboten der Freibeuter griff, auch wenn man sehr genau wußte, daß diese von einem anderen Hanseschiff stammen mußten, und sich so keineswegs zu gut war, als Hehler der Seeräuber zu fungieren.

Der reichen Beute und des sicheren Absatzmarktes gewiß, vermehrten sich im 14. Jahrhundert die Piraten in der Ostsee wie die Kaninchen, schlossen sich zu Großbanden und Flotten zusammen und bildeten bald eine Art Piratenstaat mit Visby auf Gotland als Zentrum.

Als Königin Margarete, genannt »die schwarze Margret«, Herrscherin über Dänemark und Norwegen, zur Abrundung ihres Reiches auch Schweden schlucken wollte und zu diesem Zweck 1389 Stockholm belagerte, riefen die Hansestädte Rostock und Wismar, die sich dem geflohenen Schwedenkönig Albrecht verpflichtet fühlten, die Piraten zu Hilfe, um die belagerte Stadt mit Vorräten und Munition zu versorgen. Lebensmittel wurden damals »Viktualien« genannt, das Wort verschliff sich zu »Vitalien«, und die Männer der Versorgungsschiffe wurden bald »Vitalienbrüder« genannt – ein Ehrenname, doch er sollte es nicht bleiben.

Zwar bewährten sich die Ostseepiraten ganz brav als Blockadebrecher, ihren Charakter und ihre Gewohnheiten änderten sie deshalb noch lange nicht, und der Chronist Reimer Kock schreibt dazu: »Ein herrenloses Volk aus allen Gegenden, Hofleute, Bürger vieler Städte, Amtsknechte, Bauern; sie sprachen, sie wollten ziehen auf die Königin von Dänemark zu Hilfe dem König von Schweden; sie bedrohten aber leider die ganze See und alle Kaufleute und raubten beide aus, Freund und Feind.«

Schließlich wurde das Treiben der Vitalier so arg, daß die Hanse und die Dänenkönigin nicht nur Frieden schlossen, sondern sogar gemeinsam gegen die Piraten vorgingen, wobei es 1396 zu einer recht fatalen Panne kam: Die gegen Visby segelnden Flotten der Dänen und der Hanse hielten sich wechselseitig für die gesuchten Piraten, und als nach einem mörderischen Kampf,

Danziger Kogge

den die Hanseschiffe gewannen, die Wahrheit herauskam, zog
man sich unter größter Betroffenheit und tausend Entschuldi-
gungen in die Heimathäfen zurück.

An der Spitze der Vitalier stand unterdessen ein Triumvirat: Gödeke Michelsen (auch Gödeke Michels oder Göd Michael), der
tüchtigste und erfahrenste dieser Freibeuter, Wigbald (Wigbold
oder Wikbald), der Magister der Philosophie in Rostock gewesen war, ehe er »seynen Stand auf dem Katheder mit dem auf
dem Schiffskastell vertauscht hatte« und »im Plato und Aristote-
les ebenso wie in der Navigation und im Beutemachen« Be-
scheid wußte, und schließlich der berühmteste und brutalste von
allen, Claus Störtebecker (oder Storzenbecher), von dem man
annimmt, er sei der letzte Herr von Alkun gewesen.

Die Seeräuberherrlichkeit auf Gotland war fast schon zu einer
staatsähnlichen Dauereinrichtung geworden, als der Hochmei-
ster des Deutschen Ritterordens, Konrad von Jungingen, mit

Feuer und Schwert dazwischenfuhr, in kürzester Zeit das »vermaledeyte heyllose Volck der Teufelskindter« aus seinem »baltischen Paradies« tilgte und, was nicht im Kampf umkam oder floh, anschließend hängen oder köpfen ließ.

Als das große Donnerwetter über die gotländischen Vitalienbrüder hereinbrach, erwischte man freilich die Anführer Störtebekker, Michelsen und Wigbald nicht mehr – sie hatten rechtzeitig das Gewitter heraufziehen sehen und sich in die Nordsee abgesetzt, wo sie sich nun »Likendeeler« (Gleichteiler) nannten, entsprechend ihrer Gepflogenheit, die Beute ohne Unterschiede untereinander zu teilen.

Karl Marx und die anderen Theoretiker des Sozialismus und Kommunismus hätten an den Piraten ihre helle Freude gehabt, und auch wenn der Autor keineswegs behaupten will, daß eine klassenlose, sozialistische Gesellschaft nur in einer Horde professioneller Räuber und Mordbrenner funktionsfähig ist, so ist es doch unbestrittene Tatsache, daß sich hier wieder und wieder autochthon genau solche Gesellschaften entwickelt haben und diesen Banden wie auf den Leib geschneidert schienen – angefangen von den antiken Kariern und Kilikiern, den karibischen Boucanniers und Flibustiers bis hin zu jenen Seeräuberbanden, die teilweise bis in dieses unser Jahrhundert noch in den verschiedensten Ecken ihr Unwesen getrieben haben.

Der neue Schirmherr der Likendeeler wurde 1399 Kenno ten Brooke, der gewalttätige Herr des Brockmerlandes an der westfriesischen Küste, der den Piraten nicht nur freies Marktrecht in allen friesischen Ortschaften gewährte, sondern sogar, um das Bündnis recht eng zu schmieden, seine Tochter mit dem Anführer Claus Störtebecker verheiratete. Zum Hauptstützpunkt wurde Helgoland erwählt, und da man ein geschicktes System – ⅓ Angriffsflotte, ⅓ Reserve, ⅓ zur Überholung in den Häfen – verwendete, war es unmöglich, die ganze Bande zu fangen.

Die Hanse, zumal Hamburg, verlegte sich daher zunächst aufs Bitten um Ruhe, doch als dies nichts fruchtete, beschloß man 1401, das Übel auszurotten. Unter dem Befehl der Ratsherren Albrecht Schreye und Johannes Langhe wurde eine beachtliche Flotte von »Freedekoggen« (Friedenskoggen, d. h. Kriegsschiffen) ausgerüstet und zum Flaggschiff die »durch die See brausende *Bunte Kuh* aus Flandern mit starken Hörnern« des Simon von Utrecht unter Kapitän Nienkerken bestimmt. In den Chroniken wird die *Bunte Kuh* als »große Holk« bezeichnet, ein

Schiffstyp, dessen geklinkerte Plankengänge nicht auf dem Steven endeten, sondern parallel zu diesem hochgezogen wurden. Die Holk war etwa 30 m lang, mit gebogenem Vorder- und geradem Achtersteven und Heckruder sowie geschlossenem Achterkastell und hüttenartigem Unterbau des Vorderkastells. Tatsächlich dürfte es sich bei der *Bunten Kuh* aber eher um eine Kogge gehandelt haben – die Begriffe wurden seinerzeit noch oft durcheinandergewürfelt –, wie sie bei Baggerarbeiten im Oktober 1962 im Bremer Hafengelände entdeckt und geborgen wurde. Nach der dendrochronologischen Bestimmung datierte man diese Kogge auf das Jahr 1380 – also genau die Zeit der Likendeeler –, sie hatte scharfe Unterwasserlinien, geraden Vor- und Achtersteven mit Heckruder, kraweelen Schiffsboden und geklinkerte Rumpfseiten; sie maß 23,50 m in der Länge, 7,60 m in der Breite und 4,10 m in der Höhe mittschiffs bei einer Zuladung von rund 130 Tonnen. Aus Eiche gebaut und mit einem Mast ausgerüstet, war sie Ende des 14. Jahrhunderts das typische Fahrzeug der Hanse. Ihre Bergung, Restaurierung und Aufstellung im Deutschen Schiffahrtsmuseum in Bremerhaven ist eines der kostspieligsten und aufwendigsten Unternehmen deutscher Archäologie.

Die Bremer Kogge ist bestimmt nicht die *Bunte Kuh,* doch diese muß ihr fast geglichen haben, als sie die Piraten vor der Emsmündung angriff, wobei 80 Likendeeler fielen und 36 anschlie-

Die in mühsamer Kleinarbeit wieder aufgebaute Kogge im Deutschen Schiffahrtsmuseum Bremerhaven

61

ßend hingerichtet wurden; ein Jahr später räumte Nikolaus Schoche, Bürgermeister und Admiral von Hamburg, vor der Wesermündung auf, wobei wieder 73 Likendeelerköpfe rollten.

Und dann gelang der große Fang: Als harmlose Handelsschiffe getarnt, verleiteten sie Claus Störtebecker, den sonst bei aller Kühnheit so Vorsichtigen, zum Angriff, und als sich die Hanseschiffe als Freedekoggen zu erkennen gaben, war es für die Flucht zu spät. Wohl kämpfte Störtebecker tapfer, und 40 seiner Leute lagen tot an Deck, bis er sich ergeben mußte und wenig später samt 73 seiner Kumpane in Ketten im Bauch der *Bunten Kuh* lag, während Michelsen und Wigbald diesmal noch entkommen konnten.

Ein halbes Jahr später wurden auch sie samt 80 Genossen Opfer der *Bunten Kuh* und des tüchtigen Simon von Utrecht. Der Prozeß gegen die Piraten war erstaunlich fair, am Todesurteil änderte das freilich nichts.

»Ich ertrage die langsam berechnende Weise nicht, wie ihr klug und schlau, ja mit List euren Reichtum zusammenscharrt, von dem niemand einen Nutzen hat, wenn ihr in eurem Wohlleben auch noch so ernst und ehrbar dreinschaut. Dies erinnert mich an ein Bild, das ich an der Kirchenwand in Marienhave abkonterfeit sah: Der Fuchs steht auf der Kanzel und predigt den Leuten Moral, Gehorsam und Frömmigkeit. Ich aber griff kühn hinein und nahm rasch, während ihr spekulierend zu Werke geht. Eure Weise lobt die Welt, weil sie nicht hinter eure Schliche zu sehen vermag; meine Weise zu nehmen verurteilt sie, und doch bleibt sich die Sache auf ein Haar gleich.«

Das war die Abschiedsrede des berühmten Claus Störtebecker am 11. Juni 1402 auf dem Grasbook, dem Richtplatz, in Hamburg. Dann waltete Meister Rosenfeldt, der Scharfrichter, »in grawem Mantel undt Hut mit dem roten Band« seines Amtes an den Piraten, und »ihr Tod sei also von Frawen undt Jungfrawen sehr beklagt worden«.

Die Reste der Likendeeler trieben sich noch bis 1433 in der Nord- und Ostsee herum, ehe die friesischen Edelleute endgültig ihren Frieden mit Hamburg schlossen und der letzte Piratenführer Siberth Paginga von dem tüchtigen Simon von Utrecht und seiner *Bunten Kuh* erledigt werden konnte.

Und dann geschah etwas sehr Eigenartiges: Es ist eigentlich unbegreiflich, weshalb ausgerechnet Claus Störtebecker zu einer Art Volksheld geworden ist, und ausgerechnet auch noch bei

jenen, die er am ärgsten geschädigt hat, den Hamburgern. Er ist nun wirklich keine jener Piratengestalten, denen man für ihre Ideale wie Drake oder Surcouf oder wenigstens für ihre verwegen-elegante Art Sympathien entgegenbringen könnte, sondern war – kurz und klar gesagt – ein rücksichtsloser, roher, beutegieriger, brutaler und grausamer Geselle. Und doch nennen die Nachkommen jener, die er als »Pfeffersäcke« und »Häringsbändiger« verhöhnt hatte, heute ihre Jachten *Störtebecker,* geben sich biedere Ruderclubs seinen Namen, ernennen ihn Studentenverbindungen posthum zum Ehrenmitglied, verweist man stolz auf eine silberne Bootspfeife, die ihm gehört haben soll, auf seinen Harnisch, das Richtschwert und die 19 Fuß lange, eiserne Kanone seines Flaggschiffes im Zeughaus oder gar auf die Krone um den Turm der Sankt Katherinenkirche, die einst aus Störtebeckerschem Gold gewesen sein soll (der Turm wurde freilich erst 250 Jahre später gebaut), und nachdem ihn 1943 englische Bomben zerstört hatten, vergaß man beim Wiederaufbau auch die »Störtebecker-Krone« nicht …

DIE BARRIERE DES GRAUENS
SÃO JOÃO
PORTUGAL 1433–1434

Er ist nie zur See gefahren, der 1394 als dritter Sohn König Joãos
I. von Portugal geborene Dom Henrique, und doch gab ihm die
Geschichte den Beinamen: »o Navigador« – »der Seefahrer« –
und niemandem mehr zu Recht als ihm.

Dom Henrique o Navigador gehört zu den zweifellos faszinie-
rendsten Persönlichkeiten der europäischen Geschichte: ein
Mystiker und Asket, der unter seinen prunkvollen Staatsgewän-
dern ein härenes Büßerhemd trug, ein Kreuzritter, der sein
Leben dem Kampf gegen den Islam geweiht hatte, aber durchaus wußte, daß man diesen an den Wurzeln seines Handels und
Reichtums weit empfindlicher treffen konnte als durch noch so
glanzvolle Siege mit Soldaten und Kanonen, ein Träumer, der
hoffte, im Süden Afrikas auf das Reich des legendären christlichen Priesterkönigs Johannes zu stoßen, um ihn als Verbündeten gegen die Söhne Mohammeds zu gewinnen, und aber gleichzeitig verstand, aus den Entdeckungsfahrten seiner Kapitäne
für Portugal höchsten wirtschaftlichen Nutzen zu ziehen.

1418 schlug der Prinz seine persönliche Residenz in Sarges, am

Dom Henrique o Navigador

Südende Portugals, auf, gründete ein Observatorium, ein Schiffahrtsarsenal und eine »Seefahrer-Schule«, in der er die besten Kartographen, Astronomen, Geographen und Seefahrer sammelte, die sich in Europa finden ließen, um sein weitgestecktes Ziel, die Erforschung der Küste Afrikas und schließlich eines Seeweges nach Indien, durchzuführen. Das größte und scheinbar unüberwindliche Hindernis auf diesem Weg war Kap Bojador knapp südlich der Kanarischen Inseln – nicht weil es so schwer gewesen wäre, dieses Kap zu umrunden, sondern weil es mit einem Übermaß an Angst und Aberglauben befrachtet war. Richard Humble schreibt in seinem Buch ›Die Entdecker‹ dazu: »Am Kap Bojador, anderthalbtausend Kilometer südwestlich von Gribraltar, streckt die öde Sahara einen leblosen Finger in den Atlantik hinaus. Keine Pflanze wächst dort – nicht einmal Unkraut; von Leben keine Spur. Aus Nordosten bläst ein steter Wind, der Sandwirbel und furchterregende Wasserhosen aufpeitscht und vom Atlantik riesige Brecher hereinschiebt, die an den roten Sandsteinklippen nagen, bis sie einstürzen und in den hoch aufspritzenden Wassern des Ozeans versinken. Bis 35 Kilometer vor der Küste ist das schmutzige Meer seicht; keine zwei Meter tief, ist es von aufgewirbeltem Sand getrübt und von starken Strömungen durchwühlt. In der weißglühenden Sonne sieht das Kap fast so aus wie eine Vision vom Ende der Welt – und das war Kap Bojador auch ein Jahrtausend lang. Im Mittelalter glaubte man in Europa, auf Kap Bojador der Sonne so nahe zu sein, daß die menschliche Haut verkohlen würde. Man stellte sich vor, daß in der zu Schlamm eingedickten See groteske Ungeheuer wateten, während an der Küste Hügel aus heimtückischem Magnetgestein darauf lauerten, aus den Schiffsplanken die Metallverankerungen herauszuziehen und so die Seeleute dem Verderben preiszugeben. Selbst kühne Geister, die mutmaßten, daß es jenseits von Kap Bojador etwas geben könnte, zögerten, die Landspitze zu umfahren. Sie fürchteten, über den Rand der Erde hinauszusegeln, wenn sie sich weiter aufs Meer hinauswagten.«

Dom Henriques erstes und wichtigstes Ziel mußte es also sein, Kap Bojador, dieser Barriere des Grauens, seine eingebildeten Schrecken zu nehmen, doch »obwohl er nicht nur gewöhnliche Männer ausschickte, sondern Soldaten von hervorragendem Ruf, gab es keinen, der es gewagt hätte, an dem Kap vorbeizufahren«, notierte der Chronist Gomes Eannes de Zurara.

Auch den ungewöhnlich tapferen und tüchtigen Kapitän Gil Eannes hatte 1433 auf den Kanarischen Inseln der Mut verlassen, aber nach Sagres zurückgekehrt, war er über die Enttäuschung seines Prinzen derart beschämt, daß er noch im gleichen Jahr erneut mit seiner Karavelle *São João* unter Segel ging.

Die Karavelle, das wichtigste und nahezu ausschließlich verwendete Schiff jener frühen Entdeckungsfahrten, war eine äußerst geglückte Mischung aus nordischen, mediterranen und arabischen Elementen. 20 bis 25 Meter lang und 5,0 bis 6,50 Meter breit, mit einem durchgehenden Deck und einer kleinen Hütte achtern, war sie äußerst robust und zudem leicht genug, um über Sandbänke hinwegzusegeln und sogar in Flußmündungen einzudringen; mit ihren drei Masten, die wahlweise mediterran lateinisch oder, durch das verhältnismäßig einfache Umsetzen des Besanmastes als Fockmast als »caravela redonda«, nordisch querrah getakelt werden konnten, war sie ein schnelles, wendiges Fahrzeug, das man mit 25 bis 30 Mann zu segeln und mit dem man hoch an den Wind zu gehen vermochte.

»Der Prinz war ein Mann von großer Autorität«, berichtet Zurara, »so daß seine – wenn auch sanften – Ermahnungen auf den ernsten Eannes großen Eindruck machten, jeden Nerv anzuspannen, um jenes Kap zu umschiffen. Keine Gefahr, die euch begegnet, kann so groß sein, daß sie nicht von dem erhofften Lohn in den Schatten gestellt würde.«

Gil Eannes bezwang tatsächlich seine Angst, umrundete Kap Bojador in weitem Bogen, und als er Tage später das Land betrat, wartete er vergeblich auf Ungeheuer und Fabelwesen. Noch viele Jahre später wunderte sich der Chronist Vasco da Gamas eigentlich nur darüber, wie »normal« in jenen fernen Ländern alles war, wenn er von den Einwohnern Südafrikas berichtete: »Sie halten sich auch Hunde in großer Zahl; diese sehen aus wie die portugiesischen, und sie bellen auch so!« Auch Gil Eannes mag am meisten darüber verblüfft gewesen sein, daß die einzige Sensation jenes Landes, das er nun betrat, aus ein paar Blütenbüschen in den Dünen bestand. Er grub einen davon mit den Wurzeln aus und überreichte ihn bei seiner Heimkehr 1434 Dom Henrique: »Ich dachte, mein Prinz, daß ich von dem Land, in dem ich war, irgendeine Gabe mitbringen sollte, weshalb ich diese Kräuter pflückte; in unserem Land heißen sie Rosmarin.« Nun, da erwiesen war, daß am Kap Bojador die Welt nicht zu Ende war, segelten Jahr für Jahr Karavellen nach

Eines der am Kap Bojador erwarteten Seeungeheuer

Süden, entdeckten, forschten, vermaßen und kehrten mit neuem Wissen beladen nach Sagres zurück, wo die Erkenntnisse den nächsten Kapitänen halfen, noch weiter ins Unbekannte vorzudringen: 1436 erreichte Alfonso Conçalves Baldaya Kap Blanco, der aus Venedig stammende Alvise de Cadamosto 1455 Gambia, 1458–60 Diego Gomes Kap Palmas, und schon

Karavelle, das Idealschiff für Entdeckungsfahrten

machte man sich – freilich vergebliche – Hoffnungen, die Süd-
spitze Afrikas gefunden zu haben.
In diesem Jahr 1460 starb Dom Henrique o Navigador, 66 Jahre
alt, doch sein Werk lebte weiter, insbesondere, als der junge
König João II. die Sache in seine energischen Hände nahm:
Diego Cao stieß 1482 bis zum Kongo und darüber hinaus bis Kap
St. Maria (Kap Lobo) vor und in einer zweiten Expedition 1485
bis zur Walfisch-Bai. Bartholomeu Diaz erreichte schließlich

1487 tatsächlich die Südspitze des schwarzen Kontinents, die er selbst als »Kap der Stürme« bezeichnete. König João II. freilich benannte es angesichts zukünftiger Möglichkeiten in »Kap der Guten Hoffnung« um.

Gemessen an Diego Cao oder Bartholomeu Diaz war die Leistung von Gil Eannes mit seiner *São João* als Entdeckung völlig belanglos, und so wurde sie mit Ausnahme von ein paar Fachhistorikern recht schnell vergessen. Und doch müßte man eigentlich seine Fahrt gleichberechtigt neben die von Christoforo Colombo, Vasco da Gama und Fernão de Magalhães stellen; Gil Eannes hat zwar keine neuen Kontinente entdeckt, keine neuen Meere befahren, aber er hat den größten Sieg errungen, den ein Mensch überhaupt zu erringen vermag: den Sieg über die eigene Angst.

Und er hat ein Tor aufgestoßen. Nachdem Kap Bojador seine Schrecken verloren hatte, war alles andere nur noch eine Frage der Zeit – gewiß, auch der Tapferkeit, der Zähigkeit, des konsequenten Voranschreitens; Orkane und Klippen, feindliche Eingeborene, tropische Sonnenglut und arktische Kälte, Meutereien und Krankheit haben von den Entdeckern oftmals das Äußerste gefordert, aber nie mehr war es notwendig, eine ähnliche Barriere irrationalen Grauens wie vor Kap Bojador zu überwinden.

DAS GESTOHLENE WUNDERSCHIFF
PIERRE DE LA ROCHELLE –
PETER VON DANZIG

FRANKREICH UND DEUTSCHLAND 1462–1475

Am Zusammenfluß von Mottlau und Weichsel war das westliche
Flußufer schwarz von Menschen. Ein beträchtlicher Teil der
rund 20 000 Einwohner der Hansestadt Danzig hatte an diesem
Tag kurz nach dem Pfingstfest 1462 alles stehen und liegen lassen, um jenem Wunderschiff unter französischer Flagge, das in
den Morgenstunden aufgeregte Turmwächter angekündigt hatten, beim Ankern zuzusehen. Der *Pierre de la Rochelle* war aber
auch in der Tat eine Sensation. Man wußte zwar, daß neuerdings
in Frankreich und auch in Flandern Schiffe gebaut wurden, die
neben dem Hauptmast noch zwei kleinere Masten vorn und achtern führten und bei denen man die Planken des Rumpfes nicht
mehr nach Vätersitte klinker-übereinanderlappend, sondern
Kante auf Kante, »kraweel«, aufeinandersetzte, aber das, was
da draußen, außerhalb des eigentlichen Hafengeländes, im
Fahrwasser der Weichsel lag, überstieg jedes menschliche Vor-
stellungsvermögen – ein Schiff, das über 50 Meter Länge aufwies und mit seinen mehr als einem Dutzend Metern von Bordwand zu Bordwand breiter als manch respektabler Küstenfahrer
lang war! Und dann die Ladung: 800 Tonnen Salz – man stelle
sich vor: 800 Tonnen in einem einzigen Fahrzeugbauch!
Während sich noch die Menschenmassen am Ufer drängten, die
fremden Seeleute hochleben ließ und sie in den Kneipen frei-
hielt, rauften sich die Danziger Handelsherren in ihren Kontoren die Haare. Daß die 800 Tonnen Ladung die Salzpreise in den
Keller purzeln ließen und den einen oder anderen Kaufmann
den Hals kosten würden, war dabei noch nicht einmal das
schlimmste, aber wenn die Konkurrenz derartige Schiffe ein-
setzte, die allein schon auf Grund ihrer Größe jeden Freibeuter
– und deren gab es in der Nord- und Ostsee mehr als genug – ab-
schreckten und am Zielort einen Warenumsatz erbringen mußten, wie sonst nur eine ganze Flotte, dann war es unabdingbar,
auch selber solche Schiffe zu verwenden – wenn man nur gewußt
hätte, wie man solch ein Wunderschiff überhaupt bauen sollte.
Und so begann sich in den Köpfen der Danziger Kaufherren

Ein frühes Schiff
mit drei Masten

eine Idee breitzumachen: Es müßte doch, zum Teufel, irgendwie möglich sein, die Konstruktionsprinzipien des französischen Riesen auszukundschaften, seine Maße und Materialdimensionen abzunehmen, um selbst ähnliche Fahrzeuge auflegen zu können – und eigentlich hätte man am liebsten das ganze, komplette Schiff als Muster gehabt. Da nahm das Schicksal in Gestalt eines Gewitters die Sache zugunsten der Danziger Handelsherren in die Hand. Mit seinem rund 35 Meter hohen Großmast war der *Pierre de la Rochelle* das höchste Gebilde außerhalb der Stadt, und prompt suchte sich ein Blitz eben diesen Großmast als Zielpunkt aus und sorgte dafür, daß er anschließend nur noch als Brennholz zu gebrauchen war.

Die Danziger waren plötzlich ganz Hilfsbereitschaft: Selbstverständlich würden sie einen neuen Mast liefern, nur – leider! – so ganz billig würde die Sache natürlich nicht werden. Kapitän Marot Boeff eilte heim, um bei dem Reeder und Schiffseigner Pierre Cosimot das nötige Geld abzuholen, während er die An-

gelegenheit in Danzig dem Reedereiagenten Pierre Byssert übertrug. Dieser verstarb freilich wenig später. Die Sorge für das Schiff hatte er seinem Kollegen Pierre de Nantes testamentarisch anvertraut. Zweifellos war es reiner Zufall, daß die Kosten für den Ersatzmast höher und höher kletterten und Pierre de Nantes sich zwar bei den Danziger Kaufleuten um die Aufbringung des Geldes – verblüffenderweise vergeblich – bemühte, dabei jedoch, rein irrtümlich, versäumte, auch dem Reeder in La Rochelle davon Mitteilung zu machen. So kam es, wie es kommen mußte. Der *Pierre de la Rochelle* wurde gepfändet, in Danziger Besitz überführt, und nur höchst naive Gemüter können annehmen, daß dabei alles mit rechten Dingen zugegangen sei. Pierre Cosimot jedenfalls fiel aus allen Wolken, als er 1464 mit Kapitän Marot Boeff in Danzig eintraf und ihm mitgeteilt wurde, daß ihm sein Schiff gar nicht mehr gehöre. Offensichtlich von der beständig verkündeten hanseatischen Redlichkeit überzeugt, strengte er eine Klage beim Stadtrat an – und mußte erleben, daß die Pfändung als rechtskräftig bestätigt wurde; wer hätte das je vermutet? Pierre Cosimot reiste verbittert ab, doch selbst die Einschaltung seines Königs änderte nichts mehr an der Tatsache, daß sich die Danziger um den Preis eines Großmastes ein ganzes Schiff unter den Nagel gerissen hatten. Immerhin war die ganze Gerichtsposse so fragwürdig, daß man das Schiff zunächst nicht auf Fahrt schickte, sondern es an der Langen Brücke vertäut liegenließ – und sich so sehr an seinen Anblick gewöhnte, daß man es vorderhand vergessen zu haben schien.
Zunächst wimmelten noch die Schiffsbaumeister und Zimmerleute durch den bauchigen Rumpf des *Pierre de la Rochelle*, vermaßen, begutachteten, diskutierten die neuartige Bauweise, und bald kamen die Schiffsneubauten Danziger Werften in den gewinnträchtigen Ruf, das Modernste darzustellen, das in der ganzen Ostsee zu bekommen war. Doch die Jahre vergingen, das Holz des Wunderschiffes begann zu morschen, die Eisenbeschläge rosteten vor sich hin, das Bilgewasser schwappte träge im Rhythmus der Wellen in seinem Bauch, und die Hafenbehörden dachten bereits daran, das Schiff abwracken zu lassen.
Vielleicht hätte das auch das ruhmlose Ende des *Pierre de la Rochelle* bedeutet, wären da nicht mehr und mehr politische Schwierigkeiten mit England und Frankreich, und der Rat von Danzig – schön weit ab vom Schuß – der eifrigste Vertreter einer gewaltsamen Lösung gewesen. In dieser Lage drängte sich ein

Karracke des Meisters W. A.; der ›Peter von Danzig‹ dürfte diesem Schiff weitestgehend geglichen haben

solch imposanter Schiffsgigant als Kriegsfahrzeug geradezu auf. Seine Laderäume ließen sich in Unterkünfte für mehr Seesoldaten, als je zuvor auf einem einzigen Schiff Platz gefunden hatten, umwandeln. Überdies war das Schiff so ausladend gebaut, daß es problemlos auch etliche jener hochmodernen Pulvergeschütze tragen konnte, deren Installation auf herkömmlichen Koggen und Holken bislang unlösbare Stabilitätsprobleme aufgeworfen hatte.

Aber immer noch gab es da juristische Bedenken. Man löste sie schließlich höchst elegant: Im Winter 1469/70 wurde der *Pierre de la Rochelle* von den Hafenbehörden als »nicht mehr reparaturfähig« deklariert, was der Rat per Urkunde bestätigte (damit war nach geltendem Recht das Schiff gegen alle eventuellen zivilrechtlichen Ansprüche von französischer Seite abgesichert), und übergab ihn dann dem Schiffsbaumeister Hans Pale zur gründlichen Überholung, die sich freilich wegen der noch so sehr ungewohnten Bauart bis in den Sommer 1471 hinzog.

Am 19. August 1471 wurden die Leinen losgeworfen, und das Schiff segelte mit rund 400 Mann an Bord in die Ostsee hinaus unter neuem Kommando und natürlich auch unter neuem Namen. Unter französischer Flagge war es als *Pierre de la Rochelle* gelaufen, in Danziger Deutsch unter *Peter van Rosseel* oder ganz einfach unter der Bezeichnung das *Große Kraweel*. Da es immer eine etwas heikle Sache ist, den Namen eines Schiffes zu ändern – erfahrungsgemäß bringt das Unglück –, beließ man es beim *Peter*, nur daß der Riese jetzt *Peter von Danzig* hieß. Der zweite Abschnitt seiner Geschichte war für das Schiff recht wenig ruhmreich. Sein Befehlshaber Bernt Pawest war zwar ein angesehener Ratsherr der Stadt Danzig, aber von christlicher Seefahrt, gar unter kriegsmäßigen Bedingungen, hatte er nicht die mindeste Ahnung. Er schaffte es, in Holland und an der französischen Nordküste in so ziemlich jedes Fettnäpfchen zu treten, das da irgendwo herumstand. Er ließ sich seine einzige, ohnehin recht klägliche Beute abnehmen, sich beim Kauf von Trinkwasser und Wein nach Strich und Faden übers Ohr hauen und sich drei Tage von englischen Piraten foppen. Doch mehr als zu Beginn des Jahres 1472 »die Nordsee frei von Piraten gehalten zu haben« – eine Jahreszeit, in der ohnehin kein Schiff den schützenden Hafen verließ –, konnte er nicht für sich in Anspruch nehmen. Dafür leckte der *Peter von Danzig* infolge schlechten Wetters und rauher See beträchtlich, und Bernt Pawest schrieb heim: »So hat uns denn, liebe Herren, die große Not von der See vertrieben, aber das kam nur von der mangelhaften Arbeit der Schiffszimmerleute, denn ich kann in Wahrheit bezeugen, daß das gute Schiff niemals auf Grund gekommen ist, seit wir aus der Weichsel gesegelt.« Wie dem auch sei, der *Peter von Danzig* mußte am 12. März 1472 in Brügge aufgeslippt werden, und 100 Arbeiter waren bis Ende Juni damit beschäftigt, die Schäden wieder zu beheben.

Im Herbst kehrte Herr Bernt Pawest enttäuscht nach Danzig zurück, wo das Kommando ein gewisser Pawel Beneke gegen ein Sechstel Eigentumsrecht, völlig freie Hand und angemessenen Beuteanteil übernahm und damit den dritten Teil der Geschichte des Wunderschiffes eröffnete.

Pawel Benekes Ruf war ausgezeichnet – oder miserabel, je nachdem, wie man die Sache ansieht –, auf jeden Fall hatte er im Jahr zuvor den Engländern die *Joen of Newcastle, Violence, Madlene de Dieppe* und *Swan of Caen* abgenommen, also war er unbestreitbar der rechte Mann für eine Pilgerfahrt nach Santiago de Compostela in Nordspanien.

Daß er bei der Insel Walcheren so lange aufgehalten wurde, bis die *St. Thomas,* die ihm von wohlinformierten Mittelsmännern bereits avisiert war, aus Brügge am Horizont erschien, war zweifellos ein reiner Zufall. Daß Kapitän Beneke, man schrieb den 27. April 1473, mit seinem *Peter von Danzig* so nah an die *St. Thomas* herankreuzte, daß die Florentiner Kaufleute, die das Schiff gemietet hatten, nervös wurden und Kapitän François S. Mathey zu schießen anfing, daß Pawel Beneke die reichbeladene Galeone daraufhin enterte und als Prise abschleppte, war natürlich nur auf ein paar dumme kleine Mißverständnisse zurückzuführen.

So weit, so gut für Danzig, wäre Kapitän Beneke nicht von seiner Mannschaft gezwungen worden, die Beute bereits in Hamburg zu versilbern. Nur war Pawel Beneke ganz entschieden nicht der Typ, der sich zu etwas »zwingen« ließ, höchstens von der Einsicht, daß daheim die Schiffseigner den Löwenanteil der Beute in ihre eigenen Taschen stecken würden, während man so den Kuchen ohne sie teilen konnte. Und so brachte man nach Danzig nur noch das mit zurück, was man in Hamburg nicht hatte losschlagen können, etwa das später so berühmte Altarbild von Hans Memling.

Die Sache wirbelte ganz schön Staub auf, und Pawel Beneke war ganz gekränkte Unschuld und in seiner Pilgerfahrt ärgerlich behinderter Christ, als – immerhin drei Jahre später – ein Schreiben von Papst Sixtus IV. persönlich zur Angelegenheit *Galeyde St. Thomas* mit heftigen Klagen gegen den »Schiffer und Piraten Paulus Beneke« in Danzig eintraf.

»Mit Billigung und Unterstützung mehrerer Hansestädte ist jener Pirat Paulus Beneke in die genannten Gewässer gefahren und hat mit seinem Schiffe, seinen Seeleuten und 300 Söldnern den Franz Sermach, Herrn und Patron der Galeyde, sowie seine Leute, Schiffer und Kaufleute darauf überfallen. Bei diesem Überfall wurden 13 Florentiner elendiglich getötet und ungefähr 100 grausam verwundet. Die Waren und sonstigen Güter, welche in dem Schiffe sich befanden und nach gemeiner Schätzung den Wert von etwa 30 000 Goldgulden (nach heutiger Rechnung rund 10 Millionen Mark) hatten, wurden mit Gewalt geraubt. Aus jenen Gütern wurde ein Teil unter die Räuber, so wie es ihnen gut schien, verteilt, der Patron François und einige andere gefangengesetzt, in Fesseln und Eisen geschlagen und im Schiffe in Gewahrsam genommen. Alle übrigen, die Verwundeten und Nichtverwundeten, wurden aller ihrer Habe entblößt, halbtot und wie Gefangene mit dem Schiffe in die Gewässer der Räuber verschleppt, welche alles zu ihrem Nutzen umsetzten.« Nun, die Sache verlief im Sande. Was hätte Danzig – selbst wenn es gewollt hätte – schon tun können? Bereits ein Jahr vorher, 1475, hatte Pawel Beneke seinen Dienst quittiert und sich als wohlhabender Hausbesitzer in der Heilig-Geist-Gasse niedergelassen. Nicht einmal, daß die päpstliche Bulle, die allen Gemeinden den Verkehr mit dem »gemeinen Seeräuber Paulus Beneke« untersagte, erhebliche Wirkung gezeigt hätte, könnte man, zum Leidwesen höchstkirchlicher Autorität, behaupten. Der *Peter von Danzig* wurde nach dem Friedensschluß mit England als Kauffahrer eingesetzt, war aber schon so morsch, daß er 1475 bei Brouage, nahe seiner ursprünglichen Heimat, aufgegeben werden mußte.

ENTDECKUNG DER NEUEN WELT
SANTA MARIA
SPANIEN 1492

Nach Noahs Arche ist sie wohl das berühmteste Schiff der Welt, die *Santa Maria* des Christoforo Colombo.

Ursprünglich hatte sie *Mariagalante* geheißen und gehörte dem Reeder-Kapitän Juan de la Cosa. Doch obwohl ungezählte Gemälde und Modelle dieses Schiffes existieren – sie stammen alle aus viel späterer Zeit –, weiß niemand genau, wie sie ausgesehen hat. Colombo selbst bezeichnete sie als »não«, und mit einem kurzen, breiten, völligen Rumpf dürfte sie so weitgehend jenem Originalmodell einer katalanischen Não geglichen haben, das einst in der Kirche von Mataró nahe Barcelona hing und heute im Museum Prins Hendrik in Rotterdam steht. Im Unterschied zur Mataró-Não aber führte die *Santa Maria* drei Masten, Fock- und Großmast querrah getakelt, den Besanmast lateinisch, dazu ein Großtopsegel und am Bugspriet eine Blinde.

Über Christoforo Colombo und seine Entdeckung der Neuen Welt ist unendlich viel geschrieben worden, angefangen bei Lobpreisungen, die in ihm einen »Gesandten Gottes« und »Evange-

Christoforo Colombo

Originalmodell einer katalanischen Não aus Mataró

listen des Meeres« sehen wollten und sich tatsächlich bemühten, ihn vom Papst heiligsprechen zu lassen, bis zum Pinzón-Mythos, der das alleinige Verdienst an der Entdeckung Martín Alonso Pinzón zuschiebt und Colombo als »Ausbeuter« und »Hanswurst des Meeres« beschimpft. Die Wahrheit aus diesem ganzen Wust an Liebedienerei und Gehässigkeit, an Legenden, Mißverständnissen und Fakten herauszufiltern, bedürfte es mehr als den Umfang dieses Buches, und so mag es erlaubt sein, sich auf ein paar wenige, erwiesene Tatsachen zu beschränken: Christoforo Colombo, geboren im September oder Oktober 1451 in Genua als Sohn zum Christentum übergetretener jüdischer Eltern, war »ein Mann von sehr hohem Geist, doch ohne große Bildung, sehr geschickt in der Kunst des Kartenzeichnens«, wie ein Zeitgenosse feststellte. Diese »Kunst des Kartenzeichnens« spielte ihm die Karte des Florentiner Arztes und Astronomen Paolo Toscanelli in die Hände, und von da an wurde es für ihn zur fixen Idee, Ostasien auf Westkurs erreichen zu wollen. – Daß er sein Leben lang davon überzeugt blieb, tatsächlich Indien gefunden zu haben, lag an der gründlichen Fehlrechnung Toscanellis, der genau dort Ostasien eingezeichnet hatte, wo Colombo wirklich Land fand. Der Irrtum lag also bei dem Florentiner, nicht bei Colombo.

Jahrelang bot er seine Idee erst in Portugal, dann in Spanien, Frankreich und England an, bis Königin Ysabel de Castilla im Überschwang der Begeisterung über die Kapitulation der letzten Maurenfestung Granada die Erlaubnis zur Fahrt gab.

Am 3. August 1492 brachen die drei Schiffe: *Santa Maria* als Flaggschiff, *Pinta* und *Santa Clara*, genannt *Niña,* von Palos auf, und am Freitag, dem 12. Oktober 1492, sichtete man Land: »Ich begab mich, begleitet von Martin Alonso Pinzón und dessen Bruder Vincente Yáñez, an Bord eines bewaffneten Bootes an Land. Dort entfaltete ich die königliche Flagge, während die beiden Schiffskapitäne zwei Fahnen schwangen mit einem grünen Kreuz und rechts und links davon, je mit einer Krone verziert, die Buchstaben F und Y (für Fernándo de Aragon und Ysabel de Castilla), wie sie von den Schiffen geführt wurden.« Die *Santa Maria* sollte diesen ruhmreichen Augenblick nur um zwei Monate überleben. Am 24. Dezember scheiterte sie durch Unachtsamkeit auf einer Klippe.

DAS LIEBLINGSSCHIFF
SANTA CLARA ALIAS NIÑA
SPANIEN 1492–1509

Eigentlich hieß sie *Santa Clara,* berühmt wurde sie allerdings unter ihrem Spitznamen *Niña,* was auf spanisch »Mädchen« heißt und gleichzeitig auf den Namen ihres Besitzers Juan Niño aus Mogur anspielte. Und sie war unbestreitbar ein braves Mädchen mit allen guten Eigenschaften einer Karavelle, nicht groß zwar, aber schnell, wendig und robust.

Martín Alonso Pinzón war es, der Juan Niño dazu überredete, das Schiff mit auf die Entdeckungsreise Christoforo Colombos zu schicken, »nur durch seine Bereitwilligkeit, die verlangten Schiffe zu beschaffen, hat der Admiral die Reise durchführen können«, stellte ein zeitgenössischer Chronist fest, und entgegen dem Pinzón-Mythos, hat Colombo dieses Verdienst Martín Alonsos nie bestritten.

Das Kommando auf der *Niña* erhielt Martín Alonsos jüngerer Bruder Vincente Yáñez Pinzón, und im Gegensatz zu seinem Bruder war Vincente Yáñez ein treuer und zuverlässiger Parteigänger Colombos, der stets an der Seite des Admirals blieb, während die *Pinta* unter Martín Alonso Pinzón mehr als einmal eigene Ziele verfolgte. Schon auf der Überfahrt wurde dies

Juan de la Cosa

Vincente Yáñez   *Martín Alonso Pinzón*

deutlich, als die *Pinta* wieder und wieder vorpreschte, um den Ruhm der ersten Landsichtung für sich beanspruchen zu können, was ihr schließlich ja auch gelang. Anfang November 1492 gar kam die *Pinta* abhanden, und was Martín Alonso Pinzón bis zu seinem Wiederauftauchen Anfang Januar 1493 getrieben hat, ist unbekannt, auf jeden Fall hätte Christoforo Colombo Spanien wohl nicht wiedergesehen, wäre nicht die treue *Niña* zur Stelle gewesen, um ihn nach dem Schiffbruch der *Santa Maria* aufzunehmen.

Christoforo Colombo hatte die *Santa Maria*, weil sie nun einmal das größte Schiff war, zwangsläufig als Flaggschiff akzeptieren müssen, doch viel Gutes wußte er von dieser dickbauchigen Não mit den höchst mäßigen Segeleigenschaften nicht zu berichten und bezeichnete sie später recht harsch »als für Expeditionen völlig ungeeignet«. Als sie bei Navidad scheiterte, weinte ihr der Admiral keine Träne nach und stieg nur zu gern auf sein Lieblingsschiff, die schnelle und wendige *Niña,* um, die trotz ihrer geringen Größe auf der Rückreise einen bösen Orkan überstand und wenig nach der *Pinta,* die wieder einmal davongesegelt war, in Palos eintraf, wo Martín Alonso Pinzón mittlerweile den Ruhm der Entdeckung für sich zu beanspruchen versuchte. Nur sein baldiger Tod machte dem ein Ende, und es besteht der durchaus berechtigte Verdacht, daß ihm sein selbständiger

> Nūc ẙo & hę partes funt latius luſtratæ/& alia
> quarta pars per Americū Veſputiū(vt in ſequenti
> bus audietur)inuenta eſt/quā non video cur quis
> iure vetet ab Americo inuentore ſagacis ingenij vi
> Ameri⸗ ro Amerigen quaſi Americi terrā / ſiue Americam
> ca dicendā:cū & Europa & Aſia a mulieribus fua ſor
> tita ſint nomina.Eius ſitū & gentis mores ex bis bi
> nis Americi nauigationibus quæ ſequunt liquide
> intelligi datur. ⅩⅩ

*Die ominöse Stelle im Werk Martin Waldseemüllers, von der der Name
»Amerika« stammt*

Streifzug durch die Karibik zum Verhängnis geworden war, denn
mit ziemlicher Sicherheit war er das erste Opfer der Syphilis,
jenes ersten Geschenkes der Neuen an die Alte Welt. Von Matrosen der *Pinta* wurde sie nach dem spanischen Süditalien einge-
schleppt, wo man sie »Spanische Krankheit« nannte. Der unsin-
nige Feldzug Charles VIII. nach Neapel brachte sie nach Frankreich, wo sie »Italienische Krankheit« hieß. Sie verbreitete sich
als »Franzosenkrankheit« nach Deutschland, erreichte Polen als
»Deutsche Krankheit« und wurde wenig später in Rußland fol-
gerichtig »Polnische Krankheit« genannt. Schon 1510 notierte
Martin Luther bekümmert: »Schier jedermann hat sie!«
Vom 25. September 1493 bis zum 11. Juni 1496 diente die *Niña*
alias *Santa Clara* Christoforo Colombo auf seiner zweiten Reise
über den Atlantik nun auch offiziell als Flaggschiff, entdeckte
einige Inseln der Kleinen Antillen, Puerto Rico, erforschte
gründlich die Küsten Espanolas (des heutigen Haiti), die Südküste Kubas und fand Jamaica.
1499 bis 1500 war die *Niña* unter dem Befehl von Vincente Yáñez
Pinzón unterwegs, traf, bei weit südlicherem Kurs als bisher, auf
die Ostspitze Südamerikas bei Kap São Rouque, segelte nordwärts und entdeckte die Amazonas- und Orinokomündungen.
Dies ist auch die einzige Fahrt, die ein gewisser Amerigo Vespucci möglicherweise in jene Welt gemacht hat, die durch den
Irrtum des deutschen Professors für Geographie in Saint-Dié,
Martin Waldseemüller, der sich Hylacomulus nannte, noch
heute nach jenem den Namen »Amerika« trägt. Einzig belegba-

res Verdienst des Herrn Vespucci war es, erkannt zu haben, daß
es sich bei Colombos »Indien« um einen völlig neuen Kontinent
handelte. Doch alles andere, was er mit flinker Feder beschrieb,
entstammte den Berichten anderer oder schlicht seiner spru-
delnden Phantasie.
Die letzte Fahrt der *Niña* fällt in den Spätherbst 1509. Alonso
Hojeda, »ein junger Mann, dessen Mut und Gewandtheit in
dem Rufe stand, viele Männer zu übertreffen«, und Diego de
Nicuesa, »ein kluger Mann, höfisch und von gebildeter Rede,
ein großer Lautenspieler und vor allem ein großer Reitersmann,
der auf einem Roß wahre Wunder vollbrachte«, waren zu Gobernadores des westlichen und östlichen Darien, des heutigen Vene-
zuela, Nord-Kolumbien und Süd-Panama, ernannt worden.
Alonso de Hojeda gelang es, Juan de la Cosa, der sich vom red-
lichen, doch kaum bedeutenden Besitzer der *Santa Maria* zum
berühmtesten Kosmographen seiner Epoche hinaufentwickelt

*Eine der frühesten
Darstellungen von
der Entdeckung der
Neuen Welt von 1494*

und die erste Karte der »Neuen Welt« gezeichnet hatte, samt der *Niña* als Generalkapitän zu gewinnen.

Die Sache ging rettungslos schief: Hojeda legte sich, gegen die Warnungen de la Cosas, mit einem Indiostamm an, der berühmt war für sein Geschick im Umgang mit vergifteten Pfeilen. Er verlor 70 Mann und mußte Juan de la Cosa sterbend zurücklassen. Als ihm Diego de Nicuesa zu Hilfe eilte, gelang es Alonso de Hojeda zwar, sich an den Eingeborenen gründlich zu rächen, aber er traf auch »auf die Leiche Juan de la Cosas, die an einen Baum gebunden war und gleich einem Igel von Pfeilen starrte. Da er infolge der giftigen Kräuter angeschwollen und verunstaltet und fürchterlich anzuschauen war, packte die Spanier solches Entsetzen, daß keiner von ihnen dort zu übernachten wagte.« Die Unternehmungen der beiden Gobernadores waren vom Unglück verfolgt; ihre Flotten, und damit auch die *Niña*, scheiterten an den Küsten Dariens, Alonso de Hojeda und Diego de Nicuesa selbst kamen ums Leben.

EIN HANDELSSCHIFF VENEDIGS
SANTA ELENA
VENEDIG 1497–1514

Als die *Santa Elena* 1497 vom Stapel lief, stand die Erlauchte Republik von Venedig noch auf dem Höhepunkt ihrer Macht und das Schiff war das größte, modernste und am schwersten bewaffnete im ganzen Mittelmeer. Doch trotz ihrer für damalige Zeit imposanten Bestückung mit rund 50, freilich eher leichten Geschützen war sie als reines Handelsschiff oder doch nur für den Notfall als Kriegsschiff gedacht. Allerdings waren solche »Notfälle« keineswegs die Ausnahme; denn einerseits galt es, sich gegen die immer mächtiger und kühner werdenden Piratenschiffe der Türken und vor allem der nordafrikanischen Barbaresken zur Wehr zu setzen, andererseits war man selbst durchaus geneigt – als Nebenverdienst sozusagen – schlechter bewaffnete Handelsschiffe sogar christlicher Konkurrenten aufzubringen. So enthält eine zufällig erhalten gebliebene Liste dieser Art für die Zeit zwischen dem 3. Mai und dem 12. August 1503 nicht weniger als elf Namen gekaperter Schiffe, zumeist zwar türkischer Herkunft, aber auch solche, deren Heimathäfen Genua, Pisa, Barcelona oder Palermo waren.

Der Markuslöwe an einer venezianischen Festung auf der südlichen Peloponnes

Bis 1505 scheint die *Santa Elena* hauptsächlich im Orienthandel eingesetzt gewesen zu sein, wobei Tuche, Holz, Waffen, Getreide, Wein und Sklaven nach Beirut, Alexandrien, Tripolis und Tunis geliefert und gegen Gewürze, Parfüms, Farbstoffe, Seide, Taft, Damast und Perlen eingetauscht wurden. Venedig hatte hierfür drei feste Routen eingerichtet, die regelmäßig von Kriegsgaleeren geschützten Kauffahrerkonvois befahren wurden: Die Beirut- und die Alexandria-Route, die beide über Kreta führten, und die »Al trafego«-Route über Tunis und Tripolis, ebenfalls nach Alexandria oder Beirut. Ferner gab es zwei Routen ins westliche Mittelmeer, die von Aigues-Mortes, die über Neapel, Pisa, Toulon bis Valencia führte, und die Berber-Route über Tunis, Algier, Melilla, ebenfalls nach Valencia. Die Romania-Route führte ins Schwarze Meer nach Sinope, Trapezunt und Tana in Südrußland, und die Flandern-Route schließlich aus dem Mittelmeer hinaus und über Lissabon nach London, Brügge und Antwerpen.

Mindestens zweimal war die *Santa Elena* als Pilgertransporter ins Heilige Land eingesetzt – ein unvergleichlich rentables Geschäft: Für Hin- und Rückfahrt und ein halbes Jahr Verpflegung an Bord mußten immerhin im Durchschnitt 140 Dukaten auf den Tisch gelegt werden, ein stattliches Sümmchen, denn genausoviel verdiente einer der hochbezahlten venezianischen Steinmetze im ganzen Jahr. Nahm der fromme Pilger dann auch noch Pferd und Diener mit, verdreifachte sich der Betrag eben, und selbstverständlich war die Gesamtzahlung im voraus zu leisten, und der Kunde bekam eine Quittung, mit der er dann für die Rückfahrt gegebenenfalls ein Schiff einer anderen Venezianer-Reederei benutzen konnte. Auch hatte er, wenn er auf der Rückreise geringere Dienste als bezahlt benötigte, etwa weil Pferd oder Diener abhanden gekommen waren, sogar Anspruch auf Erstattung – nur kam dabei niemals viel heraus.

Die Reeder freilich hatten allen Grund zum Strahlen. Auf einem Schiff wie der *Santa Elena* konnte man von 500 Passagieren und 35 Pferden ausgehen, was immerhin 74 900 Dukaten brachte; weiterhin verlor sich erfahrungsgemäß rund die Hälfte der frommen Pilger unterwegs, sie verschieden auf der Überfahrt oder im Gelobten Land oder blieben gar dort, und damit war ein ganzes Viertel der gezahlten Passagen verfallen, und der Schiffsraum konnte anderweitig genutzt werden. Außerdem beförderte solch ein Schiff ja nicht nur Pilger, sondern erledigte auf

Modell der großen Caracca ›Santa Elena‹

der Fahrt mit Stationen in Zara, Ragusa, Durazzo, Korfu, Modon auf der Peloponnes, Kandia auf Kreta und Famagusta auf Zypern während der durchschnittlich drei Monate dauernden Fahrt jede Menge Lohntransporte.

Und was man auf jenen Massentransporten mit ihren zwei bis manchmal drei Passagierdecks, für die die venezianische Regierung gesetzlich eine Mindesthöhe von 1,20 Meter (sic!) vorgeschrieben hatte, an Komfort bot, spottet jeder Beschreibung. Ritter Grünemberg, routinierter Heiligland-Pilger, hat im Jahr 1486 Pilgrimhinweise veröffentlicht, die eigentlich alles sagen: Zunächst weist er darauf hin, daß einem der Patron, der Kapitän, einen Schlafplatz von 8 Schuh Länge und 3 Spannen Breite, also ein Rechteck von 2,40 auf 0,80 Meter, zuweisen werde und man darauf achten solle, möglichst in der Mitte zu liegen, »denn an den Enden wiegt das Schiff gar viel mehr. Doch lieg nicht grad unterm Loch, deren sind es meistens fünfe, nennt man Porten. Denn welcher grad drunter liegt, der hat keine Ruh vor den Pilgrim, so Tag und Nacht hinauf an den Leitern steigen und ihre Notdurft verrichten. Wer sich aber zu weit von den Porten legt, der hat viel auszustehen durch die schlechte Luft. Sieh zu, daß du eine große Truhe hast. Die Länge sei danach angetan, daß man gut darauf liegen kann, wegen der Läuse und Flöhe, deren über die Maßen viele werden.« Sodann rät er dringend, sich in Venedig mit Schmalz, Käse, Eiern, Schweineschinken, geräucherter Zunge, gedörrtem Hecht und Salz einzudecken und sich einen großen Käfig machen zu lassen, »darin du dir hältst Hühner, alte und junge«, denn »der Patron gibt zumal übel zu essen. Nur des Tags zweimal. Aber du kannst an seiner Kost nicht satt werden, keinesfalls. Sein Essen ist, so er Fleisch gibt, Schaf-Fleisch. Das schlachtet man nicht, es sei denn rotzig oder halb vor Hunger gestorben. Das wird so widerwärtig, wer es nur sieht, der kann davon nicht essen. Sein Brot ist alter, abgelegener Biscot, der ist hart wie ein gebackener Stein, voller Maden, Spinnen und Würmer. Sein Wein ist badewarm und schmeckt gar seltsam.« Verständlicherweise rät der Ritter da doch sehr, für die Gesundheit zu sorgen, und meint, daß man »Schild« für den Magen nehmen müsse, denn es komme manchmal vor, »daß das Erbrechen nicht nachlassen will, wodurch denn einer tödlich krank wird«. Auch solle man in Venedig Gewürze und grünen Imber kaufen, doch wenig Zucker und Veilchensirup, »was an der Latwerge dabei Honig ist, verdirbt alles von der großen Hitze und werden schwarze Käfer daraus. Item besorge dir Goldlatwerge und Theriak und ein gutes Riechmittel. Das gibt manchmal neue Kraft. Denn es ist solch ein grundloser, böser Gestank, daß man's schwer beschreiben kann mit Worten. Ohne Erfahrung nicht zu glauben. Es ist unten im Schiff voller Fliegen, Würmer und Käfer, Maden, Mäuse und Ratten. Kommt alles von verfaultem Fisch und Fleisch und Mehl und überhaupt von allen eßbaren Dingen. Es werden auch leicht Pilgrim krank, besonders an der Dissenteria. Die haben dann keine Pflege und lassen ihre Notdurft in den Sand gehen, wo sie liegen. Gegen diesen Gestank ist recht nützlich Essig in die Nase gestrichen.«

1506 lief die *Santa Elena* zum ersten Mal Brügge an, und von da an auch regelmäßig London, Antwerpen, Bremen und Hamburg, wo sie durch ihre ungewohnte Takelage bei den Hanseaten für einiges Aufsehen gesorgt haben dürfte.

Am 16. September 1512 lief sie von Venedig mit Ziel Brügge aus und – blieb verschollen. 1514 wurde sie offiziell aus der Liste der Schiffe der Erlauchten Republik gestrichen.

DAS ECHTE INDIEN
SÃO GABRIEL, SÃO RAFAEL UND BERRIO
PORTUGAL 1497–1499

Christoforo Colombos Entdeckung der Neuen Welt war eine eigenartige Mischung aus Vernunft und Zufall, Berechnung und Irrtum gewesen und hatte Spanien, fast wider Willen, zur größten See- und Kolonialmacht der bekannten Welt werden lassen. Als fünf Jahre später auch Portugal sein großes Ziel, das tatsächliche Indien, erreichte, war dies der Lohn für 65 Jahre konsequenter Forschungsreisen von Gil Eannes bis Bartholomeu Diaz.

Eine Entdeckung im eigentlichen Sinne war Indien ja nicht. Seit der Antike waren Handel und Gedankenaustausch zwischen Europa und dem Süden und Südosten Asiens geflossen, Portugals Leistung lag darin, unter Ausschluß der muselmanischen Zwischenhändler, einen neuen Weg dorthin gefunden zu haben. Den 8. Juli 1497, es war ein Samstag, hat ein halbes Dutzend Chronisten in Prosa und Versen verewigt. Unter dem Dröhnen aller Glocken von Lissabon zog eine feierliche Prozession von Bischöfen, Priestern und Mönchen, Adeligen, Hofbeamten, Schiffskapitänen und Matrosen durch die tausendköpfige Menge zum Hafen hinunter, wo vier Schiffe bereitlagen, um den Generalkapitän Vasco da Gama im Auftrag König Manuels I. von Portugal ins Wunderland Indien zu tragen und die Bemühungen Dom Henrique o Navigadors zu einem krönenden Abschluß zu bringen. Als wenig später die Schiffe den Tejo hinuntersegelten, donnerten die Kanonen Salut, und auf dem Flaggschiff bauschte sich die geweihte Seidenstandarte des Christus-Ordens, die der König persönlich dem Generalkapitän überreicht hatte. Zehn Jahre seit der Rückkehr Bartholomeu Diaz' hatten die Vorbereitungen für diese Fahrt gedauert, doch nun war die Expedition – im Gegensatz zu Colombos halb improvisierten Unternehmen – glänzend ausgerüstet. Zwei Nãos, die *São Gabriel* unter dem Befehl Vasco da Gamas mit Kapitän Gonçalo Alvares, und die *São Rafael* unter dem Kommando Paolo da Gamas, die beide etwa 150 Tonnen tragen konnten und mit 20 Kanonen bestückt waren, hatte man eigens zu diesem Zweck gebaut. Die *Berrio,* eine leichte und schnelle Karavelle, befehligt von Nicolão Coelho, sollte Erkundungsaufgaben in seichten Gewässern übernehmen. Das vierte Schiff – sein Name ist unbekannt – war ein schwerer Transporter unter Gonçalo Nunes, beladen mit Geschenken für die fremdländischen Herrscher – Kappen, Glasperlen, Kupferschalen, kleinen Glocken und Zinnringen – sowie Tauschwaren für den Handel – Baumwollstoff, Olivenöl, Zucker und Korallen – sowie dem Großteil des Proviants für drei Jahre. Pro Mann ein Pfund Pökelfleisch, eineinhalb Pfund Zwieback, eineinhalb Liter Wasser und fünf Achtel Wein, zudem hatte man Linsen, Sardinen, Pflaumen, Mandeln, Zwiebeln, Knoblauch, Senf, Salz und Honig geladen. Rund 170 Mann waren an Bord, und da der Generalkapitän von jedem auch Kenntnisse als Zimmermann, Seiler, Kalfaterer oder Schmied verlangte, hatte er ihre Monatsheuer von fünf auf sieben Crusados erhöht. Zur Mannschaft gehörten auch Dolmetscher für Bantu-Dialekte und Arabisch sowie etliche zum Tod verurteilte Schwerverbrecher, die besonders gefahrvolle Missionen übernehmen und, wenn sie diese überlebten, begnadigt werden sollten.

Für fast alles war gesorgt, nur für eines nicht: einen offiziellen Chronisten der Reise. Und da der spätere Bericht da Gamas verloren ist, sind wir auf das, freilich recht gut geführte, Tagebuch eines Mannes angewiesen, der mit dem Bootsmann Alvaro Velho identisch zu sein scheint.

»Wir traten an einem Samstag, es war der 8. Juli des Jahres 1497, von Rastello aus unsere Fahrt an, die Gott der Herr in Seinem Dienst wolle zum Ziel führen lassen, Amen! Zunächst kamen wir am folgenden Samstag in Sicht der Kanarischen Inseln und fuhren in selbiger Nacht leeseits an Lanzarote vorbei. Nachts wurde die Dunkelheit so dicht, daß Paolo da Gama mit der *São Rafael* sich von dem Geschwader nach der einen, der Generalkapitän nach der anderen Seite verlor. Wir nahmen den Weg über die Kapverdischen Inseln, weil wir den Befehl hatten, im Fall, daß sich das Geschwader zerstreut, dieser Route zu folgen.« Auf den Kapverdischen Inseln fand sich das Geschwader wieder zusammen, nahm frisches Wasser und Proviant an Bord und war am 3. August wieder in See.

Doch statt nun wie seine Vorgänger an der afrikanischen Küste entlang zu segeln, bog der Generalkapitän nach Südwesten aus, um den widrigen Winden und Strömungen auszuweichen, näherte sich auf der Höhe des 5. Breitengrades der brasilianischen

Vasco da Gama   *Bartholomeu Diaz*

Küste auf wenige hundert Kilometer – Brasilien wurde drei Jahre später von dem auf ähnlicher Route fahrenden Pedro Alvares Cabral fast zwangsläufig entdeckt und für Portugal in Besitz genommen – und erreichte fast auf den Tag drei Monate später im November wieder die afrikanische Küste: »Am 4. besagten Monats, zwei Stunden vor Morgen, fanden wir bei höchstens 100 Faden Tiefe Grund, und um neun Uhr morgens kam das Land in Sicht. Der Kommandant schickte den Pedro d'Alemquer ab, um zu erkunden, ob er einen guten Ankerplatz fände. Dieser fand die Bucht sicher gegen alle Winde außer jenen, die von Norden bliesen, und wir gaben jener Bucht den Namen Santa Helena. Dann fuhren wir näher aneinander heran, und als wir unsere Festtagskleider angezogen hatten, salutierten wir vor dem Generalkapitän, indem wir unsere Geschütze abfeuerten, und schmückten die Schiffe mit Fahnen und Standarten.«

Die Portugiesen hatten allen Grund zum Feiern: Vasco da Gama hatte nach dreimonatiger Fahrt ohne Landsicht in unbekanntem Gewässer das Kap nur um 150 km, also nicht einmal eine Tagesfahrt, verfehlt. Der Kontakt mit den Eingeborenen, es waren Hottentotten, war freundlich. Doch als einer der Offiziere im Landesinneren ein Dorf zu besuchen wagte, gingen die Eingeborenen auf ihn los, und Vasco da Gama zog sich sogar, als er zu Hilfe eilte, eine Beinwunde zu, »weil wir diese Leute für wenig

91

kämpferisch gehalten und deshalb auch unbewaffnet zum Strand gefahren waren«.

Am 16. November ging das Geschwader wieder in See, und zwei Tage später, »am Samstag abends hatten wir Sicht von besagtem Kap der Guten Hoffnung, und selbigen Tags drehten wir auf hoher See bei. Sonntag morgens kamen wir abermals auf die Höhe des Kaps und konnten es nicht bezwingen, dieweil der Wind südsüdost stand und besagtes Kap Nordost-Südwest liegt. An diesem Tag drehten wir abermals aufs offene Meer und fuhren Montag nacht wieder dem Lande zu. Erst Mittwoch mittag glückte es uns endlich, vor dem Wind um das Kap der Guten Hoffnung und die Küste entlang zu fahren.«

Neun Tage später erreichten die Portugiesen die heutige Mossel-Bucht 400 km östlich von Kapstadt. Die *São Gabriel,* die *São Rafael* und die *Berrio* wurden kielgeholt und gründlich ausgebessert. Für den großen Transporter war die Mossel-Bucht das Ende der Reise: Was an Vorräten übrig war, wurde auf die drei anderen Schiffe verteilt, alles brauchbare Material abmontiert und der Rest in Brand gesteckt. Die nächsten zwei Monate waren zermürbend. Um Weihnachten hatte man den letzten Wappenpfeiler Bartholomeu Diaz' auf der »Niedrigen Insel« gesichtet, doch nun geriet das Geschwader in die kräftige Süddrift des Moçambique-Agulhas-Stromes. Ob man an der Küste oder auf hoher See segelte, man war am Morgen oft wieder auf dem gleichen Punkt, an dem man am Abend zuvor die Position gemessen hatte. Endlich, am 2. März, war man aus der schlimmsten Strömung heraus und warf im Hafen von Moçambique Anker.

Und schon wartete die nächste Enttäuschung: Die orientalische Sitte der überreichen Gast- und Bestechungsgeschenke war im Abendland unbekannt, und mit Glasperlen und Zinnringen mochte man Hottentotten und Bantus, nicht aber die höchst wohlhabenden Araber zu beeindrucken, und so reagierte auch der Sultan von Moçambique recht ungnädig: »Er behandelte alles, was wir ihm gaben, mit Verachtung und verlangte nach scharlachfarbenem Tuch, das wir nicht hatten.« Auch in Mombasa ging es nicht besser. Erst der Sultan von Malindi zeigte sich gnädig – nicht wegen der dürftigen Geschenke oder gar aus Furcht vor den Portugiesen, sondern weil er in ihnen Verbündete gegen das rivalisierende Mombasa erhoffte –, gab ihnen Proviant und Wasser und, was am wichtigsten war, einen verläßlichen Lotsen nach Indien.

Rechts: Überall an den äußersten Punkten ihrer Entdeckungsfahrten hinterließen die Portugiesen als Wahrzeichen, Symbol des Besitzanspruches und Wegmarke für spätere Entdecker mit Kreuz und Wappen geschmückte Steinsäulen

Vasco da Gama vor dem Zamorin von Kalikut

Dank des Lotsen und des aufkommenden Südwest-Monsuns erreichten die *São Gabriel, São Rafael* und *Berrio* Kalikut an der indischen Malabarküste binnen nur 27 Tagen.

»Wir warfen vor der Küste Anker, ungefähr anderthalb Leguas vom Land entfernt. Von diesem kamen vier Barken auf uns zu, um zu erfahren, wer wir seien, und nannten und zeigten uns Kalikut. Am anderen Tag kamen sie wieder, und der Generalkapitän schickte einen der verurteilten Verbrecher mit ihnen in die Stadt Kalikut. Die, mit denen er fuhr, brachten ihn in ein Haus, in dem zwei Mauren aus Tunis lebten, die Kastilisch und Genuesisch sprechen konnten, und der erste Gruß, den sie ihm zuriefen, lautete: ›Hol dich der Teufel! Wer hat dich denn hierhergebracht?‹ Sie fragten, was wir so weit in der Ferne suchten, und er antwortete ihnen, der Kapitän suche Gewürze.«

War es schon unangenehm, daß die arabischen Konkurrenten, wie sich sehr schnell herausstellte, ganz erheblich mehr von Europa als die Portugiesen von Indien wußten und mit allen Mitteln gegen da Gama intrigierten, so verflogen alle Hoffnungen restlos, als man die armseligen Geschenke auspackte und die Untergebenen des Zamorin von Kalikut grob erklärten,»daß man so etwas einem König nicht anbieten könne, daß selbst der ärmste Kaufmann aus Mekka oder irgendeinem Teil Indiens mehr gäbe. Wenn wir ein Geschenk machen wollten, müßte es etwas aus Gold sein.« Der ganze Aufenthalt in Kalikut war höchst unerquicklich: Der Zamorin war hochmütig und ungnädig, die Kaufleute behandelten die Portugiesen wie den letzten Dreck und spuckten vor ihnen aus, ein paar von da Gamas Leuten wurden sogar zeitweilig inhaftiert, weil man die Hafengebühren nicht bezahlt habe – obwohl sich die Portugiesen gar nicht in den Hafen zu segeln trauten. Und was man sonst an Gewürznelken, Zimt und Pfeffer eintauschen konnte, war für ein Unternehmen, das mit solch hochfliegenden Plänen gestartet war, jämmerlich wenig.

Nach drei Monaten gab Vasco da Gama auf und ließ am 29. August die Anker lichten, segelte bis Goa hinauf und drehte dann nach Westen ab. Doch nun war man in die falsche Jahreszeit geraten und quälte sich drei Monate lang nach Afrika zurück, wobei fast ein Viertel der Besatzung an Skorbut starb. »Auf diese Weise kamen dreißig von unseren Männern ums Leben. Hätte dieser Zustand noch vierzehn Tage angedauert, dann wären unsere Schiffe, das kann ich versichern, ohne einen Mann Besatzung gewesen.«

Als am 31. Januar 1499 die *São Rafael* auf eine Sandbank lief, machte man das Schiff daher nicht wieder flott, sondern entlud es und steckte es in Brand. Am 3. März erreichten die *São Gabriel* und die *Berrio* die Mossel-Bucht, am 20. März umrundeten sie das Kap der Guten Hoffnung.

Und dann, fünf Tage später, brach der Tagebuchautor Alvaro Velho unvermittelt seinen Bericht mit ein paar nichtssagenden, allgemeinen Sätzen ab, zeichnete später seinen Reisebeschreibung nicht einmal mit seinem Namen und erwähnte mit keinem Wort jene drei Monate der Rückreise bis zum 10. Juli, als die *Berrio* wieder in Lissabon anlegte.

Was war geschehen? Zunächst hatte ein Sturm die beiden Schiffe getrennt, und Nicolão Coelho, zu dessen Besatzung Alvaro Velho gehörte, hatte offensichtlich beschlossen, mit der schnellen *Berrio* unverzüglich nach Lissabon zu segeln, ohne den vereinbarten Treffpunkt auf den Kapverdischen Inseln anzulaufen, um Ruhm, Ehren und Geschenke, die daheim des ersten Indienfahrers harrten, für sich allein zu kassieren – ein zweiter Fall Pinzón.

Vasco da Gama hatte indessen die beschädigte *São Gabriel* auf der Kapverden-Insel Santiago zurückgelassen und, als Coelho nicht auftauchte, mit einer gecharterten Karavelle Teneriffa angesteuert, wo sein Bruder Paolo den Strapazen der Reise erlag. Im September schließlich konnte er wieder portugiesischen Boden betreten.

Zwei Monate war Nicolão Coelho der umschwärmte Held gewesen, doch wie die katholischen Majestäten von Spanien hatte auch König Manuel vorsichtig erst einmal die Rückkehr des Generalkapitäns abgewartet, ehe er seine offiziellen Gnadenbeweise verteilte, am 18. September 1499 für die 54 Überlebenden der Expedition eine großartige Siegesfeier in Lissabon ausrichtete, goldene Gedenkmünzen schlagen ließ und, im Gegensatz zu seinen Vorgängern, die ihre Expeditionen wohlweislich mit dem Mantel der Verschwiegenheit umgeben hatten, seinen Triumph in alle Welt hinausposaunte.

Politischer Ehrgeiz
Pandora
VENEDIG 1499

1499 war ein schwarzes Jahr für die Erlauchte Republik von Venedig.

Der erfolgreiche Abschluß der Fahrt Vasco da Gamas nach Indien legte die Axt an die Wurzel venezianischen Reichtums, denn wenn der Weg rund um Afrika auch länger und gefährlicher war, er war unabhängig von den Launen und Gewinnspannen arabischer Zwischenhändler. Der Bankier Girolamo Priuli notierte prophetisch: »Das dürfte den Untergang der Stadt Venedig bedeuten« – wenn freilich die Serenissima immer noch reich und mächtig genug war, diesen Untergang fast 300 Jahre hinauszuschieben.

Das andere, schier unüberwindliche Problem war das unaufhaltsame Vordringen der Türken: Als diese im 13. Jahrhundert aus dem Inneren Asiens hervorbrachen, schienen sie nicht viel mehr als eine weitere blut- und beutegierige, ansonsten eher unbedeutende Horde von Steppenreitern zu sein. 1299 gründete Osman I. das Osmanische Reich; in den Folgejahren eigneten sie sich mehr und mehr Trümmer des zerfallenen Ostrom an, eroberten 1453 Konstantinopel und besetzten wenig später Morea, Serbien, Bosnien, Albanien, Moldau, die Walachei, die Herzegowina und die Krim, und schon streckten sie ihre gierigen Hände nach Ungarn einerseits und Ägypten samt dem östlichen Mittelmeer andererseits aus und bedrohten so unmittelbar venezianischen Besitz, Einfluß und Markt.

Im Januar 1499 traf in der Lagunenstadt die Nachricht ein, daß Seeräuber ein Schiff von 200 botti (120 Tonnen) gekapert hätten, samt der Meldung, daß in den Werften von Istanbul, wie Konstantinopel nun genannt wurde, eine Flotte von 200 Kriegsschiffen ausgerüstet werde. Natürlich hoffte man am Rialto, die osmanische Rüstung gelte den Johannitern auf Rhodos, doch die größere Wahrscheinlichkeit sprach nun einmal für Venedig oder zumindest venezianisches Territorium, und so begannen auch in der Lagune die Kriegsvorbereitungen anzulaufen. Dank seines Arsenals verfügte die Republik über die größte – und billigste – Flotte der Welt. Das Arsenal, das eine Grundfläche von 24 Hek-

Antonio Grimani als Doge

tar mit drei großen Hafenbecken umschloß, war mit rund 2000 ständigen Arbeitern der größte Industriekomplex Europas, wo in Aberdutzenden von Hallen bis zu 80 Kriegsgaleeren gleichzeitig gebaut werden konnten. »Es war«, wie Colin Thubron in ›Die Venezianer‹ schreibt, »von fensterlosen Ziegelmauern umgeben, die sich 15 Meter hoch über die umliegenden Kanäle erhoben und eine Länge von rund drei Kilometer hatten. Eine eigentümliche Aura von Macht und Geheimhaltung ging von diesem Komplex aus. Seine Mauern wurden von Zinnen gekrönt, die ständig besetzt waren. Die Posten auf den Wachtürmen verständigten einander die ganze Nacht hindurch stündlich durch Zurufe. Der einzige Zugang zum Meer – gerade so breit, daß eine einzelne Galeere passieren konnte – war durch eine schwere Barriere verschlossen, die nur auf Befehl der Wachposten auf den ihn flankierenden Türmen geöffnet wurde. Nicht weit davon entfernt gestattete ein prächtiger Portalbau den Zugang vom Land. Die Bezeichnung Arsenal ist vom arabischen Dar Sina'a abgeleitet, was soviel wie ›Haus der Geschäftigkeit‹ bedeutet – und ein geschäftiger Ort war das Arsenal in der Tat. Galeeren wurden nicht nur gebaut, sondern auch vom Stapel gelassen und ausgerüstet. Überall am Rande der Becken waren Zimmerleute und Kalfaterer mit dem Bau von Rümpfen beschäftigt; Masten und Riemen dagegen wurden in riesigen Hallen hergestellt. (Die Halle der Riemenmacher war so groß, daß sie dem 2500

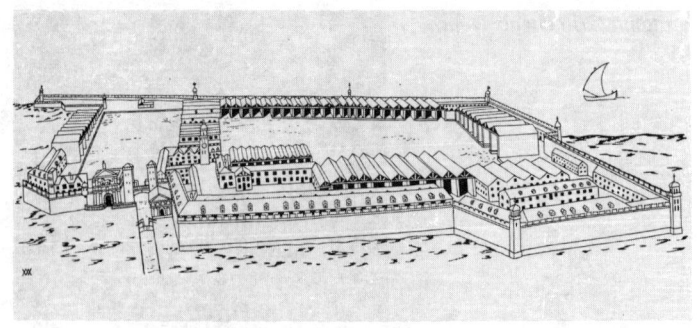

Das Arsenal von Venedig

Köpfe zählenden Großen Rat von Venedig als Versammlungsort dienen konnte, nachdem sein Saal im Dogenpalast 1577 durch Feuer zerstört worden war.) In der Tana, einem über 300 Meter langen Gebäude, drehten die Seiler den besten Bologneser Hanf zu Tauen und Schnüren verschiedenster Stärke. Unmittelbar nördlich der Tana erhob sich das eindrucksvollste Gebäude des Arsenals: die Waffen- und Munitionswerkstatt, ständig erfüllt von Feuer und Lärm. Hier arbeiteten Bronzegießer und Eisenschmelzer, Schmiede, die Schwerter und Rüstungen herstellten, Männer, die Schießpulver mischten, und andere, die Salpeter gewannen – geschickte Handwerker, die Geschütze und Belagerungswaffen aller Art zu bauen verstanden und ständig die neuesten und verheerendsten Erfindungen erprobten. Wie es heißt, sollen im Arsenal auch Entwürfe von Leonardo da Vinci getestet worden sein.«

Gewöhnlich hielt Venedig nicht mehr als höchstens 30 Galeeren de facto in See, während die rund 40 jährlichen Neubauten sofort nach Fertigstellung wieder auseinandergenommen, säuberlich numeriert und »eingemottet« wurden, eine unvergleichlich wirtschaftliche Methode, da jedes Einzelteil beständig begutachtet, gewartet und gegebenenfalls erneuert werden konnte. Wurde es, wie im Jahr 1499, notwendig, eine größere Flotte in See zu schicken, konnten binnen kürzester Zeit bis zu 100 Schiffe in den Dockhallen zusammengesetzt und, während sie einen langen Korridor zwischen den Magazinen passierten, seefertig ausgerüstet werden. Der Spanier Pero Tafur beschrieb das 1436 folgendermaßen: »Zuerst erschien der von einem Boot geschleppte Galeerenrumpf, und aus einem der Lagerhäuser wurde das Tauwerk herausgereicht, aus einem anderen das Brot, die Waffen, die Wurfmaschinen und Mörser; so kam von beiden Seiten alles Nötige an Bord. Schließlich, jenseits des Tores, wurden die Riemen aus einem Schuppen geliefert. Auf diese Weise kamen zwischen drei und neun Uhr zehn voll bewaffnete Galeeren zu Wasser.«

Während also die venezianische Kriegsmaschinerie auf Hochtouren lief, wählte man den 65jährigen Antonio Grimani zum Generalkapitän, eine höchst unglückliche Wahl, wie sich noch herausstellen sollte. Antonio Grimani war zwar ein brillanter Kaufmann, dem man nachsagte: »Schlamm und Dreck verwandeln sich unter seinen Händen in Gold«, und ein nicht minder glänzender Politiker, doch militärische Erfahrung besaß er kaum, und das Amt des Generalkapitäns betrachtete er lediglich als Stufe zur Würde des Dogats.

Unterdessen war die türkische Flotte in See gegangen, und auch ihr Ziel war nun bekannt: Korfu und die venezianische Festung Lepanto im Golf von Patras. Am 2. Mai rauschte die Flotte der Serenissima durch die Porta di Lido in die Adria hinaus und ging auf Südkurs. Sie umfaßte 44 Galeeren, vier gewaltige, schwerstbestückte Caraccas von je 1200 Tonnen und jeweils mindestens 500 Mann Besatzung, 17 große Handelsgaleeren, 24 kleinere, aber ausgezeichnet bewaffnete Kauffahrer sowie elf leichte Fahrzeuge. Und von überall eilten weitere Verstärkungen her-

Zwei Dockhallen im Arsenal

bei, so daß die Flotte unter dem Löwen von San Marco schließlich 123 Schiffe umfaßte, mit über 25 000 Soldaten, Matrosen und Ruderern an Bord.

Als die türkische Flotte Mitte Juli Kap Matapan an der Südspitze Griechenlands umrundete, zählte sie 63 Galeeren, 30 leichte Galiotas, 18 mächtige Caraccas, 127 Frachter und 37 000 Mann, »mit einer Bewaffnung, die die ganze Welt erzittern ließ«.

Nur Generalkapitän Antonio Grimani zitterte nicht, sondern gab sich ungemein selbstsicher. »Die türkische Flotte befindet sich in einem schlechten Zustand, und deshalb sind wir eines Sieges gewiß«, meldete er nach Hause, und je näher die Auseinandersetzung rückte, desto hochtrabender wurden seine Berichte an den Rialto.

»Am 24. Juli«, schrieb Domenico Malipiero, einer der Provveditori (Geschwaderkommandanten), später, »tauchte die türkische Armada bei Sapienza auf, und der Generalkapitän folgte ihr mit der gesamten Flotte. Die Entfernung zwischen beiden Flotten betrug fünf oder sechs Meilen; sie segelten vier Stunden lang nebeneinander her, und die ganze Zeit standen die Soldaten der Republik unter Waffen.« Aber Daud Pascha, der türkische Admiral und frühere Großwesir des Sultans, wich der Schlacht aus und zog sich in den Hafen von Porto Longo zurück. Eine Woche später kam kräftiger Nordwind auf, und die Venezianer mußten bei einer 40 Kilometer nördlich gelegenen Insel Schutz suchen. Die Türken gingen daraufhin erneut unter Segel, die Venezianer kehrten zurück, und die Osmanen verkrochen sich wieder im Schutz eines Hafens. »Das merkwürdige Katz-und-Maus-Spiel ging weiter«, schreibt Colin Thubron, »aber die Maus war größer als die Katze und hatte keine Angst, sich zu rühren«.

Endlich, am 12. August, kam es in der Bucht von Zonchio (oder Navarino, dem heutigen Pilos) zum unvermeidlichen Zusammenprall. Der Tag hatte damit begonnen, daß elf kleine, »gripi« genannte, Transportsegler und vier Caraccas aus Korfu sich der Flotte Grimanis angeschlossen hatten. Der Befehlshaber dieser Streitmacht war der ebenso bekannte tapfere wie beliebte Gouverneur von Korfu, Andrea Loredan, was Generalkapitän Grimani höchlich verstimmte: »Ihr habt sehr übel daran getan, Korfu zu verlassen, Messer Andrea, aber da Ihr nun einmal hier seid, mögt Ihr Euch ein Schiff aussuchen, das Euch am besten

Links die ›Pandora‹ Loredans, rechts das Schiff d'Armers, in der Mitte die Riesencaracca unter Borrak Reis

gefällt, und wie ein Mann Eure Pflicht tun.« Der Neuankömmling ging unter dem Jubel der Mannschaft »Loredan! Loredan!« an Bord der mächtigen Caracca *Pandora,* einem der 1200-Tonnen-Schiffe.

Dann gab der Großadmiral das Zeichen zum Angriff: Voran die mächtigen, schwerbestückten Caraccas und die kaum schwächer bewaffneten großen Handelsgaleeren, dahinter die leichteren Kriegsgaleeren, »gerade so weit voneinander entfernt, daß ihre Riemen nicht gegeneinander prallten und brachen, und in so dichter Formation, daß keine eine falsche Bewegung machen konnte«, dahinter der Rest der Flotte.

Andrea Loredan stürzte sich mit der *Pandora,* gefolgt von einer zweiten Caracca unter Kapitän Alban d'Armer, unverzüglich auf das größte Schiff der Türken, einen Giganten von 1800 Tonnen, vollgestopft mit 1000 der berühmt-berüchtigten Janitscharen, der Elite des osmanischen Heeres, auf dem er den türkischen Oberbefehlshaber Daud Pascha oder dessen Vizeadmiral Kemal Reis, mit dem er noch eine persönliche Rechnung zu begleichen hatte, zu finden hoffte. Zwar wurde der osmanische Riese von einem anderen Vizeadmiral, Borrak Reis, befehligt, doch Kemal Reis lag mit seiner Caracca unmittelbar daneben, und als

101

Loredan und d'Armer ihre Enterhaken festwarfen, mischte auch er sich in den Kampf. Bald waren die vier Schiffe ein einziges, in Pulverrauch gehülltes Schlachtfeld, auf dessen Decks erbitterte Handgemenge hin und her wogten. »Auf diese Weise attackierten sie das große türkische Schiff und kämpften todesmutig vier Stunden lang.«

Vom Rest der venezianischen Flotte folgten nur sechs weitere Schiffe diesem Beispiel. Eine große Handelsgaleere stieß bis ins Zentrum der feindlichen Flotte vor, wo sie von 60 türkischen Schiffen umringt wurde. »Jeder hielt sie für verloren«, erinnerte sich der Provveditore Malipiero, »denn die Türken zogen sogar eine Flagge auf ihr auf; aber sie wehrte sich verbissen und richtete unter den Feinden ein großes Blutbad an. Von unseren Leuten wurden nur 14 getötet, aber mehr als 70 von Pfeilen getroffen. Wenn sie nicht so geschickt mit ihren Geschützen umgegangen wären, hätte der Feind die Galeere bestimmt genommen.«

Auch der Provveditore der Vorhut, Alvise Marcello, griff todesmutig an und wurde sofort eingekesselt. »Inmitten dieses Feuers schickte ich ein türkisches Handelsschiff mit seiner gesamten Besatzung auf den Grund und griff ein zweites an, das neben mir auftauchte. Meine Männer enterten es und hieben viele Türken in Stücke.« Nach dem Tod von zwei seiner Offiziere zog er sich, selber verwundet, zurück, gefolgt von den großen Galeeren, die bislang keinen Schuß abgegeben hatten. »Wenn sich diese 17 großen Galeeren in den Kampf geworfen hätten, so hätten wir, bei Gott, einen überwältigenden Sieg erringen können. Die gesamte Flotte schrie einstimmig: ›Hängt sie! Hängt sie!‹, und das wäre nicht mehr gewesen, als sie wahrhaftig verdienten; aber wenn wir schon vom Hängen reden, dann müßten vier Fünftel unserer Leute aufgehängt werden. Nur acht unserer Schiffe kämpften gegen die gesamte feindliche Flotte.« Noch immer tobte die Schlacht zwischen den Caraccas Andrea Loredans und Alban d'Armers einerseits und dem türkischen Riesen unter Borrak Reis und der Caracca unter Kemal Reis andererseits, als aus dem osmanischen Riesen eine gewaltige Stichflamme in den Himmel schoß, das Pulvermagazin detonierte und augenblicklich auch die beiden Venezianer-Caraccas in Brand setzte. Borrak Reis und, die Fahne mit dem Löwen von San Marco in der Faust, Andrea Loredan kamen in den Flammen um, und nur Kemal Reis konnte sich mit knapper Not mit seinem Schiff aus dem Feuersturm retten, während die drei anderen Schiffe, rettungslos ineinander verkeilt, auf den Grund des Meeres sanken. Von den Venezianern überlebte fast keiner. »Die Türken«, berichtete Malipiero empört, »nahmen ihre Leute an Bord von Beibooten und kleinen Seglern. So viel Erbarmen gab es bei uns nicht. Nicht einmal den unglücklichen Alban d'Armer versuchte jemand zu retten. Als er sah, daß sein Schiff wie die anderen von den Flammen ergriffen wurde, flüchtete er mit einem anderen Edelmann in eine Gondel und versuchte, unsere Flotte zu erreichen, wurde aber gefangengenommen und getötet.«

Die nächsten Tage, während man mit wenigen Meilen Abstand voneinander weiter nach Norden segelte, waren unter den Venezianern mit wüsten Beschuldigungen aller gegen alle und ganz besonders gegen den Generalkapitän erfüllt, der seinerseits den Kapitänen Feigheit und Mißachtung seiner Befehle vorwarf. Nun, Tatsache ist, daß Antonio Grimani selbst – ob aus Unfähigkeit oder Feigheit, bleibe dahingestellt – mit den Galeeren nicht vorgerückt war und damit auch die kleineren Schiffe unter Domenico Malipiero am Angriff gehindert hatte. Tatsache ist ebenfalls, daß er – aus offensichtlich politischen Gründen – sich weigerte, gegen die feigen Kapitäne zumal der großen Handelsgaleeren vorzugehen. Daß er den beliebten Andrea Loredan aus persönlicher Mißgunst im Stich gelassen habe, konnte nicht nachgewiesen werden, und als er, nur um überhaupt etwas zu tun, den Befehl an die jüngeren Offiziere ausgab, sie sollten ihre Vorgesetzten niederstechen, falls diese einen seiner Befehle verweigerten, machte er die Verwirrung komplett.

Der Provveditore Domenico Malipiero erbot sich, die gefährliche Vorhut mit den Caraccas und den großen Galeeren zu übernehmen; der Generalkapitän lehnte ab und wies später den Schriftführer sogar heimlich an, dieses Thema wieder aus dem Protokoll zu streichen.

Mittlerweile traf ein Geschwader von 22 Schiffen aus Frankreich, das damals eben mit der Serenissima verbündet war, bei der Flotte ein, und Antonio Grimani verfügte nun über 48 Kriegsgaleeren und 122 Segelschiffe, denen die Osmanen mit 260 Schiffen zwar immer noch zahlen-, keineswegs aber kräftemäßig überlegen waren.

Am 20. August wurde beschlossen, die Türken von ihrem gesicherten Ankerplatz vor Zante zu vertreiben. Sechs Karavellen wurden entladen und als Brander gegen den Hafen geschickt, doch als der Feind in ziemlichem Durcheinander die Flucht ergriff, waren es wieder nur zwei Caraccas, die sich ihm entgegen-stellten. »Sie kämpften tapfer fast zwei Stunden lang, wähend 40 türkische Galeeren auf die beiden eindrangen; dennoch entka-men sie ohne größere Verluste als den Tod von zwei Männern und Risse an fünf Stellen. Was die Türken angeht, wurden viele getötet und mehrere Galeeren zerstört.« Der Generalkapitän hatte erneut seine Galeeren zurückgehalten und sich mit der Rolle des Zuschauers begnügt.

Am 24. August umrundeten die Osmanen die Nordwestspitze der Peloponnes und liefen in den Golf von Patras ein. Für die Ve-nezianer war dies die letzte Chance, wenn sie nicht die Festung Lepanto und den Krieg verlieren wollten. Also befahl der Gene-ralkapitän am nächsten Tag dem französischen Geschwader und einigen Galeeren anzugreifen. »Paolo Calbo geriet als erster an den Feind. Die Türken schlugen seine rechte Flanke leck; drei Kugeln aus weittragenden Schlangen trafen den Mast, eine den Bug; zwei weitere durchbohrten die Galeere mittschiffs, und eine schlug in den Laderaum ein.«

Obwohl verwundet, kaperte Calbo zwei türkische Galeeren, und seine Mitstreiter kaperten oder versenkten acht weitere, ohne selbst ein Schiff zu verlieren.

Und das war es dann auch.

»Die Franzosen dachten nicht daran, sich in einen Kampf einzu-lassen«; schimpfte Domenico Malipiero, »als sie bemerkten, daß die Flotte nicht nachrückte, erklärten sie, wir hätten zwar schöne Schiffe, aber nicht die geringste Hoffnung, mit ihnen etwas zu bewirken.« Nun, wenn sich der Generalkapitän – wie-der einmal – mit dem Großteil seiner Schiffe heldenhaft im Hin-tergrund hielt, weshalb sollten dann gerade sie den Venezianern die Kastanien aus dem Feuer holen?

Unterdessen erreichte Daud Pascha Lepanto, und der Festung blieb keine Wahl als sich ganz schnell zu ergeben.

»Alle guten Männer der Flotte – und davon gab es viele – bra-chen in Tränen aus und nannten den Generalkapitän einen Verrä-ter, der nicht den Mut gehabt hatte, seine Pflicht zu tun«, faßte Malipiero zusammen, und auf den Straßen brüllte man: »Anto-nio Grimani, Schande der Christenheit, Versager der Venezia-ner, Hundefutter soll man aus ihm machen!«

Als Antonio Grimani in Ketten nach Venedig zurückkehrte, schien er von seinem Ziel, dem Dogat, um dessentwillen er doch nur das Amt des Generalkapitäns angestrebt hatte, weiter entfernt als je zuvor. Doch nun in der politischen Arena bewegte er sich wieder auf vertrautem Boden. Der Prozeß gegen ihn, in dem es darum ging, ob die schmähliche Niederlage eine Folge falscher Taktik, unklarer Befehle oder persönlicher Feigheit des Generalkapitäns gewesen war, und in dem sich 19 Anwälte erbitterte Rededuelle lieferten – allein der Ankläger hielt eine dreitägige Rede –, dauerte insgesamt sieben Monate, und Grimani gelang es, lediglich zu der harmlosen Strafe der Verbannung nach Dalmatien verurteilt zu werden. Er flüchtete später nach Rom, und dank seines Geldes, seiner politischen Geschicklichkeit und seiner Freunde am päpstlichen Hof erhielt er 1509 die Erlaubnis, nach Venedig zurückzukehren. Zwölf Jahre später hatte er sein Lebensziel erreicht: Er wurde zum Dogen gewählt.

DIE FÜRSTEN DES MEERES
LA PENSÉE

<u>FRANKREICH 1512–1527</u>

Man hat sie die Medici Frankreichs genannt und die Fürsten des Meeres, die Herren Jean Ango père et fils.

Für Generationen machten sie ihre Heimatstadt Dieppe zur reichsten Handelsmetropole Frankreichs, und ihre Ziele reichten von Neufundland mit seinen reichen Fischbänken über Afrika, wo sie die Niederlassung Neuf Dieppe gründeten, bis nach Brasilien und Sumatra. Andere Unternehmen wurden von ihnen mitfinanziert, so 1524 eine Expedition nach Florida, 1534 die Entdeckung Kanadas und die Gründung einer ersten französischen Kolonie dort unter Jacques Cartier aus St. Malo.

An der Tafel in ihrem Schloß zu Dieppe versammelten sich italienische Astronomen und Mathematiker, portugiesische Piloten, die Entdecker Verrazzano und Parmentier, bekannte Freibeuter wie Jean Fleury, Silvestre Bille und Hervé de Portzmoguer, arabische Ärzte und Astrologen, Geographen aus aller Herren Länder und berühmte Dichter, wie sich ja auch die Herren Ango selbst gelegentlich höchst gekonnt in Versen ausdrückten und ihr Lieblingsschiff *La Pensée* (der Gedanke) nannten.

Vater und Sohn Ango hatten niemals ein anderes Ziel gehabt, als in Ruhe und Frieden ein Wirtschaftsimperium aufzubauen. Doch wehe dem, der sich widersetzte oder gar wagte, sie mit Waffengewalt anzugreifen oder auch nur ihnen etwas vorzuenthalten, das sie von Rechts wegen als ihr Eigentum betrachteten: Die Angos waren reich und mächtig genug, um in solchen Augenblicken brutal zuzuschlagen.

Zumal von den Schätzen der Neuen Welt, die die spanischen Flotas Jahr für Jahr nach Europa schleppten, waren die Herren Ango überzeugt, daß zumindest ein gewisser Teil davon zu Nutz und Frommen Frankreichs in den Hafen von Dieppe umgeleitet werden müsse. So tief überzeugt waren sie von der Ungerechtigkeit der Teilung der Welt zwischen Spanien und Portugal unter Ausschluß Frankreichs durch Papst Alexander VI. Borgia am 3. Mai 1493, daß sie ihren Freibeuterkapitänen, die sie den Spaniern auf den Hals hetzten, zuvor den feierlichen Schwur abnahmen, jede unehrenhafte Handlung und alles, was irgendwie als

Jean Ango père   Jean Ango fils

gemeine Seeräuberei ausgelegt werden könnte, striktestens zu unterlassen.

Die *La Pensée* war um 1512 vom Stapel gelaufen, und bereits bei ihrem ersten Einsatz bewährte sie sich glänzend, auch wenn der Ruhm des Tages einem anderen Ango-Schiff gehören sollte. Man schrieb den 10. August 1512, als ein englisches Geschwader von 45 Schiffen unter dem Befehl von Admiral Sir Edward Howard Brest ansteuerte und bei Le Conquêt von 39 französischen Schiffen, die in der Hauptsache den Angos gehörten, unter Hervé de Portzmoguer gestellt wurde. Es war zum ersten Mal, daß zwei mit schwerer Artillerie bestückte Flotten aneinandergerieten, und es war auch zum ersten Mal, daß Schiffe versuchten, sich ausschließlich mit den Breitseiten ihrer Geschütze gegenseitig zu vernichten. Lediglich Sir Thomas Knivett mit seiner *Regent* kehrte zur alten Kampfweise zurück und ließ die Enterhaken an der *Marie de la Cordelière* (auch *Belle Cordelière* genannt) Hervé de Portzmoguers – der eigentlich Sir Piers Morgan hieß und aus Wales stammte – festwerfen, während die Kanonen der Bordwand an Bordwand liegenden Schiffe unerbittlich weiterfeuerten. Schon glaubten sich die Franzosen als Sieger, als ein Treffer ins Pulvermagazin die *Marie de la Cordelière* zerfetzte und sie sinkend die *Regent,* die beiden Kapitäne und die rund 1600 Mann beider Besatzungen mit in die Tiefe riß.

Das Gefecht selbst blieb unentschieden, doch ein Jahr später rächte Prégent de Bidoux den Untergang der *Marie de la Cordelière*. Er ließ sich, wieder bei Le Conquêt, von einem englischen Geschwader angreifen, eroberte das feindliche Flaggschiff und befahl, den Admiral Sir Howard samt etlicher seiner Leute über Bord zu werfen.

Knapp zehn Jahre später, 1522, gelang der *La Pensée* ein Fang, der weltweites Aufsehen erregte: Hernán Cortés, der Eroberer Mexikos, hatte die kostbarsten Stücke aus dem Kronschatz des letzten Aztekenherrschers Moteczumas auf drei Galeonen verladen lassen und sie mit einer starken Wachflotte von Kriegsschiffen nach Spanien geschickt.

Jean Fleury, einer der besten Kapitäne und ein persönlicher Freund von Jean Ango fils, lag mit der *La Pensée* und vier weiteren Schiffen bei den Azoren auf der Lauer. Seine Gewährsleute hatten ihm versichert, daß er wohl nicht lange werde warten müssen, um die mächtigen Schatzgalonen mit prozessionshafter Langsamkeit über die Kimmung heraufziehen zu sehen. Die spanischen Galeonen waren zwar gewaltig, hoch, schwer, mitunter imposant bestückt, doch weder Material noch Mannschaften und Offiziere taugten viel. Und da sie obendrein mehr mit Fracht und Passagieren als mit Kanonen und Soldaten bepackt waren, zeigten sie selten Lust zum Kämpfen, und wenn auch, so waren sie ihren Gegnern trotz der achtunggebietenden Größe hoffnungslos unterlegen.

Von seinen Spionen bestens unterrichtet, auf welche Schiffe es ankam, segelte Jean Fleury mit der *La Pensée* zwischen zwei der Schatzgaleonen hinein, warf nach beiden Seiten die Enterhaken fest und hatte binnen zehn Minuten die beiden Galeonen erobert, und während die vier anderen Franzosen die spanischen Wachschiffe beschäftigten, verschwand er mit seiner Beute am Horizont. Zwar entschlüpfte die dritte Schatzgaleone und gelangte heil nach Spanien, doch enthielten die beiden anderen, als sie in Dieppe entladen wurden, immer noch Dinge, die selbst so verwöhnten Beutemachern noch den Atem verschlugen.

Die Enttäuschung der Spanier, als sie von dem Verlust der beiden Schatzschiffe hörten, war furchtbar. Hernán Cortés – obwohl ja eigentlich unschuldig – fiel in Ungnade, und es ist begreiflich, daß die Geschädigten kein Erbarmen kannten, als 1527 die vom Sturm abgetriebene *La Pensée* an der Küste Portugals strandete: Jean Fleury und seine Mannschaft wurden Kaiser

Zeitgenössische Darstellung verschiedenster Schiffstypen Anfang des 16. Jahrhunderts

Karl V. ausgeliefert und in Toledo unter dem Jubel der Bevölkerung gehängt.

Jean Ango fils schlug gnadenlos zurück: Mit 17 Schiffen landete er an der Küste Portugals und plünderte einen Ort nach dem anderen, bis die verzweifelten Portugiesen und Spanier in Paris vorstellig wurden und König François I. um Vermittlung baten. »Ihr hättet Jean Ango nicht reizen sollen«, antwortete der König den Gesandten, »er hat mehr Schiffe als ich und mindestens doppelt soviel Geld. Wenn ihr Frieden wollt, müßt ihr schon mit ihm selbst verhandeln.«

Es blieb dem König von Portugal und Kaiser Karl V. nicht erspart, Vater und Sohn Ango, deren Männer sie als Piraten aufgeknüpft hatten, hohen Schadenersatz zu zahlen und in demütigster Form um Frieden zu bitten.

PRIMUS CIRCUMDEDISTI ME
VICTORIA
<u>SPANIEN 1519—1522</u>

Als Christoforo Colombo am 20. Mai 1506 in Valladolid, während die Glocken der Stadt das Fest der Himmelfahrt Christi einläuteten, die Augen für immer schloß, war sein großer Traum, der Seeweg nach Indien auf Westkurs, noch immer unerfüllt. Und es schien so, als würde er das auch noch lange bleiben; denn Portugal hatte »seinen« Weg um Afrika herum gefunden, und Spanien hatte nur eines im Sinn, jenen riesigen Doppelkontinent, den ihm das Schicksal in den Schoß geworfen hatte und der sich langsam aus dem Dunkel herausschälte, vollständig unter seine Macht zu bringen. Der Mann aber, der Colombos Lebenswerk vollenden sollte, hatte noch nicht einmal spanischen Boden betreten.

Fernão Magalhães war um 1480 in den rauhen Bergen des Nordens von Portugal als Sohn adeliger, ebenso stolzer wie mittelloser Eltern geboren worden, mit zwölf Jahren als Page an den Hof nach Lissabon gekommen und mit etwa 25, »um sein Glück zu machen«, als Kolonialoffizier nach Indien gegangen. Als er zum ersten Mal auffiel, war er fast 30, und er rettete dabei die Männer einer Expedition unter Diego Lopes de Sequeira, die allzu sorglos im Hafen von Malakka (im heutigen Malaysia) lagen, »als ob sie vor der Stadt Lissabon ankerten«, vor dem Verrat der Malaien. Zum zweiten Mal fiel er auf, als 1512 das Schiff, mit dem er heimkehren wollte, auf Grund lief und die Besatzung sich mit knapper Not und etwas Proviant – alles andere und auch Magalhães ganzes Erspartes ging verloren – auf eine einsame Insel retten konnte. Die Mannschaft mißtraute den Offizieren, welche versprachen, mit den Beibooten im nahen Kotschin Hilfe holen zu wollen, und Magalhães erbot sich, freiwillig als Geisel zurückzubleiben. Die Offiziere hielten Wort, schickten eine Karavelle, um die Schiffbrüchigen zu retten, und der Spätherbst des Jahres fand Fernando Magalhães wieder in Lissabon, gerade rechtzeitig, um an der nächsten Runde der Auseinandersetzungen zwischen Portugiesen und Mauren teilzunehmen, was ihm eine schwere Verwundung am Bein eintrug, so daß er nun so auffällig hinkte, daß gelegentlich behauptet wird, er habe einen

Klumpfuß gehabt. Doch damit nicht genug: Als Verwalter der ungeheuren Kriegsbeute eingesetzt, wurde Magalhães beschuldigt, eine Anzahl von Rindern veruntreut zu haben. Das Gericht sprach ihn zwar von jedem Verdacht frei, doch als er am Hof in Lissabon vorstellig wurde und um eine Rente für seine langen Dienste bat, lehnte der König das Gesuch rundweg ab und ließ durchblicken, er könne seine Dienste ja anderwärts anbieten.

Doch wer konnte schon einen halbinvaliden Soldaten brauchen? Die Idee, sein Glück zur See zu versuchen, stammte wohl von dem, gelinde ausgedrückt, exzentrischen Mathematiker Ruy Faleiro, denn Fernão Magalhães war keineswegs ein meisterhafter Seefahrer, der über jenes besondere Gefühl für Schiffe oder überragende nautische Kenntnisse verfügte, auch wenn er sich auf beiden Gebieten genug Wissen angeeignet hatte, um damit durchzukommen. Seine Stärken lagen weit mehr auf militärischem Gebiet, in seiner Charakterfestigkeit und der Fähigkeit, Menschen zu führen. Ruy Faleiro rechnete ihm nun vor, daß man nur wenige tausend Meilen in die 1513 von Vasco Núñez de Balboa entdeckte »Südsee« hinaussegeln müsse, um an deren anderem Ende die Molukken zu erreichen.

1517 wandten die beiden Männer Portugal den Rücken und kamen nach Sevilla, dem spanischen Zentrum für den Westindienhandel, und schon am 22. März 1518 hielten sie einen von König Carlos I. (bekannter als Kaiser Karl V.) unterzeichneten Vertrag für die Fahrt in Händen. Die nächsten 18 Monate waren qualvoll, denn mit den fünf Schiffen, die Carlos I. um 1,5 Millionen Maravedi für die Expedition gekauft hatte, war er übers Ohr gehauen worden. Sebastiāno Alvarez, Portugals Repräsentant und Oberschnüffler in Sevilla, berichtete hämisch nach Lissabon: »Magalhães Flotte besteht aus fünf Schiffen, Sire, und zwar eines zu 110 Tonnen, zwei zu je 60 Tonnen und die beiden anderen zu je 60 Tonnen, sehr alt und geflickt. Ich war einige Male an Bord, und ich versichere Eurer Majestät, daß die Schiffskörper morsch sind wie Zunder. Mit solch alten Kähnen würde ich nicht einmal zu den Kanarischen Inseln segeln wollen.«

Die Schiffe mußten also zunächst grundlegend überholt werden, und auch mit der Besatzung gab es Schwierigkeiten. Da man aus Loyalitätsgründen nicht zu viele Portugiesen anheuern wollte, wimmelte es auf den Decks von Spaniern, Deutschen, Italienern, Flamen, Griechen, Franzosen, Malaien und Afrikanern. Auch die drei spanischen Kapitäne – Gaspar Quesada, Luis de Mendoza und Juan de Cartagena – sollten sich noch zu einem ernsten Problem auswachsen, »denn die Kapitäne der anderen Schiffe, die mit ihm fuhren, mochten ihn nicht; ich kenne den Grund nicht, es sei denn, weil er, der Generalkapitän, Portugiese war und sie selbst aus Spanien stammten«. Der dies schrieb, war allerdings durchaus ein Lichtblick: Antonio Pigafetta aus Venedig, der die Fahrt ohne Lohn als Beobachter – Spion der Serenissima wäre vermutlich zutreffender – mitmachte und mit äußerster Akribie ein Tagebuch führte, so daß wir über die Expedition weit besser unterrichtet sind als über die meisten anderen ihrer Art. Und auch mit Ruy Faleiro gab es Schwierigkeiten, denn der immer schon krankhaft mißtrauische Mann drehte nun vollends durch, und Magalhães mag recht erleichtert gewesen sein, als der König Faleiro befahl, in Sevilla zurückzubleiben. An »Handelsgütern« führten die Schiffe 20 000 Falkenglöckchen, 500 Pfund Glasperlen, Baumwoll- und Wollstoffe, Angelhaken und 400 Dutzend in Deutschland geschmiedete Messer mit. Auch Proviant war reichlich vorhanden: 10 Tonnen Zwieback, 6000 Pfund Pökelfleisch, 500 Fässer Wein, 210 Pfund Bohnen, 720 Pfund Mehl, 250 Schnüre Knoblauch, 2525 Pfund Käse, 1217 Pfund Honig, 70 Pfund Mandeln, 150 Fässer Sardellen und 10 000 Sardinen, 1687 Pfund Rosinen, 180 Pfund Dörrpflaumen und pro Schiff vier Kisten Quittenmarmelade, nur für das Flaggschiff eine Vorzugsration von 35 Kisten, außerdem führte man 72 größere und kleinere Kanonen mit.

Am 20. September 1519 segelte die kleine Flotte von San Lúcar an der Mündung des Guadalquivir in den Atlantik hinaus; sie bestand aus dem Flaggschiff *Trinidad,* ferner der *Santiago,* der *San Antonio,* der *Concepción* und der *Victoria.*

Zunächst ging die Fahrt recht schlecht voran, Flauten und schwere Stürme machten den fünf Schiffen zu schaffen, als sie sich an der afrikanischen Westküste hinunterquälten. Daß Magalhães diese und nicht die weit günstigere Route über den offenen Atlantik nach der Ostspitze Brasiliens wählte, die ihm aus den Berichten Vasco da Gamas und Pedro Alvares Cabrals zwei-

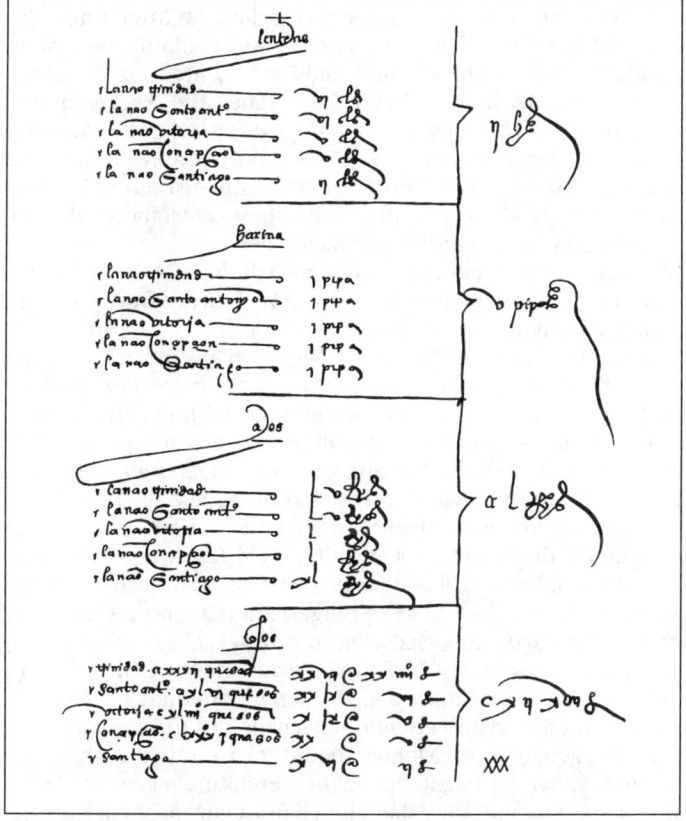

Auszug der Proviantlisten: Bohnen, Mehl, Knoblauch, Käse

113

fellos bekannt war, kann eigentlich nur so erklärt werden, daß er einem durchaus möglichen portugiesischen Überfall auf diesem unwahrscheinlichen Kurs entgehen wollte.

»Nachdem wir den Äquator in südlicher Richtung überquert hatten, verloren wir den Polarstern aus den Augen«, schrieb Pigafetta, und nun querte die Flotte auch den Atlantik. Die erste große Hoffnung, die Westdurchfahrt gefunden zu haben, bot die tief eingeschnittene Mündung des Rio de la Plata, wo die Küste des heutigen Uruguay sogar nach Norden zurückweicht. Da aber die Wasserproben immer brackiger wurden und zuletzt reines Süßwasser in den Eimern war, mußte man einsehen, daß dies keine Meeresstraße, sondern lediglich die Mündung eines großen Flusses war. Die Enttäuschung war schlimm, auch wenn Pigafetta Interessantes von Land und Leuten zu berichten wußte, so z. B. daß »Männer und Frauen die Angewohnheit haben, sich mit Feuer zu bemalen« – zu tätowieren –, und »in Netzen aus Garn schlafen, welche sie in ihrer Sprache Amache nennen« – das deutsche Wort »Hängematte« ist durch Umdeutung des holländischen Wortes »hangmak« entstanden, das seinerseits lautlich das Indiowort nachbildet.

Man segelte also weiter südwärts, bis sich Ende März der Winter ankündigte und der Generalkapitän am 31. in der Bucht von San Julian ankern ließ, um dort zu überwintern.

Es dauerte nur einen Tag, bis die Meuterei ausbrach: Die spanischen Kapitäne Gaspar Quesada von der *Concepción* und Luis de Mendoza von der *Victoria* befreiten den schon vorher wegen Ungehorsams unter Arrest gestellten Juan de Cartagena und eroberten auch noch die *San Antonio*. Dem Generalkapitän verblieben damit nur noch die eigene *Trinidad* und die kleine *Santiago*. Doch binnen weniger Stunden hatte der erfahrene Soldat Magalhães die Situation samt allen Schiffen wieder im Griff; Luis de Mendoza kam bei dem kurzen Gefecht um, Gaspar Quesada wurde am nächsten Tag hingerichtet, Juan de Cartagena später in Patagonien ausgesetzt und zurückgelassen, wo er verschwand, und weitere 40 Männer, darunter zwei Offiziere, zum Tode verurteilt und nach einigen Tagen der Angst begnadigt – ein brillanter psychologischer Schachzug des Generalkapitäns, der sich genau diese Männer damit zu treuesten Anhängern machte. Einer der begnadigten Offiziere war ein gewisser Sebastián del Cano, und wäre damals in San Julian auch sein Kopf gerollt, den Namen Fernão Magalhães würden heute wohl nur ein

Sebastián del Cano

paar Fachhistoriker kennen als Führer einer frühen, in der Südsee verschollenen Expedition.

Das Warten auf die bessere Jahreszeit ging freilich dem Generalkapitän gehörig auf die Nerven, und so schickte er Ende April die *Santiago* unter Kapitän João Serrão, einem seiner ältesten Freunde, los, um die Küste weiter nach Süden zu erkunden. Doch die Jahreszeit war allzu schlecht, und am 22. Mai erlitt die *Santiago* bei einem schweren Sturm Schiffbruch. Zwar ertrank nur ein Mann, doch die 37 Überlebenden waren 70 Seemeilen von ihrem Winterstützpunkt entfernt und ohne Proviant. Am Rio Santa Cruz, den die Männer nach vier Tagen erreichten, konnten sie dank der zahllosen Fische wenigstens nicht verhungern, und die zwei kräftigsten Matrosen setzten auf einem winzigen Floß über, um Hilfe zu holen. Als sie nach elf Tagen in San Julian ankamen, sahen sie so mitgenommen und erschöpft aus, daß man sie fast nicht erkannt hätte, und noch in derselben Stunde brachen 24 Freiwillige – fast alles begnadigte Meuterer – auf, kämpften sich durch die Wildnis zu Serrão durch, und gut einen Monat später waren endlich alle wieder in San Julian in Sicherheit. Mit fast übermenschlicher Energie zügelte Fernão Magalhães nun seinen Wunsch voranzukommen, verschob seine Basis im August nach Puerto Santa Cruz, doch erst am 18. Oktober lichtete die kleine Flotte wieder die Anker.

Drei Tage später notierte Antonio Pigafetta in sein Tagebuch: »Am 21. Oktober, unter 51 Grad südlicher Breite, erblickten wir ein Vorgebirge. Wir gaben ihm den Namen ›Kap der elftausend Jungfrauen‹, weil diesen der Tag geweiht war, an dem wir das Kap zum ersten Mal sahen. Sobald wir in die von diesem Kap begrenzte Bucht einliefen, sandte Magalhães die *San Antonio* und die *Concepción* voraus, damit sie untersuchten, wie tief diese Bucht ins Land eingeschnitten sei. Während wir vor der Bucht warteten, überfiel uns in der Nacht stürmisches Wetter, das so heftig war, daß wir die Ankertaue kappen und unsere Schiffe dem Spiel der Wellen und des Sturmes anvertrauen mußten. Die beiden Schiffe, die sich in der Bucht befanden, wurden durch den Sturm immer weiter hineingetrieben. Als sie versuchten, zu uns zurückzukehren, hatten sie alle Mühe, nicht auf Grund zu laufen. Als sie schon fast am Ende der Bucht angelangt waren und sich verloren glaubten, sahen sie eine kleine Öffnung, die nicht nach einer Öffnung, sondern wie ein Bach aussah. Und verzweifelt, wie die Männer waren, segelten sie hinein, so daß ihnen gar nichts anderes übrigblieb, als die Straße zu entdecken. Als sie merkten, daß es keine Bucht, sondern eine Meerenge war, fuhren sie weiter und entdeckten wieder eine Straße. Darüber hocherfreut, machten sie kehrt, um den Generalkapitän zu unterrichten. Sie waren zwei Tage unterwegs, und wir glaubten schon, sie hätten Schiffbruch erlitten, als beide Schiffe mit vollen Segeln und fliegenden Fahnen aus der Bucht heraus auf uns zuhielten und immerzu aus ihren Kanonen Freudenschüsse abgaben, worauf wir diesen Gruß sehr freudig auf dieselbe Weise erwiderten. Und dann fuhren wir alle zusammen voran und dankten Gott und der Jungfrau Maria. Wir kamen zu einer Bucht, die in zwei Meeresstraßen mündete, die eine führte nach Südwesten, die andere nach Südosten.« Der Generalkapitän teilte nun seine Flotte: Mit der *Trinidad* und der *Victoria* nahm er sich den südwestlichen Arm vor, während er den anderen der *San Antonio* und der *Concepción* überließ. »Wir sandten ein mit Männern und Proviant gut ausgestattetes Boot aus, um das Kap des anderen Meeres zu entdecken. Sie brauchten hin und zurück drei Tage und erzählten uns, sie hätten das Kap gefunden, und die Straße münde in ein großes Meer. Der Kapitän begann aus Freude zu weinen und gab diesem Kap – weil es so sehnlich gesucht worden war – den Namen Kap Deseado (Kap Sehnsucht).«

Bei der Fahrt durch die Meeresenge, die fortan seinen (hispanisierten) Namen tragen sollte, hatte Fernão Magalhães Glück und Unglück zugleich: Glück, daß er die Durchfahrt trotz verschiedener Aufenthalte in 22 Tagen bewältigte, denn die Magellan-Straße wird nur zu oft von endlosen Flauten heimgesucht, und manches Schiff benötigte bis zu drei Monate für die Passage; Unglück, denn die *San Antonio,* das größte Schiff, auf dem die meisten Vorräte geladen waren, verschwand. – Der Generalkapitän glaubte zunächst noch an einen Irrtum und schickte die *Victoria* zum Atlantikausgang zurück, doch dann wurde es Gewißheit, daß die *San Antonio* desertiert war.

Die drei restlichen Schiffe – *Trinidad, Victoria* und *Concepción* – segelten nun an der Küste Chiles nordwärts, und am 22. Dezember bogen sie auf Westkurs in den Pazifik hinaus. Es wurde eine Höllenfahrt, da der Generalkapitän ja nicht ahnte, wie groß der Pazifik wirklich ist, sich vielmehr auf die fehlerhaften Berechnungen seines Freundes Ruy Faleiro verließ. Hunger und Skor-

Die ›Victoria‹ – ohne Fockmast, so wie sie heimkehrte

117

but hielten grausige Ernte unter den Männern. »Wir blieben«, schrieb Pigafetta später, »drei Monate und 20 Tage ohne frischen Proviant oder irgendwelche anderen Erfrischungen an Bord. Und wir aßen nur alten Zwieback, der zu Staub zerfiel, voll Würmer war und vom Urin der Ratten stank. Und wir tranken Wasser, das schmutzig und gelb war. Wir aßen Ochsenhäute, die sehr hart waren durch Sonne, Regen und Wind.« Einige Matrosen wurden zu Meistern der Rattenjagd, sie verkauften die Langschwänze für »einen halben Escudo das Stück« – und retteten damit so manchen vor dem Verhungern. Endlich, man schrieb mittlerweile den 6. März 1521, kam die Insel Guam in Sicht, und man konnte frisches Wasser und Proviant an Bord nehmen, auch wenn es arge Probleme mit den Eingeborenen gab, denn »die Bewohner jener Insel kamen auf die Schiffe und raubten uns aus, so daß wir uns ihrer kaum erwehren konnten«.

Auf den Philippinen dagegen, die man Mitte März erreichte, ging alles ganz wundervoll: Geschenke von europäischem Tand wie Glöckchen, Spiegel und bunte Stoffe, die Vorführung europäischer Waffenüberlegenheit durch Abfeuern der Kanonen und Fernão Magalhães' persönliches Geschick, zumal seine Zurückhaltung und Toleranz örtlichen Gepflogenheiten gegenüber, die hinter der Schale des unbeugsamen alten Soldaten den geborenen Diplomaten und vor allem eine ungemein starke, selbständige Persönlichkeit erkennen ließen, verschafften ihm erstaunlich schnell die Ergebenheit, in einem Fall sogar die Blutsbrüderschaft der eingeborenen Potentaten – und schließlich auch seinen persönlichen Untergang.

Als der Inselhäuptling Zula den Generalkapitän bat, ihm in der Auseinandersetzung mit seinem Kollegen Lapulapu von Maktan beizustehen, konnte und wollte Fernão Magalhães nicht nein sagen, und so griff er in den Morgenstunden des 27. April an. Doch bei aller Tapferkeit der Europäer waren die 1500 Krieger Lapulapus überlegen, und der Generalkapitän »befahl den langsamen Rückzug, die Männer flüchteten jedoch, während sechs oder acht von uns bei dem Kapitän blieben. Und jene Menschen zielten auf nichts anderes als unsere Beine, denn diese waren ungeschützt. So konnten wir wegen der großen Zahl von Lanzen und Steinen, die sie auf uns warfen und schossen, ihrem Angriff nicht standhalten. Unsere großen Artilleriegeschosse von den Schiffen konnten uns nicht helfen, weil ihre Reichweite nicht groß genug war. Als guter Kapitän und Ritter blieb Magalhães mit einigen anderen wie festgewurzelt stehen und kämpfte so über eine Stunde. Und als er sich weigerte, weiter zurückzuweichen, schleuderte ihm ein Eingeborener eine Bambuslanze ins Gesicht, und der Kapitän tötete ihn sofort mit einer Lanze, die in dem Körper steckenblieb. Als er dann versuchte, sein Schwert zu fassen, konnte er es nur bis zur Hälfte herausziehen, weil er am Arm eine Wunde von einer Bambuslanze hatte. Als sie das wahrnahmen, stürzten sich alle jene Männer auf ihn – einer von ihnen mit einem großen Wurfspieß, den er in sein linkes Bein stach, worauf er auf sein Gesicht stürzte. Darauf fielen sie alle gleichzeitig über ihn her, mit Lanzen aus Eisen und Lanzen aus Bambus und jenen Wurfspießen, so daß sie unseren Spiegel, unser Vorbild, unser Licht, unseren Trost und unseren wahren Führer erschlugen.«

Fernão Magalhães, Kopf und Seele des Unternehmens, war tot, und seine Nachfolger, Durate Barbosa, João Serrão, Gonzalo Gomez de Espinosa und João Carvalho, waren kein Ersatz. Als die Insulaner aufstanden, wurde Barbosa ermordet und João Serrão im Stich gelassen. Er schrie noch zu den absegelnden Schiffen hinüber, »er bete zu Gott, daß er beim Jüngsten Gericht seine Seele von João Carvalho verlangen würde«, wie Antonio Pigafetta berichtete. Sechs Monate schipperten die Männer ziellos im Südchinesischen Meer herum, mußten die *Concepción* aufgeben und verbrennen, ehe sie die Insel Palawan erreichten und eine Menge Gewürznelken einkaufen konnten.

Als die Schiffe am 18. Dezember wieder unter Segel gingen, leckte die *Trinidad,* befehligt von Gonzalo Gomez de Espinosa und João Lopez Carvalho, so arg, daß sie zur Überholung in den Hafen zurückkehren mußte, wo sie drei Monate lag. Dann versuchte sie, den Pazifik in Richtung Panama nochmals zu überqueren, und als sie das nicht schaffte, mußte sie sich schließlich den Portugiesen ergeben. Nach drei Jahren erst wurden die letzten vier Überlebenden von ursprünglich 54 Mann der *Trinidad* Spanien übergeben – und mußten erleben, daß ihre kärgliche Pension noch um die Jahre der Gefangenschaft gekürzt wurde, weil sie in dieser Zeit »nicht in spanischen Diensten gestanden« hätten. Glücklicher war das Schicksal der *Victoria.* Zu ihrem Befehlshaber hatte sich Sebastián del Cano gemacht, der einst bei der Meuterei in San Julian eine eher zweideutige Rolle gespielt, sich seitdem aber als zuverlässiger Kapitän der *Concepción* bis zu deren Ende erwiesen hatte.

Del Cano, ein gebürtiger Baske, kannte nur noch ein Ziel: Heim nach Spanien! Mit einem Schiff, das schwer leckte, dessen Fockmast in einem Sturm über Bord gegangen war, dessen Mannschaft von Entkräftung, Hunger und Krankheit, zumal Skorbut, brutal dezimiert wurde, erreichte Sebastián del Cano die portugiesischen Kapverdischen Inseln. Sein Trick, sich als portugiesischer Westindienfahrer auszugeben, wurde durchschaut, 13 Mann seiner Besatzung, die an Land gegangen waren, gefangengenommen. Der *Victoria* selbst gelang nur mit knappster Not die Flucht.

»Am Samstag, dem 6. September des Jahres 1522, fuhren wir in die Bucht von San Lúcar. Von den 60 Männern, welche die Molukken verlassen hatten, waren nur noch 18 übrig – die meisten davon krank. Seit unserer Abreise von jener Bucht bis zum heutigen Tag hatten wir 43 380 Seemeilen zurückgelegt und waren von Osten nach Westen um den ganzen Erdball gesegelt.« Am Tag der Ankunft wallfahrteten die Überlebenden barfuß und mit einer Kerze in der Hand zu den Altären von Santa Maria de la Victoria und Santa Maria de la Antigua.

Der Dank des Königs, der die Ladung Gewürznelken um den 10 000fachen (!) Einkaufspreis losschlug, war würdig eines Trastamara-Nachkommen (der Vater Karls V. war zwar Habsburger, doch seine Mutter, Juana die Wahnsinnige, Tochter Fernandos und Ysabels, die Christoforo Colombo seinerzeit so schäbig betrogen hatten). Sebastián del Cano wurde zwar ein Wappen verliehen, auf dem stolz zu lesen stand: »Primus circumdedisti me« – »Du hast mich als erster umrundet« –, doch die Matrosen mußten noch jahrelang ihre rückständige Heuer einklagen, weil im Vertrag von Saragossa Spanien zugunsten Portugals um 350 000 Dukaten auf die Früchte der Entdeckung verzichtet hatte.

»Das berühmteste aller Schiffe, die unvergleichliche *Victoria*«, überquerte noch dreimal den Atlantik, ehe sie vor Hispaniola in einem Sturm sank.

20 Jahre nach dem Tod von Fernão Magalhães würdigte der Historiker Gonzalo Fernández de Oviedo die Tat jenes Portugiesen in spanischen Diensten: »Seit Gott den ersten Menschen schuf und die Welt ordnete, hat es nichts Wunderbareres und keine großartigeren Neuerungen gegeben als den Weg, den die *Victoria* zurücklegte. Und in der Seefahrt ist seit der Reise des Patriarchen Noah nichts Bemerkenswerteres gehört oder beschrieben worden.«

DIE BRUT VON UNGEHEUERN
GREAT MICHAEL
SCHOTTLAND 1512

Die Renaissance wird im allgemeinen als eine Epoche der Rückbesinnung auf die Werte der Antike dargestellt. Das ist richtig, jedoch sehr unvollständig. Sie war vor allem auch auf vielen Gebieten des Lebens der fast vollständige Bruch mit der mittelalterlichen Tradition, in der jede Entwicklung langsam Schritt für Schritt auf dem Erworbenen und Erreichten aufgebaut hatte. Weit mehr als ein Rückgriff war die Renaissance der Beginn der Neuzeit, der Beginn jener Welt der Wissenschaft und Technik, in der wir heute leben. Gerade auch im Schiffbau wird dies augenfällig: Zwischen der *Mora* Herzog Willelms von der Normandie und den Nãos und Karavellen Christoforo Colombos oder Vasco da Gamas lagen fast fünf Jahrhunderte, zwischen diesen Nãos und Karavellen und den Riesenkarracken wie dem *Great Michael* oder dem *Henry Grâce à Dieu* noch nicht einmal zwei Jahrzehnte. Ungeachtet des militärischen oder praktischen Nutzens zählt hier bereits die Kühnheit des Gedankens, solche Schiffe überhaupt auf Kiel zu legen. Auf heutige Verhältnisse übertragen hieße das etwa, daß ein Schiffskonstrukteur, der über eine unbestritten solide Erfahrung im Bau von Fischtrawlern verfügt, sich erdreisten würde, plötzlich einen nuklear getriebenen Flugzeugträger bauen zu wollen.

Daß jede neue Entwicklung, zumal wenn sie mit einer derartigen Heftigkeit vor sich geht wie zu Beginn des 16. Jahrhunderts, leicht dazu verführt, kräftig über das Ziel hinauszuschießen, ist eine andere Sache. Und so erhob sich, wie Jochen Brennecke in seiner ›Geschichte der Seefahrt‹ schreibt, »eine Brut von Ungeheuern aus den Nestern der Werften«.

König James IV. von Schottland war der erste, der eines dieser »Ungeheuer« auf Stapel legen ließ.

Engländer und Schotten waren nie sonderlich gut miteinander ausgekommen, und so bedurfte es nur eines im Grunde lächerlichen Anlasses, daß die beiden Nachbarn wieder einmal aufeinander losgingen. König James hatte einen gewissen Andrew Barton gegen die flämischen Piraten in See geschickt, doch als sich 1511 englische Kaufleute bei ihrem Monarchen Henry VIII. be-

Der schottische ›Great Michael‹

schwerten, Barton treibe es noch ärger als die Seeräuber (was durchaus zutreffend gewesen sein mag), zögerte der englische König keinen Augenblick, zwei Schiffe auszusenden und den Schotten eliminieren zu lassen. König James tobte, rüstete zum Krieg und beschloß, seinen englischen Amtskollegen da zu treffen, wo es diesem am meisten weh tat: in seiner Eitelkeit.

Der französische Schiffsbaumeister Jacques Tarrat erhielt den Auftrag, das gewaltigste Schiff der Welt zu bauen, den *Great Michael*. Jacques Tarrat entledigte sich dieser ungemein schwierigen Aufgabe mit Bravour. Der schottische Gigant wurde 72 Meter lang und am Hauptspant 17 Meter breit, mit zwei durchgehenden Batteriedecks und gewaltigen Kastellen auf Vor- und Achterschiff; im Bereich der Hauptbatterien waren die Bordwände drei Meter dick (!), wahrhaft »hölzerne Mauern« gegen den Feindbeschuß, und die vier Masten, teilweise mit doppelgeschössigen Marsen, trugen acht riesige Segel. Mit welchen Schwierigkeiten Jacques Tarrat bei Bau des *Great Michael* zu kämpfen hatte, können wir erahnen, wenn wir daran denken, daß ein Großteil des Bauholzes importiert werden mußte, weil in den schottischen Wäldern bei weitem nicht genug Eichen für den Schiffsgiganten wuchsen. Der Stapellauf des Kolosses muß für alle Beteiligten eine Nervenprobe sondergleichen gewesen sein und kaum weniger aufreibend als über 300 Jahre später der Stapellauf der *Great Eastern,* der geschlagene drei Monate gedauert hat. Entsprechend seinen Ausmaßen war auch die Bewaffnung des *Great Michael* gigantisch: 315 Geschütze. Der Großteil davon in den Kastellen bestand zwar aus leichten Kalibern, doch in der Hauptbatterie standen, den Quellen zufolge, mindestens zwei Geschütze, die Kugeln von 200 Pfund (!) verfeuerten sowie etliche 75pfünder-Basilisken.

Zur Besatzung des Kolosses gehörten neben einem Stab von 50 nautischen und militärischen Offizieren 120 Kanoniere, 300 Seeleute und 1000 Soldaten, dazu ein ganzer Schwarm von Offiziersdienern, Lakaien, Köchen, Schmieden, Zimmerleuten, Taklern, Pagen, Schiffsjungen, Proviant- und Quartiermeistern, Fanfarenbläsern, Trommlern, Feldscheren und Bordgeistlichen. Und auch die Kosten waren entsprechend gigantisch: 40.000 Pfund. Für diese Summe hätte man eine kleine Flotte bauen und ausrüsten können – und rein militärisch wäre sie zweifellos wirkungsvoller gewesen. Doch König James ging es ja vor allem darum, seinem englischen Nachbarn ein Schiff vor die Nase zu setzen, dem nichts, aber auch gar nichts an der Flotte Henrys auch nur entfernt das Wasser reichen konnte – und diesen Zweck hat der *Great Michael* ohne jeden Zweifel glänzend erfüllt.

Ein 200pfünder-
Riesengeschütz;
die »Mons Meg«

DER BOMBASTISCHE HENRY
HENRY GRÂCE À DIEU
ENGLAND 1514–1550

Die schlaflosen Nächte, die der *Great Michael* dem bombastischen Henry VIII. von England bereitete, waren bedauerlicher-
weise nicht ganz so zahlreich, wie sich das der Schotte erträumt
hatte.
Noch im gleichen Jahr, 1512, ließ jener seinerseits einen Schiffsgiganten auf Kiel legen, der noch größer, noch besser bewaffnet,
noch bombastischer als der Schotte sein sollte – eben ganz ein
Schiff im Geist seines Monarchen –, und in aller Bescheidenheit
ließ der König das neue Superschiff nicht nach irgendeinem
Schutzpatron seines Volkes, sondern gleich nach sich selbst benennen: *Henry Grâce à Dieu* – Heinrich von Gottes Gnaden.
Die genauen Maße des *Henry Grâce à Dieu* sind nicht überliefert, doch denen des *Great Michael* waren sie gewiß ebenbürtig,
und bekannt ist, daß er allein 3900 Tonnen Bauholz verschlang.

Der ›Henry Grâce à Dieu‹ nach der Zeichnung von A. Anthony

Mit drei durchgehenden Decks und je vier weiteren Decks darüber im Vor- und Achterschiff hatte Robert Brygandine, der das
Ungeheuer erbaute, wohl mit den gleichen Schwierigkeiten zu
kämpfen wie Jacques Tarrat – in einem Punkt freilich erwies sich
der *Great Harry,* wie das Schiff im Volksmund bald genannt
wurde, für seinen König als erheblich günstiger als der schottische Gigant: im Preis. Nicht daß er weniger gekostet hätte, doch
Henry VIII., geizig wie alle Tudors, hatte seine Lords zu entsprechenden »Materialspenden« aufgefordert, wodurch immerhin
über die Hälfte des Bauholzes und ein beachtlicher Teil der Ausrüstung »kostenlos« zusammenkam.
Auch in der Bewaffnung war der *Henry Grâce à Dieu* seinem
schottischen Widerpart ebenbürtig. Zwar verfügte er über keine
200pfünder-Riesenkanonen, doch war deren Einsatz auf einem
Schiff ohnedies mehr als fragwürdig, wenn man bedenkt, daß
das Laden eines dieser Geschütze gut zwei Stunden dauerte.
Statt dessen verfügte der *Great Harry* über 21 bronzene Vorderlader – damals das Modernste vom Modernen im Artilleriewe-
sen – mit Geschoßgewichten zwischen 42 und 9 Pfund, ferner
über 130 mittlere und 184 leichte eiserne Hinterlader konventio-
neller Bauart.
Die wildesten Übertreibungen leistete man sich freilich in der
Takelage. Vier Masten – von vorn nach achtern Fock-, Groß-,
Besan- und Bonaventurmast – waren auf großen Schiffen jener
Zeit durchaus nicht unüblich, und auch Bramsegel an Fock- und

Großmast zwar nicht die Regel, jedoch auch keine allzu seltene Ausnahme. Daß man aber auch Besan- und Bonaventurmast, wie auf der Darstellung Anthony Athonys zu erkennen ist, mit lateinischen Mars- und gar Bramsegeln aufgetakelt hatte, war reine Angeberei. Nach dem Gemälde von Vincent Volpi »The Embarkation of Henry VIII for France« war auch der Besanmast querrah und nur der Bonaventurmast lateinisch getakelt. Auffallend an dem Gemälde ist, daß keine einzige der fünf großen Karracken Marssegel gesetzt hat und Bramrahen überhaupt fehlen – ein recht deutlicher Hinweis auf die Praxis, daß man es nämlich selbst bei pompösesten Anlässen und bestem Wetter kaum wagen konnte, Bramsegel zu setzen, wollte man nicht riskieren, daß die ohnehin extrem toplastigen Schiffe kenterten, auch wenn 1522 Sir William Fitzwilliam recht schamlos lobhudelte, der *Henry Grâce à Dieu* segle besser als jedes andere Schiff der Flotte – nun, auch Sir William wußte eben, daß es der Gesundheit nicht zuträglich war, anderer Meinung als der König zu sein …

1514 wurde der *Henry Grâce à Dieu* offiziell in Dienst gestellt, und 1520 trug er seinen bombastischen Monarchen über den Kanal zum Treffen mit dem schillernden François von Frankreich auf dem Feld des Drap d'Or. Zu diesem Anlaß hatte der *Great Harry* einen kompletten Satz Segel aus goldgelbem Damast (!) erhalten.

1536–1539 wurde das Schiff umgebaut und – trotz seiner angeblich ja so hervorragenden Segeleigenschaften – ganz beträchtlich verkleinert. Wenn auch die Imponier-Takelage blieb, so wurden doch Vor- und Achterkastell um zwei Decks heruntergeschnitten, die leichten Geschütze auf 100 verringert und die Besatzung auf 301 Seeleute, 50 Kanoniere und 349 Soldaten reduziert; die dabei angelegte »Gefechtsrolle«, die jedem Mann einen festen Platz auf dem Schiff zuwies, war die erste ihrer Art.

Auch an einem Gefecht hat der *Henry Grâce à Dieu* teilgenommen: 1545 an der Schlacht von Spithead. Mit Ruhm bedeckt hat er sich dabei nicht gerade. Gewiß hätte er mit seiner gewaltigen Feuerkraft jeden Feind in Grund und Boden gedonnert, wenn dieser Feind nur bereit gewesen wäre, sich als Zielscheibe zur Verfügung zu stellen. Um ihn selber aufzusuchen, dazu war der Gigant – wie all jene Giganten – viel zu langsam und viel zu schwerfällig, und so bestand sein ganzer Anteil an der Schlacht darin, im Hintergrund ungemein gefährlich auszusehen.

Der ›Henry Grâce à Dieu‹ auf dem Gemälde von V. Volpi auf der Fahrt nach Frankreich 1520

Bald nach dem Tod seines Königs wurde das Ungeheuer abgebrochen und das noch verwendbare Material zum Bau anderer, zweckmäßigerer Schiffe benutzt.

Panzerschiff mit Dachgarten
Santa Anna
MALTA 1523–1541

Selbstverständlich beteiligten sich auch die anderen Nationen eifrig an diesem Renommierspiel der Schiffsungeheuer.

1520 lief in Portugal die *Santa Catarina do Monte Sinai* vom Stapel. Sie verfügte über mindestens sechs Decks und mehr als 140 Geschütze.

1534 folgte ihr dann die *São João*. Die Bewaffnung bestand aus zehn überschweren Kanonen im untersten Deck, darüber in zwei durchgehenden Batterien die Mittelartillerie und in den Aufbauten die leichten Geschütze – 336 Kanonen insgesamt.

Sechs Jahre, von 1521 bis 1527, baute man in Frankreich an dem fünfmastigen (!) *Grande François*.

1533 lief das Schiff in der Einfahrt des Hafens vo Le Havre auf Grund, und als man es nach unsäglichen Mühen wieder flottgemacht hatte, kenterte es ein paar Wochen später wieder in der Hafeneinfahrt und blockierte diese so lange, bis der König den Befehl gab, das Ungetüm abzubrechen und das Holz zum Bau der Stadthäuser zu verwenden.

Das gigantischste dieser Ungeheuer ließen die Malteserritter 1523 in Nizza erbauen, die viermastige *Santa Anna*.

Ihre Abmessungen sind zwar nicht überliefert, doch sie verfügte über zwei durchgehende Batteriedecks mit je 30 schweren Geschützen, deren Außenwände, wie auch der gesamte Unterwasserrumpf, mit schweren, durch dicke Bronzenägel befestigten Bleiplatten geschützt waren: das erste Panzerschiff! Darüber erhoben sich im Vorschiff vier, im Achterschiff sechs Decks, ebenfalls durchweg mit Kanonen und Kanönchen gespickt, und am Kuhlschott ragte ein Uhrturm mit Glockenspiel auf. An Bord befanden sich sechs Luxuskabinen, 30 Ritterkammern und ein großer Beratungssaal.

Die Mannschaft umfaßte 350 Seeleute, 150 Kanoniere und 1000 Soldaten, dazu eine Kapelle von 40 Musikanten und 32 Bordgeistliche. In vier Kombüsen wechselten sich zwei Dutzend Köche ab, und eine bordeigene Windmühle versorgte die Bäckereien mit frischem Mehl aus den 900 Tonnen Weizen, die das Schiff zusätzlich zu transportieren vermochte.

Der portugiesische Riese ›Santa Catarina do Monte Sinai‹

Das Nonplusultra aber war der Garten auf dem Puppdeck, wo
Blumen, Ziersträucher und kleine Bäume in erdgefüllten Holz-
kästen und Kübeln grünten und blühten, während ein Sonnense-
gel aus rotem Samt angenehmen Schatten spendete.
Auf seinem »Kreuzzug« gegen Tunis 1535 diente die *Santa Anna*
Kaiser Karl V. als Flaggschiff, und zu diesem Anlaß wurde die ge-
samte Besatzung in rosa Seide gesteckt. 1541 kenterte und sank
sie, wie 150 andere Schiffe der kaiserlichen Flotte, in jenem
Sturm, der Kaiser Karl V. die Wiederholung seines triumphalen
Kreuzzuges von Tunis in Algier vereitelte.

VORSTOSS IN DIE VERBOTENE WELT
JESUS VON LÜBECK
ENGLAND 1544–1567

Wann der *Jesus von Lübeck* gebaut wurde, wissen wir nicht, auch nicht, weshalb die Hansestadt 1544 dieses Prachtschiff an König Henry VIII. für seine Royal Navy verkaufte. Mit seinen rund 700 Tonnen war der *Jesus von Lübeck* eines der größten Schiffe Englands und entsprechend schwer bestückt: 2 48pfünder, 2 18pfünder, 8 9pfünder und 2 3pfünder aus Bronze, dazu eine ganze Anzahl leichterer Eisenkanonen und Handbüchsen. Die Mannschaft umfaßte 24 Geschützführer, 158 Matrosen und 118 Soldaten. Gemäß allgemein geübtem Brauch wurden königliche Schiffe regelmäßig an Kaufleute vermietet, und so segelte der *Jesus von Lübeck* gegen eine Miete von 1000 Pfund 1552 in die Levante, und 1563 wurde er um 500 Pfund von Robert Dudley, Earl of Leicester, für eine Fahrt nach Florida gepachtet. 1567 charterte ihn dann John Hawkins aus Devon, und auch diesmal war das Ziel Spanisch-Westindien.

John Hawkins war schon einmal in diese »verbotene Welt« vorgestoßen, hatte San Domingo angelaufen, erzählte, ein Sturm habe ihn vom Kurs abgetrieben, er habe an Proviantmangel gelitten und, um das Maß voll zu machen, er habe nicht genug Bargeld gehabt und deshalb um die Erlaubnis gebeten, »gewisse

John Hawkins

Der ›Jesus von Lübeck‹ unter englischer Flagge

Sklaven«, die er zuvor an der Sierra Leone »teilweise mit dem
Schwert und teilweise mit anderen Mitteln« zusammengefangen
habe, zu verkaufen. Der Gobernador von Hispaniola war ein
vernünftiger Mann, und so lief das Geschäft blendend, denn das
schwarze Elfenbein fand reißenden Absatz bei den Kolonisten.
Es war verständlich, daß John Hawkins diesen Erfolg nur zu
gerne ausgebaut hätte, und so ging er am 2. Oktober 1567 mit
drei Frachtern – einen davon, die *Judith,* befehligte sein junger
Vetter Francis Drake – und zwei zum Schutz gecharterten königlichen Kriegsschiffen, dem 1523 erbauten *Minion* und dem *Jesus
von Lübeck,* von Plymouth aus unter Segel. Auf den Kapverdischen Inseln wurden die Proviantvorräte ergänzt und an der
Küste Guineas 200 Sklaven eingefangen, ehe man den Atlantik
überquerte.
Doch diesmal lief die Sache gründlich daneben: In Rio de la
Hacha lehnten die spanischen Behörden jeden Handel mit den
Engländern schlichtweg ab, und als man daraufhin in San Juan
de Ulúa an der mexikanischen Küste vor Anker ging, eröffneten
die Spanier gar das Feuer. Das eine Frachtschiff sank sofort, und
nur durch den erbitterten Widerstand des *Jesus von Lübeck,* der,
ehe auch er seine letzte Fahrt in die Tiefe antrat, den Rückzug
der Engländer lange genug deckte, vermochten wenigstens der
Minion und die *Judith,* wenn auch arg angeschlagen, zu entkommen und am 25. Januar 1568 Plymouth wieder zu erreichen.

NIE IM EINSATZ
ADLER VON LÜBECK
DEUTSCHLAND 1566–1574

Es ging ihr nicht gut – eigentlich ging es ihr sogar ziemlich schlecht, der einst so mächtigen, so stolzen Deutschen Hanse, nur wollte sie das selber unter gar keinen Umständen wahrhaben. Überheblichkeit, Sattheit, Selbstzufriedenheit – viele ihrer Mitglieder verdämmerten zur Bedeutungslosigkeit, einige, wie Hamburg und Bremen, erwachten gerade noch rechtzeitig, und einige, wie das bislang führende Lübeck, gingen darin schließlich unter.

Was hatte Lübeck denn mit den Streitereien zwischen Dänemark und Schweden zu schaffen? Der Anlaß, wer von beiden berechtigt sei, drei Kronen im Wappen zu führen, war albern genug, doch ging es in Wahrheit natürlich um die Vorherrschaft in der Ostsee, und Lübeck, mit Dänemark verbündet, gedachte diese Vorherrschaft selbstverständlich und letztendlich für sich selbst zu beanspruchen, und die Anstrengungen, die es dafür machte, waren in der Tat beachtlich: Neben zahlreichen kleineren Schiffen wurden drei große, moderne Kriegsschiffe ausgeschickt, der *Engel,* der *Josua* und die *Morian.*

1563 kam es zum ersten, unentschiedenen Gefecht zwischen Lübeck/Dänemark einerseits und Schweden andererseits. Dann stand man sich vor Gotland am 31. Mai 1564 erneut gegenüber, die Dänen unter Admiral Herluf Trolle – dessen taktisches Konzept zwar hochmodern war, jedoch nicht griff – mit den Lübeckern unter Admiral Friedrich Knebel hier, die Schweden unter Admiral Jacob Bagge dort. Zwar flog das schwedische Flaggschiff *Makelös* samt Admiral mit großem Donnerschlag in die Luft, doch das andere Flaggschiff, die lübische *Morian,* strandete weniger pompös auf den Klippen vor Gotland, und so war das Konto mehr als ausgeglichen, da man im gleichen Jahr auch noch den *Engel* verlor. Das nächste Jahr, 1565, sah eine ebenso blutige wie ergebnislose Schlacht zwischen Rügen und Bornholm mit 7000 Toten, und 1566 kamen nochmals 6000 Mann in Kampf und Sturm ums Leben, während elf dänische und sechs lübische Schiffe sanken.

Dieser grausame Aderlaß an Menschen wie an Material been-

Das gewaltigste Kriegsschiff der Hanse, der ›Adler von Lübeck‹

dete Lübecks Rolle zur See, doch die Väter der stolzen Hansestadt waren keineswegs gewillt, dies einzusehen – im Gegenteil,
in einem ungeheuren Kraftaufwand wurde ein noch größeres,
noch moderneres Kriegsschiff auf Kiel gelegt.

Am 29. März 1566 lief der *Adler von Lübeck* vom Stapel und
wurde im Juni 1567 in Dienst gestellt. Mit rund 3000 Tonnen Wasserverdrängung, 49,00 m zwischen den Loten, 14,56 m Breite,
einem Tiefgang von 5,30 m und sechs Decks, vier Masten, einer
Gesamthöhe von 64,00 m und einer Großrahlänge von 34,20 m
war der *Adler* nicht nur in seinen Abmessungen gewaltig, 52
Bronze- und 88 Eisengeschütze mit Kalibern von 40 bis 1½
Pfund gaben ihm eine imposante Feuerkraft. Auch die Besatzung war beachtlich: 2 Ratsherren, 2 (!) Kapitäne, 4 Schiffer (Piloten), 3 nautische Offiziere, 1 Prediger, 2 Schreiber, 5 Steuerleute (Rudergänger), 5 »reitende« Diener (Ordonnanzen), 9
Trabanten (Stabswachen), 11 Zimmerleute, 2 Segelmacher, 2
Profose (Richter-Polizisten), 2 Profosknechte, 7 Heilgehilfen,
14 Köche, 8 Quartiermeister, 12 Maaten, 4 Hauptbootsleute, 88
Matrosen (erstaunlich wenige!), 34 Schiffsjungen, 9 Hilfskräfte,

133

87 Artilleristen (Geschützführer), 10 Büchsenknechte, 1 Hauptmann, 1 Fähnrich, 12 Rotten zu je 10 Landsknechten mit Harnisch und Katzbalger (kurzem Schwert), 20 Rotten Schützen mit Feuergewehr, 3 Rotten mit dem Spieß, in summa 675 Mann Stammbesatzung, die im Bedarfsfall entsprechenden Angaben zufolge bis auf 1500 Mann aufgestockt werden sollte.

So wäre der *Adler von Lübeck* – auch *Großer Adler von Lübeck* genannt – ein wahrhaft ehrfurchtgebietendes Kriegsinstrument gewesen, wäre der Krieg nicht mittlerweile mehr und mehr versandet und 1570 schließlich mit einem halbherzigen Frieden zu Ende gegangen, einem Frieden, der – zunächst – für Lübeck noch recht akzeptabel erschien, schnell aber sein wahres Gesicht mit dem endgültigen Niedergang der Hansestadt zeigte.

Der *Adler von Lübeck,* der nie zum kriegerischen Einsatz gekommen war, dafür mittlerweile recht arg leckte, wurde zunächst einmal rundum erneuert und dann an ein Reedereikonsortium verkauft. Seiner Bewaffnung beraubt, wurde er 1574 mit einer Holzladung nach Lissabon geschickt, mußte sich dort, weil allzu rank, den Abbruch seiner hohen Aufbauten gefallen lassen, wurde mit Salz beladen heimgeschickt, leckte jedoch wieder so schlimm, daß er nach Lissabon zurückkehrte und dort endgültig abgewrackt wurde.

KREUZ UND HALBMOND
LA REALE
SPANIEN 1571

Beißender Qualm verdunkelt die Sonne, aus Dächern und Fenstern züngeln die Flammen, stieben Funken, die Luft ist erfüllt von gellenden Todesschreien schrecklich Gemarterter, von Flüchen und Grölen einer entfesselten Soldateska, in den Straßen rinnt das Blut, über die Leichenhaufen trampeln Pferde. Vor der Kathedrale auf einem erhöhten Sitz thront ein feister Kerl, flankiert von zwei Lanzen, auf jeder ein abgeschlagener Kopf, und zu seinen Füßen die Beute aus goldenen und silbernen Schalen, Kelchen, edelsteingeschmückten Monstranzen, Leuchtern, Seidenballen, Brokat, Elfenbeinzeug, blitzenden Spangen und Ringen.

Nicosia stirbt. Man schreibt den 9. September 1570.

Am 1. Juli war eine Flotte der immer noch unaufhaltsam vordringenden Türken auf dem venezianischen Zypern mit 450 Schiffen, 50000 Mann zu Fuß und 2500 Reitern gelandet, und der Oberbefehlshaber, Lala Mustapha Pascha, für den Vertragsbruch und Meineid ebenso selbstverständlich waren wie bewundernswürdige Tapferkeit auf dem Schlachtfeld, war in seiner Kriegsführung genau jene Mischung aus Klugheit, Mut, Zähigkeit, Hinterlist und unmenschlicher Grausamkeit, die die Tür-

Ali Pascha   *Don Juan d'Austria*

135

ken jahrhundertelang zum Schrecken all ihrer Gegner machte. Aber mit der Abschlachtung von 20000 Männern, Frauen und Kindern bei der Erstürmung von Nicosia war er doch einen Schritt zu weit gegangen.

Das sonst für die osmanischen Eroberungsgelüste so löblich zerstrittene Abendland schrie auf vor Entsetzen, und am 25. Mai 1571 konnte Papst Pius V. sein Lebenswerk mit der Verkündigung der »Heiligen Liga« krönen, in der sich Venedig, Spanien, der Kirchenstaat, Malta und sogar Genua zum Kampf gegen die Türken zusammenschlossen.

Generalkapitän der Flotte, die sich daraufhin im Sommer in Messina versammelte, war Don Juan d'Austria, ein unehelicher Sohn Kaiser Karls V. mit der Regensburgerin Barbara Blomberg, ein Halbbruder König Philipps II. von Spanien also, erst 23 Jahre alt, doch ein Mann von höchsten militärischen und diplomatischen Fähigkeiten, dessen überragender Persönlichkeit es allein zu danken war, daß die »Heilige Liga« nicht noch schneller auseinanderbrach, als sie entstanden war.

Am 16. Juni ging Don Juan d'Austria an Bord seiner nagelneuen Kommandogaleere *La Reale* von Barcelona aus mit dem spanischen Geschwader in See und erreichte den Sammelplatz Messina am 23. August, wo man dem jungen Generalkapitän einen begeisterten und glanzvollen Empfang bereitete – und ihn augenblicklich in die Streitereien der ihm unterstellten Völker und Befehlshaber stürzte. Das bedeutendste Kontingent an Galeeren und Soldaten stellte zwar Spanien, doch zumindest an Schiffen war ihm das der Serenissima von Venedig, deren Arsenal – immer noch die bestgeölte Kriegsmaschinerie des Abendlandes – binnen drei Monaten über 100 Galeeren vom Stapel gelassen hatte, fast ebenbürtig. Insbesondere die sechs gewaltigen, schwer bestückten Galeassen unter dem Kommando von sechs venezianischen Patriziern, die geschworen hatten, in keinem Kampf zurückzuweichen, wenn ihnen nicht eine mehr als 25fache (!) Übermacht entgegenstünde, verliehen dem reizbaren, cholerischen venezianischen Capitano generale del Mar, Sebastiano Venier, eine höchst gewichtige Position. Seine beiden Provveditori Agostino Barbarigo und Marco Quirini waren zwar vernünftiger, doch eben auch in erster Linie Venezianer, und diese liebten nun einmal die Genuesen wie die Katze den Hund. Die schwächliche Persönlichkeit des genuesischen Befehlshabers Gian Andrea Doria, eines Neffen des großen Andrea Doria, dessen Namen, nicht aber dessen Können er geerbt hatte, konnte ihre Angriffslust eigentlich nur noch verstärken. Einig waren sich die beiden italienischen Erbfeinde zwar nicht in der Ablehnung Don Juans und seiner beiden hervorragenden Vizeadmiräle, Don Alvaro de Bazán y Guzmán, Marqués de Santa Cruz, und Don Luis de Requeses y Zuñiga, doch sonst aller anderen Spanier, deren Mehrzahl ja auch nicht aus vom Christentum begeisterten Kreuzfahrern bestand, sondern aus Leuten, die auf Beute hofften oder denen der Boden in der Heimat zu heiß geworden war wie Rodrigo Ohne-Habe, José Trink-kein-Wasser, Sancho Weiberheld, Alvaro Messerstecher, Diego Schulden-groß und wie die ganze Sippschaft sonst noch heißen mochte. Ruhende, beruhigende und ausgleichende Pole neben dem jungen Generalkapitän waren eigentlich nur der päpstliche Befehlshaber, Marc Antonio Colonna, sowie Pietro Giustignani, der das ebenfalls kleine Geschwader der Malteserritter kommandierte.

Am 13. September erklärte Don Juan d'Austria vor dem großen Kriegsrat: »Meine Herren, die Vorbereitungen für den Feldzug sind hiermit abgeschlossen. Die drei Flotten werden zusammengefaßt und in drei Geschwader eingeteilt: Das Zentrum befehlige ich selbst zusammen mit den Generalkapitänen Venedigs und des Papstes, Sebastiano Venier und Marc Antonio Colonna; es umfaßt 63 Galeeren. Der rechte Flügel untersteht Principe Gian Andrea Doria und umfaßt 64 Galeeren. Der linke Flügel wird von den venezianischen Provveditori Agostino Barbarigo und Marco Quirini kommandiert und umfaßt 63 Galeeren. Die Vorhut wird von Juan de Cardona mit acht Galeeren, die Nachhut von dem Marqués de Santa Cruz mit 35 Galeeren geführt. Die sechs Galeassen begleiten paarweise die drei Geschwader. Die Troßschiffe bilden ein eigenes Geschwader unter Don Gutierre de Arguello. Im Falle eines Angriffes hat jeder Befehlshaber sein Geschwader in ausreichendem Abstand aufzustellen, damit sich die Galeeren nicht gegenseitig behindern, und doch auch nahe genug, damit der Feind die Schlachtlinie nicht durchbrechen kann. Die Artillerie soll erst dann das Feuer eröffnen, wenn der Erfolg gewährleistet ist, und auf jeden Fall sollen zwei Kanonen erst dann abgefeuert werden, wenn das Schiff direkte Feindberührung hat.« In der anschließenden Abstimmung gab es nur eine einzige Stimme gegen die Schlacht, die von Gian Andrea Doria, alle anderen waren für den unverzüglichen Angriff.

Unterdessen war auch die türkische Flotte ausgelaufen. Oberbefehlshaber war Ali Pascha, der zwar nie zur See gefahren, dafür aber ein Schwager seines Sultans Selim II. war, dem die Geschichte den wenig ruhmreichen Beinamen »Mest«, d. h. »der Säufer«, gegeben hat. Seine Stellvertreter waren der Reitergeneral Pertau Pascha und Mehmed Chaoulak Siroco Pascha, welch letzterer wenigstens etwas Ahnung von Seefahrt hatte. Der zweifellos gefährlichste Mann war Ali el-Uluji; Sohn christlicher Eltern aus Kalabrien, von Barbaresken-Piraten entführt, 14 Jahre Ruderer auf einer Galeere, schließlich zum Islam übergetreten und bald schon Anführer und Pascha der algerischen Piraten, war er eine der bedeutendsten Persönlichkeiten zur See unter dem osmanischen Halbmond. Miguel de Cervantes Saavedra, der Verfasser des unsterblichen ›Don Quichote‹, der lange Jahre Gefangener Ali el-Uluji Paschas gewesen war, nannte ihn den »menschlichsten und vornehmsten aller Kommandanten, die je das Meer befahren haben«. Miguel de Cervantes Saavedra selbst nahm an dem Unternehmen an Bord der *Marquesa* teil, und obwohl er schwere Verwundungen erlitt, gedachte er der Schlacht nie ohne Begeisterung.

Am 7. Oktober 1571 standen sich bei Lepanto am Ausgang des Golfes von Patras dann die beiden Flotten gegenüber, die christliche mit 233 Galeeren und sechs großen Galeassen zahlenmäßig unter-, doch in der Feuerkraft den 255 osmanischen Galeeren überlegen, wozu noch ein ungeheurer moralischer Ansporn kam: Am 1. August hatte Famagusta, die letzte venezianische Festung auf Zypern, gegen Zusicherung freien Abzuges kapitulieren müssen. Doch Lala Mustapha Pascha kam gar nicht auf die Idee, seinen Eid zu halten, sondern ließ, kaum in der Stadt, Soldaten und Zivilbevölkerung abschlachten und gönnte sich das Vergnügen, dem venezianischen Kommandanten Marc Antonio Bragadin bei lebendigem Leib die Haut abziehen zu lassen, diese mit Stroh auszustopfen und seinem Sultan zur Ergötzung nach Istanbul zu schicken.

Die Schlacht bei Lepanto entwickelte sich in drei Phasen: Gegen 10.20 Uhr prallte der linke christliche, venezianische Flügel mit dem rechten osmanischen unter Mehmed Chaoulak Siroco aufeinander.

Die Venezianer unter Agostino Barbarigo und Marco Quirini fielen mit dem Ruf »Rache für Famagusta« über die Türken her, kesselten sie ein, jagten sie auf die Untiefen vor Kap Skrópha

Die Schlacht von Lepanto am 7. Oktober 1571

und massakrierten vom Pascha bis zum letzten Matrosen alles, was ihnen vor die Klingen kam.

Dem türkischen Zentrum unter Ali Pascha und Pertau Pascha, das mit dem christlichen Zentrum unter Don Juan d'Austria, Sebastiano Venier und Marc Antonio Colonna gegen 11 Uhr aneinandergeriet, erging es nicht besser. Zwei Stunden nach dem ersten Kanonenschuß schaukelten die abgeschlagenen Köpfe Alis und Pertaus als grausige Trophäen an der Rah von Don Juans Flaggschiff *La Reale,* und an ihrem Heck bauschte sich die eroberte heilige Standarte der Osmanen, auf der 29000mal der Name Allahs stand und die bislang nie in einer Schlacht verlorengegangen war. Selbst der Talisman Ali Paschas, ein rechter Schneidezahn des Propheten in einer Kristallkugel, hatte an diesem Schicksal nichts zu ändern vermocht.

Ganz anders verlief die Schlacht am rechten christlichen Flügel, wo sich Ali el-Uluji Pascha und Gian Andrea Doria gegenüber-

Ali el-Uluji Pascha　　　　　*Miguel de Cervantes Saavedra*

standen. Schon zu Beginn hatte Doria in der Angst, ausmanö-
vriert zu werden, seinen Flügel weit vom Zentrum ab nach
Süden gezogen, und als gegen Mittag die Schlacht verloren war,
stieß Ali el-Uluji in diese Lücke, hauste fürchterlich unter den
Maltesern, von denen nur drei Mann am Leben blieben, und
dem zurückgenommenen Vorhutgeschwader unter Juan de Cardona, wo von 500 Soldaten 300 ums Leben kamen, ehe er vor
den heranbrausenden Schiffen Don Juan d'Austrias die Flucht
ergriff und wenig später unbeschadet in Istanbul anlegte, wo er
auf Betreiben des Großwesirs Mehmed Sokolli zum Kapudan
Pascha, dem Großadmiral der türkischen Flotte, ernannt
wurde. Gegen 16 Uhr hallte das siegreiche »Te Deum lauda-
mus!« über den blutgefärbten Golf von Patras, auf dessen Wellen Planken, Balken, Masten und Tote trieben; 96 osmanische
Galeeren waren versenkt – von den christlichen nur zwölf – und
113 erobert, 30000 Türken waren getötet worden, 8000 gefangen, eine unbekannte Zahl ertrunken, während auf seiten der
Liga etwa 15000 Offiziere und Mannschaften gefallen waren.
Der weitere Weg schien nun vorgezeichnet: Ohne Flotte lag
Istanbul schutzlos offen, und als Venier und Colonna dem strah-
lenden Sieger Don Juan die Königskrone von Morea, d. h. Griechenland, anboten, schien das Schicksal des Osmanenreiches

besiegelt. Doch von Gian Andrea Doria gewarnt, erhob König Philipp II. sein Veto, beorderte die Flotte zurück nach Messina und Don Juan d'Austria weiter nach Flandern, wo er nicht viel später – höchstwahrscheinlich an Gift seines Halbbruders – starb, während sein Flaggschiff, die *La Reale,* ausgerechnet Gian Andrea Doria übergeben wurde, der sie ruhmlos im Hafen von Genua verrotten ließ.

Die »Heilige Liga« zerbrach, die Türken blieben Herren des östlichen Mittelmeeres, und doch: Wenn der Tag von Lepanto nichts anderes bewirkt hatte, der Ruf der Unbesiegbarkeit war für die Osmanen für immer dahin.

PIRATENFAHRT UM DIE WELT
GOLDEN HINDE

<u>ENGLAND 1577–1581</u>

Am 13. Dezember 1577 liefen fünf Schiffe von Plymouth aus, die *Pelican* mit 220 Tonnen, die *Elisabeth* mit 150 Tonnen, die *Marygold* mit 50 Tonnen und die beiden Versorgungsschiffe *Swan* und *Christopher* mit je 25 Tonnen. Kommandant des Geschwaders war Francis Drake, und das offizielle Ziel des Unternehmens war die Suche nach der »Terra Australia«, von der damals bereits Gerüchte im Umlauf waren. Natürlich war Drake und seiner finanziell an der Sache beteiligten Königin Elisabeth I. die »Terra Australia« völlig gleichgültig – England sollte den fünften Kontinent später trotzdem bekommen –, die Geschichte diente nur als Tarnung den spanischen Gesandten gegenüber.

Zunächst steuerte man Brasilien an und dann den Eingang der Magellan-Straße, eine Gegend, die den Engländern nur vom Hörensagen bekannt war, denn der Weg nach der Südsee gehörte, wie manches andere auch, zu den bestgehüteten Geheimnissen Spaniens. Die beiden Pinassen *Swan* und *Christopher* wurden als nicht mehr seetüchtig zu Brennholz geschlagen und die Mannschaft auf die drei bewaffneten Schiffe verteilt. Die Südspitze Amerikas zählt zu den sturmreichsten Gebieten unserer Erde, und auch Francis Drake bekam das zu spüren: Einen vollen Monat lang tobten die Elemente, warfen die *Marygold* auf die Klippen von Feuerland und trieben die *Elisabeth* so weit ab, daß ihr Kapitän sich entschloß, statt zum vereinbarten Treffpunkt zu segeln, nach England zurückzukehren, wo er zu seiner Entschuldigung die Nachricht verbreitete, auch das Schiff Drakes sei mit Mann und Maus gesunken. 52 Tage wurde die mittlerweile in *Golden Hinde* umbenannte *Pelican* von den Stürmen durchgeschüttelt, umfuhr – unwissentlich – als erstes Schiff das berüchtigte Kap Hoorn, und dann war es tatsächlich geschafft: Die Engländer waren in der Südsee. »Der Admiral gab Befehl, die Segel zu setzen und nach Chile zu steuern«, berichtete später einer der Männer Drakes, »auf der Fahrt dorthin begegneten wir einem in einer kleinen Barke fahrenden Indio, der uns in der Meinung, wir seien Spanier, Nachricht gab, daß in einem nahegelegenen Hafen ein großer spanischer Kauffahrer

liege, der von Peru gekommen sei. Für diese gute Kunde überreichte ihm der Admiral einige Geschenke von geringem Wert, über die er sich sehr freute, und er führte uns in den Hafen von Valparaiso. Als wir dort angekommen waren, sahen wir in der Tat das bezeichnete Schiff vor Anker liegen, an dessen Bord sich nur acht Spanier und drei Neger befanden, die uns, im Glauben, wir seien Spanier, mit großem Jubel empfingen, den Generalmarsch schlugen und uns Wein kredenzten. Sie waren sehr erstaunt, als einer unserer Leute einen der ihren niederschlug mit den Worten: ›Nieder, du Hund!‹ Sogleich bekreuzigte sich ein zweiter aus ihren Reihen und schwamm, erkennend, daß er sich getäuscht habe, an Land, um den Bewohnern der Stadt Nachricht von unserer Ankunft zu geben. Auf diese Kunde verließen die Einwohner die Stadt, um sich zu retten, so gut es ging. Bald darauf fuhr der Admiral mit einer Abteilung Soldaten mit seinem Schiff und jenem, das den Spaniern gehört hatte, zur Stadt, besetzte und plünderte sie, ohne auf Widerstand zu stoßen.« Die Beute belief sich auf einen Zentner Gold, 1770 Weinkrüge und, als Wertvollstes, einen Lotsen griechischer Abstammung, der in den Dienst der Engländer trat.

Als nächstes mußte die *Golden Hinde,* die nun ein volles Jahr auf See war, dringend überholt werden. Francis Drake setzte in einer stillen Bucht bei Atakama sein Schiff vorsichtig auf den Strand, ließ es kielholen, das Dickicht von Muscheln und Tang, das sich unter der Wasserlinie angesetzt hatte, säuberlich abschaben, den Rumpf teeren, die Takelage aus den Beständen der eroberten Karavelle erneuern und die Geschütze und Waffen auf Hochglanz polieren.

»Dann segelten wir nach Arica. Dort stießen wir auf drei Segelbarken, die wir vollständig ausplünderten. Am 13. Februar kamen wir vor Lima an, und als wir in den Hafen einliefen, sahen wir dort zwölf Schiffe und Segelbarken vor Anker liegen. Deren Kapitäne hatten die Takelage an Land bringen lassen, da sie an keine Gefahr gedacht hatten. Sie waren auch bisher niemals durch einen Feind beunruhigt worden. Aber an diesem Tag fing derlei für sie an, denn unser Admiral plünderte, was immer ihm nur gefiel. Aber das Schönste war, daß er Kunde von einem anderen Schiff namens *Cacafuego* erhielt, das, beladen mit einem großen Schatz, nach Panama segelte. Dies war der Grund, warum er sich entschloß, ihm nachzusetzen, was die Segel hielten.«

Cacafuego – Feuerspeier – war, wegen seiner mächtigen Bewaffnung, der Spitzname der Galeone *Nuestra Señora de la Concepción*, die den jährlichen Ertrag der Silber-, Gold- und Edelsteinminen von den Küsten Chiles, Perus und Ecuadors nach Panama schaffte, von wo aus die Schätze mit einem Maultiertreck über den Isthmus gebracht wurden, um erneut nach Spanien verladen zu werden. Francis Drake versprach seinen Leuten eine goldene Kette für denjenigen als Belohnung, der als erster den *Cacafuego* sichten würde. Die Schatzgaleone war schon 14 Tage früher von Lima abgesegelt, aber der Vorsprung schmolz rasch. Kurz vor Paita enterten die Engländer eine andere Galeone und erfuhren, daß die *Nuestra Señora de la Concepción* nur noch zwei Tage voraus war. Und von der Besatzung einer Barke, die sie am nächsten Tag eroberten, war zu hören, daß die Schatzgaleone keine 24 Stunden zuvor an ihnen vorbeigerauscht sei.

Am 28. Februar passierte die *Golden Hinde* den Golf von Guayaquil und den Äquator.

Am 1. März 1579 um drei Uhr nachmittags schrie der kleine John Drake, ein Vetter des Kommandanten, der als Page fungierte, die goldene Kette gehöre ihm: Vier Meilen voraus schwamm die prächtige Galeone. »Gegen sechs Uhr abends salutierten wir das spanische Schiff mit den drei vorgeschriebenen Kanonenschüssen und mit so vielen Arkebusengrüßen, daß schließlich dessen Befehlshaber gezwungen war, die Segel zu streichen und sich zu ergeben. Als das geschehen war, enterten wir das Fahrzeug und erbeuteten unermeßliche Schätze wie Geschmeide, Edelsteine von großem Wert, ganze Truhen mit Silberrealen ...« Vier Tage schleppten die Engländer bei sonnigem Wetter und glatter See die Beute aus dem *Cacafuego* auf die *Golden Hinde* hinüber: 26 Tonnen Silber in Barren, 13 Kisten gemünztes Silber, 80 Pfund Gold, Truhen voller Edelsteine, Juwelen und Perlen und andere Waren im Wert von über 200.000 Pfund Sterling. Don Juan de Antón, der Kapitän des *Cacafuego,* saß unterdessen als Gast am Tisch von Francis Drake, wurde höflichst behandelt und erhielt als Abschiedsgeschenk sogar eine goldene Kette mit eingraviertem Namenszug »Francisco Drake«, ehe er samt seinem Schiff entlassen wurde.

Am 14. März fingen die Engländer ein Schiff mit einer Ladung Seide und chinesischen Porzellans der Ming-Epoche. Francis Drake war nicht eben begeistert, ließ die Beute aber umladen, weil »seine Frau Seide und Porzellan brauchte«.

Don Francisco Zapate, der spanische Kapitän, schilderte Drake später so: »Dieser Engländer nennt sich Francis Drake; er ist un-

Einzige authentische Darstellung der ›Golden Hinde‹

gefähr 38 Jahre alt, von kleiner Statur und sehr robust. Seine Haltung ist vornehm, sein Gesicht macht einen frischen Eindruck, ein schöner Bart gibt ihm ein gutmütiges Aussehen. An der rechten Backe ist eine Narbe sichtbar, die von einer Pfeilwunde herrührt. Er ist ein großer Seemann; sein Vater wie auch seine Vorfahren waren Seeleute; mit John Hawkins ist er verwandt. Drake brachte von England 170 Mann mit, wie erzählt wurde, doch viele seiner Leute starben, und jetzt besteht seine Mannschaft nur noch aus 80 Köpfen. Das Admiralsschiff war sehr gut ausgerüstet und ein schneller Segler. Der Pirat hatte drei nautische Bücher in seinem Besitz, das eine war in französischer Sprache, das andere in englischer abgefaßt, das dritte war ›Magellans Entdeckungsfahrt‹. Drake führte ein Tagebuch, in das er Vögel, Bäume und Seelöwen einzeichnete. Im Zeichnen war er sehr geschickt. Er und sein Vetter John, der ebenfalls gut zeichnete, schlossen sich oft in seiner Kajüte ein, um in Muße zeichnen zu können.«

Francis Drake zeichnete freilich nicht nur Seelöwen und Vögel, sondern auch recht genaue Küstenprofile, damit sich demnächst jeder Engländer in den bislang so streng geheimgehaltenen Gewässern zurechtfinden könne. Mit Kartographie hatte auch sein nächster Fang zu tun, der die Spanier vor Wut und Entsetzen aufheulen ließ. Es fielen ihm nicht nur zwei ausgezeichnete und erfahrene Lotsen, die auch für die Spanier eine Rarität darstell-

Die bei San Francisco zurückgelassene Tafel

Kleines englisches Kriegsschiff ähnlich der ›Golden Hinde‹

ten, in die Hände, sondern auch ein ganzer Stapel unschätzbar wertvollen Kartenmaterials und Skizzen des Pazifik und des Chinesischen Meeres bis hin zu den Molukken – die geheiligten Krongeheimnisse, auf denen die wahre Macht Spaniens beruhte!

In überstürzter Eile hetzten die Spanier nun eine Reihe von Kriegsschiffen hinter der *Golden Hinde* her, um weiteres Unheil zu verhindern. Doch das Glück blieb Francis Drake unverbrüchlich treu: Zwei Schiffe gingen in See und vergaßen, Proviant mitzunehmen, andere schwer bestückte Galeonen segelten ab – ohne Munition und Pulver.

Trotzdem wurde der Boden für die Engländer langsam heiß, zudem war die *Golden Hinde* mit Schätzen so vollgestopft, daß man ohnehin für neue Beute keinen Platz mehr hatte, also dachte man an die Heimreise: »Zwei Möglichkeiten standen uns offen – entweder durch die Magellan-Straße zurückzufahren

147

oder das große Südmeer zu durchqueren, das von einer erschreckenden Ausdehnung ist. Unser Admiral hatte keine Lust, durch die Magellan-Straße zurückzukehren, weil die Spanier an den Küsten Perus und Chiles mächtig und zahlreich sind, und es uns, wenn sie uns entdeckten, nicht mehr möglich gewesen wäre zu entwischen. So meinte er, daß es besser wäre, nach Japan und China zu segeln und das Wagnis und die Mühsal einer Durchquerung jenes Stillen Meeres auf uns zu nehmen.«

Zunächst allerdings segelte Francis Drake noch ein Stück die amerikanische Westküste hinauf. 1936 wurde nicht weit von San Francisco eine etwa 60 mal 80 Zentimeter große Bronzeplatte gefunden mit folgender Inschrift: »Durch dies sei allen Menschen bekanntgegeben, daß am 17. Juni 1579 durch die Gnade Gottes und im Namen Ihrer Majestät Königin Elisabeths von England und ihrer Nachfolger ich für immer Besitz nehme von diesem Königreich, dessen König und Volk freiwillig ihre Rechte und Titel an dem ganzen Land in Ihrer Majestät Besitz geben, nun benannt von mir und bekannt für alle Menschen als Nova Albion. Francis Drake.«

*Drake wird von
Elisabeth I. zum
Ritter geschlagen*

Fast anderthalb Jahre dauerte die Heimreise quer über den Pazifik mit etlichen Schleifen an Japan und China entlang. Bei Celebes geriet die *Golden Hinde* auf eines der gefürchteten Korallenriffe, doch Drake und seine Männer bekamen das ungemein robuste Schiff wieder flott, liefen Java an, wo sie weitere kostbare, freilich leichte Fracht an Gewürzen an Bord nahmen, umrundeten das Kap der Guten Hoffnung und warfen am 5. November 1580, drei Jahre nach ihrer Abfahrt, wieder im Hafen von Plymouth Anker.

Die Begeisterung der Engländer über die Rückkehr von Francis Drake und seinen Männern war unbeschreiblich. Längst hatte man die *Golden Hinde* auf dem Grund des Meeres geglaubt, und nun lag sie im heimatlichen Hafen und bestand innen aus Gold, Silber und Edelsteinen, außen aus Muscheln und Tang und dazwischen ein paar Brettern und Holzbalken, von denen niemand so recht wußte, weshalb sie eigentlich überhaupt noch zusammenhielten. Der Kapitän wurde als Held gefeiert, und auch die Finanziers der Fahrt, unter ihnen die Königin selber, konnten mit dem Ergebnis höchst zufrieden sein: Für ein Pfund, das sie investiert hatten, bekamen sie nun 47 Pfund ausbezahlt. Gar nicht zufrieden waren die spanischen Gesandten in London, und sie setzten Himmel und Hölle in Bewegung, um Drake an den Galgen oder aufs Schafott zu bringen. Ein halbes Jahr lang regneten Beschwerden, Proteste und Beweisstücke auf Königin Elisabeth herunter, die klarstellen sollten, daß ihr Untertan Drake kein Entdecker, sondern ein gemeiner Seeräuber war. Die Königin schien beeindruckt, versprach, Drake ins Gefängnis zu werfen, und beorderte ihn samt der *Golden Hinde* in die Themse nach Deptford.

Und dann, am 4. April 1581, rauschte die königliche Staatsbarke die Themse hinunter nach Deptford, legte neben der *Golden Hinde* an, doch statt der Schergen betrat Königin Elisabeth I. selbst das schon fast zur Legende gewordene Schiff, tafelte mit Francis Drake und schlug ihn schließlich an Deck der *Golden Hinde* zum Ritter.

EIN SCHIFF GEGEN EINE FLOTTE
REVENGE
ENGLAND 1577–1591

Als die *Revenge* 1577 in Deptford vom Stapel lief und wenige
Monate später in Dienst gestellt wurde, war sie zwar keineswegs
das größte, gewiß aber das beste und kampfstärkste Schiff der
bekannten Welt.

Sie war das Resultat der Zusammenarbeit von Kapitänen vom
Schlag eines John Hawkins, Francis Drake und Martin Frobisher und dem besten Schiffsbauer seiner Epoche: Matthew
Baker. Diesem Mann, der als erster Engländer den offiziellen
Titel eines »Schiffsbaumeisters« führen durfte, genügte es nicht
mehr, Schiffe rein handwerklich und empirisch zu bauen, wie
dies bis dahin üblich war, sondern er betrieb den Schiffbau wissenschaftlich, begann Rumpf und Takelage, Kiel, Spanten,
Rundhölzer und Segel samt ihren Proportionen und Beziehungen untereinander genau zu berechnen und dazu exakte Angaben und Aufstellungen für den Holzbedarf eines Schiffes zu liefern, »damit man wisse, aus welchem Zeug ein Schiff gemacht
wird«. Die wichtigste Erkenntnis Bakers war es wohl, nicht weiter nur an alten Schiffsformen herumzuverbessern, sondern völlig Neues zu schaffen und sich dafür – eigentlich logisch – der
Fischform zu bedienen. Das Schiff mit »Dorschkopf und Makre-
lenschwanz« hatte ein völliges Vorschiff mit der größten Breite
kurz vor der Schiffsmitte und ein schlank auslaufendes Achterschiff, von dem sich die Wasserwirbel leicht ablösten – heute
würde man dies schlicht als Stromlinienform bezeichnen.
Zudem wurden die überhöhten Vorderkastelle rigoros heruntergeschnitten und die Breite im Verhältnis zur Länge drastisch verringert.

Das Resultat war ein schnelles, wendiges Schiff mit hervorragenden Segeleigenschaften: die elisabethanische Galeone.

Zudem hatten Hawkins und Drake ein vollständig neues taktisches Konzept der Seekriegsführung ausgearbeitet – es bieb im
Prinzip bis in den 2. Weltkrieg unverändert. Bis zu jenem Zeitpunkt hatten sich eine Land- und eine Seeschlacht nur durch den
Ort des Kampfes unterschieden, die Taktik, Soldat gegen Soldat, war die gleiche. Drake und Hawkins wußten freilich zu gut,

daß ihre Truppen niemals den spanischen Soldaten – und daß diese über kürzer oder länger ihre Gegner sein würden, war allen Beteiligten klar – im Kampf Mann gegen Mann standhalten konnten, und so gedachten sie es gar nicht erst zu solch einem Kampf kommen zu lassen, sondern den Feind von ihren weit schnelleren und beweglicheren Schiffen aus mit dem Eisenhagel der Kanonen in die Knie zu zwingen.

Die *Revenge* war der Prototyp dieser revolutionären Ideen in Schiffbau und Seekriegsführung: Bei etwa 800 t war ihre Länge zwischen den Steven etwa 37 m, die Breite etwa 9,80 m und der Tiefgang bei 4,10 m. Sie führte vier Masten mit neun oder zehn Segeln. Ihre Bewaffnung bestand aus 46 bronzenen Vorderladern mit Geschoßgewichten zwischen 32 und 6 Pfund und einem Breitseitengewicht (= Gewicht aller mit einer Breitseite abgefeuerten Geschosse) von rund 310 Pfund, wozu noch eine ganze Anzahl leichter, kleinkalibriger Handbüchsen kam. Ein spanischer Beobachter der Armada-Schlacht vermerkte später, daß die englischen Kanoniere ihre schweren Geschütze ebenso schnell abfeuerten wie die Spanier ihre Musketen.

Die Besatzung belief sich auf etwa 270 Seeleute, 34 Geschützführer und 125 Seesoldaten – auch das eine einschneidende Veränderung gegen frühere Zeiten, wo die Soldaten bis zu vier Fünftel der Besatzung ausgemacht hatten – auf den spanischen

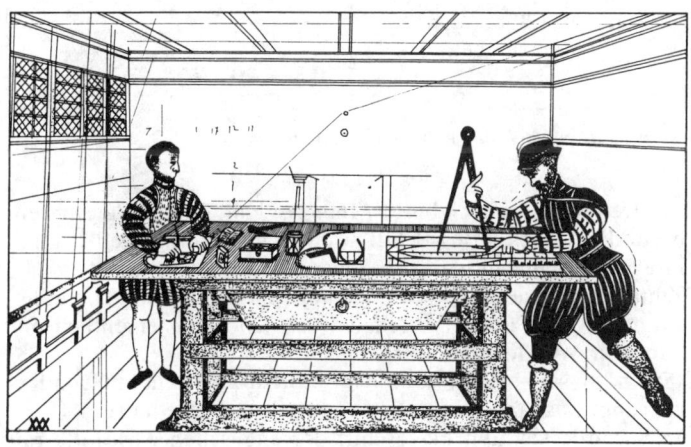

Der große Schiffsbaumeister Matthew Baker

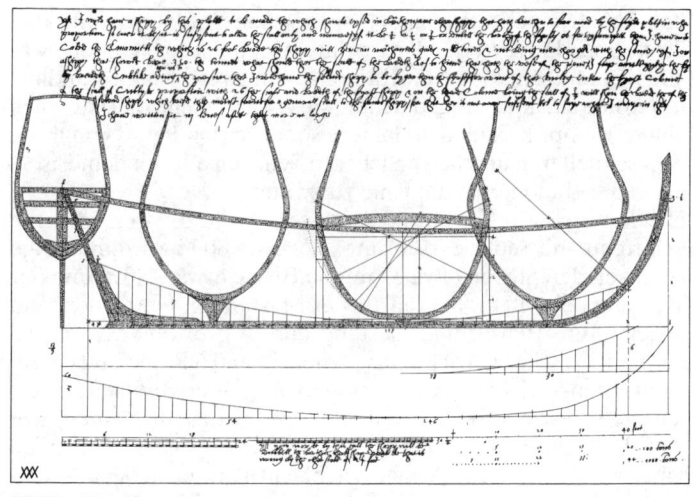

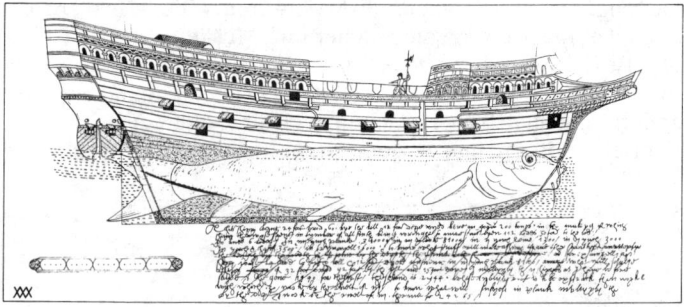

Konstruktionszeichnungen von Matthew Baker

Schiffen war dies noch bis fast 1600 der Fall. Ob die *Revenge* ein besonders glückhaftes Schiff war, bleibe dahingestellt, durch ihre letzte Schlacht wurde sie jedenfalls zur Legende.

Zunächst war sie an verschiedenen Einsätzen in Irland beteiligt, strandete 1582 an der irischen Küste und kam eigentlich nur durch ein Wunder wieder frei.

1586 hatte sie beim Auslaufen aus Portsmouth erneut Grundberührung, was langwierige Reparaturen zur Folge hatte.

1588 wurde sie zum Flaggschiff der englischen Westflotte mit Basis Plymouth unter dem Kommando Sir Francis Drakes. Als sein Flaggschiff steckte sie in der Armada-Schlacht eigentlich beständig im dicksten Gewühl und erbeutete das mit 46 Kanonen bestückte Admiralsschiff *Nuestra Señora del Rosario* und die 25 Kanonen starke *San Salvador.*

Die nächsten Jahre sah man die *Revenge* an den Küsten Spaniens und Portugals, von wo sie arg beschädigt nach England zur Reparatur heimkehrte.

Die ›Revenge‹ von achtern gesehen

1591 stand sie unter dem Kommando von Sir Robert Greynville. Sir Robert, dessen Vorfahren einst mit Willelm dem Eroberer über den Kanal gekommen waren, war ein Normanne reinsten Wassers: unglaublich hochmütig, unglaublich tapfer und unglaublich zäh; den Beinamen »der Eiserne« hatte er sich redlich verdient.

Ende August 1591 lag ein kleines Geschwader der Engländer unter Admiral Lord Charles Howard mit sechs Kriegsschiffen und zehn Versorgungsschiffen unter der westlichsten Azoreninsel Flores vor Anker auf der Lauer nach spanischen Silbergaleonen aus der Neuen Welt. Bislang hatte sich freilich keines der Schatzschiffe blicken lassen, dafür hatte man so viele Kranke an Bord, daß Lord Howard anordnete, die Kranken an Land zu bringen, Frischwasser zu übernehmen und den zum Himmel stinkenden Ballast der Schiffe zu wechseln. In diesem ungünstigsten aller Augenblicke umrundete eine Flotte von 53 spanischen Kriegsschiffen unter dem Admiral de Bazan die Südspitze von Flores und ging unverzüglich zum Angriff über. Den Engländern blieb keine Wahl, als die Ankertaue zu kappen, die Kranken an Land zurückzulassen und mit gefährlich geringem Ballast im Kielraum ihr Heil in der Flucht zu suchen.

Alle flohen, bis auf die *Revenge,* die zurückblieb, um den Abzug des nicht voll einsatzfähigen Geschwaders zu decken.

Von den 160 Mann, die Sir Robert Greynville zu Beginn des Kampfes an Bord hatte, waren nur 60 voll einsatzfähig, der Rest bestand aus mehr oder minder Kranken. Doch als die weit größere und schwerer armierte *San Felipe* längsseits ging, um zu entern, wurde sie derart wütend empfangen, daß sie dieses Vorhaben schleunigst aufgab.

Von 53 angreifenden Schiffen umringt, kämpfte die *Revenge* zwölf Stunden, von 3 Uhr nachmittags bis 3 Uhr morgens. Die Spanier verloren in dieser Zeit vier Schiffe, rund 450 Mann an Toten und fast das Doppelte an Verwundeten.

Doch auch auf der *Revenge* sah es entsetzlich aus: 40 Mann waren gefallen, von den anderen kaum einer noch unverwundet, die Masten waren zersplittert und über Bord gegangen, der Rumpf von über 800 Einschlägen zerfetzt, das Wasser stand sechs Fuß hoch im Raum. Doch keines der spanischen Schiffe war ihr nahe gekommen.

Endlich schwiegen die Kanonen der *Revenge* – das Pulver war aufgebraucht. Der schwerverwundete Sir Robert Greynville be-

Sir Robert Greynville

fahl, das Schiff zu versenken, doch der Befehl wurde nicht mehr ausgeführt. Admiral de Bazan bot den Überlebenden der *Revenge* ehrenvollste Übergabe an, die Sir Robert um des Lebens seiner Männer willen annahm.

Er selbst wurde an Bord des spanischen Flaggschiffes *San Paolo* gebracht, wo ihn Admiral de Bazan eigenhändig bis zu seinem Tod zwei Tage später pflegte, und als am nächsten Tag die sterblichen Überreste des eisernen Sir Robert Greynville dem Meer übergeben wurden, liefen dem spanischen Admiral die Tränen über das Gesicht.

Nur fünf Tage nach der Schlacht sank die *Revenge* mit der gesamten Prisenbesatzung in einem schweren Sturm, ein Schicksal, das 16 Schiffe der Flotte, die gegen sie gekämpft hatten, teilten.

DER PFAFFENKAHN
SÃO THOMÉ
PORTUGAL 1585

Die Matrosen des Indienfahrers *São Thomé* waren ohne jeden Zweifel gute und eifrige Katholiken, doch kein Glaubensartikel verbot ihnen, der felsenfesten Überzeugung zu sein, daß Priester an Bord einem Schiff nichts als Unglück brächten und allenfalls in Einzelexemplaren akzeptabel seien, da man notfalls den frommen Mann – wie auf der Rückreise von Indien anno 1584 auf der *São Thomé* geschehen – über Bord werfen konnte, um einer langen Flaute zu entrinnen.

Als im Frühjahr 1585 das Schiff in Lissabon erneut beladen und seeklar zum Auslaufen nach Indien gemacht wurde, begann der Ärger fast augenblicklich, als sich herumsprach, daß eine größere Gruppe von Jesuiten als Begleitung etlicher Reliquien für die Kirchen der portugiesischen Niederlassungen in Indien an Bord zu gehen gedachte: Kein Matrose wollte auf dem »Pfaffenkahn« anheuern. Der ursprünglich für Februar angesetzte Auslauftermin verstrich, ebenso ein zweiter Anfang März und ein dritter Mitte des Monats.

Als die *São Thomé* am 1. April schließlich in See ging, hatte man die knapp 50 Matrosen teilweise mit brutaler Gewalt auf das Schiff schleppen müssen. Admiral Fernão de Mendoça und den rund 400 Passagieren – in der Hauptsache Soldaten, Kaufleute und Kolonialbeamte samt ihren Untergebenen, Dienern und Familien – machte die Anwesenheit der zwei Dutzend Patres weniger aus; die Schiffsoffiziere waren geteilter Meinung, wenn auch nicht aus bloßem Aberglauben: »Wie soll man ein Schiff nach den Regeln der Seefahrt navigieren, wenn den ganzen Vormittag über die Mannschaft auf den Knien herumrutscht, weil eine Messe nach der anderen zelebriert wird; und kaum hat man am Nachmittag ein paar Segel getrimmt, ertönt schon wieder der Ruf zu Rosenkranz, Andacht, Psalm und Vesper!«

Auch den mitreisenden Kaufleuten und Beamten ging das unausgesetzte Beten und Messelesen nach einer Weile gehörig auf den Nerv, so daß die Stimmung auf der *São Thomé,* als man im Juli das Kap der Guten Hoffnung umrundete, ausgesprochen gespannt war. Weshalb der Kapitän nun die schnellere, jedoch auch gefährlichere Route östlich von Madagaskar und quer über den Indischen Ozean wählte, ist unbekannt. Die Jesuiten behaupteten später, die Kaufleute hätten den Kapitän bestochen, obwohl sie ihrerseits mehrfach erklärt hätten, daß solch ein Übereifer, mit den Ungläubigen ins Geschäft zu kommen, einem Reliquienschiff nicht gut anstünde. Die Kaufleute andererseits beschuldigten die Jesuiten, den Kapitän gedrängt zu haben, sie so schnell als irgend möglich in ihr Missionsgebiet zu bringen – die Wahrheit mag wohl gewesen sein, daß alle Beteiligten der kaum noch unterdrückten Mißstimmung an Bord entkommen und die Reise beendet sehen wollten.

Und wenn die Stimmung auf einem Schiff schon schlecht ist, so fehlen auch bald die bösen Vorzeichen nicht: »Seit den Inseln Martin Vaz gewahrten wir unheilvolle Vorzeichen«, schrieb einer der Passagiere später, »denn wir begegneten einem Fisch, den niemand kannte. Er glich einem kleinen Wal, sah aber bedrohlich, ja fast teuflisch aus, und alle Fische, die das Schiff begleitet hatten, flohen entsetzt vor ihm. Er sollte das Schiff nicht mehr verlassen, Wasserstrahlen ausstoßend, als freue er sich oder als wolle er die Menschen vor dem Schicksal warnen, das sie bald ereilen sollte.«

Und dann, am 20. August, mitten in der Nacht knirschte und krachte es unter dem Kiel. Die *São Thomé* war auf ein Korallenriff südlich der Bassas-da-India-Inseln aufgelaufen. »Alle Leute kümmerten sich nur noch um die Rettung ihrer Seelen, denn was den Körper anlangt, so schienen wir alle verloren zu sein. Sie flehten die Geistlichen auf dem Schiff weinend und jammernd an, ihnen die Beichte abzunehmen. Sie taten dies allerdings so laut und unbeherrscht, daß ein jeder die Beichte des an-

»Ein bedrohlicher, ja fast teuflischer Fisch«

157

deren hören konnte. Nur ein paar Herren von Adel bewahrten die Haltung und beichteten leise. Nach einigen Stunden hatten alle gebeichtet, das heißt etwa vierhundertfünfzig Seelen. Danach predigten die Priester allen, die es hören wollten, sprachen mit ihnen das Glaubensbekenntnis und sangen. Dies währte bis gegen zwei Uhr morgens. Da ging groß, schön und strahlend der Mond über der Wasserwüste auf; wo man bis dahin kaum hatte sehen können, wogte nun bleigrau und dann wieder aufglänzend das Meer um das kläglich aufgerissene Schiff.«

Wie oft in solchen Fällen wurden die ersten Stunden in Panik oder, wie auf der *São Thomé,* mit Beichten und Beten vertan, anstatt einen energischen Versuch zur Rettung des Schiffes zu machen. Der erste Aufprall riß in der Regel nur ein kleines Leck, und wenn man das Schiff schleunigst von Handelswaren, Geschützen und von allem Ballast befreite, so war die Chance durchaus gut, das Fahrzeug wieder flottzubekommen und das Leck abzudichten; saß das Schiff aber erst eine Weile auf dem Riff und bohrte sich dieses durch das Auf und Ab der Wellen erst einmal tief genug in den Rumpf, war jede Hoffnung vergebens. Voraussetzung für eine Rettung wäre freilich eine energische Schiffsführung gewesen, und genau diese fehlte auf der *São Thomé* restlos.

Im allgemeinen Durcheinander bemächtigten sich zunächst Admiral Fernão de Mendoça und eine Gruppe Jesuiten des einen Beibootes und verschwanden samt den Reliquien, gerudert von den kräftigsten Matrosen, am Horizont.

Und auch der Kapitän war hilflos, so daß es auf dem Schiff bald drunter und drüber ging: Einige zimmerten aus Teilen des Wracks fünf Rettungsflöße und besserten das beim Aufprall beschädigte zweite Boot aus, andere betranken sich und randalierten, andere beteten, wieder andere brachen die Geldtruhen auf und rafften die Schätze der Kaufleute an sich, und einige fielen über die Vorräte her, »aßen vom Besten und sprangen immer wieder lachend in den kleinen See aus Meerwasser, der sich im Inneren des Schiffes gebildet hatte«.

Als nach zwei Tagen das reparierte Boot mit dem Kapitän, den restlichen Priestern und etlichen Kaufleuten an Bord sowie die Flöße zu Wasser gelassen und besetzt waren, zeigte es sich, daß immer noch über die Hälfte der Menschen auf der *São Thomé* zurückbleiben mußte. Verzweifelt umschwammen sie die Fahrzeuge in der Hoffnung, doch noch aufgenommen zu werden,

Der Schiffbruch der ›São Thomé‹

aber man ließ nicht einmal Frauen an Bord; manche schwammen so lange hinter den abdriftenden Flößen her, bis sie die Kräfte verließen und sie versanken.

»Als wir uns aus dem Boot nach dem Wrack umsahen, entdeckten wir zu unserer Überraschung, daß jene, die sich noch darauf befanden, das rote Zeug angelegt hatten, mit dem wir in Indien Geschäfte hatten machen wollen. Sie trugen es um den Kopf geschlungen wie Turbane, und um die Schultern hatten sie es wie scharlachrote Wämser mit allerlei Seide aufgeputzt. Auch die Flöße waren gut und weithin zu erkennen, denn sie hatten Segel aus grünem und rotem Damast ausgespannt.«

Das Schicksal der Flöße und derer, die auf der *São Thomé* zurückblieben, ist unbekannt.

Die Insassen der Boote hatten aus Angst, von ihren Mitschiff-
brüchigen erschlagen und aufgegessen oder einfach über Bord
geworfen zu werden, schließlich kaum noch zu schlafen gewagt
und waren halbirr vor Hunger, Durst und Haß, als sie nach wo-
chenlanger Fahrt endlich doch noch die Sofalaküste erreichten.
In den Chroniken des Jesuiten-Ordens wird der Untergang der
São Thomé als Strafe Gottes für den Mord an dem einen Jesui-
tenpater im Jahr zuvor bezeichnet.
Über 350 Menschenleben für eines ...?

DIE UNÜBERWINDLICHE ARMADA
ARK ROYAL

<u>ENGLAND 1588</u>

»Wenn wir den Frieden nicht erhalten können, möchte ich wünschen, der Feind würde wenigstens nicht so lange zögern, sich – wie ich fest glaube – ins Unglück zu stürzen«, erklärte William Cecil, Lord Burghley, der Erste Staatssekretär Ihrer Majestät Elisabeths I., und sprach damit genau das aus, was seine Monarchin dachte.

Die Auseinandersetzung zwischen England und Spanien war unvermeidlich geworden, denn König Philipp II. sah in Elisabeth nicht nur eine Ketzerin und Teufelin, sondern erhob als Witwer ihrer älteren Halbschwester Maria Tudor, die die Geschichte auch die »Katholische« oder die »Blutige« nennt, ganz massive Ansprüche auf den englischen Thron. Und wenn der Waffengang nun schon unvermeidlich war, so wollte ihn Elisabeth wenigstens zu einem Zeitpunkt, an dem ihr Heer und ihre Flotte auf dem Höhepunkt ihrer Durchschlagskraft waren. »Die Zeit und ich nehmen es mit allem auf«, war die Lieblingsdevise Philipps II., auf dessen Arbeitstisch sich die Vorlagen oft monatelang türmten, weil er sich nicht dazu entschließen konnte, seinen Namen darunterzusetzen (viel lieber korrigierte er die Rechtschreibung seiner Gesandten in aller Welt), und es bedurfte schon höchst massiver Provokationen von seiten der englischen Staatspiraten vom Schlage eines Drake, Hawkins, Frobisher und Greynville, um den Spanier zum Handeln zu bewegen. Doch als er endlich zur Tat schritt, geschah dies mit der ihm eigenen Gründlichkeit: Bis zur Besetzung des letzten englischen Kuhdorfes hatte er die Feldzugspläne eigenhändig ausgearbeitet und überprüft. – Nur daß die Engländer vielleicht auf die abwegige Idee kommen könnten, sich womöglich schon auf See zu verteidigen, daran hatte Philipp nicht gedacht.

Als am 14. Mai 1588 die »unüberwindliche« Armada von Lissabon aus unter Segel ging, umfaßte sie 145 große Galeonen, schwere Karavellen und mächtige, geruderte Galeassen, 320 kleinere Schiffe und 50 Galeeren mit 30 000 »Kreuzfahrern«, die, »gereinigt von ihren Sünden« – sie hatten vorher zur Beichte und Messe gehen müssen –, zum Siegeszug über die ver-

Duque de Medina-Sidonia   Charles Howard, Earl of Effingham

rottete Insel im Norden antraten. Dirnen, Spielkarten und Fluchen, sogar Alkohol waren an Bord streng verboten, »schlimm war nur, daß der liebe Gott den spanischen Soldaten und Seeleuten nicht über ihre Tapferkeit hinaus noch etwas gab, womit sie ihre Schiffe hätten verteidigen können«, meinte ein Zeitgenosse. Doch König Philipp zweifelte keinen Augenblick am Erfolg, denn dieser »Kreuzzug« war Gottes Wille, und unter Seinem Schutz war die Armada unschlagbar – der wiederholte Bannfluch des Papstes gegen Elisabeth würde ein übriges tun. Zwei Jahre hatten Tausende von spanischen »ehrbaren Frauen und Jungfrauen« an den Fahnen, Wimpeln und Standarten für die Flotte gestickt, und die »Gebete eines ganzen Königreiches« würden seine Schiffe begleiten – an was konnte es da überhaupt noch fehlen?

So war es auch ganz gleichgültig, daß der Oberbefehlshaber, der Duque de Medina-Sidonia, noch nie in seinem Leben auf dem Deck eines Schiffes gestanden hatte und seinen König händeringend anflehte, ihn von dieser Aufgabe zu entbinden; der Duque war loyal, ergeben, ein guter Soldat und vor allem tief fromm – das hatte zu genügen!

»Eine solche Streitmacht hat es in der Welt noch nicht gegeben«, meinte der englische Oberbefehlshaber, Lord-Großadmiral Charles Howard, Earl of Effingham, als am 19. Juli 1588 die Prozession der 515 Schiffe, angeordnet zu einem gewaltigen Halbmond und vom kräftigen Westwind vorangetrieben, majestätisch in den englischen Kanal einlief.

Charles Howard selbst verfügte über 88 Kriegsschiffe (35 aus dem Besitz der Krone, 53 von Privatleuten) und eine Reihe kleinerer Fahrzeuge. Berühmte Namen waren unter den Schiffen und Kapitänen: die *Triumph* unter Martin Frobisher, die *Victory* unter John Hawkins, die *Revenge* unter Sir Francis Drake, die *Dreadnought* unter Robert Greynville und die mächtige *Ark Royal,* sein eigenes Flaggschiff, das zwei Jahre zuvor Sir Walter Raleigh, der Befehlshaber der Leibwache und »Juwel in der Krone der Königin«, unter dem Namen *Ark Raleigh* für sich hatte bauen und im Vorjahr Ihrer Majestät hatte übergeben lassen. An Größe konnte es freilich keines dieser Schiffe mit den spanischen Kolossen aufnehmen, sehr wohl aber in der Güte der Besatzung, der Geschütze und der Kampfmoral. »Sie müssen dafür sorgen, daß Ihre Geschwader nicht aus der Schlachtformation ausscheren und daß keine Kapitäne, von Habgier getrie-

Das englische Flottenflaggschiff ›Ark Royal‹

ben, den Feind verfolgen und Prisen machen«, hatte eine der strikten Anweisungen des spanischen Königs an seinen Admiral gelautet, und der Duque de Medina-Sidonia hielt sich genau an diesen Befehl, auch als an der Südküste Englands die Flotte Howards in Sicht kam, gegen den Westwind ankreuzte und sich hinter die Armada setzte.

In der Nacht zum 21. Juli begann der Angriff, und es war wohl kein Zufall, daß Sir Francis Drake gleich zu Anfang das Flaggschiff der Andalusier, die riesige *Nuestra Señora del Rosario,* und wenig später die *San Salvatore* kaperte. Doch im allgemeinen führten die Engländer den Kampf auf weite Distanz, aus der sie, ohne selbst Treffer zu riskieren, die größere Reichweite ihrer Geschütze ins Spiel bringen konnten.

Lord-Großadmiral Howard, ein enger Freund Sir Francis Drakes, hatte den strikten Befehl seiner Königin in der Tasche, sich genau an das taktische Konzept Drakes zu halten, das hieß, den Feind durch pausenlose Angriffe zu schwächen und zu demoralisieren, ohne sich auf einen Nahkampf mit den hervorragenden spanischen Land- bzw. Entertruppen einzulassen. Also pfiffen Tag und Nacht die englischen Kanonenkugeln über die spanischen Decks, zerfetzten Ketten- und Stangenkugeln die Takelage, während die feindlichen Schiffe dabei in für spanische Geschütze unerreichbarer Ferne schwammen, und es war erstaunlich, daß der Duque de Medina-Sidonia bei diesen unausgesetzten Attacken »die Ordnung seiner Flotte einigermaßen aufrechterhalten konnte«.

Nach König Philipps Plan sollte zuerst die Insel Wight besetzt und dort ein Brückenkopf gebildet werden, doch die wütenden Angriffe ließen die Armada schleunigst wieder nach Südosten abschwenken, um in Calais vor Anker zu gehen, wo man die eigentliche Invasionsarmee, die unter dem Prinzen von Parma in den Niederlanden bereitstand, an Bord zu nehmen gedachte. Am Abend des 27. Juli fielen auf der Reede von Calais die Anker, und dem Duque de Medina-Sidonia war diese Atempause nur zu willkommen, denn Proviant und Wasser wurden knapp, und infolge der Kampfschäden leckten viele Schiffe der Armada, die bislang »immer wie eine Herde von Schafen« vor den Engländern hergelaufen war. Calais war zwar französischer Besitz, und es würde etliche Tage dauern, bis der Prinz von Parma mit seinen Truppen an Ort und Stelle sein konnte, doch Calais war der einzige brauchbare Hafen weit und breit – Dün-

Die unüberwindliche spanische Armada

kirchen konnten die spanischen Prachtgaleonen wegen ihres zu
großen Tiefgangs nicht anlaufen, und nach Antwerpen würden
sie die aufständischen Niederländer nicht hineinlassen. So
machte man sich auf etliche Ruhetage gefaßt.
Doch in der Nacht des 28. Juli gellte der Entsetzensschrei:
»Brander! Brander voraus!« und bald schon: »Feuer! Feuer an
Bord!« Mit Wind und Strömung trieben acht englische Schiffe
wie gewaltige Fackeln auf die vor Anker liegenden Spanier zu,
vollgestopft mit Pulver, Werg und Teer, die Segel gesetzt, die
Ruder festgelascht und ohne Besatzungen an Bord. »Sie spien
Feuer, und ihre Artillerie feuerte auch – es war grausig anzuse-
hen!« schrieb ein Beobachter. Die *San Leonardo* und die *Rayo*
gingen in Flammen auf, die *San Lorenzo* lief auf Grund, wo sie
Lord-Großadmiral Charles Howard persönlich erbeutete, der
Rest der unüberwindlichen Armada floh kopflos, und auch der
Duque de Medina-Sidonia verlor die Nerven und befahl, statt
durch den Kanal um Schottland und Irland herum nach Spanien
zurückzukehren.
Bis auf die Höhe von Newcastle-on-Tyne saßen den Spaniern

noch Sir Francis Drake sowie Sir John Hawkins, Sir Martin Frobisher und Sir Robert Greynville, die Lord Howard soeben zu Rittern geschlagen hatte, im Genick, und als die Engländer mit leeren Pulvermagazinen abdrehen mußten, sahen sie, wie die Spanier in einen schweren Weststurm hineinsegelten. »Niemals hat mich etwas mehr gefreut, als den Feind nach Norden fliehen zu sehen, denn damit war das Schicksal der Armada besiegelt«, schrieb Sir Francis Drake wenige Tage später an seine Königin.

Es war ein vollständiges Fiasko, das für viele auf den Riffen der Nordküste Schottlands, der Orkneyinseln und der Hebriden zu Ende war. Die Wracks der unüberwindlichen Armada wurden von den Shetlandinseln bis nach Cornwall gefunden, und auch die Verluste waren ungeheuer: mit 515 Schiffen und 30 000 Mann hatten die Spanier ihren »englischen Kreuzzug« angetreten, nur 65 schwerbeschädigte Schiffe und knapp 10 000 Mann kehrten mit dem unglücklichen Duque de Medina-Sidonia nach Spanien zurück.

Überall aber in England sang man ein Lied, das die Königin selbst gedichtet hatte:

>>*Er ließ den Wind, die Wasser dräun,*
Um Meine Feinde zu zerstreun.«

EIN WACHSCHIFF FÜR PILLAU
ROTER LÖWE
PREUSSEN 1597–1608

Die kleine Galeone *Roter Löwe* – auch *Goldener Löwe* oder *Güldener Löwe* genannt und manchmal fälschlich als »Fregatte« bezeichnet – würde unseren heutigen Augen recht klein erscheinen, doch für den Anfang des 17. Jahrhunderts war sie ein durchaus respektables Kriegsschiff.

Gebaut war der *Rote Löwe* 1597 in den Niederlanden, und 1601 kauften ihn die Oberräte der Stadt Königsberg für den Herzog von Preußen, für den er unter Kapitän Peter Hintze 1601, 1602, 1605 und 1606 als Wachschiff für den Hafen von Pillau Dienst tat. Auffallend ist dabei das Fehlen der Jahre 1603 und 1604, was auf eine damals allgemein geübte Praxis zurückzuführen ist: Schiffe, zumal Kriegsschiffe, wurden nämlich keineswegs das ganze Jahr über in Dienst gehalten, sondern im Spätherbst mit dem Einsetzen der schlechten Jahreszeit abgetakelt und erst zu Beginn der neuen Saison wieder instandgesetzt, aufgetakelt und in Dienst gestellt – so das erforderlich war, denn in politisch friedlichen Zeiten beließ man die Kriegsschiffe auch im Sommer in ihrem »eingemotteten« Zustand.

Sehr viel ist über den *Roten Löwen* nicht bekannt. Er war auf 120 Salzlasten ausgelegt, was einer Verdrängung von 240 bis 250 Tonnen entsprechen würde, woraus man seine Länge zwischen den Steven, entsprechend den damaligen Bauregeln, auf 98 Amsterdamer Fuß, also etwa 28 m, und seine Breite auf 28 Fuß, etwa 8 m, berechnen kann. Bewaffnet war er mit 12 eisernen Kanonen, 4- bis 8pfündern vermutlich, und 6 sogenannten »Steinstücken«, leichten Drehbassen auf der Reling, die Steinkugeln von etwa einem halben Pfund verschießen konnten.

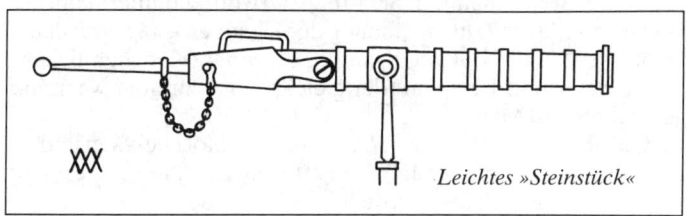

Leichtes »Steinstück«

Erhalten hat sich auch die Besatzungsliste: 1 Kapitän, 1 Schiffer
(Pilot), 1 Steuermann, 1 Schiffbauer (wohl Zimmermann), 8
Büchsenschützen (zur Bedienung der Kanonen), 14 Schiffsleute
(Matrosen), 1 Koch, 1 Kajütsjunge, 1 Barbier (Knochenflicker),
1 Trompeter und 1 Kaplan (der gleichzeitig Schreiber war), insgesamt also 30 Mann.
Im Oktober 1608 wurde der *Rote Löwe* mit Holz beladen und segelte unter dem Schiffer Johann Fett nach Lissabon, wo er samt
seiner Ladung verkauft wurde.

Ein Schiff und zwei Skandale
Prince Royal
GROSSBRITANNIEN 1610–1666

Schiffe haben, ob man dies wahrhaben will oder nicht, ihre Persönlichkeit, im Guten wie im Bösen. Für die *Prince Royal* stand ein ausgewachsener Skandal an ihrem Anfang und einer an ihrem Ende.

1607 notierte der Schiffsbaumeister Phineas Pett in seinem Tagebuch: »Ich begann ein besonderes Modell, das ich größtenteils eigenhändig anfertigte. Nachdem ich es aufs trefflichste mit Schnitzereien verziert und bemalt hatte, begab ich mich am 10. Tag des Monats November zum Wohnsitz des Großadmirals in Whitehall, um es ihm persönlich zu überreichen.« Der Lord-Großadmiral war Charles Howard, Earl of Effingham, jener Mann, der 19 Jahre zuvor den Sieg über die unüberwindliche Armada erkämpft hatte, und er war so begeistert, daß er das Modell König James I. weiterreichte, der »höchst erfreut« den Auftrag gab, es in Woolwich zu bauen.

Die ›Prince Royal‹ in ihrem ursprünglichen Zustand

Das geplante Schiff war mit 1200 Tonnen um die Hälfte größer als alles, was die englische Flotte bis dahin kannte, und es hatte drei durchgehende Batteriedecks für 64 Geschütze. Daß es freilich der erste Dreidecker, wie manchmal zu lesen ist, gewesen sein soll, ist falsch, einige Schiffe der Armada konnten diesen Ruhm bereits früher für sich in Anspruch nehmen.

Die Schiffbauer-Kollegen heulten auf vor Wut, als sie von diesem Auftrag erfuhren, und da Phineas Pett – sei es durch seine Eitelkeit, sei es durch sein aufbrausendes Temperament – ganz gewiß nicht der Mann war, der es verstand, sich bei seinen Mitmenschen sonderlich beliebt zu machen, setzten sich sieben von ihnen unverzüglich zusammen und ließen eine eidesstattliche Erklärung vom Stapel: »Erstens ist das ganze Mall unzulänglich und das Schiff hat zuviel Flach (zu viele waagerecht auf dem Kiel aufliegende Spanten), seine Breite liegt zu hoch, weshalb es einen zu großen Tiefgang haben und infolgedessen in unseren seichten Gewässern (so seicht sind sie gar nicht) gefährdet und ungeeignet sein wird«, die Verzierungen seien zu üppig, die bisherigen Arbeiten »schlecht ausgeführt«, das Holz »unregelmäßig gefasert und gewachsen«, der Spantenbau »höchstens für eine Dungpram geeignet«. Für die veranschlagten und vierfach überhöhten 20 000 Pfund könne man zumindest sechs ordentliche Kriegsschiffe bauen, und überhaupt, was hätte dieser Phineas Pett mit seinen 37 Jahren denn bislang geleistet: ein Spielzeugschiff, mit dem sich der Prince of Wales auf der Themse vergnüge, und ein Handelsfahrzeug, dessen Holz er in den königlichen Werften gestohlen habe (sie machten das zwar alle, und der Untersuchungsausschuß hatte Pett nichts nachweisen können), aber in summa, wenn einer unfähig sei dieses Schiff zu bauen, dann er!

Einen vollen Tag verbrachte Phineas Pett als Angeklagter auf den Knien, als der König höchstpersönlich die Sache zu untersuchen geruhte. Über 50 Zeugen wurden vernommen, James I. erkletterte eigenfüßig das halbfertige Schiff und – gab Pett den Auftrag weiterzumachen. 1610 lief der Neubau unter dem Namen *Prince Royal* vom Stapel und rechtfertigte in seinen 56 Jahren Dienstzeit – immerhin fast das Doppelte eines normalen Kriegsschiffes – seinen Erbauer voll und ganz.

Zweimal wurde die *Prince Royal* »neuerbaut«, d. h. vollständig auseinandergenommen, schlechte Teile wurden ausgewechselt. Beim »rebuilt« von 1621 stellte sich tatsächlich heraus, daß das von Phineas Pett verwendete Holz doch arg zu wünschen übrigließ. Ursprünglich auf 64 Geschütze gebohrt, jedoch nur mit 55 bestückt, trug sie in der Cromwell-Ära 88 Kanonen und den Namen *Resolution,* schlug sich tapfer in den Schlachten von Kantish Knock, North Foreland und Scheveningen, zählte zu jenem Geschwader, das in der Restauration die Stuart-Könige nach Großbritannien zurückholte, und wurde seitdem auch wieder mit dem alten Namen *Prince Royal* benannt.

»Die Niederländer haben schon fast alle Nationen im Seehandel geschlagen, und sie sind jetzt die einzigen, die Waren durch die ganze Welt transportieren«, protzte ein Holländer Anfang des 17. Jahrhunderts. Doch genau dies beanspruchten die Briten auch für sich, und so war die kriegerische Auseinandersetzung der beiden protestantischen Nordseenachbarn so unvermeidlich, wie ein Krieg das immer sein mag, bei dem es einzig und allein um das Prestige und sonst gar nichts geht. Im Falle eines »totalen« Sieges wäre keiner der beiden Kontrahenten überhaupt in der Lage gewesen, das Handels- und Kolonialimperium der Gegenseite tatsächlich zu übernehmen. So waren denn die drei englisch-holländischen Seekriege des 17. Jahrhunderts – 1652–1654, 1665–1667 und 1672–1674 – wilde Kanonaden zwischen etwa gleich starken Flotten mit Siegen mal auf der einen, mal auf der anderen Seite, die nichts bewirkten, als daß Zehntausende braver Soldaten und Seeleute mit ihrem Leben und

Heck der ›Prince Royal‹ aus ihrer Spätzeit

ihrer Gesundheit für die nationale Eitelkeit bezahlen mußten. Eine der schwersten und blutigsten dieser Schlachten wurde 1666 geschlagen. Vom 11. Juni bis zum 14. Juni dauerte sie, volle vier Tage. Zwei Tage schon hatten die 55 englischen Schiffe unter dem Flottenadmiral George Monck, Duke of Albemarle, ergebnislos mit den 84 niederländischen Schiffen unter Hollands populärstem Seehelden, Michiel Adrianzoon de Ruyter, gerungen, als am Nachmittag des dritten Tages die beiden größten englischen Schiffe, das Flottenflaggschiff *Royal Charles* und das Flaggschiff des Weißen Geschwaders unter Sir George Ayscue, die *Prince Royal,* bei Niedrigwasser auf dem Galloper Sand festliefen. Doch während sich die *Royal Charles* unter George Monck, der schwor, eher das Pulvermagazin in die Luft zu jagen als sich zu ergeben, wütend gegen alle Angriffe verteidigte und mit steigender Flut tatsächlich wieder freikam, zog es Sir George Ayscue vor, nach kurzer, schwächlicher Gegenwehr seinen Degen dem holländischen Vizeadmiral Cornelis Tromp überreichen zu lassen. Doch auch die Niederländer wurden dieses Sieges nicht so recht froh, denn als das Blaue englische Geschwader unter Prinz Rupprecht von der Pfalz in die Schlacht eingriff, mußte die *Prince Royal* aufgegeben und verbrannt werden.

Der so unnötige Verlust der *Prince Royal* war ein böser Schlag, und Sir Thomas Clifford schrieb einige Tage nach dem unentschiedenen Ausgang der Schlacht:

»Das Schiff war wie eine Festung zur See, und ich meine, es war das beste, das je gebaut wurde; nun ist es dahin, und das feige Verhalten seines Befehlshabers ist ein Skandal noch für lange Zeit.«

Kap Hoorn
Eendracht

<u>NIEDERLANDE 1615–1618</u>

Als Spanien und Portugal Anfang des 16. Jahrhunderts den Welt-
handel zur See für sich zu monopolisieren versuchten, erhoben
vor allem England und Holland ein wildes Protestgeschrei.
Doch als sie selbst am Ende des Jahrhunderts zu den führenden
Seemächten aufgestiegen waren, ahmten sie treu das Beispiel
mit Monopolen und Handelsbeschränkungen nach.

So setzte die Holländisch-Ostindische Kompanie noch in ihrem
Gründungsjahr 1602 ein Verbot durch, das allen anderen Schiffen untersagte, die Routen um das Kap der Guten Hoffnung
und durch die Magellan-Straße zu befahren, und monopolisierte
damit – zumindest ihren eigenen Landsleuten gegenüber – den
gesamten Indien-, Ostindien- und Pazifikhandel für sich. Ein
Mann, dem die Methoden der Kompanie ganz und gar nicht
paßten, war der Kaufmann Isaac Le Maire aus Amsterdam. 1610
gründete er zusammen mit seinem Sohn Jacob und den Brüdern
Willem und Jan Corneliszoon Schouten die »Compagnie Australe« und trotzte der Regierung die Genehmigung ab, »mit
den Königreichen Tatarei, China, Japan, Indien und Terra Australis Handel zu treiben«, freilich unter der Voraussetzung, daß
sie nicht die beiden von der Ostindienkompanie monopolisier-
ten Seestraßen benützen dürften.

Am 14. Juni 1615 gingen zwei Schiffe der Compagnie Australe
von Texel aus in See: die 360 Tonnen große *Eendracht* mit Willem
Schouten als Kapitän und Jacob Le Maire als Präsidenten der
Gesellschaft sowie 65 Mann und 22 Geschützen an Bord, und
die 110 Tonnen große *Hoorn* unter dem Befehl von Jan Schouten
mit 22 Mann und fünf Geschützen. Zunächst segelten die beiden
Schiffe nach Afrika, wo sie an der Küste der Sierra Leone ein
wenig Handel trieben, ehe sie mit südwestlichem Kurs den Atlantik überquerten.

Am 25. Oktober, mitten auf hoher See und fern von allen spio-
nierenden Ohren, eröffnete Jacob Le Maire der Besatzung das
wahre Ziel der Fahrt: Erkundung eines Seewegs in den Pazifik,
den im Inselgewirr südlich der verbotenen Magellan-Straße die
Brüder Schouten mit Sicherheit zu finden erwarteten.

174

Die ›Eendracht‹ kehrt nach Holland zurück

»Am 1. November passierten wir den höchsten Sonnenstand, so daß sie zur Mittagszeit nördlich von uns stand.«

»Am 17. Dezember legten wir unser Schiff in Patagonien bei hohem Wasser auf Land, um es zu säubern. Am 19. waren wir mit der Reinigung beider Schiffe beschäftigt und brannten Schilfrohr unter der *Hoorn* ab. Plötzlich griff das Feuer auf das Schiff über und nahm so schnell Besitz davon, daß wir es nicht löschen konnten. So sahen wir es vor unseren Augen verbrennen. Am nächsten Tag sammelten wir das Eisen, die Anker und was wir sonst noch retten konnten und brachten es zu unserm Schiff.«

»Am 20. Januar war unsere Position etwas unter 53 Grad, und wir nahmen an, daß wir uns etwa 20 Meilen von der Magellan-Straße entfernt befanden.«

»Am Morgen des 24. Januar sahen wir Land an Steuerbord, etwa eine Meile entfernt. Das Land erstreckte sich von Osten nach Süden und hatte sehr hohe Berge, die mit Eis bedeckt waren. Östlich davon sichteten wir ein anderes Land, das auch sehr hoch und gebirgig war. Zwischen den Landmassen schien es eine gute Passage zu geben, und wir wurden in diesem Glauben bestärkt, als uns eine kräftige Strömung schnell weiter südwärts trieb. Mittags lagen wir ungefähr auf 54 Grad 46 Minuten. Dort sahen wir eine große Anzahl von Pinguinen und Tausende von Walen, so daß wir gut aufpassen mußten, um die Wale zu schonen, sonst wären wir gegen sie gesegelt und hätten vielleicht sogar Havarie erlitten.«

Was Willem Schouten da beschrieb, war die von ihm zu Ehren des Präsidenten der Gesellschaft benannte »Le-Maire-Straße« – sie heißt übrigens heute noch so –, die an ihrer schmalsten Stelle – nur 25 km – die Ostspitze von Feuerland und die Staaten-Insel trennt.

»Die Wogen, die uns entgegenrollten, wurden immer gewaltiger; sie kamen aus Südwest und nahmen nach und nach tiefblaue Farbe an, so daß wir uns sagten, ein großes und tiefes Meer müsse zu unserer Rechten liegen, das Südmeer. Darüber freuten wir uns, denn wir glaubten eine Route entdeckt zu haben, die bis zu dieser Zeit den Menschen unbekannt war.

Wir hatten in dieser Gegend sehr viel Regen und Hagelschauer mit Stürmen, und der Wind sprang so oft um, daß wir in einem fort wenden und kreuzen mußten und unseren Weg fortsetzten, so gut es eben gehen wollte. Dabei war dies auf der Südhalbkugel hoher Sommer, und es war fürchterlich kalt und stürmisch, so daß wir mit gereefften Segeln nur ganz langsam gegen Westen und Nordwesten vorankamen.

Wir sahen außergewöhnlich große Seemöwen, deren Körper größer als die von Schwänen waren; eine ihrer ausgebreiteten Schwingen maß mehr als ein Faden.« – Es waren Albatrosse.

Am 31. Januar 1616 gab es keinen Zweifel mehr: Der schwarze Fels, der steuerbord im Norden aufragte, war die Südspitze jener Insel und Inselchen am Ende des südamerikanischen Halbkontinents. Jubelnd und schreiend kletterten die Matrosen in die Wanten, um jenem schwarzen Felsen zuzuwinken, und erklärten dann einstimmig, daß dieses Kap nach dem Heimatort ihres Kapitäns für alle Zeiten »Kap Hoorn« heißen solle.

Am 12. Februar gab es wieder Grund zum Feiern: »Jeder unserer Männer bekam drei Becher Wein als Ausdruck der Freude, denn die Magellan-Straße lag nun östlich von uns!«

Nach einem sturmreichen Monat an der Küste Chiles segelte die *Eendracht* in den Pazifik hinaus. Anfang April erreichten die Holländer die Tuamotu-Inseln, wo sie Wasser, Heilkräuter und »einige sehr wohlschmeckende Schnecken« an Bord nahmen und von Fliegenschwärmen überfallen wurden, die ihnen noch drei Tage nach der fast fluchtartigen Abfahrt folgten. Über die Gesellschafts-Inseln erreichten sie als erste Europäer die Tonga-Inseln, berührten die Fidschi-Inseln, Manihi, Rangiroa und die Salomonen:

»Am Morgen segelten wir mit unserem Schiff zwischen die beiden Inseln und ankerten in einer Wassertiefe von neun Faden, wo wir einen guten Liegeplatz hatten. Nachmittags ruderten unser Langboot und die Schaluppe zu der kleineren Insel, um

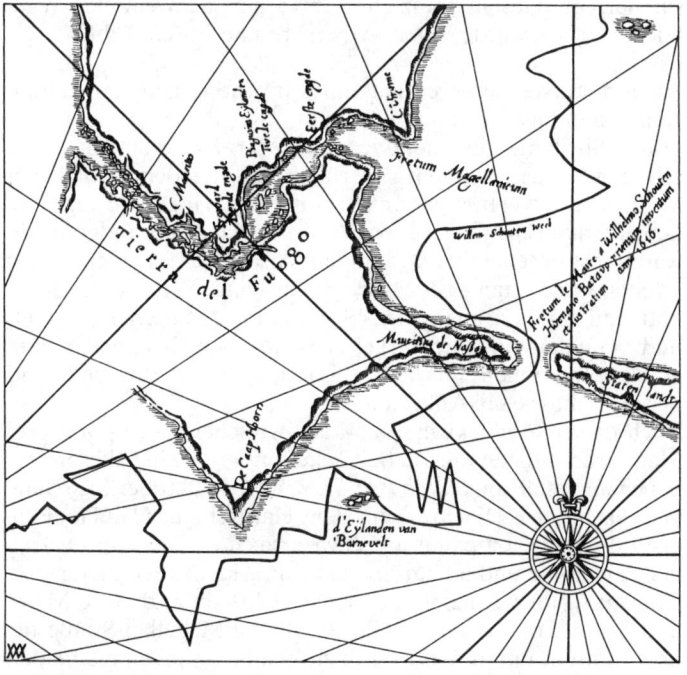

Erste Karte der Kap-Hoorn-Route von W. Schouten

einige Kokosnüsse zu holen. Wir brannten zwei oder drei Einge-
borenenhäuser nieder, worauf die Menschen auf der anderen
Insel mächtig zu schreien anfingen und Lärm machten. Sie wagten aber nicht zu kommen, denn wir schossen mit unseren Geschützen am Strand entlang und in den Wald hinein, so daß die
Kugeln mit donnerndem Geräusch einschlugen. Daraufhin flohen die Eingeborenen und wagten nicht ein einziges Mal heraus-
zusehen. Abends kamen unsere Männer wieder an Bord zurück
und brachten so viele Kokosnüsse mit, daß jedem von uns drei
Stück zugeteilt werden konnten. In der Nacht kam einer der Eingeborenen an Bord unseres Schiffes, um Frieden mit uns zu
schließen. Er brachte eine Mütze eines unserer Männer mit, die
ihm vorher beim Scharmützel vom Kopf gefallen war. Diese
Leute waren völlig nackt.«

Trotz der doch recht fragwürdigen Einführung, die sich die
Holländer verschafft hatten, wurden sie schließlich von den Insulanern mit Gesang, Tanz und gebratenem Schweinefleisch gefeiert, und es wurde ihnen »viel Ehre und Freundlichkeit« erwiesen.

Auch die erste Beschreibung eines polynesischen Katamaran-
Kanus stammt von Willem Schouten:

»Ihr Schiff hatte eine merkwürdige Form: Es bestand aus zwei
schönen Kanus mit einem Zwischenraum. In jedem Kanu lagen
in der Mitte zwei breite Planken von rohem Holz, und verschiedene Planken lagen querüber von einem Kanu zum anderen. Sie
waren fest miteinander verbunden. Am Ende des einen Kanus
an Steuerbord stand ein Mast, der an seiner Spitze eine Gabel
hatte auf der die Rah lag. Das Segel war aus Matten hergestellt,
und wenn der Wind blies, segelten sie los, ohne Kompaß oder irgendein Instrument für die See. Ihre Taue waren sehr schön und
fast so dicht wie ein Ankertau.«

Nach dieser so glücklichen und erfolgreichen Fahrt – nur drei
Mann waren dabei ums Leben gekommen – schlug alles ins genaue Gegenteil um, als die *Eendracht* am 28. Oktober 1616 Batavia, das heutige Djakarta, mit dem Hauptsitz der Holländisch-
Ostindischen Kompanie auf Java erreichte. Die Pfeffersäcke
der Kompanie und an der Spitze ihr Präsident Jean Pieterzoon
Koeven wollten ganz einfach nicht wahrhaben, daß Le Maire
und Schouten eine andere Route als die Magellan-Straße benutzt hätten, um in den Pazifik zu kommen, ließen die beiden
sowie zehn weitere Besatzungsmitglieder verhaften, die *Een-*

dracht samt Ladung beschlagnahmen und den Rest der Männer auf Schiffe der Kompanie pressen.

Die Rückkehr nach den Niederlanden, angekettet im untersten Laderaum des Kompanieschiffes *Amsterdam,* kostete Jacob Le Maire das Leben, fast alle anderen die Gesundheit.

Der alte Isaac La Maire prozessierte jahrelang gegen den übermächtigen Konkurrenten, der ihm den Sohn und Erben ermordet und Schiff und Vermögen weggenommen hatte. Endlich, 1623, machte sich eine Flotte von elf Schiffen unter Admiral Jacob l'Hermite auf, um die Behauptung Willem Schoutens von einer neuen Passage in den Pazifik wenigstens zu überprüfen, und erst drei Jahre später, als die Bestätigung dafür wieder in Holland eintraf, mußte die Ostindienkompanie die *Eendracht,* die 1618 unter einer Kompaniebesatzung heimgekehrt war, Isaac Le Maire zurückgeben und den materiellen Schaden ersetzen. Seinen Sohn freilich konnte niemand mehr zum Leben erwecken.

FEUER AN BORD
NIEU HORN
NIEDERLANDE 1619

Die *Nieu Horn* segelte unter der Flagge der Holländisch-Ostindischen Kompanie, die in den wenigen Jahren seit ihrer Gründung 1602 zu einem der mächtigsten und reichsten Handelsunternehmen der Welt geworden war.

Als das Schiff im November 1619 Kurs auf die Sundastraße zwischen Java und Sumatra nahm, war die Stimmung der 189 Menschen an Bord ausgezeichnet: Das Wetter war herrlich, Kapitän Willem Bontekoe hatte die Fahrt von Amsterdam nach Niederländisch-Indien in Rekordzeit bewältigt, und spätestens übermorgen würde man vor Batavia, dem Ziel der langen Reise, Anker werfen können.

Als nach einem flammenden Sonnenuntergang die Dunkelheit mit der in den Tropen üblichen Plötzlichkeit hereinbrach, ließ Kapitän Bontekoe die *Nieu Horn* beidrehen und die Segel an den Rahen bergen – in jener Zeit hatte man es noch nicht so eilig, daß man auch nachts segelte –, und nach einem opulenten Mahl begab man sich in die Kojen und Hängematten. Lediglich eine kleine Wache blieb an Deck, und auch der Proviantmeister war noch unterwegs, um im Laderaum seine Vorräte zu überprüfen, darunter ein großes Branntweinfaß, das man einige Tage zuvor angestochen hatte. Ob dem Proviantmeister sein Licht, eine brennende, offene Lunte, aus den Fingern glitt und durch das Spundloch in das Faß fiel oder ob er die Lunte selbst hineinhängte, um den Stand der Flüssigkeit zu überprüfen, ist ungeklärt, auf jeden Fall explodierten die Alkoholdämpfe und zerrissen das Faß.

Augenblicke später jagte der Ruf »Feuer an Bord« Kapitän, Mannschaft und Passagiere aus dem Schlaf.

Kapitän Bontekoe hastete in den Laderaum, wo sich blaue Alkoholflämmchen über den Boden ringelten, und befahl unverzüglich, eine Eimerkette zu bilden. Während eine Abteilung an der Reling mit Ledereimern Seewasser heraufholte, reichte sie eine andere Gruppe bis zum Laderaum hinunter, wo es auch verhältnismäßig bald gelang, das Feuer zu löschen. Nur der Kohlenvorrat für die Kombüse, der ebenfalls in Brand geraten war, machte einige Schwierigkeiten, doch nach einer halben Stunde und reichlich Wasser schien auch er gelöscht, und der Kapitän stieg wieder an Deck.

Aber Kohle ist heimtückisch, und das Wasser hatte einem Glimmbrand nichts anhaben können. Eine Weile später, es war gegen Morgen, stieg wieder Rauch auf, und als man die Kohle erneut mit Wasser überschüttete, entwickelten sich giftig-gelbe Schwaden, die die Männer aus dem Laderaum vertrieben. »Inzwischen«, schrieb Kapitän Bontekoe später in seinem Bericht, »griff das Feuer weiter um sich, und es war bald niemandem mehr möglich, in jenem Raum auszuhalten, so stark waren Rauch und Gestank. Wir öffneten daher die Luken im Deck und hieben andere mit den Beilen, um von oben Wasser in den Laderaum gießen zu können. Das Großboot schleppten wir schon seit drei Wochen hinter uns her, weil dafür an Deck kein Platz war. Nun wurde auch der kleinere Kutter zu Wasser gelassen, weil er der Eimerkette im Weg stand.«

Die Lage auf der *Nieu Horn* war keineswegs aussichtslos, doch Kapitän Bontekoe kämpfte mit den Problemen, die Schiffsbrände zu allen Zeiten so gefährlich machten: Die Männer, die den Brand löschen sollten, befanden sich selbst auf dem brennenden Objekt, waren also durch den Brandherd, den Qualm und die Enge des Schiffes ständig behindert, und viele Winkel eines Schiffes waren und sind auf See einfach unzugänglich. Als man Schiffe noch aus Holz baute, flammten Tauwerk, Segel, Kalfater und die Fässer und Ballen der Ladung wie Zunder auf, wenn zuvor die Sonne ein paar Tage darauf gebrannt hatte, und auch später, als man die Schiffe aus Eisen baute, war zwar der Rumpf nicht mehr brennbar, dafür gab es jetzt Schwelbrände in den schwer zugänglichen Kohlenbunkern, und auch die junge, ungenügend gesicherte Elektrizität verursachte in der ersten Hälfte unseres Jahrhunderts zumindest zwei große Schiffsbrände, den der *Goerges Philippar* im Roten Meer und den des Ozeanriesen *Atlantique* am Eingang des Ärmelkanals.

»Vieler Männer«, berichtete Kapitän Bontekoe weiter, »hatte sich die Verzweiflung bemächtigt, denn wir waren mitten in der Wasserwüste von Rauch und Flammen eingehüllt, und das Land war so weit weg, daß wir nicht mit Hilfe rechnen konnten. Meine Leute machten sich verstohlen aus dem Staub, und etliche ließen sich an Tauen zum Wasser hinab und schwammen zu den Booten, wo sie sich versteckten, damit ich sie nicht sehen sollte.

Ich war eben damit beschäftigt, die Leute zum Löschen anzu-
treiben, als einige von jenen, die bei mir zurückgeblieben
waren, gelaufen kamen und mir zuschrien: ›Was sollen wir an-
fangen, Kapitän? Die anderen haben das Großboot und den
Kutter bemannt und rudern davon!‹
Ich überzeugte mich davon, daß dies nicht gelogen war, und antwortete: ›Sieht mir ganz so aus, als wollten die nicht wiederkom-
men.‹
Ich befahl, die Segel zu setzen und ihnen nachzufahren, und war
entschlossen, sie in Grund und Boden zu segeln, wenn sie uns
nicht aufnehmen würden. Tatsächlich kamen wir ihnen nahe;
etwa drei Schiffslängen mochten uns noch vom Großboot trennen, da gewannen sie uns den Wind ab und bogen aus.«
Kapitän Bontekoe befahl nun, die 180 (nach anderen Angaben
300) Fässer mit Schießpulver über Bord zu werfen, was bisher
der Eigner der *Nieu Horn,* der unterdessen ebenfalls in eines der
Boote geflüchtet war, verboten hatte. Zudem sollten die Zimmerleute etliche Löcher in Höhe der Wasserlinie in die Bordwand schlagen, um die »Santa Barbara«, das Pulvermagazin, zu
fluten.
Doch nun entzündeten sich die Fässer mit dem Speiseöl, und
»da verloren wir endgültig den Mut. Es schien, als würde das
Feuer um so größer werden, je mehr Wasser wir darüber schütteten; die Flammen schlugen durch das in Brand geratene Öl
immer höher. Meine Leute wurden derart von Angst und
Schrecken übermannt, daß ihnen kalter Schweiß auf der Stirn
stand.«
Augenblicke später detonierte das Pulver und riß die *Nieu Horn*
in tausend Stücke.
»Ich war zu dieser Zeit gerade auf dem Heckkastell, und 63
Mann schöpften in meiner Gegenwart Wasser. Schneller als ich
schauen konnte, waren sie alle fort, ohne daß ich sehen konnte,
wohin sie gekommen wären. Was mich, Willem Bontekoe, betrifft, so hatte ich mich schon in mein Schicksal ergeben; weshalb sollte es mir besser ergehen als meinen Gefährten? Ich hob
die Arme und rief: ›Herr, sei mir gnädig und barmherzig!‹,
fühlte, wie es mich in die Luft hob, und glaubte nicht anders, als
daß mein letztes Stündlein gekommen sei. Aber ich blieb bei Verstand und hoffte im Herzen immer noch, und siehe da, als ich
wieder abwärts segelte, fiel ich, ohne mir einen Schaden zu tun,
ins Wasser. Zur einen Seite hatte ich den Großmast, zur anderen

Explosion und Untergang der ›Nieu Horn‹; darunter die Überlebenden in ihren zwei Booten

trieb der Besanmast in den Wellen. Von meinem schönen Schiff jedoch war nichts mehr zu sehen.«

Von den 119 Männern, die im Augenblick der Explosion noch an Bord waren, überlebten nur der Kapitän und ein Matrose, die von den Booten aufgefischt wurden.

Ohne Vorräte und nautische Instrumente, fast nur nach Gefühl navigierend, erreichten die 72 Geretteten in ihren Booten, deren Segel sie aus ihren Hemden zusammengenäht hatten, nach Tagen eine kleine Insel vor der Küste Javas, wo 16 von ihnen von Eingeborenen ermordet wurden. Die übrigen wurden schließlich, nachdem sie einmal ein Schwarm Möwen, ein anderes Mal ein Schwarm fliegender Fische vor dem Hungertod bewahrt hatte, von einem holländischen Geschwader geborgen.

DIE PILGERVÄTER
MAYFLOWER
GROSSBRITANNIEN 1609–1624

Politische und vor allem religiöse Unduldsamkeit durchzieht wie ein blutigroter Faden die europäische Geschichte. Und selbst der, der gestern noch unter Verfolgung und Verfemung gelitten hatte, war, kaum zu Anerkennung gekommen, nur allzu bereit, nunmehr die Menschen einer anderen Meinung oder Glaubenslehre ebenso brutal zu verfolgen und zu unterdrücken, wie das kurz zuvor noch ihm selber geschehen war – gerade so, als wolle er sich für die erlittene Zurücksetzung auf diese Weise rächen. Weil der Papst dem König Henry VIII. die Scheidung seiner Ehe mit Catharina von Aragon verweigert hatte, sagte sich der König 1534 von Rom los, ernannte sich selber zum Oberhaupt der Kirche in England und erklärte kraft dieser Funktion seine Ehe mit Catharina als geschieden. Obwohl also diese Kirche – sie wurde High-Church genannt – durch einen Protest gegen die höchste Autorität, den Papst in Rom, entstanden war, zeigte sie wenig Toleranz und begann sehr bald, andere protestantische Gruppierungen im Lande zu verfolgen.

Gewöhnlich werden die *Mayflower*-Auswanderer fälschlich als Puritaner bezeichnet, eine Glaubensgruppe, die hoffte, die Staatskirche von innen heraus reformieren zu können, in Wahrheit waren sie zumeist Separatisten, die vollständig mit der High-Church gebrochen hatten und deren – natürlich höchst vereinfachte – Religionsgrundlage darin bestand, in Familie und Staat, nur geleitet durch die Heilslehre der Bibel, christlich zu handeln.

Es würde hier viel zu weit führen, die langen und oftmals recht verwickelten Wege und Schicksale jener kleinen Gemeinde, die daraufhin das Mutterland verließ und schließlich an der amerikanischen Ostküste landete, im einzelnen nachzuzeichnen, und so möge eine kurze Zusammenfassung genügen.

Angefangen hatte alles in dem kleinen Dorf Scrooby in Lincolnshire, wo das Haus des Cambridge-Absolventen und »Vorstehers der Königlichen Post« in Scrooby, William Brewster, zum Sammelpunkt einer kleinen Separatisten-Gemeinde wurde, die freilich schnell wuchs und deren Mitglieder »aus allerlei Städten und Dörfern, einige aus Nottinghamshire, einige aus Lincoln-shire und einige aus Yorkshire, von dort, wo sie am nächsten an-einandergrenzen«, stammten. Als König James I. 1604 die Zügel der Staatsreligion straffer anzog, geriet auch die kleine Scrooby-Gemeinde unter erheblichen Druck, und so floh sie 1607/1608 unter teilweise höchst dramatischen Umständen in das weit tolerantere Holland, wo sie sich zunächst in Amsterdam und seit 1609 in Leiden ansiedelte. Die niederländischen Behör-den bestätigten später, daß »diese englischen Menschen nun zehn Jahre unter uns gelebt haben und niemals irgendeine Be-schwerde oder Anklage gegen einen von ihnen erhoben worden ist«.

So wäre denn alles gut gewesen, hätten sich diese Menschen nicht – allen Verfolgungen und Widerwärtigkeiten zum Trotz – als gute Untertanen der englischen Krone gefühlt. Und so machte sich mehr und mehr der Gedanke breit, eine neue Heimat in jener britischen Kolonie jenseits des Atlantiks zu suchen. Ro-bert Cushman und William Brewster traten daraufhin mit den »Handelsspekulanten«, einer Gruppe Londoner Kaufleute, in Verbindung, die zusagten, zwei Schiffe für die Überfahrt zu chartern.

Am 22. Juli 1620 »verließen sie die schöne und angenehme Stadt, die nahezu zwölf Jahre ihr Ruheplatz gewesen war«, gin-gen an Bord der *Speedwell*, »und mit günstigem Wind gelangten sie in kurzer Zeit nach Southampton«, wo sie das vermutlich 1609 gebaute und bislang als Weintransporter von Bordeaux ein-gesetzte 180-Tonnen-Schiff *Mayflower* unter Kapitän Christo-pher Jones erwartete, und am 15. August gingen die *Mayflower* mit 90 und die *Speedwell* mit 30 Separatisten und Puritanern an Bord unter Segel. Sehr schnell stellte sich jedoch heraus, daß die *Speedwell* arg leckte, man mußte Dartmouth anlaufen, das Schiff entladen und überholen, doch kaum war man erneut in See, leckte die *Speedwell* wieder, so daß man umkehren und, da es nun klar war, daß das kleinere Schiff die Überfahrt niemals schaffen würde, Vorräte und Menschen auf die *Mayflower* umla-den mußte.

Am 6. September 1620 verließ die *Mayflower* mit 73 Männern und 29 Frauen, davon 31 Kinder, zwei Hunden und 34 Mann Be-satzung endgültig Europa, sichtete nach einer reichlich stürmi-schen und schweren Überfahrt am 8. November bei Cape Cod, etwa 200 Seemeilen nördlich ihres eigentlichen Reisezieles,

Land, und man beschloß, nun einmal da, in der Nähe nach einem geeigneten Siedlungsplatz zu suchen.

Doch noch ehe die Pilger, wie sie sich selber nannten, ihren Fuß auf amerikanischen Boden setzten, verfaßten sie ein Dokument, das alle 41 erwachsenen Männer auch im Namen ihrer Familien unterschrieben, den sogenannten »Mayflower-Vertrag«, der später »Amerikas erste Verfassung« genannt wurde: »Im Namen Gottes, Amen. Wir, deren Namen unterzeichnet sind, die treu ergebenen Untertanen unseres gefürchteten Herrschers Lord König James, durch die Gnade Gottes König von Großbritannien, Frankreich und Irland, Verteidiger des Glaubens, haben zur Ehre Gottes, des Fortschrittes des christlichen Glaubens und der Ehre unseres Königs und Landes eine Reise unternommen, um die erste Kolonie in den nördlichen Teilen Virginias zu gründen; vereinbaren zwischen diesen Anwesenden feierlich und gegenseitig in der Gegenwart Gottes und des einen gegenüber dem anderen, uns in einem zivilisierten Staatskörper zusammenzuschließen. Zu unserer besseren Ordnung und Erhaltung, zur Förderung des vorher Erwähnten und daraus gewonnener Kraft wollen wir solche gerechten und gleichen Gesetze, Ordnungen, Handlungen, Errichtungen und Ämter verfügen, verfassen und ersinnen, wie sie zur jeweils gegebenen Zeit für das allgemeine Wohl der Kolonie am zweckmäßigsten und geeignetsten erachtet werden: Diesen versprechen wir alle schuldige Unterwerfung und Gehorsam. Zum Zeugnis dessen haben wir hier unsere Namen unterschrieben zu Cape Cod am 11. November im 18. Jahre der Regierung unseres Herrschers Lord König James über England, Frankreich und Irland und im 54. Jahre seiner Regierung über Schottland. Im Jahre des Herren 1620.«

Am selben Tag erfolgte die erste Landung. Das Schiffs-Journal berichtete: »Haben das Langboot ausgebracht und eine bewaffnete Gruppe von etwa 15 oder 16 in Rüstungen an Land gesetzt, und einige, um Holz zu holen, landeten sie seewärts auf der langen Spitze oder Nehrung. Jene, die an Land gingen, waren gezwungen, einen bis zwei Pfeilschüsse weit bis ans Ufer zu waten. Die Gruppe, die an Land gesetzt worden war, kehrte nachts zurück, ohne einen Menschen oder einen Wohnsitz gesehen zu haben, hatten das Boot mit Wacholderholz beladen.«

Die Suche nach einem geeigneten Siedlungsplatz war langwierig und anstrengend und auch immer wieder von schlechtem Wetter

Die Vorräte werden an Land gebracht

behindert. Kapitän Christopher Jones notierte am 27. November im Schiffs-Journal: »Wind so stark, daß die Schaluppe und das Langboot nach dem Aussetzen an das nahegelegenste Ufer gerudert werden mußte und die Männer genötigt waren, bis über die Knie im Wasser an Land zu waten. Gestürmt und geschneit den ganzen Tag und nachts; verfroren zurückgezogen. Frau White von einem Sohn entbunden, der den Namen Peregrine erhielt. Das zweite Kind, das auf der Reise geboren wurde, das erste in diesem Hafen.« Und am 11. Dezember: »Dann marschierten sie landeinwärts und entdeckten verschiedene Kornfelder und kleine Bäche, unter diesen Umständen eine geeignete Gegend, wenigstens die beste, die sie finden konnten. Die Jahreszeit und ihre gegenwärtige Notlage veranlaßten sie, den Platz froh zu akzeptieren.«

Am 15. Dezember fielen die Anker der *Mayflower* in der Bucht von »Plimoth«, wie die Pilger ihren neuen Heimatort nannten, dem heutigen Plymouth in Massachusetts, und das Ausladen der Vorräte konnte beginnen. Kapitän Christopher Jones hatte zwar wieder und wieder zur Eile gedrängt, um die Rückreise antreten zu können, doch wenn er jetzt so zuschaute, wie die braven Leutchen zunächst ihr Gemeindehaus und dann ihre eigenen Hütten zusammenzimmerten und sich dabei auch noch mit dem gefrorenen Boden und dem schlechten Wetter abplagen mußten, brachte er es einfach nicht übers Herz, abzusegeln und sie im Stich zu lassen. – Den meisten, wenn nicht allen Pilgern hat er damit das Leben gerettet, denn bald schon griff unter den von Nässe und Kälte geschwächten Kolonisten eine Epidemie um sich, der 47 Männer, Frauen und Kinder erlagen, und zu allem Unglück fing am 14. Januar auch noch das Strohdach des Gemeindehauses Feuer, so daß die *Mayflower* die buchstäblich letzte Zuflucht war, wenn auch »einige jener Kranken zu schwach waren, um zum Schutz an Bord zurückzukehren«.

Doch so schlimm der Winter in Plimoth war, Gott der Herr hatte seine ihm blind vertrauenden Schäflein tatsächlich am besten aller denkbaren Plätze ankern lassen, denn anders ist es kaum erklärbar, daß die Pilger, rund 200 Meilen von ihrem eigentlichen Zielort entfernt, ausgerechnet in unmittelbarer Nachbarschaft jenes Dorfes an Land gingen, das auf vielleicht 10000 Quadratmeilen den einzigen englischsprechenden Indianer beherbergte. Squanto, der eines schönen Tages im März 1621 ins Lager spaziert kam, war eine gute Weile zuvor von einem gewissen Kapitän Hurt gefangengenommen und nach England gebracht worden, wo er mehrere Jahre in der Familie Kapitän John Slanys gelebt hatte, ehe man ihn wieder am heimatlichen Strand absetzte. Als »weitgereister und gebildeter« Mann stieg Squanto fast unverzüglich zum vertrautesten Ratgeber des großen Häuptlings Massasoit der Wampanog-Indianer auf, und vor allem ihm war es nun zu verdanken, daß bald schon ein Freundschafts- und Verteidigungspakt zwischen Häuptling Massasoit und den Pilgern geschlossen werden konnte, der endgültig das Überleben der kleinen Kolonie garantierte.

Nun konnte auch die *Mayflower* an die Heimreise denken, und Anfang April notierte Kapitän Christopher Jones im Schiffs-Journal, daß »in den 16 Wochen, die das Schiff hier gelegen hat, die Hälfte seiner Besatzung, aber keiner der Offiziere, gestorben ist, und einige noch geschwächt sind«, und setzte hinzu: »Eine schlimme Reise für die Besitzer, die Spekulanten, das Schiff und die Besatzung.«

Am 4. April 1621 lautete die Eintragung: »Segel losgemacht und alles fertig für die Abreise. Letzte Besuche der Küstenbewohner auf dem Schiff. Segle mit Morgenhochwasser, wenn günstiger Wind. 110 Tage in diesem Hafen.« Und am nächsten Tag dann: »Anker gehievt und mit günstigem Wind bei Flut in Fahrt. Viele an Land, um Lebewohl zu sagen. Flaggen gehißt und Siedler mit Nationalflagge und Geschützen Abschiedssalut gegeben. Hafen ohne Behinderung verlassen und mit gutem Wind auf Kurs Ostsüdost in Richtung England gegangen. Verließ Cape Cod früh am Tag, Land außer Sicht gekommen und Schiff noch vor der Nacht auf rechten Kurs gebracht. Alle Segel gesetzt, Schiff macht beste Fahrt.«

Damit war die Aufgabe der *Mayflower* in der Geschichte der Pilgerväter beendet. 31 Tage danach, am 6. Mai, legte sie wieder in England an.

Drei Jahre später, im Mai 1624, wurde sie noch einmal in einem Dokument des Seeamtes erwähnt: »*Mayflower,* 128 Pfund Sterling, 8 Schillinge, 4 Pence, im Verfall«.

Ein Schiff für einen Kaiser
Wasa

SCHWEDEN 1628

Die Kirchenglocken von Stockholm läuten die Vesper aus, es ist
4 Uhr nachmittags an einem sonnigen, warmen Tag. Die schie-
bende, stoßende Menge drängt sich zum Hafen.

Die *Wasa,* das Flaggschiff des Königs, das größte, prächtigste,
modernste, mit 64 Kanonen am schwersten bestückte Schiff
Schwedens, würde heute seine Jungfernfahrt antreten, zunächst
zur vorgeschobenen Flottenbasis Alvsnabben, um auf die weiteren Befehle Seiner Majestät, König Gustavs II. Adolf, zu warten, der ihrer, so will man wissen, schon ungeduldig harre, um
sie auf dem Kriegsschauplatz in der südlichen Ostsee einzusetzen. Andere vermuteten, daß das Schiff mit dem König an Bord
nach Deutschland, dem Reich, segeln würde, um dort den papi-
stischen, katholischen Feind des rechten Glaubens ein für allemal in die Knie zu zwingen – ein Werk, das Schweden und seinem König höchsten Ruhm vor Gott und den Menschen bringen
würde und dessen glorreicher Abschluß bereits in den zahllosen
goldfunkelnden Skulpturen des Königsschiffes dargelegt und

Stockholm im 17. Jahrhundert

190

vorweggenommen sei, wie die Prediger oft genug erklärt hatten.
Kapitän Severin Hansson und seine Leutnants brüllen Befehle,
die 130 Seeleute hasten über die Decks, entern die Wanten auf,
setzen Fock und Fockmars, Großmars und Besansegel.

Die Leinen werden losgeworfen, und langsam löst sich das
Schiff vom Kai. Die Menge ruft und winkt, an Bord die Frauen
und Kinder der Matrosen, die die Fahrt durch die Schären mitmachen dürfen, antworten.

Unterhalb des Transchuppens kommt die *Wasa* in freies Wasser
und steuert ostwärts. Salut wird geschossen – doppelte schwedische Losung mit zwei Schüssen. Träg zieht der Rauch über das
Wasser. Die Segel beginnen sich mit Wind zu füllen, die blaugel-
ben Fahnen und Wimpel beginnen zu flattern, die Schnitzereien
blitzen golden in der Nachmittagssonne.

Jetzt liegt die *Wasa* nicht länger im Windschatten der Berge, und
ein Windstoß von Süden läßt das Königsschiff schwer nach Backbord krängen.

Langsam – zu langsam – kommt die *Wasa* wieder hoch.

Da trifft sie ein zweiter Windstoß.

Die *Wasa* legt sich noch weiter nach Backbord über, Wasser
schäumt durch die Pforten des Batteriedecks ins Innere, dann
gellt der Schrei: »Rette sich wer kann!« Menschen springen über
Bord, versuchen, verzweifelt um Hilfe rufend, wegzuschwim-
men, um nicht vom Sog in die Tiefe gerissen zu werden.

Spritzend schlägt das hohe, goldglitzernde Achterkastell auf das
Wasser, verharrt für Minuten fast reglos, während die See in das
Innere des Schiffes stürzt, richtet sich für einen Augenblick noch
einmal auf und verschwindet gurgelnd in der Tiefe.

*Anders Franzén,
der die ›Wasa‹
wiederfand*

Man schreibt Sonntag, den 10. August 1628.

»Ein böses Omen«, wird von Mund zu Mund geraunt. »Das
böse Omen«, sagen viele, als man vier Jahre später die nackte,
ausgeplünderte Leiche des Schwedenkönigs unter den Haufen
von Gefallenen der Nebelschlacht von Lützen am 16. November
1632, in der der Traum vom »Protestantischen Reich schwedi-
scher Nation« versunken war, hervorzerrte.

Der Untergang der *Wasa* auf der Jungfernfahrt mitten im Heimathafen war nicht nur im höchsten Maße blamabel und ein
böser militärischer und finanzieller Schlag, es war ein ausgewachsener Skandal. Und so wunderte es niemandem, daß alle,
die auch nur entfernt mit dem Bau und der Ausrüstung des Schiffes wie den Manövern auf seiner allzu kurzen Fahrt zu tun gehabt hatten, verhaftet und alsbald vor Gericht einer hochnot-
peinlichen Untersuchung unterzogen wurden. Der Prozeß vor
der Rådh-Cammaren war Tagesgespräch in Stockholm, und jedermann erwartete, daß es nicht lange dauern würde, bis man
den Schuldigen gefunden und seiner gerechten Strafe zugeführt
hätte. Doch wie oft in Prozessen, in die allzuviel Prominenz verwickelt ist, zogen sich die Untersuchungen in die Länge und endeten schließlich ohne jedes greifbare Ergebnis.

Kapitän Severin Hansson lehnte jede Verantwortung für der Katastrophe ab und erklärte kategorisch: »Das Schiff war so instabil, daß es seine Masten nicht tragen konnte«, und erinnerte an
jene niederschmetternde Stabilitätsprobe, die Vizeadmiral Klas
Fleming bei der Abnahme des Schiffes gemacht hatte. Bei dieser
Probe, die bei jedem neuen Schiff durchgeführt wurde, mußten
30 Mann gleichzeitig abwechselnd von steuerbord nach back-

bord und zurück laufen und so das Schiff entsprechend zum Schwanken bringen. Die *Wasa* hatte schon beim dritten Mal so stark gekrängt, daß Fleming die Probe abbrechen ließ in der Furcht, das Schiff würde sonst sofort kentern. Doch trotz seiner zumindest dubiosen Rolle, die nicht nur jene Stabilitätsprobe, aus der er keinerlei Konsequenzen gezogen hatte, betraf, war der Vizeadmiral prominent genug, um straffrei auszugehen.

Und auch die Werft entledigte sich recht elegant des Schwarzen Peters. Arent Hybertsson de Groote, der holländische Pächter der Stockholmer Marinewerft, der für den Bau der *Wasa* immerhin 40 000 Reichstaler eingesteckt hatte, erklärte sich als Geschäftsmann für den eigentlichen Schiffbau als inkompetent, sein Bruder, Henrik Hybertsson, der die *Wasa* entworfen hatte, war schon im Mai 1627 verstorben, und sein Assistent, Hein Jacobsson, der den Bau größtenteils durchgeführt hatte, berief sich auf die Pläne Meister Hybertssons. Im übrigen habe man ja alle Pläne Seiner Majestät vorgelegt, und: »Der König selbst hat

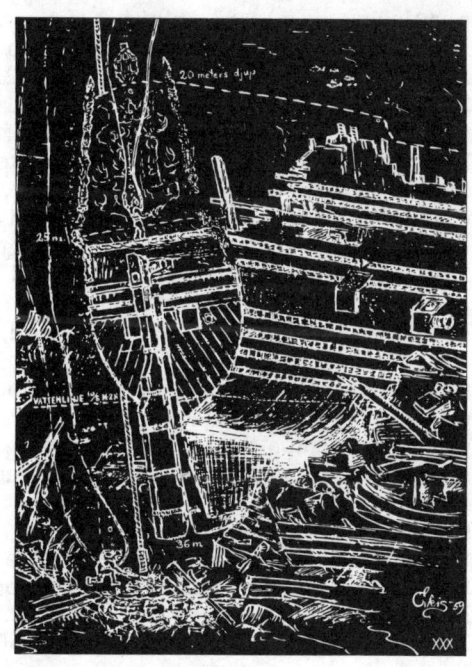

*Die Unter-
wasserarbeiten
am Wrack der ›Wasa‹*

193

die Abmessungen des Schiffes gebilligt!« Da nun aber ein absoluter Herrscher nicht irren konnte – und tat er es doch einmal allzu offensichtlich, nahm man das nicht zur Kenntnis –, schloß man die Akten über der leidigen Geschichte und versuchte sie ganz schnell zu vergessen.

Der größte Feind des Schiffsarchäologen ist der Schiffswurm, Teredo navalis, der oft binnen weniger Jahre jegliches Holz, das im Wasser liegt, total zerfrißt und zerstört. Nun gedeiht der Teredo navalis nur in Gewässern, die einen Salzgehalt von mindestens 0,9 % aufweisen – erheblich mehr als das Brackwasser der Ostsee.

Diese Erkenntnis brachte den Privatforscher Anders Franzén zu dem Schluß, daß die in der Ostsee gesunkenen Schiffe eigentlich großteils noch recht gut erhalten sein müßten, und er erstellte ein Inventar historischer Schiffswracks. Von Professor Nils Ahnlund erhielt er den vielversprechenden Hinweis auf die *Wasa*. Die Nachforschungen in den Archiven ergaben nur wenige konkrete Hinweise, und eine Suche nach dem Wrack mit Tauchern war sinnlos, denn das schmutzige Hafenwasser erlaubt, auch unter Einsatz der stärksten Taucherlampen, nur eine Sicht von 2,5 Metern. Außerdem werden bei der geringsten Bewegung Sand und Schlamm so sehr aufgewirbelt, daß die Sicht fast auf Null fällt – Umstände, die die gesamte Bergung der *Wasa* äußerst schwierig und oft auch höchst gefahrvoll machten. Anders Franzén begann daraufhin geduldig mit Suchankern und einem eigens von ihm entwickelten Suchlot den Grund des Stockholmer Hafens abzutasten, und dann, im August 1956, steckte im Suchlot ein Stückchen alter, schwarzer Eiche. Wenig später konnten Marinetaucher bestätigen, daß an dieser Stelle tatsächlich die *Wasa* lag. Im Frühjahr 1957 wurde ein provisorisches *Wasa*-Komitee ins Leben gerufen, das sich die Bergung zum Ziel setzte. Ermöglicht wurde diese kulturhistorisch gar nicht hoch genug einzuschätzende Tat vor allem durch das großzügige Angebot der Neptun-Bergungsgesellschaft, kostenlos eine Bergungsflotte aus fünf Schiffen zu stellen. Auch die schwedische Marine, unter Leitung von Cheftaucher Per Edvin Fälting, stellte fünf Taucher zur Verfügung.

Es ist so viel über Bergung und Wiederaufbau der *Wasa* geschrieben worden, daß wir uns hier mit Stichworten begnügen können. Mit Hilfe eines Zetterström-Strahlers wurden sechs etwa 20 Meter lange Tunnels unter dem Rumpf des Wracks ausge-

Zwischen den Hebepontons erscheint die ›Wasa‹ am 24. April 1961 wieder über der Wasseroberfläche

schwemmt, durch die man Stahlseile zog und an den beiden Hebepontos *Oden* und *Frigg* befestigte. 1959 wurde dann in fast einmonatiger Arbeit die *Wasa* in 18 Etappen aus 32 Meter Tiefe in das seichtere Wasser vor Kastellholmen bugsiert und der Rumpf abgedichtet.

Hierbei entdeckte man auch den Grund für das Kentern des Schiffes: Obwohl der Rumpf der *Wasa* am Grund des Hafenbeckens auf fast ebenem Kiel gelegen hatte, war der Ballast von 120 Tonnen Feldsteinen im untersten Raum weit nach backbord heraufgerutscht – das konnte nur bei dem Unglück selbst geschehen sein. Bei jenem ersten Windstoß hatte das Gewicht des Ballastes die zu schwachen und schlecht vernagelten Bretter des Orlopdecks aufgebrochen und war nach backbord übergegangen, so daß der tiefste Gewichtsschwerpunkt nun nicht mehr auf dem Kiel, sondern um rund 45 Grad backbord verschoben war, ein Lage, aus der kein Schiff mehr sich aufzurichten imstande gewesen wäre. Es mußte kentern und sinken. Jener zweite Windstoß hatte nur noch das unvermeidliche Schicksal besiegelt.

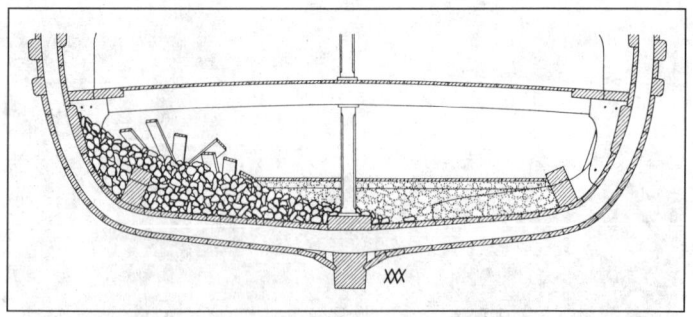

Querschnitt durch den Schiffsboden der ›Wasa‹ mit dem nach backbord verrutschten Feldstein-Ballast

Am 24. April 1961, nach 333 Jahren auf dem Grund des Stockholmer Hafens, durchbrach die *Wasa* zwischen den Hebepontons wieder die Wasseroberfläche. Während man im Gustav-V.-Dock auf Beckholmen mit einer speziellen Stahlwiege die eingesunkenen Bordwände wieder in die richtige Lage brachte und über 5000 Bolzen in die alten Löcher schlug, um den Rumpf wieder zu stabilisieren, suchten Taucher den Seeboden der Unglücksstelle systematisch ab. Schließlich waren 24 000 Fundnummern registriert, davon 14 000 einzelne Bauteile. Im September 1961 konnte die *Wasa* dann, auf einem Ponton stehend und von einem schützenden Aluminiumhaus umgeben, zu ihrem jetzigen Standort auf der Wasawarvet geschleppt werden, wo nun Stück für Stück die Bauteile im »größten Puzzlespiel der Welt« restauriert, konserviert und wieder angebracht werden. Die Bergung und Restaurierung der *Wasa* gehört ohne jeden Zweifel zu den kulturgeschichtlich bedeutendsten Leistungen unseres Jahrhunderts, die uns historisches, schiffbaugeschichtliches, technisches und kunsthistorisches Material in die Hand gegeben hat, das noch für Jahrzehnte Wissenschaftler und Forscher beschäftigen wird.

Zu den historisch interessanten Ergebnissen des *Wasa*-Fundes gehört zweifellos auch der endgültige Beweis, daß Gustav II. Adolf von Schweden keineswegs die Absicht gehabt hatte, nach Deutschland zu kommen, um die deutschen Protestanten zu retten, wie dies in den Geschichtsbüchern üblicherweise zu lesen steht, sondern, wie immer wieder vermutet wurde, um nichts Geringeres als Römisch-Deutscher Kaiser zu werden. Der Beweis findet sich im Skulpturenschmuck seines Flaggschiffes. Das 16. und das 17. Jahrhundert waren das Zeitalter der Allegorie: Vom primitivst karikierenden Flugblatt bis zur Ausstattung eines Königsschlosses hatte jede Figur, jede Blume, ja jeder Schnörkel für den, der diese Sprache zu lesen und zu deuten wußte, einen tieferen Sinn. Daß auf einem so wichtigen, politisch so außerordentlichen, erkorenen Schiff wie der *Wasa* die »Allegoriemanie« voll zum Tragen kam, ist eigentlich selbstverständlich. Von den rund 700 Skulpturen, die einst den Schmuck des Königsschiffes bildeten, gab es nicht eine, die nicht für eine ganz bestimmte, den entsprechend gebildeten Zeitgenossen verständliche Aussage gestanden hätte, und wie auch gar nicht anders zu erwarten, bildete den Mittelpunkt all dieser Aussagen König Gustav Adolf, der sich da als gotterwählter Herrscher, als Gideon und Herkules, als König David, als Löwe von Mitternacht und Kaiser Augustus feiern ließ.

Die Krone aus der Supraporta der »Admiralskajüte« und die kaiserliche Hauskrone – verblüffende Ähnlichkeiten!

Ziel und Zweck des ganzen Allegorien-Programms war es letztlich, den Anspruch des Schwedenkönigs auf die römisch-deutsche Kaiserkrone in historischer, juristischer, mystischer, religiöser oder wie auch immer gearteter Form zu legitimieren. Und wenn es noch eines deutlicheren, auch für die Augen unseres Jahrhunderts unmißverständlichen Zeugnisses der tatsächlichen Ziele Gustav Adolfs in Deutschland bedürfte, so finden wir es an der Supraporta zur sogenannten »Admiralskajüte«: die Kaiserkrone! Diese Skulptur im Schiffsinneren – für die Augen Uneingeweihter noch einigermaßen verborgen –, direkt über dem Eingang zu jenen Räumen, die der König, hätte er je die *Wasa* betreten, bewohnt hätte, beseitigt wohl auch den letzten Zweifel an den hochfliegenden Plänen, für die die *Wasa* das Symbol werden sollte – und für deren Scheitern die *Wasa* tatsächlich ein Zeichen geworden ist.

IL ADMIRALE
FULMEN IN HOSTES
GENUA UND DEUTSCHLAND 1629

Ob ein Schiff dieses Namens wirklich jemals auf den Wellen schwamm ist ungewiß, ja eher unwahrscheinlich, und doch zählt die *Fulmen in Hostes* zu den Wegmarken in der europäischen Schiffsbaukunst.

Der Konstrukteur dieses Schiffes war ein höchst bemerkenswerter Mann: Joseph von Furttenbach.

Seine Familie, eine der ältesten Bayerns, stammt aus dem Schwangau und war seinerzeit in Ulm ansässig. Ihr Sproß Joseph muß schon in sehr jungen Jahren über einen recht beachtlichen Ruf als Zeichner und Kupferstecher verfügt haben, denn er kann noch keine 20 Jahre gewesen sein, als ihn wohl um 1567 die Aufforderung der Stadt Genua erreichte, nach dem Süden zu kommen, um einen Stich von Stadt und Hafen anzufertigen. Zwar ist dieser Stich verloren, doch soviel steht fest, daß Joseph von Furttenbach, kaum in Genua angekommen, wie so viele seiner Landsleute von der Faszination für Meer und Schiffe mit Haut und Haaren gefressen wurde.

Er fand den Eingang in die höchst exklusive Zunft der Schiffsbaumeister, aber auch in die Kreise der Kapitäne, denn 1571, in

der denkwürdigen Schlacht von Lepanto gegen die Türken, war er Befehlshaber der Galeere *Lupa,* opponierte leidenschaftlich gegen die vorsichtige Manövertaktik seines Admirals Gian Andrea Doria und mußte dessen Fehler – oder Feigheit oder beides – wie so viele andere zwar nicht mit dem Leben, aber doch mit einer schweren Verwundung bezahlen. Die folgenden Jahre sahen Joseph von Furttenbach wieder in Genua als Schiffsbaumeister und Erneuerer der genuesischen Galeerenflotte, zu deren Admiral er schließlich ernannt wurde. Zumindest von zwei erfolgreichen Strafexpeditionen gegen algerische und tunesische Barbareskenpiraten in den Jahren 1595 und 1603 weiß man, daß sie unter seinem Kommando gestanden haben. Als der Autor dieses Buches vor vielen Jahren in Sachen historischer Schiffbau nach Genua kam, waren die Türen der einschlägigen Behörden recht verschlossen, bis zur Frage, ob er auch über »Il Admirale Furttenbach« zu schreiben gedenke.

»Furttenbach«. Dieser Name war dem Autor nur zu gut vertraut! »È Lei un discendente di Admirale Furttenbach?« – »Si, di nascita mia madre e una Furttenbach.« Und mit dem Ruf »Piccolo mondo!« öffneten sich die Türen ganz, ganz weit.

Um 1625 kehrte Ahnherr Joseph nach Ulm zurück und veröffentlichte 1629 – er muß damals auf die 80 zugegangen sein – das Buch ›Architectura Navalis‹, in dem er erstmals die bislang so streng gehüteten Geheimnisse der Schiffsbaumeister der Öffentlichkeit zugänglich machte. Heute gilt dieses sein Buch als das wichtigste Werk über den Kriegsschiffbau im Mittelmeer. Seine Memiterrane Protogaleere, die Joseph von Furttenbach in zahlreichen Kupferstichen im Bau und fertig von allen Seiten, mit Berechnungstabellen und Detailzeichnungen, mit Holzdimensionen, Flaggen, Proviant- und Besoldungslisten vorstellte, zeugt von wahrhaft meisterlicher Kenntnis der Materie.

Diese Protogaleere nannte er *Fulmen in Hostes.*

DER GOLDENE TEUFEL
SOVEREIGN OF THE SEAS
GROSSBRITANNIEN 1637–1696

Als Charles I. von England am 26. Juni 1634 die Werft von Woolwich besuchte, war er so begeistert, daß er spontan den Schiffsbaumeister Sir (! dank *Prince Royal*) Phineas Pett rufen ließ, um
ihm den Auftrag zu geben, das größte Schiff zu bauen, das die
Welt je gesehen hat. Das königlich privilegierte und in allen nautischen Dingen sachverständige »Trinity House« erhob zwar entsetzten Protest, aber der Monarch wollte nun einmal seinen Giganten haben, also bekam er ihn auch.
Plan und und Bau der *Sovereign of the Seas* dauerte drei Jahre
unter der Leitung von Phineas Pett und seinem Sohn Peter, der
»das Modell herstellte, noch ehe er 25 Jahre alt war«. Als die *Sovereign* 1637 vom Stapel lief, konnte ihr prunkliebender Auftraggeber voll zufrieden sein: Mit 39,40 m Länge des Kiels, 14,80 m
Breite am Hauptspant, 7,10 m mittlerem Tiefgang, 71,45 m
Länge vom Galion bis zur Heckreling und 23,40 m Höhe vom
Kiel bis zur Spitze der Hecklaterne war sie unangefochten das
größte Schiff der Welt. Diesen Maßen entsprach auch ihre Bewaffnung mit 20 42- und 8 32pfündern in der Batterie, 20 18pfün-

Peter Pett   *König Charles I. von Großbritannien*

201

dern im Mitteldeck, 28 9pfündern im Großdeck, 6 9pfündern auf der Kampanje, 8 9pfündern und 2 18pfündern auf der Back und 2 9pfündern auf der Poop, in summa 104 Geschütze mit einem Breitseitengewicht – d. h. dem Gewicht aller mit einer Breitseite abgefeuerten Geschosse – von 1034 Pfund, also über eine halbe Tonne Eisen, und es ist durchaus glaubhaft, daß die *Sovereign of the Seas* bei ihrem ersten Kriegseinsatz 1652 ein holländisches Kriegsschiff mit einer einzigen Breitseite versenkt hat. Andererseits bekam sie in der gleichen Schlacht durch ihren übergroßen Tiefgang Grundberührung und entging nur mit knapper Not der Zerstörung. Aber auch in anderer Hinsicht war die *Sovereign of the Seas* ein Schiff der Superlative. Sie verfügte über Royalsegel über den Bramsegeln, besaß elf Anker, von denen der größte ein Gewicht von acht Tonnen hatte, und ihre Besatzung zählte 800 Offiziere und Mannschaften. Thomas Heywood begeisterte sich 1637: »Besonders bemerkenswert ist, daß ein Stück Holz, das für den Kiel verwendet wurde, so groß und so schwer war, daß 28 Ochsen und vier Pferde es nur mit allergrößten Schwierigkeiten von der Stelle, wo es gewachsen war, bis zum Bauplatz des Schiffes hatten ziehen können. Das Schiff hatte fünf Laternen, von denen die größte zehn aufrecht stehende Personen fassen konnte, ohne daß sie sich zusammendrängen mußten. Und noch einem anderen Umstand sollte man Aufmerksamkeit schenken: Das Schiff kann über die Tonnage hinaus so viele Tonnen tragen, wie seit der Geburt Christi Jahre vergangen sind, nämlich 1637, nicht eine mehr und nicht eine weniger. Obwohl man dies weder plante noch beabsichtigte, wurde aufgrund genauer Berechnungen festgestellt, daß es so war.«
All diese Superlative wurden irgendwann – freilich oft erst nach fast 200 Jahren – von einem anderen Schiff überboten, nur einer nie: Die *Sovereign of the Seas* war das am reichsten geschmückte Schiff, das je gebaut worden ist. Die Entwürfe zu den zahllosen Skulpturen stammten von keinem Geringeren als Sir Anthony van Dyck, und der königliche Bildhauermeister Gerard Christmas samt Söhnen und Gesellen setzte die Zeichnungen in völlig mit Blattgold bedeckte hölzerne Realität um. Hierzu noch mal Thomas Heywood: »Auf dem Galion sitzt Seine Majestät, König Edgar, auf seinem Pferd und trampelt höchst anmutig auf sieben Königen herum. Dieser Edgar war der erste, der sich wirklich als absoluter Monarch der Insel bezeichnen konnte; er nannte sich selbst – wozu er berechtigt war ›Lord der Vier Meere‹. Am

Die ›Sovereign of the Seas‹, genannt der »Goldene Teufel«

Vordersteven ist Cupido dargestellt oder ein Kind, das ihm ähnelt. Er besteigt einen Löwen und hält ihn im Zaum. Auf der Vorderfront des Vorderkastells sind sechs verschiedene Statuen dargestellt: Sie bedeuten ›Consilium‹ (Beratung), ›Cura‹ (Vorsicht), ›Conamen‹ (Fleiß). Auf der anderen Seite werden dargestellt ›Vis‹ (Stärke), ›Virtus‹ (Tugend) und ›Victoria‹ (Sieg). Mittschiffs sind vier Figuren abgebildet: Jupiter, auf seinem Adler reitend, Mars mit seinem Schwert, Neptun mit Seepferd, Delphin und Dreizack und schließlich Aeolus mit den vier Winden. Ich komme jetzt zum Heck, wo man die Victoria sehen kann. Ihre Schwingen sind ausgebreitet, auf einem Arm trägt sie die Krone, auf dem anderen einen Lorbeerkranz, der Reichtum und Ehre bedeutet.« Auch hier erscheinen wieder Jupiter und Neptun, ferner Jason und Herkules. Neben dem Ruder stand in goldenen Lettern: »*Qui Mare, Qui Fluctus, Ventos, Navesque Gubernat, Sospitet Hanc Arcem, Carole Magne, Tuam*« – »Der dem Meer gebietet, den Flüssen, Winden und Schiffen, das, großer Karl, bist du.«
Die Längsseiten der Bordwände schließlich und die Schotten waren reich geschmückt mit Trophäen, Wappen, den Tierkreiszeichen und allegorischen Darstellungen.
Die Holländer, die sich in zahlreichen Gefechten mit dem gold-

blitzenden Riesen herumschlugen, nannten ihn bald nur noch den »Goldenen Teufel«.

Und in noch etwas wurde die *Sovereign of the Seas* ein Schiff der Superlative: im Preis. Ein 40-Kanonen-Linienschiff kostete damals 6000 Pfund, die *Sovereign* aber alles in allem ganze 65 586 Pfund. Es mag zwar übertrieben sein, wenn behauptet wird, der »Goldene Teufel« habe seinen prunksüchtigen König den Kopf gekostet, aber als dieser am 30. Januar 1649 in Whitehall fiel, hatten die verhaßten Sondersteuern für die Marine, das sogenannte »Schiffsgeld«, wohl schon auch ihren Teil dazu beigetragen.

Die *Sovereign of the Seas* teilte nicht das Schicksal ihres Monarchen, sondern wurde so sehr geschätzt, daß man sie zunächst kaum in den Kampf schickte – andererseits ging sie mit ihren hohen Aufbauten auch so tief, daß die unterste Batterie fast nur bei spiegelglatter See eingesetzt werden konnte. Erst nachdem man 1651 ihre Takelage verringert und die Aufbauten vorn und achtern reduziert hatte, kam sie in den englisch-holländischen Seekriegen immer wieder zum Einsatz, wurde 1660 von Kapitän John Taylor und 1684 von Robert Lee gründlichst überholt, schließlich in *Royal Sovereign* umbenannt und kämpfte 1690 bei Béveziers und 1692 bei Barfleur gegen die Franzosen.

1695 war die *Sovereign* fast 60 Jahre alt, und die Admiralität dachte daran, sie abwracken zu lassen.

Doch das Schiff, das einst der Stolz der Nation gewesen war, wollte nicht sterben – zumindest nicht so! In der Nacht des 27. Januar 1696 vergaß im Hafen von Chatham der Koch eine brennende Kerze in seinem Logis. Die Kerze fiel um, und wenig später stand die *Sovereign of the Seas* von Bug bis Heck in Flammen, die erst erloschen, als der Rumpf bis zur Wasserlinie abgebrannt war und die Reste in der Tiefe versanken.

DIE ANTWORT IM VORAUS
LA COURONNE
FRANKREICH 1636

Als Jean Armand du Plessis, Kardinal und Duc de Richelieu, einer der genialsten Politiker, die Europa je hervorgebracht hat, 1624 von Louis XIII. zum Kanzler berufen wurde, besaß Frankreich kein einziges einsatzfähiges Kriegsschiff, ein Zustand, dem der Kardinal-Kanzler schleunigst dadurch Abhilfe zu schaffen versuchte, daß er einerseits fünf große und zahlreiche kleinere Schiffe auf niederländischen Werften bauen ließ, andererseits im eigenen Land den Schiffbau in Theorie und Praxis mit allen Mitteln ankurbelte.

Als das brillant funktionierende Spionagenetz des Kanzler-Kardinals 1634 die Kiellegung der englischen *Sovereign of the Seas* nach Paris meldete, beschloß man, gleich im voraus eine Antwort auf den englischen Giganten zu geben, und ließ in La Roche-Bernard von dem ausgezeichneten Schiffsbaumeister Charles Morien aus Dieppe die *La Couronne* auf Kiel legen, die

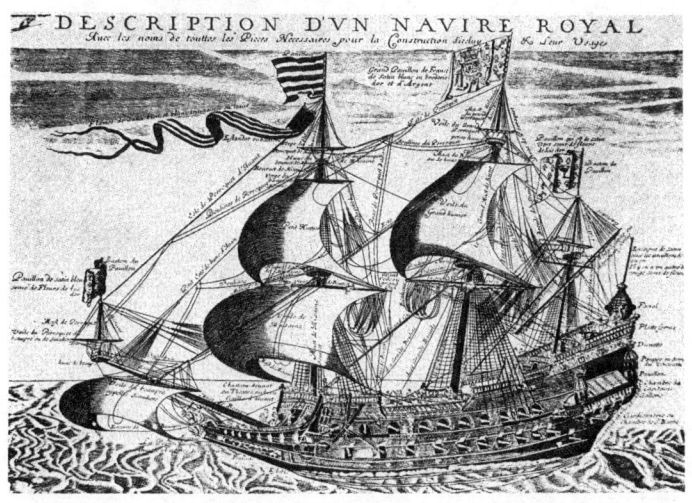

Die französische ›La Couronne‹

tatsächlich 1636, noch ein Jahr vor der *Sovereign,* in Dienst gestellt werden konnte.

Anders als jenseits des Kanals dachte man freilich nicht daran, einen schwerfälligen Giganten zu bauen, sondern ein Schiff mit optimalen Segeleigenschaften – später wurde berichtet, daß sich die *La Couronne* »manövrieren ließ wie ein kleines Boot« – und einer Bewaffnung, die auch noch bei schwerstem Wetter voll einsatzfähig blieb. Dank der äußerst detaillierten Beschreibung des Jesuitenpaters Georges Fourier und eines Stichs von Cornelis Verbeeck können wir uns ein recht genaues Bild von dem Schiff machen: Es maß 54,00 m zwischen den Loten und 70,00 m über alles, war 14,95 m breit und ging etwa 5,00 m tief. Die Bewaffnung bestand aus 14 36pfündern, 2 24pfündern, 26 18pfündern, 3 8pfündern und 3 4pfündern; sie verfügte über sieben Anker und 1500 m^2 Segelfläche.

Über das individuelle Schicksal der *La Couronne* ist wenig bekannt, doch diente sie zahlreichen französischen Schiffsbauten als leuchtendes Vorbild.

WAHRTRAUM VOM UNTERGANG
PRINS WILLIM
NIEDERLANDE 1649–1662

Eines der schönsten – und heute bestrestaurierten – Modell-
schiffe der Mitte des 17. Jahrhunderts steht im Rijksmuseum in
Amsterdam.
Es ist der Ostindienfahrer *Prins Willim,* einst das größte, beste
und am schwersten bewaffnete Schiff der 1602 gegründeten
V. O. C., der niederländischen Ostindien-Kompanie.
1649 wurde die *Prins Willim* unter der Leitung des Schiffszimmermanns Cornelis Speldernieuw für die Kammer Seeland der
V. O. C. auf Kiel gelegt, lief am 1. Januar 1650 vom Stapel und

Der Heckspiegel der ›Prins Willim‹

trat am 5. Mai 1651 ihre erste Reise nach Indien an, genauer gesagt nach Niederländisch-Indien. das Java, Sumatra, Borneo, Celebes, die Molukken und Teile Neu-Guineas umfaßte.
Ein gutes Jahr später, am 28. Juni 1652, fielen ihre Anker wieder auf der Reede von Wielingen in Holland. Da mittlerweile der erste englisch-holländische Seekrieg ausgebrochen war, charterten die Generalstaaten die *Prins Willim* für drei Monate und ließen sie zunächst zum Kriegsschiff umbauen, wobei die 25 schweren (18- bis 24pfünder), 6 mittleren (18- bis 9pfünder) und zwei leichten Geschütze auf eine Gesamtzahl von 40 Kanonen erweitert wurden. Im Oktober 1652 nahm die *Prins Willim* an der Schlacht bei Duins teil und wurde von Admiral Witte de Witt zeitweilig sogar als Flaggschiff benützt. Nach der Heimkehr und etlichen Reparaturen kehrte sie in den Zivildienst zurück, wobei man ihr allerdings die schwerere Bewaffnung beließ.
Fünfmal segelte das Schiff von Wielingen nach Niederländisch-Indien, beladen mit europäischer Technologie wie Ferngläsern, Kompassen und Gewehren und europäischem Plunder wie Glasperlen und Spiegeln, jeweils mit rund 180 Seeleuten und 150 Soldaten bemannt, dazu als Passagiere Kolonialbeamte mit ihren Familien – nach den Schiffslisten durchschnittlich 20 Frauen und Kinder, von denen eines auf der Fahrt von 1661 an Bord geboren wurde –, aber 1656 auch 25 gefangene Portugiesen und sechs Kettensträflinge. Auf der Rückreise stapelten sich in den Laderäumen wertvolles Porzellan, Tee, Seide und vor allem Gewürze, nach denen in Europa eine geradezu unglaubliche Nachfrage bestand.
So hätte sich das Schicksal der *Prins Willim* nicht wesentlich von dem Hunderter anderer Retourschiffe – so genannt, weil sie für mehr als eine Fahrt konzipiert und gebaut waren – unter gleicher Flagge unterschieden, nicht einmal ihr Verlust am 10. oder 11. Februar 1662 im Indischen Ozean, wenn ihr Untergang nicht von einem merkwürdigen Erlebnis begleitet worden wäre.
Mijnheer Arnold de Vlaming war Mitglied des Rates von Indien und Gouverneur von Ambon. Im November 1661 reichte de Vlamingen beim Generalgouverneur Mijnheer Jaen Maetsuyker das Gesuch um seinen Rücktritt samt der Bitte, nach Holland zurückkehren zu dürfen, ein. Maetsuyker hätte den tüchtigen Beamten gerne noch ein paar Jahre länger in Niederländisch-Indien gehalten, doch als alle Bitten nichts fruchteten, gab er nach und ernannte ihn zum Kommandanten der Retour-

Das Galion vom Originalmodell der ›Prins Willim‹

flotte, die mit der *Prins Willim* als Flaggschiff am 23. Dezember 1661 von Batavia in Richtung Heimat auslief.

Knapp zwei Monate später notierte ein gewisser Valentijn, seinerzeit Geheimschreiber des Generalgouverneurs Jaen Maetsuyker:

»Am 11. Februar träumte dieser Herr (Jean Maetsuyker), daß er den Herrn Arnold de Vlaming van Oudshorn, ordentlicher Rat von Indien, Seevogt über die Flotte, die am 23. Dezember von Batavia nach dem Vaterland ausgelaufen war, in schwerer Not sah und er ihn etliche Male um Hilfe rufen hörte. Seine Hochwohlgeboren wurde hierdurch so erschreckt, daß er aufschreckend erwachte. Er legte sich jedoch wieder schlafen, geriet aber wieder in einen derartigen Traum über denselben Herrn und sah ihn dann in seinem Traum sehr klar mit seinem Schiff untergehen, wodurch seine Hochwohlgeboren, noch mehr als vorher erschreckt, wieder erwachte. Seine Hochwohlgeboren blieb dann wach, zeichnete den Tag, den Monat und das Jahr auf, an welchem er den Traum hatte, versiegelte dies und setzte tags darauf die anderen Herren Mitglieder der Hohen Regierung davon in

Das hervorragende Originalmodell der ›Prins Willim‹

Kenntnis sowie den Geheimschreiber ihrer Hochwohlgeboren,
an welchen er diesen versiegelten Brief übergab, mit dem Auf-
trag, diesen wohl zu bewahren, bis daß man vom Kap der Guten
Hoffnung Nachricht von dieser Flotte haben würde.«
Einige Wochen später fügte Valentijn diesem Bericht folgende
Bemerkung bei:
»Man erhielt inoffiziell von der Insel Mauritius und von dem
Kap Bericht, daß der Herr (Arnold de Vlaming) an demselben
Tag desselben Monats mit seinem Schiff und noch einigen ande-
ren mit Mann und Maus versunken war.«

EIN GLÜCKLOSER NAME
ROYAL JAMES

GROSSBRITANNIEN 1658−1667, 1671−1672, 1675−1721

Als letztes der »Great Ships« der Commonwealth-Epoche lief im Todesjahr des Lord-Protektors ein auf 82 (nach anderen Angaben 88) Geschütze gebohrter Dreidecker vom Stapel, den Christopher Pett in Woolwich erbaut hatte.

Er wurde nach dem Sohn Oliver Cromwells auf den Namen *Richard* getauft.

Kein sonderlich glückliches Omen, denn der nach dem Tod seines Vaters als Lord-Protektor amtierende Richard Cromwell konnte sich mit Mühe knapp zwei Jahre behaupten, ehe er zur Abdankung gezwungen wurde.

Auch die *Richard* gehörte zu dem Geschwader, das 1660 den Stuart-König Charles II. nach England zurückholte, und wie die anderen mit republikanischen Namen belasteten Schiffe wurde auch sie unverzüglich umgetauft und nach dem Bruder des Königs in *Royal James* benannt.

Auch diese Namengebung sollte sich als nicht sonderlich glückliches Omen erweisen. Prinz James, damals gerade 27 Jahre alt, entwickelte sich zwar alsbald zu einem hervorragenden Seemann und Förderer der Marine, siegte in den Schlachten von

Michiel Adrianzoon de Ruyter

Prinz Rupprecht von der Pfalz, genannt Prince Rupert

Lowestoft 1665 und in der Solebai 1672 und führte seinen Titel als Großadmiral der britischen Flotte voll und ganz zu Recht, aber als König James II. verschwand er 1688 in der »Glorious Revolution« ebenso kampf- und ruhmlos wie einst Richard Cromwell.

1666 war die *Royal James* Flaggschiff des Prinzen Rupprecht von der Pfalz, von den Engländern Prince Rupert genannt, einem Deutschen aus dem Hause Wittelsbach, durch seine Mutter, eine Stuart, ein direkter Verwandter des Königs und der zweite Großadmiral der Vereinigten Königreiche. Prince Rupert war nicht nur einer der hervorragendsten Admiräle, die England je besessen hat, sondern ebenso ein unverbesserlicher Draufgänger und Haudegen und der Gott seiner Männer.

Als man ihn kurz vor der Vier-Tage-Seeschlacht mit dem Blauen Geschwader in den Kanal abkommandierte, um die eventuell dort auftauchende französische Flotte abzufangen – was ihm mit seinen 24 Schiffen ohnehin nie hätte gelingen können –, hatte er über diese Zersplitterung der Kräfte getobt und den Befehl immerhin so weitherzig ausgelegt, daß er rechtzeitig umkehren und am Abend des 3. Schlachttages zu den Geschwadern unter dem Duke of Albmarle stoßen und wenn auch nicht die *Royal Prince*, so doch wenigstens die *Royal George* retten konnte.

Der vierte Tag dieser mörderischen Schlacht trug ganz die Handschrift des verwegenen Prinzen. Nicht in Kiellinie, Schiff hinter Schiff, mit der Wirkung geschlossener Breitseiten wollte er die Entscheidung erzwingen, sondern im Durchbruch durch die feindliche Linie und im Einzelkampf Schiff gegen Schiff. Fast eineinhalb Jahrhunderte später griff Englands populärster Seeheld, Lord Horatio Nelson, dieses taktische Konzept wieder auf und gewann damit – die Schlacht von Trafalgar!

Daß Prinz Rupprecht von der Pfalz an jenem 14. Juni 1666 der volle Erfolg seiner Taktik versagt blieb, lag hauptsächlich daran, daß das Gros der englischen Schiffe allzu abgekämpft und beschädigt war, um mehr als ein Remis zu erzwingen.

Die *Royal James* selbst schied in dieser Schlacht nur allzu früh aus dem Kampfgeschehen aus, und ohne ihren verwegenen Befehlshaber wäre sie wohl in die Hand der Holländer gefallen.

»Die *Oliphant* lief auf Gegenkurs in knappster Entfernung an uns vorbei und überschüttete unsere Decks mit einem Hagel von Geschossen aller Art. Obwohl Kapitänleutnant Hillwood tödlich getroffen neben Seiner Hoheit zusammenbrach und ein

Die ›Royal James‹ (II) geht am 7. Juni 1672 in der Schlacht in der Solebai durch einen Branderangriff verloren

Signaloffizier mit zerschmettertem Bein auf die Planken stürzte, schritt der Prinz vollkommen ruhig auf die Reling des Schiffes zu und ließ sich von seinem Adjutanten ein langes, silberbeschlagenes Pistol reichen, gerade so, als wolle er den niederländischen Kommandanten zum persönlichen Zweikampf herausfordern. Selbst als zwei Musketenkugeln seinen Hut durchschlugen, zuckte Seine Hoheit nicht mit den Wimpern. In diesem Augenblick traf eine Vollkugel des Holländers den Besanmast, der, nach steuerbord herunterbrechend, die Großstenge mit sich riß, die Großrah zerbrach und den Prinzen unter Segeln und Tauwerk begrub. Doch ehe wir uns zu der Stelle durcharbeiten konnten, wo Seine Hoheit verschwunden war, tauchte diese

213

schon aus dem Wust auf, sich mit kräftigen Degenhieben Raum schaffend, und rief den erschreckten Männern zu: ›Lebend bekommen uns die Holländer nicht!‹, was uns eine so große Erleichterung der Seele verschaffte und uns so viel neuen Mut einflößte, daß wir tatsächlich alle Angriffe abweisen und fünf Tage später den Heimathafen erreichen konnten.«

Ihr Schicksal ereilte die *Royal James* beim berüchtigten »Raid on the Medway«: Sie ging in Flammen auf.

Die zweite *Royal James* lief im Frühjahr 1671 vom Stapel. Erbaut war sie von dem berühmten Konstrukteur Sir Anthony Deane und auf mindestens 90 Kanonen gebohrt.

Verloren ging sie kaum ein Jahr später, am 7. Juni 1672, in der Schlacht in der Solebai. Ein Schiff der nunmehr verbündeten französischen Flotte, die *Eole,* hatte die vor Anker liegenden Flotten eben noch rechtzeitig vor dem mit günstigem Wind heranbrausenden de Ruyter warnen können, so daß man mit knapper Not Zeit fand, die Ankertaue zu kappen und in fliegender Eile die Kanonen auszurennen. Zwei Brandern, mit Pulver und leicht brennbarem Material gefüllten alten Schiffen, konnte die *Royal James* standhalten, der dritte Brander unter dem Kommando von Jan Danielsz van de Rijn hatte mehr Glück: Die *Royal James* ging in Flammen auf, und Edward Montagu, Earl of Sandwich, der einst die Flotte befehligt hatte, die Charles II. nach England zurückgeholt hatte, war das prominenteste Opfer dieser Katastrophe.

Das dritte Schiff gleichen Namens lief 1675 vom Stapel und war ebenfalls von Sir Anthony Deane erbaut. Es trug über 100 Kanonen, und auch dieses Schiff wurde ein Raub der Flammen. Nach der »Glorious Revolution« wurde es 1691 zunächst in *Victory* umbenannt, kämpfte 1692 bei Barfleur, wurde 1695 umgebaut, 1714 in *Royal George* umbenannt, 1715 in *Victory* zurückbenannt und brannte 1721 durch einen Unfall im Hafen ab.

Was von ihrem Holz gerettet werden konnte, verwendete man für den Bau der 1739 vom Stapel gelaufenen sogenannten »Balchen's«-*Victory,* genannt nach Admiral Sir John Balchen, dem prominentesten Toten, als das Schiff 1744 mit der gesamten Besatzung von über 1000 Mann verlorenging.

DIE KRIEGSGEWINNLER
BREDA
NIEDERLANDE 1666

Als König Louis XII. von Frankreich seinen Marschall Gian Ja-
copo Trivulzio fragte, was er für einen geplanten Feldzug benötige, antwortete dieser: »Sire, zum Kriegführen braucht man
nur drei Dinge: Geld, Geld – und nochmals Geld!«
Um seinen Mitmenschen umzubringen, war dem Menschen von
jeher das Beste gerade gut genug, und dieses Beste kostet nun
einmal viel, viel Geld, das in die Taschen jener fließt, die dieses
Beste herzustellen und zu verkaufen in der Lage sind, in die Taschen der Kriegsgewinnler also – der Rüstungsindustrie, wie
sich die Herren lieber genannt hören.
Nun leben diese Herren in einem ständigen inneren Konflikt,

*Die Vier-Tage-Schlacht 1666, im Vordergrund der Untergang der ›Breda‹
durch die Explosion ihrer eigenen Geschütze*

denn einerseits wird von ihnen eben dieses Beste verlangt, andererseits ist es keineswegs in ihrem Interesse, dieses auch zu liefern, denn je schneller sich das Gelieferte verschleißt, desto schneller muß nachbestellt werden und desto mehr Geld fließt wieder in die eigenen Taschen.

Ein eklatantes Beispiel dieser Art ist aus dem Jahr 1666 überliefert: Da hatte ein gewisser Hans Hansen aus Hamburg 24 alte, noch aus dem Dreißigjährigen Krieg stammende Kanonenrohre als Schrott aufgekauft, sie nach Stockholm verfrachtet, wo ein gewisser Eric Kvarning nur wenige Millimeter starke, neue Bronzemäntel um die alten Rohre goß und fein polierte, so daß sie nun funkelnagelneu aussahen. Um ein Drittel des regulären Kaufpreises wurden die Rohre alsdann an den Amsterdamer Kaufherren Ardiaen Ploos van Borgerhout verschoben, der sie auf seinem Schiff *Breda* installierte, das die Generalstaten soeben als Kriegsschiff gechartert hatten.

Und dann, am 13. Juni 1666, dem dritten Tag der Vier-Tage-Schlacht zwischen Holländern und Engländern, geschah das, was geschehen mußte, als die *Breda* erstmals in der Schlacht das Feuer eröffnete: Mit scheußlichem Krachen explodierten 17 der alten, nur mit neuen Bronzemänteln umgossenen Kanonenrohre, zerfetzten Lafetten und Bordwände, töteten und verwundeten über die Hälfte der Mannschaft, zerschmetterten Groß- und Fockmast und setzten das Vorschiff in Brand. Zwar gelang es der Mannschaft, das Feuer zu löschen, doch dann begann das Schiff wegzusacken. Von den 217 Mann der Besatzung konnten 36 durch ein Beiboot der *Gouda* gerettet werden, neun wurden später, auf Balken und Trümmern treibend, aufgefischt, alle anderen ertranken, als die *Breda,* ohne einen einzigen feindlichen Treffer erhalten zu haben, versank, während van Borgerhout von den Generalstaaten eine beachtliche Entschädigung für den Verlust seines Schiffes einstrich.

Sie meinen, dergleichen konnte doch nur früher passieren? Und wie war das dann – nur zum Beispiel – mit einem Düsenjäger namens »Starfighter« …

HAMBURGER KONVOI
LEOPOLDUS PRIMUS UND WAPPEN VON HAMBURG
DEUTSCHLAND 1667−1705 UND 1668−1683

Der Verlust von acht beladenen hamburgischen Kauffahrern am 22. Juni 1662 vor Lissabon durch zwei algerische Piraten gab Rat und Bürgerschaft von Hamburg den Anstoß, zwei schwerbewaffnete Kriegsschiffe bauen und in Dienst stellen zu lassen, die fortan den Konvois der Kauffahrer Geleitschutz geben sollten. Die Beratungen und Verhandlungen der Stadtväter zogen sich freilich fast fünf Jahre hin, und erst im Frühling 1667 wurde das erste Konvoischiff, die *Leopoldus Primus* oder *Leopold I.,* genannt nach Kaiser Leopold I. (1640−1707), auf Kiel gelegt, war im Herbst »bielfertig«, d. h. in seinem Holzwerk erstellt, und wurde vom Stapel gelassen. Im Februar 1668 begann die Ausrüstung, im April war das Schiff einsatzfertig und ging im November unter Kapitän M. Dreyer auf seine erste Fahrt.

Die erhalten gebliebene Heckfigur der ›Leopoldus Primus‹

217

Das zweite Konvoischiff, die *Wappen von Hamburg,* wurde 1668 bielfertig und 1669 in Dienst gestellt, was entgegen bisherigen Annahmen doch eher vermuten läßt, daß die beiden Schiffe nicht gleichzeitig, sondern nacheinander gebaut worden sind. Ihre genauen Maße sind unbekannt, jedoch hat sich vom 12. Oktober 1685 der »Zarter von dem Bauw eines Convoye-Schiffes, lanck über Steven 140 Fuß, weit binnen seine haut 36 Fuß« der *Wappen von Hamburg* (II) erhalten, wonach sich eine Länge zwischen den Loten von 39,98 m und eine Breite auf Spant von 10,28 m errechnen läßt. Es steht zu vermuten, daß diese Maße allenfalls geringfügig von jenen der *Leopoldus Primus* und der *Wappen von Hamburg* (I) abwichen. Bewaffnet waren die beiden Schiffe jeweils mit 24 18pfündern in der Batterie, 18 8pfündern auf dem Großdeck, 4 6pfündern auf dem Kampaniedeck, 4 4pfündern auf der Back und 2 4pfündern auf der Hütte, insgesamt also 52 Kanonen, wobei freilich gesagt werden muß, daß entsprechend dem vorgesehenen Einsatz diese Zahlen doch ganz beträchtlichen Schwankungen unterworfen sein konnten, ebenso wie die Zahl der Mannschaft, die durchschnittlich aus 170 Seeleuten und 50 Soldaten nebst Offizieren und Zivilisten – Zahlmeister, Koch, Barbier, Zimmermann und Bordgeistlichem etwa – bestand.

Allen anfänglichen Bedenken zum Trotz rechtfertigten die beiden Konvoischiffe, die im Volksmund entsprechend dem zuerst abgelaufenen oft *Kayser* und *Kayserin* genannt wurden, auf ihren jährlichen Fahrten nach Malaga, Cádiz, Lissabon, aber auch Spitzbergen, Archangelsk und Grönland sehr bald ihre Baukosten: 1673 im Spätherbst bestand die *Leopoldus Primus,* die einen aus Portugal kommenden Konvoi begleitete, in der Nähe der Doggerbank ein Gefecht mit französischen Korsaren, und ein Jahr später jagten die beiden Konvoischiffe bei Kap St. Vincent unter dem Oberbefehl von Admiral Berent Karpfanger drei türkische Piraten in die Flucht. Am 11. September 1678 erfocht die *Leopoldus Primus* unter Admiral Karpfanger in einem zwölfstündigen Kampf den Sieg gegen fünf französische Korsaren, von denen sie zwei versenkte, als sie eine hamburgische Walfangflotte aus dem Eismeer heimgeleitete. 1681 war wiederum die *Leopoldus Primus* unter Admiral Karpfanger an der Rettung einer spanischen Silberflotte vor einem türkischen Geschwader maßgeblich beteiligt, und im August 1686 war es nicht zuletzt dem Einsatz der *Leopoldus Primus* zu verdanken, daß

Die ›Leopoldus Primus‹ und die ›Wappen von Hamburg‹

der Angriff König Christians V. von Dänemark auf die Selbständigkeit Hamburgs zurückgeschlagen werden konnte. Völlig un-
terschiedlich war das Ende der beiden Konvoischiffe: Die *Leopoldus Primus* wurde 1702 seeuntüchtig und mußte Falmouth in
Cornwall als Nothafen anlaufen, wo man feststellte, daß sich
eine Reparatur eigentlich nicht mehr lohnte. Trotzdem wurde
sie nach Hamburg gebracht, unter hohen Kosten instandgesetzt, doch nach einer letzten Grönlandfahrt als Geleitschiff
einer Walfangflotte mußte sie, vermutlich 1705, in Hamburg abgewrackt werden.
Weit dramatischer war der Exitus der *Wappen von Hamburg*,
auf der am 10. Oktober 1683, als sie auf der Reede von Cádiz
lag, ein Feuer ausbrach, das trotz stundenlanger Löscharbeiten
nicht unter Kontrolle zu bringen war und, als das Pulvermagazin
schließlich explodierte, Admiral Karpfanger, 42 Seeleuten und
22 Soldaten das Leben kostete. Die Leiche Berent Karpfangers
wurde am 15. Oktober mit allen militärischen Ehren und unter
dem Salut der im Hafen liegenden Schiffe auf dem evangeli-
schen Fremdenfriedhof bei Puntales beigesetzt.
Einen höchst anschaulichen Bericht dieses Unglücks bietet der
Brief des Bootsmannes Rudolf Mencke an seine Großmutter:
»Emanuel. Mit Wünschung alles Liebes und Gutes jeder Zeit
zuvor. Hertzvielgeliebte Großmutter, wenn es euch noch woll er-

gienge, daß were mir lieb zu vernehmen, für meine Persohn dancke ich dem lieben Gott, der mir noch vom Feuer und Wassers noht errettet und beim Leben erhalten hat, unsere Mitbrüder aber einen sanften und sehligen Todt verliehen hat. Herztvielgeliebte Großmutter, ich bitte euch umb Tausendt Gottes willen, erschrecket nicht, es ist zwar eine traurige Bottschaft, Gott wird uns aber auff eine andere Weise wieder erfreuen. Hertzliebe Großmutter, wier seind alhier gelegen tot den 10. October und lagen auff Vertreck nach Mallaga, aber Gott gedachte anders. Desselbigen Tages umb 7½ Uhr, wir hatten unser gewöhnliches Abend-Gebeth gethan, und der H. Capitain (Karpfanger) saß über die Taffel mit seinem lieben Sohn und Bruder Sohn, da kam ein großes Geschrey: Feuer in die Helle, Feuer in die Helle. Ein Jeglicher erschrack sehr, lieffen aber eiligst zu, und wie wir hinkamen, da schlogen die Flammen auß der Helle, und dardichte bey war eine Cruyt-Kammer (Pulverkammer). Jeder Mann wolte nicht zum Feuer, ich aber und deß Constapel sein Tochterman, wir nahmen Jeder eine Ochsenhaut und lieffen inß Cappa-Gaht (Kabelgat) und kamen in die Cruyt-Kammer und schlogen die Ochsen-Häute und die Kruttfajes (Pulverfässer), da konte dar kein Feuer außhelfen; aber wie wir wieder herauß wolten, da konten wir daß Gath (Luke) nicht finden vor Rauch und Dampff und hetten schier darin ersticken mögen, wenn uns Gott nicht wunderbahrlich hette herauß geholfen, daß wir seinem hochheyligen Nahmen schuldig sein zu dancken und zu preisen, so lange unß Gott das Leben erhält. Da wir wieder herauß kamen, da hätten wir besser Muht von wegen das Cruyt und lieffen eiligst zu mit Wasser und gossen über die drey Stunden lang, bis wir keine Kans (Chance) mehr sahen, weill es immer größer und größer wurdt, und das Volck lieff alle bey mir weg auff Carsten nach, der Große, da langte Carsten mir nach 15 Ammers voll Wasser her, da ging auch er weg. Ich stand noch so lange bis ich das Wasser hette vergossen, da ging auch ich weg, und wie ich bey die große Mast kam, da war das Feuer überall, da lieff ich, daß ich nach boven kam, da waren die Booten und Schlupan schon weg, da lieff ich in die Cajüt, da stand der Herr Captain und rieff: ›Man, Manne, borgt my‹, da lieff ich wieder weg und sprang auff die Seite, die Flammen schlogen mir übern Kopff undt es wehete ein starcker Oestwind, ich aber befahl es in dem Schutz des Allerhöchsten und befahl meine Seele in seine Hände und sprang über Borth und der liebe Gott erhielt mich mit Schwemmen eine Stunde lang, biß ich an einen Franßmann kamm, da sprang unser Schiff in Lucht, und blieben im Wasser undt Feuer 65 Seelen, Gott erfreue sie und verleihe ihnen am jüngsten Tage eine frohliche Aufferstehung ihres Leibes, undt uns allen eine selige Nachfahrt; worvon der H. Capitain einer ist, Gott erfreu seine Seele, undt der Commandeur von der Soldatesca undt der Schreiber undt der Schimmann undt Jochim in der Cajut und Jacob, das sind die so ich kenne. Der H. Capitain wurde aber des Morgens gefunden undt des dritten Tages hernach ehrlich begraben. Ich aber undt die beyden Carstens, wir sind in Dreyers Hause, essen und trincken und schlaffen hierauf. Ich undt die beiden Stüerlieden und Carsten Bockholt, wir gedencken negst Gott den 20. mit einem Engelschmann mit 32 Stücken nach London und von London über Landt nach Hamburg; wir kriegen von hier einen Paß nach Haus, daß uns ein Jeder Guts thun soll, Gott will uns geleiden, daß wir mögen bey die lieben Unsrigen kommen. Ich bitte nachmahlen, liebe Großmutter, trauere nicht. Ich verhoffe in kurtzen wieder bey euch zu sein. Ich wünsche euch aber einen Guten Tag, undt seydt alle von mir gegrüßet und in den gnädigen Schutzarm Jesu Christi empfohlen.

Verbleibe E.(eur) G.(etreuer) S.(ohn) Rudolf Mencek Cadix, Anno 1683 den 22. Octobris.«

DAS »ADMIRALTY-MODEL«
PRINCE
GROSSBRITANNIEN 1670–1813

Das schönste und perfekteste »Admiralty-Model« eines Schiffes der zweiten Hälfte des 17. Jahrhunderts überhaupt steht heute im Science Museum in London. Die *Prince*.

1670 war sie von Sir Phineas Pett, einem Großneffen jenes Phineas Pett, der die *Prince Royal* gebaut hatte, in Chatham auf Kiel gelegt und vom Stapel gelassen worden. Sie wurde gerade rechtzeitig fertiggestellt, um bei Ausbruch des dritten englisch-holländischen Seekrieges 1670 als 100-Kanonen-Schiff 1. Ranges zum Flottenflaggschiff von Großadmiral James, Duke of York, dem späteren König James II., ernannt zu werden. Doch hatte sie, wie so manches englische Schiff, einen bösen Fehler: Sie ging so tief, daß ihre unterste Stückpfortenreihe eigentlich nur bei spiegelglatter See geöffnet werden durfte. Ihr Kapitän, Sir John Narbrough, schrieb dazu: »Sie wäre das hervorragend-

Das herrliche »Admiralty-Model« der ›Prince‹

ste Schiff der Welt, wäre sie nur ein bißchen breiter und stünden ihre Geschütze nur ein wenig höher, so würde sie nicht nur besser und schneller segeln, sondern auch weniger nach Feuerlee überrollen.« Doch sie nun, ehe sie wenigstens einmal im Feuer gestanden hatte, wieder in die Werft zu schicken, war undenkbar, und so befahl der Duke of York, ihre Takelage so weit zu reduzieren, daß sie wenigstens einigermaßen seetüchtig war.

In der Schlacht von Texel am 11. August 1673, in der der große

Michiel de Ruyter der englischen und der mit ihr verbündeten französischen Flotte höchst übel mitspielte, wies die *Prince* in einem wütenden Kampf gegen mehrere Niederländer, darunter der *Goulden Leeuw,* das Flaggschiff Vizeadmiral Cornelis Tromps, alle Angriffe mit Bravour zurück.

1691/1692 wurde die *Prince* weitgehend umgebaut und in *Royal William* umbenannt, schlug sich unter diesem neuen Namen bei Barfleur mit den Franzosen und überlebte, wieder und wieder »neuerbaut«, das ganze 18. Jahrhundert, ehe »Old Billy« 1813 schließlich doch abgewrackt wurde.

UNTER DEM ROTEN ADLER
FRIEDRICH WILHELM ZU PFERDE
KURBRANDENBURG 1681–1693

Als 1648 zu Osnabrück der »Westphälische Frieden« einen
Schlußpunkt setzte unter die Schrecken des Dreißigjährigen
Krieges – der längst schon nicht mehr um eines Zieles, sondern
nur noch um seiner selbst willen geführt worden war –, gab es im
verwüsteten, ausgebluteten Deutschland nur einen einzigen
Mann, der es verstand, aus diesem Scherbenhaufen etwas
Neues zu schaffen: Kurfürst Friedrich Wilhelm von Branden-
burg, den die Geschichte den »Großen Kurfürsten« nennt. Teil
seiner Macht- und Expansionspolitik mit einem straff organisier-
ten Beamten- und Militärapparat, der seine Untertanen zu
Härte gegen sich selbst, unbedingter Pflichterfüllung und fraglo-
ser Subordination erzog, war zwangsläufig auch die Schaffung
einer Flotte. Und wenn die Zahl der teils in Holland gekauften,
teils auf eigenen Werften gebauten Schiffe unter dem roten
Adler von Kurbrandenburg niemals auch nur entfernt mit jener
der Niederlande oder Großbritanniens zu konkurrieren imstande war, so war sie doch groß genug, um der Präsenz Bran-
denburgs in der Ostsee und in den entlang der afrikanischen
Westküste gegründeten Kolonialstützpunkten den notwendigen
Nachdruck zu verleihen.
Selbstverständlich wäre es, schon aus Kostengründen, völlig unsinnig gewesen, gewaltige Linienschiffe zu bauen. Was Kurfürst
Friedrich Wilhelm benötigte, waren vielseitig einsetzbare Fahrzeuge, gut genug bewaffnet, um mit Kauffahrern und Kon-
voischiffen fertig werden zu können, und schnell genug, um
überlegen armierten Kriegsschiffen davonlaufen zu können, mit
einem Wort: Fregatten und Zweidecker mittlerer Größe.
Ein typisches Schiff dieser Art, das auch als Flottenflaggschiff
diente, war die *Friedrich Wilhelm zu Pferde,* die oft fälschlich als
»Fregatte« bezeichnet wird. Sie wurde 1680/1681 von dem
Schiffsbaumeister G. C. Peckelhering auf der kurfürstlichen
Werft von Pillau erbaut, lief am 25. April 1681 vom Stapel und
wurde in Königsberg fertig ausgerüstet. Ihre Länge betrug 125
Fuß, ihre Breite 32 Fuß, was, je nachdem, ob man Preußische
oder Amsterdamer Fuß als Umrechnungsgrundlage annimmt

*Der brandenburgische
Zweidecker
›Friedrich Wilhelm
zu Pferde‹*

(beide Möglichkeiten sind denkbar), einer Länge zwischen den
Loten von 39,23 bzw. 35,39 m und einer Breite von 10,04 bzw.
9,06 m entsprechen würde. Gebohrt war das Schiff auf 56 Geschütze – 22 18pfünder in der Batterie, 20 9pfünder auf dem
Großdeck, 10 3pfünder auf Back und Kampanje sowie 4
1½pfünder auf der Hütte – bei einer kriegsmäßigen Besatzung
von rund 250 Mann. Doch waren wie üblich diese Zahlen starken Schwankungen unterworfen.

Wahrscheinlich wurde die *Friedrich Wilhelm zu Pferde* zunächst
auf Rechnung des Organisators der kurbrandenburgischen Marine, Benjamin Raule, gebaut, denn erst am 1. Oktober 1684
übernahm der Kurfürst das Schiff käuflich.

Die wichtigste Fahrt der *Friedrich Wilhelm zu Pferde* begann am

25. Juli 1692 unter Kapitän Jean le Sage in Emden als Konvoischiff für die Kauffahrer *Derfelinger* und *Hoffnung*. Um französischen Korsaren auszuweichen, führte der Kurs zunächst um Schottland herum, ehe man das Steuer wendete, um nach Guinea zu segeln, das man im Frühwinter erreichte. Am 23. Mai 1693 ging die Reise mit 700 Negersklaven an Bord weiter über den Atlantik nach Westindien, das man am 9. Juli erreichte, und am 29. August zurück nach Europa. Ihren Zielhafen Cádiz, wo die geladene Kakaofracht gegen spanischen Wein eingetauscht werden sollte, hat die *Friedrich Wilhelm zu Pferde* freilich nie erreicht. In der Nacht vom 30. zum 31. Oktober wurde sie vor der Straße von Gibraltar von drei französischen Kriegsschiffen abgefangen. Doch obschon die erste feindliche Breitseite Kapitän Jean le Sage tötete und damit jede Ordnung an Bord zerbrach, dauerte der Widerstand immerhin doch so lange, bis das Schiff, nachdem es die Flagge vor der Übermacht hatte streichen müssen, so schwere Gefechtsschäden aufwies, daß es aufgegeben und verbrannt werden mußte.

ERBAUE ER DIE BESTE FLOTTE
SOLEIL ROYAL
FRANKREICH 1670(?)−1692

Der große Kanzler-Kardinal Richelieu hatte brillante Vorarbeit geleistet, und wenn die französische Flotte auch in der Zeit, als Richelieus nur mäßig begabter Nachfolger, Kardinal Jules Mazarin, die Staatsgeschäfte für den minderjährigen Louis XIV. führte, weitgehend wieder herunterkam und verfiel, so änderte sich das bald nach der tatsächlichen Machtübernahme des »Sonnenkönigs«, als dieser seinem Minister Jean-Baptiste Colbert den schlichten Befehl erteilte: »Monsieur, erbaue Er zur Vergrößerung Unserer Macht und Unseres Ruhmes die beste Flotte der Welt!«

Jean-Baptiste Colbert war dergleichen Befehle seines Monarchen gewohnt – die Errichtung des Schlosses von Versailles, an der jahrzehntelang Zehntausende von Arbeitern schufteten, hatte kaum größere Probleme aufgeworfen. Und da der Finanzminister Nicolas Fouquet, trotz ungenierter privater Griffe in die Staatskasse, das notwendige Geld immer wieder auftrieb, entledigte sich Colbert auch dieses Befehls durchaus wörtlich, denn das, was daraufhin unter der Bezeichnung »Colbert-Flotte« entstand, umfaßte tatsächlich das Beste an Schiffen, was bis dahin über die Meere gesegelt war.

Sehr genau studierten die französischen Schiffsbaumeister die Vor- und Nachteile der englischen und der holländischen Flotte, und es gelang ihnen, die Vorzüge beider zu vereinen: Die französischen Schiffe gingen tiefer als die der Niederländer, waren aber breiter als die der Engländer, wodurch sie nicht nur besser segelten, sondern darüber hinaus ruhigere Geschützplattformen abgaben. Zudem lag die unterste Stückpfortenreihe 120 bis 150 cm über dem Wasser, so daß sie auch bei rauher See voll einsatzfähig blieb. Der größte Pluspunkt Frankreichs bestand freilich im Institut Hydrographique, wo Schiffbau und Seefahrt zum ersten Mal in der Geschichte nicht nur nach empirischen, sondern nach streng wissenschaftlichen Gesichtspunkten betrieben wurden, ein Vorzug, der über ein Jahrhundert Frankreichs Schiffe sicherte, die in Bau und Ausrüstung das Vorzüglichste

Jean-Baptiste Colbert

waren, was Wissenschaft und Technik zu leisten vermochten. Daß man diese Prachtschiffe auch mit dem entsprechenden künstlerischen Prunk ausstattete, war für den Sonnenkönig und seinen Minister selbstverständlich, und der Bildhauer Pierre Puget, dem diese Aufgabe übertragen wurde, widmete sich ihr mit geradezu beängstigender Leidenschaft.

Es ist wohl mehr als ein Gerücht, daß Puget das Heck vieler Schiffe derart mit schweren, eichengeschnitzten und reichvergoldeten Heiligen, antiken Göttern und Göttinnen, Emblemen und Wappen, Balustraden, Girlanden, Putten und Meerungeheuern überladen hat, daß die verzweifelten Kapitäne nach dem Auslaufen das meiste davon einfach herunterschlagen und »in den Bach« werfen ließen, um ihre hoffnungslos hecklastigen Schiffe wieder seetüchtig zu machen.

Wann das Flaggschiff dieser Prachtflotte, die mit 104 Kanonen bestückte *Soleil Royal,* vom Stapel lief, ist umstritten. Manche Historiker geben das Jahr 1690 an, andere meinen, daß sie schon in den 70er Jahren in den Kämpfen im Mittelmeer dabeigewesen sei.

Im Juli 1674 war es in Messina zu einem Aufstand gegen die Spanier gekommen, und Frankreich schickte den Aufständischen schleunigst eine Flotte zu Hilfe. Daraufhin mobilisierte Spanien seinen derzeitigen Verbündeten Holland, das ebenfalls eine Flotte unter dem großen Michiel Adrianzoon de Ruyter, dem

»Schrecken des offenen Meeres«, ins Mittelmeer entsandte, wo er Ende 1675 – ohne brauchbare spanische Hilfe – Messina ansteuerte.

Sein französischer Gegenspieler war Abraham du Quesne, ein Mann, der als eigensinnig und verschlossen, aber auch als stets gut gelaunt galt, ein eifriger Protestant, der nie seinem Glauben abschwor, sosehr ihm das am Hof zustatten gekommen wäre, und der deshalb zwar zum Marquis erhoben und von der Aufhebung des Edikts von Nantes ausgenommen wurde, nie jedoch eine Chance hatte, zum Marschall von Frankreich ernannt zu werden.

Am 7. Januar 1676 kam es bei Alicuri, einer der Liparischen Inseln, zwischen den 20 französischen und den 18 holländischen Linienschiffen zu einem ersten, unentschiedenen Gefecht. Zwei Tage später, am 9., erhielten beide Seiten Verstärkung, de Ruyter sechs spanische Schiffe und du Quesne jene zehn Schiffe unter Vizeadmiral d'Améras, die in Messina gelegen hatten. Die Schlacht endete wieder mit einem Remis, doch auf französischer Seite begann sich ein neuer Name anzukündigen: Comte de Tourville, dem es mit etwas Glück und günstigem Wind, an dem es gefehlt hatte, durchaus möglich gewesen wäre, eine Entscheidung zu erzwingen.

Am 22. April standen sich Abraham du Quesne mit 29 und Michiel de Ruyter mit 27 Schiffen erneut bei Augusta, etwa sechs Seemeilen nördlich von Syrakus, gegenüber, doch diesmal führte nicht der große Holländer das Oberkommando, sondern der spanische Admiral Don Francisco de la Cerda, der sich mit seinen Schiffen auch noch die Mitte der Schlachtlinie vorbehielt und so die niederländischen Geschwader als Vor- und Nachhut trennte. Es kam, wie es kommen mußte, die spanisch-niederländische Flotte wurde geschlagen und verdankte es nur dem dichten Nebel des nächsten Tages, daß sie nach Syrakus entkommen konnte. Ihr schwerster Verlust freilich war Michiel de Ruyter, der auf dem Deck seiner *Eendracht* tödlich verwundet wurde und am 29. in Syrakus seinen Verletzungen erlag – ein wahrhaft tragischer Tod, wenn man bedenkt, daß dieser große Mann sterben mußte für eine Sache, die ihn nichts anging, und für ein Land, für das seine Heimat kaum Sympathien haben konnte.

Am 24. Mai krönte Abraham du Quesne dann seinen Sieg: Den im Hafen von Palermo liegenden spanischen und holländischen Schiffen blieb nicht einmal Zeit, die Ankertaue zu kappen, als die Franzosen überraschend angriffen; neben zahlreichen Admirälen, Kapitänen und hohen Offizieren fanden 2000 Seeleute den Tod, während ihre Flotte in Flammen aufging. Doch die ursprünglich vorsichtige Politik des Sonnenkönigs begann an Klarheit zu verlieren, und in der Außenpolitik häuften sich die Fehler: Die Bombardierung Genuas, die versuchte Demütigung Spaniens, die Verwüstung der Pfalz, die Aufhebung des Ediktes von Nantes schufen Feinde über Feinde. Und dann trat 1688 eine Situation ein, die Frankreich schon aus reiner Selbsterhaltung so niemals hinnehmen konnte: Wilhelm II. von Oranien, der Stathouder von Holland, war mit Maria, einer Tochter König James' II. von England, verheiratet. Das hinderte ihn

Heckspiegel
eines Modells
der ›Soleil Royal‹

aber nicht, eine umfangreiche Intrige gegen seinen Schwiegervater zu inszenieren. Er ließ sich gegen bedeutende Zugeständnisse an Rechten für das Parlament von diesem in der »Glorious Revolution« als William III. von Großbritannien auf den Thron heben, während sein Schwiegervater James II. nach Frankreich fliehen mußte. Selbst ohne persönliche Sympathien und die beträchtlichen Zusagen, die James II. für den Fall, daß er wieder auf seinen Thron zurückkehren konnte, Louis XIV. machte, war dies eine Situation, die, wie gesagt, Frankreich ganz einfach zum Handeln zwang, denn nun waren die beiden größten europäischen Flotten, die englische und die holländische, in einer Hand vereint.

Der Mann dieser Stunde war Ann-Hilarion de Contentin, Comte de Tourville und Marschall von Frankreich. Sein Flaggschiff war die *Soleil Royal,* und ihm, dem größten Admiral der französischen Geschichte, sollte es vorbehalten bleiben, der Welt zu zeigen, was in den Schiffen der Colbert-Flotte wirklich steckte: Die Schlacht bei Béveziers am 10. Juli 1690 endete mit einem eindeutigen Sieg Tourvilles, und jener mächtige Geleit-

Französisches Linienschiff 1. Ranges mit 104 Kanonen; schön zu sehen die überreiche Ausstattung von Pierre Puget

Marquis Abraham du Quesne   *Ann-Hilarion de Contentin,*
Comte de Tourville

zug aus Smyrna mit Werten von 30 Millionen Franc an Bord –
eine für damalige Zeit geradezu unvorstellbare Summe –, den er
1691 in der vielbewunderten »Kampagne des offenen Meeres«
51 Tage verfolgte, wäre wohl auch nicht ungeschoren in London
und Amsterdam gelandet, wenn der Comte de Tourville nicht
die strikte Order gehabt hätte, nur dann anzugreifen, wenn der
Feind zahlenmäßig nicht überlegen sei.

Seine größte Stunde freilich kam für den Marschall im Mai 1692.
Am 12. war er mit einem Verband von 45 Schiffen von Brest ausgelaufen und stand am 29. Mai etwa 21 Seemeilen nordöstlich
der Landzunge von Barfleur der 97 Schiffe umfassenden Streitmacht der Engländer und Holländer gegenüber. Wohl fast jeder
Admiral hätte sich angesichts dieser mehr als doppelten Übermacht zurückgezogen, ohne daß ihn dafür jemand hätte tadeln
können, doch Ann-Hilarion de Contentin, Comte de Tourville,
ging zum Angriff über, und nach zwölfstündigem, blutigem
Kampf waren es die Briten und Niederländer, die mit schweren
Verlusten ihr Heil in der Flucht suchen mußten.

Was dem Marschall nun fehlte, waren leistungsfähige Stütz-
punkte, wo die Gefechtsschäden ausgebessert und Mannschaft
und Munition hätten ergänzt werden können, und so mußte ein
Teil der Flotte – drei Schiffe, darunter die *Soleil Royal,* bei Cher-

bourg, 15 andere bei La Hogue – zur Reparatur einfach auf dem Strand aufgeslippt werden, wo sie für die Engländer und Holländer ein schutzloses Ziel waren, als diese am 31. Mai bzw. 2. auf 3. Juni 1692 angriffen und die Schiffe in Brand steckten. Der Verlust von 18 Kriegsschiffen, zumal dem Flottenflaggschiff *Soleil Royal,* war ein böser Rückschlag, doch von der »Katastrophe von La Hogue« zu sprechen, wie es anglophile Autoren gerne tun, ist doch wohl übertrieben, denn schon im nächsten Jahr war der Comte de Tourville wieder in See, siegte am 28. Juni 1693 bei Kap St. Vincent, eroberte 59 englische Schiffe aus mehreren Geleitzügen und sorgte dafür, daß Frankreich für mehr als ein Jahrhundert zur See der Angstgegner Englands war und blieb.

VATER DER RUSSISCHEN FLOTTE
ZARENKUTTER
RUSSLAND 1692

Zar Pjotr I., der 1690 im Alter von erst 17 Jahren die Herrschaft antrat und den man später »den Großen« nennen sollte, ist zweifellos eine der widersprüchlichsten Gestalten der Geschichte. Die eine Seite war sein unglaublicher Wissensdurst, der alles und jedes wie ein trockener Schwamm aufsog, seine Tapferkeit, sein Weitblick, seine Energie, sein Ehrgeiz, mit dem er sein Land aus mittelalterlicher Rückständigkeit in wenigen Jahren zu einer europäischen Großmacht prügelte, der Bärte abschneiden und Schulen, Akademien und Druckereien gründen ließ. Die andere Seite war seine Unberechenbarkeit, seine Brutalität und Grausamkeit, seine wüsten Freß-, Sauf- und Sexorgien, seine Rachsucht und Treulosigkeit Freunden gegenüber, das Verhöhnen aller Werte und Ordnungen, mit Ausnahme der von ihm selbst befohlenen.

Noch vor seiner Thronbesteigung ließ er sich in der Sloboda, der Fremdenvorstadt Moskaus, ein Haus bauen und umgab sich mit Ausländern wie dem Schotten Patric Gordon, dem in Genf geborenen François Lefort, den Holländern Franz Timmerman und Carsten Brandt. Von ihnen lernte er, daß eine moderne Großmacht Handel, vor allem Außenhandel, braucht. Dazu aber brauchte man eine Flotte.

Sein erstes Schiff fand Zar Pjotr zufällig in dem Dorf Ismaylowo, einen alten Kutter – später nannte man ihn den »Vater der russischen Flotte«. Carsten Brandt mußte das Boot instandsetzen, der Zar erlernte selbst die Kunst des Segelns und entdeckte seine Liebe zum Meer. 1692 ließ der Zar einen Teich mit Modellschiffen anlegen und ordnete den Bau von zwei kleinen Fregatten und drei Jachten am Perejaslawsk-See an.

Doch ehe er eine Flotte erbauen konnte, benötigte der Zar zunächst einen Hafen. Archangelsk am Weißen Meer, bis auf wenige Sommermonate durch Eis blockiert, war unbrauchbar, und so setzte er 1695 zum Sturm auf das türkische Asow am Schwarzen Meer an und – mußte nach drei Monaten geschlagen abziehen. Asow war nur mit Schiffen zu erobern.

Daraufhin befahl Zar Pjotr, in Woronesch am Don Werften zu er-

bauen und ganze Wälder niederzulegen. Er verpflichtete Techni-
ker aus allen Teilen Europas, und am 3. Mai 1696 konnte die
erste russische Flotte mit dem Zaren als »Kapitän Pjotr Alexeje-
witsch« an Bord der Galeere *Principium* erneut gegen Asow auslaufen, das nun, von Land und See her eingeschlossen, am 18.
Juli des gleichen Jahres kapitulieren mußte. Das erste Ziel war
erreicht.

ZAR UND ZIMMERMANN
PIET EN POUL

NIEDERLANDE 1697

Im März des Jahres 1697 reiste ein gewisser Bombardier Pjotr Michailow aus Moskau nach Westeuropa. Sein unauffälliges Gefolge umfaßte unter der Leitung des Schweizers François Lefort einige Prunkkutschen, 32 Wagen, vier Packwagen, einen Hofmeister, etliche Sekretäre, vier Kammerherren, Zwerge, Narren, Ärzte, Dolmetscher, einen Koch, Quartiermeister und Pelzfachmann, eine wimmelnde Menge an Lakaien, Kutschern, Dienern, 70 Soldaten, und als Reisegeld klingelten in seinem Portefeuille zwei Millionen Rubel. Wo immer die Horde der Moskowiter einfiel, buckelte man ehrerbietig, schließlich war es ein offenes Geheimnis, daß der Herr Bombardier Pjotr Michailow kein anderer als der … nein, nein, natürlich sprach man es nicht aus, schließlich reiste er ja ganz inkognito! Doch trotz der Ehre, einen so hohen Gast beherbergen zu dürfen, und der großzügig verteilten Goldrubel sah man die Moskowiter ganz erheblich lieber gehen als kommen. Den ohrenbetäubenden Krach und das in jeder Beziehung miserable Benehmen der Gesellschaft hätte man ja noch ertragen, die schockierende Gleich-

Zar Pjotr I.
von Rußland

gültigkeit des Herrn Pjotr Michailow der guten und besten Gesellschaft gegenüber und seine Vorliebe für Arbeiter, Matrosen, Dienstmädchen und einfache Soldaten als Marotte hingenommen, doch seine allnächtlichen Orgien samt eingeschlagenen Fenstern, zerdroschenem Mobiliar, verprügelten Bürgern und gröblichst belästigten Ehegattinnen und Töchtern sprengten selbst für Menschen dieses wahrhaft in solchen Dingen nicht kleinlichen Jahrhunderts jeden noch erträglichen Rahmen.

Andererseits war dieser Pjotr Michailow unglaublich wißbegierig: Fabriken, Läden, Raritätenkabinette, Krankenhäuser, Vorlesungssäle zogen ihn magisch an. Er interessierte sich für Architektur, Mechanik, Druckkunst, Medizin, Stadtplanung, Metallguß, und kaum hatte er etwas gelernt, wollte er es auch ausprobieren, und so machte er sich beispielsweise nach einer Vorlesung über Zahnheilkunde begeistert daran, seinem unglücklichen Gefolge kranke und gesunde Zähne zu reißen. Sein heftigstes Interesse freilich galt Schiffen und Werften. Schon ein Jahr vorher hatte er ein gewaltiges Flottenprogramm entwickelt, das allein 40 Linienschiffe für die Schwarzmeerflotte vorsah und mindestens ebenso viele für die Ostsee, auch wenn er für letztere vorläufig noch gar keinen Hafen hatte – den würde er schon bauen, sobald er den Schweden ein Stück der Ostseeküste abgenommen hatte.

In Amsterdam, dem Hauptsitz der Holländisch-Ostindischen Kompanie und dem Mekka des kontinentalen Schiffbaus, wurde am 3. August 1697 eigens für ihn eine Fregatte auf Stapel gelegt und erbaut, damit er alle Phasen der Arbeit an einem Schiff genau beobachten könne. – Doch was heißt hier schon beobachten? Der erstaunliche Herr Pjotr Michailow arbeitet mit,

Von Zar Pjotr I. eigenhändig gefertigtes Werftmodell

238

Fregatte ›Piet en Poul‹, im Vordergrund das Boot des Zaren

und zwar mit aller Kraft: sägt, drechselt, nagelt, stemmt Planken, kalfatert, schmiedet, schnitzt, vergoldet, takelt ... Natürlich ist er es, der beim Stapellauf die gefährlichste Arbeit, das Herausschlagen der Stapelklötze, übernimmt, und wenn man ihn schon einmal einen Tag nicht auf der Werft findet, so steckt er bestimmt in der Geschützgießerei, auf der Reeperbahn, wo die Taue geschlagen werden, oder in den Ankerschmieden.
Als Mentor hat ihm die Kompanie den berühmten Schiffsbaumeister Nicolaes Witsen zur Verfügung gestellt, dessen 1671 erschienenes Buch »Aeloude en hedendaegsche scheeps-bouw en bestier« heute noch als eine der wichtigsten Quellen zum Schiffbau des späten 17. Jahrhunderts gilt. Später wurde Witsen nach Rußland eingeladen, und die Korrespondenz mit Pjotr zog sich über viele Jahre hin. Als die Fregatte am 15. Januar 1698 offiziell in Dienst gestellt wurde, gab man ihr zu Ehren des russischen Gastes den Namen *Piet en Poul*.

Am gleichen Tag erhielt der Bombardier Pjotr Michailow ein amtliches Zertifikat als Schiffszimmermann – und dies war keineswegs ein reines Höflichkeitsdokument, denn wie ein von seiner Hand gefertigtes, erstklassiges Werftmodell einer teilweise beplankten Fregatte, das heute im Leningrader Marinemuseum steht, beweist, hatte er in den vier Monaten auf der Werft der Kompanie mehr gelernt als so manch anderer in Jahren.

Von Holland aus reiste Zar Pjotr I. – nun nicht mehr inkognito – im Frühjahr 1698 nach England, besuchte die Werften von Deptford und Woolwich und kehrte dann über Holland und Wien nach Rußland zurück.

Das weitere Schicksal der von ihm miterbauten *Piet en Poul* ist unbekannt. Erstaunlicherweise beließ sie der Zar im Besitz der Holländisch-Ostindischen Kompanie, obwohl er später dort eine ganze Reihe von Schiffen aufkaufte. Doch ihm fehlte ja immer noch ein geeigneter Ostseehafen. 1702 beschaffte er sich auch diesen mit der Besetzung der bis dahin schwedischen Gebiete Karelien, Ingermanland und Estland, wo er an der Newa-Mündung 1703 seine neue Hauptstadt St. Petersburg gründete und 1704, nur ein Jahr später, eine Staatswerft samt Navigationsschule und Marineakademie, die »Admiralität«, bauen und auf der vorgeschobenen Insel Kotlin den Kriegshafen anlegen ließ.

Als der Zar am 8. Februar 1725 starb, konnte er auf eine Reihe höchst beachtlicher Seesiege, vor allem über die Schweden, zurückblicken, und seine Flotte, die vor 35 Jahren mit dem *Zarenkutter* begonnen hatte, umfaßte mittlerweile sechs Linienschiffe zu 90 Kanonen, eines zu 80, fünf zu 70, acht zu 64 und je sechs zu 54 und 48 Geschützen, dazu rund 150 Galeeren und eine Menge kleinerer Fahrzeuge zum Küstenschutz, Truppentransporter, Versorgungs- und Proviantschiffe, und soeben war der erste in Rußland gebaute Dreidecker zu 100 Geschützen mit Namen *Pjotr I.* in Dienst gestellt worden.

JUSTIZMORD AN WILLIAM KIDD
ADVENTURE GALLEY
GROSSBRITANNIEN 1697–1699

Kaperei: Ja! Piraterie: Nein! Im Klartext: Wer mit staatlicher Genehmigung seeräuberte und dabei die Schiffe des eigenen Landes verschonte, war ein Kaperfahrer oder Korsar, also ein ehrenwerter Mann, wer sich nicht an diese Spielregeln hielt, ein Pirat und damit ein Verbrecher. Dieses Grundprinzip blieb bei schwächeren Seefahrernationen bis ins 19. Jahrhundert gültig, während sich Großbritannien schon Ende des 17. Jahrhunderts von dieser Praxis zu distanzieren begann – keineswegs aus moralischen Gründen, sondern nur, weil es als mittlerweile größte Seefahrernation mehr und mehr Leidtragender als Profitierender der Sache war.

Man schrieb das Jahr 1697, als von Plymouth die mit 34 Kanonen bestückte *Adventure Galley* in See ging. Bezahlt wurde das Schiff von einem New Yorker Reedereikonsortium. Außerdem waren Seine Majestät König William III., der Gouverneur von Neu-England, Lord Bellomont, und eine Reihe anderer hochgestellter Herren an der Sache beteiligt – ganz nach Sitte und Gewohnheit aus Drakes und Hawkins' Zeiten. Der von Lord Bellomont vorgeschlagene und von Seiner Majestät akzeptierte Kapitän war William Kidd, zu diesem Zeitpunkt etwa 50 Jahre alt, gebürtiger Pfarrerssohn aus Schottland, wohnhaft in New York, wo er Ehefrau, Kind, Haus, Grundbesitz und eigene Schiffe hatte, ein Mann von bestem Leumund, der mit Freibeuterei niemals etwas zu tun gehabt hatte, und als äußerst tüchtiger Seemann galt.

Bei seiner Ausfahrt aus Plymouth knisterten zwei hochköniglische Freibriefe in der Tasche des Kapitäns, einer, der ihm erlaubte, die französische Schiffahrt zu belästigen, ein anderer, der ihm auftrug, die Piraten im Indischen Ozean, zumal Thomas Tew und Henry »Long Ben« Avary, die einst ebenfalls staatlich konzessionierte Kaperfahrer gewesen waren, der Versuchung, auch englische Schiffe auszurauben, aber nicht hatten widerstehen können, dingfest zu machen. Ein volles Jahr kreuzte William Kidd hinter den gesuchten Piraten her – vergebens. Die Mannschaft begann zu meutern, der Kapitän schlug den nächst-

William Kidd

besten Nörgler nieder, und der Mann, Geschützmeister Moore, starb anderentags.

Obschon Kapitän Kidd so die Meuterei im Keim erstickt hatte, konnte er seine Leute nicht länger von dem zurückhalten, weswegen sie angeheuert hatten, vom Beutemachen. Von den fünf Schiffen, die die *Adventure Galley* nun anhielt und ausräumte, hatten drei französische Pässe, zwei andere gehörten Armeniern, doch umwerfend war die Beute nicht, zumindest nicht das, was nach der Teilung übrigblieb.

War es, daß die Beute allzu gering erschien, war es, daß man verärgert war, weil Tew und Avary entwischt waren, war es, daß man in London soeben auf den neuen Kurs gegen die Piraterie einschwenkte und dies mit einem drastischen Exempel zu dokumentieren gedachte, als die Proklamation zur Begnadigung aller Piraten östlich des Kaps der Guten Hoffnung erlassen wurde, nahm man ausdrücklich die Kapitäne Avary, Tew und – Kidd aus.

Als William Kidd 1699 in seiner Heimat auftauchte, war er empört zu hören, er werde als gemeiner Pirat verfolgt und ein Geschwader sei ausgelaufen, um ihn zu fangen. Er ließ in St. Thomas die *Adventure Galley* zurück und eilte nach New York, um den Irrtum auszuräumen, doch Lord Bellomont, der seine Fin-

242

ger allzu tief in allerlei schmutzige Geschäfte gesteckt hatte, kam der Sündenbock gerade recht. Er ließ Kidd an Land locken, verhaften und in Ketten nach London schicken, wo man ebenfalls höchst verärgert war, den Kapitän mit unschuldigster Miene und leeren Kisten auftauchen zu sehen.

Zwei Jahre zog sich der Prozeß hin. Die Dokumente, die jene fünf von William Kidd aufgebrachten Schiffe als »feindlich« auswiesen, lagen zwar dem Parlament vor, doch als man sie im Gerichtssaal brauchte, waren sie verschwunden. Die hohen Herren, die sich Anteile an der *Adventure Galley* gesichert hatten, litten plötzlich an Gedächtnisschwund. Dafür tauchten »Zeugen« auf, die sich erinnern wollten, der Kapitän habe auch englische Schiffe ausgeraubt und eine »rote Flagge ohne Emblem« gehißt, als er einige »Mohrenschiffe« angriff. Die größte Verärgerung brachte freilich das ausgestreute Gerücht, Kapitän Kidd habe von einem gewaltigen Schatz erzählt, den er in aller Heimlichkeit vergraben habe und der bewiesen hätte, daß er seine Auftraggeber um ihre Anteile habe betrügen wollen. William Kidd leugnete, von solch einem Schatz zu wissen. Gesucht haben ihn viele, gefunden hat ihn freilich bis heute keiner.

Das Urteil, das 1701 schließlich verkündet wurde, war gewunden wie der Strick, zu dem man William Kidd verurteilte, weniger auf Piraterie denn auf »Mord« an dem Meuterer Moore hin gefällt, obwohl dieser nach geltendem Seerecht unbedingt straffrei hätte sein müssen.

Kapitän William Kidd wurde gehängt, seine Leiche in Ketten öffentlich zur Schau gestellt, und die romantisierende Legende machte ihn zu einem der großen Piraten – der er niemals war.

SCHLACHT IN STURM UND KLIPPEN
ROYAL GEORGE
GROSSBRITANNIEN 1756–1782

Seit Willelm dem Eroberer war Frankreich der Angstgegner Englands. Wieder und wieder hatte zwar das Inselreich geplante Invasionen verhindern, französische Flottenverbände – oft nur mit knapper Not – schlagen können, doch die Furcht blieb. Und selbst als man bei Trafalgar endgültig die Weltherrschaft zur See gewonnen hatte, sorgten die Franzosen, etwa mit der *La Gloire,* immer wieder für Besorgnis und Aufregung in der Londoner Admiralität.

Daß Frankreich dabei letztlich immer wieder der Unterlegene war, rührte nicht so sehr daher, daß die französischen Admiräle, Matrosen und Schiffe schlechter als die ihres Gegners waren – technisch waren sie seit Jean-Baptiste Colbert in der Regel sogar überlegen –, es lag vielmehr an der grundsätzlichen Einstellung zur Marine: Großbritannien wußte, daß es auf Gedeih und Verderb auf seine Flotte angewiesen war: Versagte sie, war das Inselreich verloren. Frankreich hingegen fühlte sich immer hauptsächlich als Kontinentalmacht, deren Flotte mehr oder minder ein Anhängsel der Armee blieb, zwar geschätzt und gepflegt, doch nie von jener alles entscheidenden Bedeutung. Weshalb der Krieg von 1914 bis 1918 den Namen »Erster Weltkrieg« erhielt, ist eigentlich unklar, denn zumindest drei Kriege zuvor hätten ebenso gut Anrecht auf diese Bezeichnung: der Dreißigjährige Krieg, der ganz Europa samt den zugehörigen Kolonien in ein Chaos stürzte, die Napoleonischen Kriege und der Sieben-

Modell des 60-Kanonen-Zweideckers ›Achilles‹ von 1757

jährige Krieg von 1756–1763. Angefangen hatte letzterer als Machtkampf zwischen Preußen und Österreich, doch bald schon mischten sich Frankreich, Rußland und Schweden auf seiten Österreichs und England auf seiten Preußens ein, wobei es ihnen allen letztlich recht gleichgültig war, ob Schlesien nun an den Alten Fritz in Berlin oder an Maria Theresia in Wien fiel. Ihnen lieferten Krieg und entsprechende Bündnisse nur einen trefflichen Vorwand, die höchst eigenen machtpolitischen Interessen zu verfolgen. Am deutlichsten war dies wohl im Falle Großbritanniens, das sein Bündnis mit Preußen, also contra Frankreich, zunächst und vor allem dazu nutzte, das französische Kanada an sich zu reißen, was am 12. September 1759 in der Schlacht von Québec auch gelang, obwohl General James Wolfe dabei ebenso sein Leben verlor wie der französische Oberkommandierende Marquis de Montcalm.

Zur See hatte der Krieg für England mit einigen bösen Schlappen begonnen: Admiral Thomas Mathews, der Toulon blockieren sollte, hatte sich vor den französisch-spanischen Verbänden zurückgezogen, wurde daraufhin vor ein Kriegsgericht gestellt und seines Amtes enthoben. Noch schlimmer erging es Admiral John Byng, der vor Port Mahon nicht den erwünschten Einsatzwillen gezeigt hatte, dafür ebenfalls vor ein Kriegsgericht gestellt und 1757 an Bord seines Flaggschiffes *Monarque* standrechtlich erschossen wurde.

Sei es, daß diese drastischen Maßnahmen ihre Wirkung zeigten, sei es, daß der neuernannte britische Staatssekretär William Pitt, Earl of Chatham, eine glücklichere Hand in der Wahl der Befehlshaber hatte, ab 1759 ging es für England wieder aufwärts: Sir George Brydges, der spätere Baron of Rodney, vernichtete die in Le Havre für eine Invasion zusammengezogenen Landungsboote der Franzosen, und Admiral Sir Edward Boscawen besiegte die Toulon-Flotte unter Admiral de la Clue am 20. August 1759 bei Kap St. Vincent vor der Küste Portugals. Unterdessen blockierte Admiral Sir Edward Hawke die französische Kriegsflotte unter Admiral de Conflans in Brest höchst erfolgreich, bis er sich Mitte November in einem schweren Sturm zurückziehen mußte. Jetzt konnte de Conflans ausbrechen und nach Quiberon segeln.

Man schrieb den 20. November 1759, und Admiral de Conflans war fast am Ziel, wo Kapitän Duff mit einigen Fregatten und vor allem den schweren Truppentransportern für die Invasionsarmee auf das Eintreffen der Kriegsschiffe wartete.

Sir Edward Hawke freilich war kein Thomas Mathew oder John Byng, und so blieb er den Franzosen auf den Fersen, während er die Signale setzen ließ »Zupacken« und, da sich seine Schiffe noch keineswegs in Schlachtlinie befanden, »Während der Jagd formieren«. Zwar verfügte er über keine Lotsen, die Gewässer vor der Loire-Mündung wimmeln von Riffen und Untiefen, und der französische Oberbefehlshaber meinte später: »Ich konnte nicht annehmen, daß es der Gegner wagen würde, mir zu folgen, zumal gerade seine überlegene Zahl seine Bewegungen in einem so engen Gewässer behindern mußte.« Doch Sir Edward Hawke war der Überzeugung, daß da, wo die Franzosen voranfuhren, er ihnen auch zu folgen vermochte, selbst wenn der Sturm immer stärker wurde, die gefährliche Lee-Küste immer näher rückte und nur noch wenige Stunden Tageslicht zu erwarten waren. Ein vorsichtiger Mann hätte nach See abgehalten, solange er noch den nötigen Raum hatte, doch die Spitzenschiffe, die *Magnanime* unter Lord Howe, die *Torbay* unter Kapitän Augustus Keppel, die *Dorsetshire, Resolution, Warspite* und Hawkes eigene *Royal George,* ein 1756 erbautes Linienschiff 1. Ranges mit 100 Geschützen an Bord, folgten unbeirrt.

Die Schlacht von Quiberon oder Les Cardinales, genannt nach den Felsenriffen vor der Loire-Mündung, wurde ein Triumph der Briten, aber auch ein Beispiel unnötigen Grausamkeit.

Als erstes französisches Schiff sank die *Thésée* mit 74 Kanonen unter Kersaint de Coetnempren im Kampf gegen die *Torbay,* als sie im Sturm querschlug und durch die Leepforten Wasser einströmte; von den 600 Mann barg die *Torbay* nur 22 aus den Fluten. Die *Héros* wurde nach hartem Gefecht mit der *Royal George* auf die Klippen getrieben und sank, ohne daß man auch nur den Versuch machte, einen der 400 Mann zu retten, und der Bordgeistliche der *Royal George* vermerkte, daß die englischen Matrosen angesichts der Hunderte von Ertrinkenden »nur in schwache Hochrufe« ausbrachen. Besser dagegen meinte es das Schicksal mit der *Formidable,* die als Prise genommen wurde. »Jetzt war es Nacht geworden«, schrieb Admiral Hawke später, »und da wir uns vor einer uns völlig unbekannten Küste befanden, die bei starkem Sturm in Lee vor uns lag, ließ ich ankern.«
In der Nacht trieben die *Essex* und die *Resolution* auf die Klippen; sie mußten verbrannt werden, doch die Besatzungen wurden samt und sonders gerettet – anders als ihre französischen Kameraden, bei denen dies angeblich nicht möglich gewesen sein sollte. Dem Großteil der französischen Flotte gelang es, am nächsten Morgen in die Loire-Mündung zu entkommen, nur die *Inflexible* und das Flaggschiff *Soleil Royal* liefen auf, und Admiral de Conflans ließ sie in Brand stecken, während die Mannschaften an Land flüchten konnten.
»In Anbetracht der Jahreszeit«, faßte Sir Edward Hawke zusam-

Heck der ›Achilles‹; ein Beispiel für besonders schön ausgewogenen Dekor

247

Die ›Royal George‹ im Hafen

Untergang der ›Thésée‹ in der Schlacht bei Quiberon 1759

men, »des schweren Sturmes, flüchtenden Feindes, kurzen Tageslichts und der Küstenformation darf ich kühn behaupten, daß alles geschah, was überhaupt geschehen konnte. Unsere Verluste mögen dem Zwang zugute gehalten werden, unter dem ich alle Gefahren auf mich nehmen mußte, wollte ich den starken Feind vernichten. Nur zwei weitere Stunden Tageslicht, und es wäre restlos gelungen.«

Die Schlacht bei Quiberon war die ruhmreichste Stunde der *Royal George,* ihr Ende war banal. Am 29. August 1782 lag sie bei Spithead vor Anker, zahlreiche Besucher waren an Bord, und die Kanonen der Steuerbordseite waren ausgefahren, während man – ebenfalls steuerbords – von einem Leichter Rumfässer übernahm. Weil er seine Autorität gefährdet sah, schlug der junge Leutnant, der das Verladen überwachte, die Warnung des Schiffszimmermanns in den Wind, der meinte, daß man bedenkliche Schlagseite habe. Zwei Minuten später tauchten die offenen Pforten der Steuerbord-Batterie ins Wasser, das gurgelnd in den Rumpf schoß, der Befehl, die 42pfünder an backbord als Gegengewicht auszurennen, um das Schiff wieder aufzurichten, verhallte ungehört, die *Royal George* kenterte, sank und riß über 900 Menschen mit sich in die Tiefe.

»ER LIESS NICHTS UNVERSUCHT«
ENDEAVOUR UND RESOLUTION
GROSSBRITANNIEN 1768–1780

Hätte dem Landarbeiter Cook jemand prophezeit, daß sein am 27. Oktober 1728 geborener Sohn James einmal Englands größter Entdecker sein würde, Vater Cook hätte nur an die Stirne getippt, und tatsächlich verliefen die ersten 28 Jahre in James' Leben alles andere als auffallend. 1736 übersiedelte die Familie Cook in das Dorf Ayton, und der neue Dienstherr schickte den achtjährigen James auf seine Kosten in die örtliche Schule, wo er sich als guter Rechner, sonst aber nur mittelmäßiger Schüler erwies. Als Lehrling in einer Kolonialwarenhandlung hielt es ihn nicht lange, und mit 19 heuerte er bei der Firma John Walker auf der *Freelove* an, einem dickbauchigen Kohlentransporter. Von diesem Schiffstyp sollte James Cook sein Leben lang nicht mehr loskommen.

Acht Jahre schipperte der junge Mann zwischen Whitby und London hin und her, ehe er am 17. Juni 1755 als Freiwilliger Vollmatrose bei der Royal Navy anheuerte.

Schon sein erster Kommandant, Kapitän Joseph Hamar vom 60-Kanonen-Linienschiff *Eagle,* wurde schnell auf den 180 cm großen, schlanken, aber kräftigen jungen Mann aufmerksam, der nicht wie die gepreßten Rekruten seinen Dienst eher widerwillig versah, sondern sich anstrengte, »jede Aufgabe, die ihm übertragen wurde, noch ein wenig besser zu erledigen, als es sein Kapitän von ihm erwartete«. Und da er zudem über beachtliche nautische und mathematische Kenntnisse verfügte, wurde er rasch zum »Segelmeister« befördert, wie im 18. Jahrhundert der auf Navigation und Schiffsführung spezialisierte Decksoffizier genannt wurde.

Seine große Chance kam 1756 im englisch-französischen Kampf um Kanada. Die Franzosen hatten sämtliche Markierungsbojen aus dem mit Untiefen durchsetzten St.-Lorenz-Strom entfernt, und James Cook erhielt den Auftrag, den Strom neu zu kartieren. Er erledigte diese Aufgabe so brillant, daß ihm am Ende des Krieges 1761 für den »unermüdlichen Eifer, mit dem er sich zum Meister der Navigation des St.-Lorenz-Stromes entwickelt hat«, eine Prämie von 50 Pfund ausgezahlt wurde, eine beachtliche

Summe für einen Mann, dessen Monatsheuer etwa sechs Pfund betrug. Mehr noch als das Geld dürfte James Cook aber das Kommando über den Schoner *Grenville* gefreut haben, mit dem er zwischen 1763 und 1767 nun Jahr für Jahr nach Neufundland segelte, um dessen Küsten, Buchten und Fjorde genauestens zu kartieren, während er sich in den Wintermonaten daheim in Seevermessung, Astronomie und euklidischer Geometrie weiterbildete.

Der 3. Juni 1769 war für die Astronomen ein mit Spannung erwarteter Tag, denn an diesem Datum würde die Venus vor der Sonne vorbeiziehen, ein Ereignis, das sich erst 115 Jahre später wiederholen würde und von dem man sich Aufschluß über die Entfernung zwischen Sonne und Erde erhoffte. Gewiß, an diesem Tag würden die Fernrohre aller Astronomen auf Sonne und Venus gerichtet sein, doch die Royal Society, die bedeutendste wissenschaftliche Gesellschaft Großbritanniens, gedachte noch weiter zu gehen, denn ihre Beobachter sollten den Venusdurchgang von drei extrem auseinanderliegenden Punkten aus in Augenschein nehmen, von der Hudson-Bai, dem norwegischen Nordkap und – aus der Südsee.

Der Royal Navy war der Venusdurchgang zwar herzlich gleichgültig, aber das Wort »Südsee« ließ sie aufhorchen, denn dort gab es noch viel, viel zu entdecken, insbesondere die sagenumwobene »Terra Australis Incognita«, und was man entdeckte, konnte man für sich in Anspruch nehmen, und was man für sich in Anspruch nahm, irgendwann zum Marinestützpunkt oder zur Kolonie ausbauen. Die Royal Navy versprach, ein Schiff für die Südsee-Expedition zur Verfügung zu stellen, freilich unter einer Bedingung: Der Expeditionsleiter mußte ein Offizier der Marine sein, und wer kam da mehr in Frage als der ausgezeichnete Kartograph und Astronom James Cook, den man zu diesem Zweck zum Leutnant beförderte.

Die Admiralität hatte eigentlich eine 24-Kanonen-Fregatte als Expeditionsschiff vorgesehen, doch das Schiffahrtsamt kaufte statt dessen das vier Jahre alte Kohlenschiff *Earl of Pembroke* mit der Erklärung, es könne erheblich mehr Vorräte für die lange Fahrt fassen – und außerdem war es, trotz der nötigen Um- und Einbauten, schön billig, denn bei aller Welt-Seemachts-Attitüde war Großbritannien bei Schiffen für wissenschaftliche Expeditionen ausgesprochen schofel.

Kapitän James Cook war es dennoch durchaus zufrieden, denn

mehr als acht Jahre hatte er auf solchen Schiffen gedient und
kannte ihre guten und schlechten Eigenschaften in- und auswen-
dig: Schön waren diese Kohlenfrachter nicht, aber zuverlässig,
dickbauchig, aber mit äußerst stabilen Bordwänden, und sogar
ihre Langsamkeit hatte Vorteile, wie er später erläuterte, denn
mit ihnen konnte man »gefahrlos unter Land gehen, da noch genügend Zeit blieb, bei unheildrohenden Anblicken und Geräu-
schen abzudrehen; wenn Gefahr drohte und sie auf Grund gerieten, konnten sie flach aufsitzen, ohne daß gleich die Gefahr des
Kenterns bestand«. Cook erklärte sogar, kein anderer Schiffstyp
tauge besser dazu, »auf Forschungsreisen in ferne Gegenden
entsandt zu werden«.
Als das in *Endeavour* umbenannte Schiff am 26. August 1768
von Plymouth aus in See ging, war es bis zum letzten Winkel vollgestopft: 95 Männer, 15 Tonnen Zwieback, 5 Tonnen Mehl, 2300
Pfund Rosinen, 1400 Pfund Zucker, 2250 Liter Essig, 5400 Liter
Bier, 7200 Liter Schnaps, 7200 Pfund Sauerkraut – von diesem
wird gleich noch die Rede sein – und Unmengen an Gerät, das
die die Fahrt begleitenden Wissenschaftler an Bord schleppten,
so daß der Platz schließlich so eng wurde, daß die Matrosen auf
ihre gewohnten Seekisten verzichten und sich mit Säcken begnügen mußten und nicht einmal einen vernünftigen Schlafplatz
hatten, sondern sich meist einfach oben auf der Ladung zusam-
menrollten.

Mit den begleitenden Wissenschaftlern hatte James Cook ausgesprochenes Glück: Er selbst wurde zum offiziellen Astronomen bestimmt, und der leitende Naturforscher war der 25jährige Joseph Banks, ein spleeniger, aber ungemein tüchtiger Zoologe und Botaniker aus altem Adel, der eine Gentleman-Tour durch Europa mit den Worten abgelehnt hatte: »Das macht doch jeder Flachkopf! Meine große Reise muß mich um die ganze Welt führen!« In seinem selbstbezahlten Gefolge – »Gott sei Dank bin ich mit irdischen Gütern gesegnet« – brachte er nicht nur einen Sekretär, zwei Zeichner und vier Diener mit, sondern auch den glänzenden schwedischen Botaniker Dr. Daniel Solander, von dem man sagte: »Er ist außerordentlich besonnen und sehr fleißig, je besser ihn die Leute kennenlernen, um so beliebter wird er.«

Auf der langen Fahrt von Plymouth nach Tahiti, das als erstes Ziel angesteuert wurde, erwies sich James Cook als ebenso glänzender Seemann wie auch als strenger und großzügiger Kapitän. Schlimmste Plage jeder langen Seereise war das Skorbut, eine Mangelkrankheit durch fehlendes Vitamin C, die mit Kopfschmerzen und Müdigkeit begann, sich mit Fieber, Geschwülsten, fauligem Gaumen, ausfallenden Zähnen fortsetzte und schließlich nicht selten zum Tod führte. Noch waren die Ursachen dieser Krankheit nicht erforscht, doch eines wußte man inzwischen: Sauerkraut half! Und so ließ Kapitän Cook zwei Matrosen, die sich geweigert hatten, ihre Sauerkrautration zu essen, gnadenlos ein Dutzend Hiebe mit der neunschwänzigen Katze verpassen, während er andererseits durchaus dafür Verständnis hatte, daß die scharfe Borddisziplin dann und wann außer Kraft gesetzt werden mußte, etwa an Weihnachten, als er anordnete, jedermann könne so viel trinken, wie er wolle, was Joseph Banks in seinem Tagebuch zu folgenden Zeilen veranlaßte: »Alle guten Christen, mit anderen Worten, alle Mann an Bord, betranken sich fürchterlich, so daß gegen Abend auf dem ganzen Schiff keiner mehr nüchtern war. Der Wind war Gott sei Dank mäßig, denn der Himmel weiß, was sonst aus uns geworden wäre.«

In Tahiti, wo man am 14. April 1769 ankerte, kam man mit den Eingeborenen hervorragend aus – die wenigen unerfreulichen Zwischenfälle konnten schnell bereinigt werden –, was vor allem Joseph Banks zu danken war, der sich nicht nur für Pflanzen, Vögel und Insekten der Insel begeisterte, sondern auch für die Sitten und Gebräuche der Einwohner und sich einmal, splitternackt und von oben bis unten mit Holzkohle bemalt, an einem ihrer Aufzüge entlang der Küste beteiligte, wobei seine, durchaus zugegebene, Schwäche für eine Inselschöne »mit Feuer in den Augen« eine gewichtige und keineswegs unvorteilhafte Rolle gespielt haben mag.

An der nördlichen Spitze der Matavi-Bucht wurde »Fort Venus« errichtet und mit einem leichten Palisadenzaun umgeben, um die diebischen Insulaner von der kostbaren Ausrüstung fernzuhalten. Trotzdem verschwand knapp vor dem großen astronomischen Ereignis ein unersetzlicher Quadrant und konnte nur mühsam und im letzten Augenblick wieder zurückgeholt werden. Der Venusdurchgang selbst wurde eine Enttäuschung, denn obwohl James Cook, Dr. Solander und Charles Green vom königlichen Observatorium in Greenwich all ihr Können einsetzten, kamen sie zu verschiedenen Resultaten – den anderen Beobachtern auf der ganzen Welt ging es übrigens nicht besser, was auf ein kompliziertes, erst heute völlig erklärbares optisches Phänomen zurückzuführen ist.

Die erste Aufgabe im Pazifik war, wenn auch nicht zufriedenstellend, also gelöst, blieb die zweite, die Suche nach dem legendären Südkontinent, zu der am 13. Juli die frisch überholte, kalfaterte und gestrichene *Endeavour* aufbrach mit einem weiteren Passagier an Bord, dem in der polynesischen Navigation bewanderten Priester Tupaia. Mit einigen weiträumigen Bögen segelte die *Endeavour* auf dem Generalkurs Südwest, doch auch dieser Auftrag schien sich nicht ausführen zu lassen; denn da, wo die Kartographen die riesige Terra Australis Incognita vermuteten, fand man zwar die Doppelinsel Neuseeland, doch waren dies eben nur große Inseln, und sogar der optimistische Joseph Banks notierte in seinem Tagebuch leicht resigniert, »wieviel Quadratmeilen ›Land‹ wir schon in Wasser verwandelt haben«.

Nun, Kapitän James Cook sollte die Terra Australis Incognita doch finden, nur – Ironie des Schicksals – erkannte er das Land, das am 19. April 1770 Leutnant Zachary Hicks gegen 6 Uhr morgens sichtete, nicht als solche, sondern vermutete sich an der Ostküste der 1644 von Abel Tasman entdeckten »Insel« Neu-Holland.

Fast zwei Monate tastete sich die *Endeavour,* ständig vermessend, forschend, kartographierend, nordwärts und geriet ahnungslos in das Große Barrier-Riff, eine 2000 Kilometer lange

Die aufgeslippte ›Endeavour‹

Ansammlung scharfkantiger Korallenklippen vor der Nordküste Australiens. Schon am 28. Mai entging die *Endeavour* nur
um Haaresbreite einer Katastrophe, als sich der Grund jäh von
17 Faden auf drei Faden verringerte und Kapitän Cook »unverzüglich einen Anker werfen und das Schiff mit Vollzeug aufdre-
hen« mußte, um nicht auf Grund zu laufen. Doch dann, am 10.
Juni, passierte es: Gegen 22 Uhr wurden noch 21 Faden gelotet,
und der Kapitän war eben zu Bett gegangen, als es unter dem
Kiel krachte und knirschte. Die *Endeavour* war aufgelaufen.
James Cook war augenblicklich wieder an Deck, ließ mit den
Booten einen Anker ausbringen, um das Schiff von dem Riff zu
hieven, doch die *Endeavour* rührte sich nicht. Aller entbehrli-
che Ballast wurde über Bord geworfen, schließlich auch sechs
Kanonen samt ihren Lafetten, aber auch das half nichts. Doch
Kapitän Cook dachte nicht daran aufzugeben. Am Abend, das
Schiff saß nun bereits 23 Stunden fest, mit dem Höhepunkt der
Flut schickte er nochmals alle Mann ans Spill – und tatsächlich
gelang es, die *Endeavour* freizubekommen, sie, wenn auch mit
vier Fuß Wasser im Bauch, an die Küste zu bringen und bei
einem kleinen Fluß auf dem Strand aufzuslippen.
Die Reparaturen dauerten bis zum 4. Juli, während die Forscher
eifrig Pflanzen und Insekten sammelten und auch ein Tier erlegten, von dem Joseph Banks schrieb: »Ich hätte es für einen
Windhund gehalten, hätte es sich nicht auf so seltsame Weise

fortbewegt – es sprang nämlich wie ein Hase«, und auch das Eingeborenenwort für dieses Tier schrieb er auf: »Känguruh«. Es war eine mühsame Fahrt am Großen Barriere-Riff entlang, durch die Korallen-See und die Torres-Straße, bei der die *Endeavour* noch mehrfach Gefahr lief, Schiffbruch zu erleiden, ehe sie am 10. Oktober 1770 im holländischen Batavia anlegen konnte, wo das Schiff gründlich überholt wurde. Und hier, in scheinbarer Sicherheit, wendete sich das Schicksal gegen viele Männer der Besatzung, von der bisher nicht ein einziger ums Leben gekommen war. Sechs, darunter Tupaia, starben an Malaria, und Ende Dezember, kaum wieder in See, brach die Ruhr aus, der 23 Mann erlagen, ehe die übrigen am 15. März 1771 Kapstadt erreichen und sich in dem gesunden Klima erholen konnten.

Am 13. Juli 1771, fielen die Anker der *Endeavour* in der Themsemündung, und Kapitän James Cook eilte nach London zur Berichterstattung, wurde auch von König George III. in einer kurzen Audienz empfangen, doch der Ruhm der Fahrt fiel nahezu ausschließlich Joseph Banks und Dr. Solander zu, die, »beladen mit dem größten Schatz naturgeschichtlicher Funde und Entdeckungen, der jemals zu einem Zeitpunkt von zwei Personen in irgendein Land gebracht wurde«, die Helden des Tages waren, während James Cook seine Reise so zusammenfaßte: »Obwohl die Entdeckungen, die auf dieser Reise gemacht wurden, nicht bedeutend sind, schmeichle ich mir, daß sie immerhin die Aufmerksamkeit Eurer Lordschaft verdienen, und obwohl ich das viel beredete Südland – das vielleicht gar nicht existiert – nicht entdeckt habe, bin ich doch zuversichtlich, daß mir dies in keiner Weise zur Last gelegt werden kann. Hätten wir das Glück gehabt, nicht auf Grund zu geraten, wäre im letzten Teil der Reise viel mehr vollbracht worden, als es tatsächlich geschah, aber auch so bin ich der Meinung, daß diese Reise ebenso vollständig war wie jede andere, die bisher in die Südsee unternommen wurde.«

In der Admiralität freilich saßen Männer, die trotz aller Bescheidenheit Kapitän Cooks durchaus in der Lage waren, seine Leistungen richtig zu beurteilen, und die auch seinen anderen Satz kannten: »Ich hatte den Ehrgeiz, nicht nur weiter zu gehen als jeder andere, sondern so weit, wie der Mensch überhaupt gehen kann.«

So erstaunte es niemanden, daß der inzwischen zum Commander ernannte James Cook am 13. Juli 1772 an Bord der *Resolu-*

tion (natürlich wieder ein umgebautes Kohlenschiff), begleitet von der kleineren *Adventure* unter dem tüchtigen, aber phantasielosen Tobias Furneaux – wie gefährlich es sein konnte, mit nur einem Schiff zu fahren, hatte man am Großen Barriere-Riff erlebt –, von Plymouth zu einer neuen Entdeckungsreise in See ging. Der Kurs sollte diesmal von Ost nach West führen, vom Kap der Guten Hoffnung in den Südpazifik, der mit zwei großen Schleifen erforscht wurde, und schließlich um Kap Hoorn zurück nach England. Als die Anker der *Resolution* am 30. Juli 1775 wieder im Heimathafen fielen, hatte sie in drei Jahren und 18 Tagen über 60 000 Seemeilen zurückgelegt, über 30 neue Inseln entdeckt und kartiert, war dreimal über den südlichen Polarkreis vorgestoßen, hatte am 30. Januar 1774 auf 71° 10′ südlicher Breite den südlichsten bis dahin von Menschen erreichten Punkt gewonnen und sich dabei nahe dem heutigen Kap Dart bis auf wenige Dutzend Meilen dem tatsächlichen »Südkontinent«, der Antarktis, genähert – und auf der ganzen Fahrt, nicht zuletzt dank 20 000 Pfund Sauerkraut, nicht einen einzigen Mann an Skorbut verloren.

Diesmal wurden James Cooks Leistungen uneingeschränkt anerkannt, er wurde zum Kapitän befördert und zum Mitglied der

Der Tod von James Cook

Royal Society ernannt, und als man eine großangelegte Expedition in den Nordpazifik plante, gab es gar keine Frage, wer sie führen sollte.

Diese dritte Reise, die am 12. Juli 1776 begann, stand allerdings unter keinem guten Stern. Die Forscher und Offiziere – zumal ein gewisser William Bligh – waren erste Qualität, aber die nur schlampig überholte *Resolution* – diesmal von der *Discovery* unter Charles Clerke, der schon die beiden ersten Reisen mitgemacht hatte, begleitet – machte Schwierigkeiten über Schwierigkeiten, und auch James Cook war nach sieben Jahren der Verantwortung und ständigen Anspannung seelisch erschöpft, reizbar, ungeduldig und klagte häufig über bleierne Müdigkeit. Trotzdem erledigte die *Resolution* ein gewaltiges Programm, segelte über Tasmanien, Neuseeland und Tahiti an die Westküste Nordamerikas und an dieser entlang nach Norden hinauf, durchquerte die Bering-Straße und drang ins nördliche Eismeer vor, ehe sie zunächst nach Hawaii zurückkehrte, wo sie am 17. Januar 1779 vor Anker ging und stürmisch von über 1000 Kanus, alle voll besetzt mit lachenden Insulanern, begrüßt wurde.

Daß die Bewohner die Südsee wie die Elstern stahlen, war für James Cook ein altes Problem, dem er bislang stets mit diplomatischem Geschick begegnet war, doch als in der Nacht zum 14. Februar eines der Beiboote abhanden kam, drehte er durch und ging mit einer Abteilung bewaffneter Marineinfanteristen an Land. Ein paar Mißverständnisse kamen hinzu, Steine flogen, Schüsse fielen, Kapitän Cook gab noch den Befehl: »In die Boote!«, da traf ihn ein Dolchstoß in den Rücken, er stürzte mit dem Gesicht ins Wasser und wurde erschlagen.

Es beweist die hohe Moral von Cooks Mannschaft, daß sein Nachfolger Charles Clerke weder Vergeltung übte noch die Expedition abbrach, sondern nochmals durch die Bering-Straße ins Eismeer vorstieß, ehe sich die *Resolution* auf den Heimweg nach England machte, wo sie am 4. Oktober 1780 wieder eintraf. James Cook, der größte Pazifikforscher, erhielt posthum ein Wappen zuerkannt mit der rühmenden Inschrift: »Er ließ nichts unversucht.«

DAS MODELL EINES MALERS
EZEKIEL
RUSSLAND 1772

Am 5. Juli 1770 hatten die Russen unter dem Oberbefehlshaber Graf Orlow der überlegenen türkischen Flotte bei Tschesme eine empfindliche Niederlage beigebracht, wobei die Türken 16 Linienschiffe, neun Fregatten und elf kleinere Fahrzeuge einbüßten. Zarin Katharina II. hatte daraufhin dem bekannten Maler Philipp Hackert den Auftrag erteilt, den Seesieg in einem entsprechenden Gemälde zu verewigen.

Als 1772 der Sieger von Tschesme, Graf Orlow, in Livorno mit dem Maler zusammentraf, waren zwei Bildentwürfe fertig, doch der russische Graf war äußerst unzufrieden. Was Hackert da gemalt hatte, war ja ganz nett, aber die Wirklichkeit, insbesondere die eines explodierenden Schiffes, war doch viel, viel wirkungsvoller als das, was da auf den Bildern zu sehen war. Der Herr Maler hatte nie Gelegenheit gehabt, »den Effect eines entzündeten und in die Luft fliegenden Schiffes« in natura studieren zu können.

Graf Orlow beschloß, diesen Mangel mit Hilfe der zu dem russischen Geschwader vor Livorno gehörenden 30-Kanonen-Fregatte *Ezekiel* in russischer Großartigkeit zu beheben.

Kein Geringerer als Johann Wolfgang von Goethe schilderte in seiner Monographie über den Maler Philipp Hackert, was weiter geschah:

»Graf Orlow entschloß sich jedoch endlich, auch dieses Hinderniß, auf eine ganz eigne grandiose Weise, zu heben, und die wirkliche Vorstellung einer solchen Begebenheit, durch ähnliches Auffliegen einer gerade auf der Rhede vor Anker liegenden russischen Fregatte, dem Künstler zu geben, wenn er sich anheischig machen würde, diesen Effect mit eben der Wahrheit, wie das Feuer auf dem Gemälde der Schlacht, darzustellen.

Der Graf hatte sich die Erlaubniß dazu sowohl von seinem eigenen Hofe, als auch vom Großherzog von Toscana, erbeten, und nun wurde, gegen Ende des Mays, gedachte Fregatte, die man mit soviel Pulver, als zum Auffliegen nöthig war, laden ließ, sechs Meilen von Livorno auf der Rhede, bey einem ganz unglaublichen Zulauf von Menschen, in Brand gesteckt und in we-

Eine russische Fregatte vom Typ der ›Ezekiel‹

niger als einer Stunde in die Luft geschleudert; zuverlässig das
theuerste und kostbarste Modell, was je einem Künstler gedient
hat, indem man den Werth der noch nutzbaren Materialien dieser Fregatte auf 2000 Zechinen schätzte.

Das Schiff brannte beynahe drey Viertel-Stunden in den oberen
Theilen, ehe sich das Feuer der Pulverkammer, die heilige Barbara genannt, mittheilte. Erst durchlief die lodernde Flamme,
wie ein Kunstfeuerwerk, nach und nach alle Segel, Taue und die
übrigen brennbaren Materialien des Schiffes; als das Feuer an
die Kanonen kam, die man von Holz gemacht und geladen
hatte, feuerten sie sich nach und nach alle von selbst ab. Endlich, nachdem die Pulverkammer erreicht war, that das Schiff

sich plötzlich auf, und eine lichte Feuersäule, breit wie das Schiff und etwa dreymal so hoch, stieg empor und bildete feurige, mit Gewalt und Geschwindigkeit ausgeschleuderte Wolken, die durch den Druck der oberen Luft die Form eines ausgebreiteten Sonnenschirms erhielten, indem sich Pulverfässer, Kanonen und andere emporgeworfene Trümmer des Schiffes mit darin herumwälzten, und der ganze oberste Theil mit dicken schwarzen Rauchwolken überdeckt war. Nach etwa drey Minuten verwandelte sich diese schreckliche Feuersäule in eine blutrote Flamme, aus deren Mitte eine durchaus schwarze Säule von Rauch aufstieg, die sich eben so, wie jene, in ihrem oberen Theile ausbreitete, bis nach etwa eben so langer Zeit auch diese Flamme erlosch, und nur noch der schwarze Rauch, wohl über zwanzig Minuten lang, dicht und fürchterlich, über die Region des verbrannten Körpers emporschwebte.«

BEIM NÄCHSTEN MAL EIN LORD
BONHOMME RICHARD UND SERAPIS
VEREINIGTE STAATEN VON AMERIKA UND
GROSSBRITANNIEN 1779

Was seine aufständischen amerikanischen Kolonien betraf, so war Großbritannien anfänglich dem Irrtum unterlegen, sie gründlich zu unterschätzen. Vermutlich war diese psychologische Fehlleistung unvermeidlich, denn für einen guten Briten war es einfach undenkbar, daß ein britischer Staatsbürger – auch ein solcher zweiter Klasse – gegen das Mutterland je ernstlicher rebellieren könnte, als eben noch drei Schiffsladungen Tee ins Meer zu kippen, wie es 1773 bei der »Boston Tea Party«, mit der alles anfing, geschehen war. Das Problem war nur, daß die »guten«, sprich englischstämmigen, Amerikaner arg in der Minderzahl waren – und selbst sie nicht mehr geneigt, sich weiterhin vom Mutterland kujonieren zu lassen; die Mehrzahl der Schotten oder Iren in der Neuen Welt hatte mit Großbritannien schon vorher nicht viel im Sinn gehabt, und von Franzosen oder Deutschen (sie saßen hauptsächlich in Pennsylvania mit der damals rein deutschen Stadt Philadelphia als Zentrum) konnte man derlei Gefühle nun wirklich nicht erwarten.

Natürlich war auch die Ausrüstung dieser Aufständischen teilweise fast lächerlich, und wenn ein englischer Beamter verächtlich die Mannschaft eines amerikanischen Schiffes einen »Haufen von Kesselflickern, Schustern und Reitknechten« nannte, so hatte er zweifellos damit recht, nur – diese Kesselflicker, Schuster und Reitknechte bezogen ihren Mut aus einer Idee und die britischen Rotröcke aus einer doppelten Schnapsration …

So kam es, daß auch die hochnäsige Royal Navy immer wieder höchst empfindliche Schlappen einstecken mußte, die peinlichste wohl in der Nacht vom 23. zum 24. September 1779 vor der Küste von Yorkshire, also vor ihrer eigenen Haustüre, und vor den Augen einer großen Menschenmenge, die von den Kreidefelsen von Flamborough Head zuschaute.

John Paul Jones war gebürtiger Schotte, hatte sich in jungen Jahren auf Sklavenschiffen und unter Schmugglern herumgetrieben, war 1761 nach der Neuen Welt ausgewandert und schnell ein überzeugter »Amerikaner« geworden. Mit der Korvette

John Paul Jones   *Sir Richard Pearson*

Ranger war er als Kaperfahrer nach Europa zurückgekommen und befehligte nun an Bord eines schon leicht wurmstichigen ehemaligen Ostindienfahrers, den er *Bonhomme Richard* getauft hatte, mit 40 Kanonen und 380 Mann, davon 150 französische Freiwillige, ein kleines Geschwader, zu dem noch die französischen Fregatten *Alliance* unter Pierre Landais und *Pallas* gehörten.

Nachdem er sich schon eine Weile in der Irischen See und an der Küste Schottlands herumgetrieben hatte, sichtete er am Spätnachmittag des 23. September einen großen englischen Geleitzug von 41 Frachtern, der von dem funkelnagelneuen 50-Kanonen-Zweidecker *Serapis* unter Kapitän Richard Pearson und der mäßig bewaffneten *Countess of Scarborough* unter Kapitän Piercy beschützt wurde.

Gegen 19.30 Uhr fielen die ersten Schüsse.

Die *Pallas* trat gegen die *Countess of Scarborough* an und eroberte sie, dank ihrer überlegenen Bewaffnung, ziemlich schnell. So standen die *Bonhomme Richard* und die *Alliance* gegen die *Serapis*.

Und auch hier wäre der Kampf wohl schnell vorüber gewesen, wenn sich Kapitän Landais zu mehr hätte entschließen können, als die beiden ineinander verbissenen Schiffe zu umkreisen und reichlich wahllos dann und wann eine Breitseite abzugeben – nicht häufiger auf die feindliche *Serapis* als auf die befreundete *Bonhomme Richard;* später ließ er sich dafür als den eigentlichen Sieger von Flamborough Head feiern.

John Paul Jones stand also de facto allein mit seiner alten und schlechter bewaffneten *Bonhomme Richard* gegen die kampfstarke *Serapis.* Zum Unglück des Amerikaners explodierten unmittelbar nach Eröffnung des Feuers auch noch zwei Geschützrohre, wobei es nicht nur Tote und Verwundete gab, sondern auch ein Großteil seiner schweren Kanonen ausfiel. Sehr schnell wurde klar, daß seine einzige Chance im Enterkampf lag, und also manövrierte Kapitän Jones sein Schiff dicht an die *Serapis* heran.

In diesem Augenblick wurde die Fahne von einer Kugel weggefetzt, und Kapitän Pearson erkundigte sich: »Habt ihr die Flagge gestrichen?« Doch der Amerikaner brüllte zurück: »Ich habe noch gar nicht zu kämpfen angefangen!«

Sein Wunsch zur Schlacht Mann gegen Mann sollte rasch in Erfüllung gehen: Als die *Bonhomme Richard,* vor der *Serapis* vorbeilief, verfing sich deren Bugspriet in der Besantakelage der *Bonhomme Richard* und Kapitän Jones soll ihn eigenhändig am Besanmast festgelascht haben. Nun lagen die beiden Schiffe, Bug zu Heck, Seite an Seite. Immer noch feuerten die Geschütze, Scharfschützen fegten aus den Marsen die gegnerischen Decks leer, und einem Amerikaner namens William Hamilton gelang es sogar, mit einem Kübel Handgranaten auf die Großrah der *Serapis* zu gelangen und von dort durch eine Luke einen Stapel von Pulverkartuschen zu treffen. Die Explosion »schien das Deck der *Serapis* hochzuheben« und brachte die meisten ihrer Geschütze zum Verstummen.

Doch auch die *Bonhomme Richard* war am Ende und begann sich mehr und mehr auf die Seite zu legen, worauf ein Stückmeister brüllte: »Gebt Pardon! Um Gottes willen Pardon!«, und losstürzte, um die Flagge herunterzureißen. Kapitän Jones schlug ihn mit dem Knauf seiner Pistole nieder, und als Kapitän Pearson anfragte, ob dieser Ruf ernst gemeint sei, antwortete er: »Nein, Sir, ich denke nicht daran. Sie vielmehr sind es, der die Flagge streichen wird!«

Angesichts der beiden nahezu kampfunfähigen Schiffe war es tatsächlich fast nur ein Zufall, daß Richard Pearson als erster seine Flagge herunterriß und seinen Degen dem Gegner als Zei-

chen der Übergabe anbot. Doch statt den Degen seines Kontrahenten anzunehmen, lud John Paul Jones Kapitän Pearson zu
einem Glas Wein in seine verwüstete Kajüte ein.

Gegen 10 Uhr des nächsten Tages sackte die *Bonhomme Richard*
weg. Auf der eroberten *Serapis* gelangte Kapitän Jones nach
Frankreich, wo ihm der König einen Ehrendegen überreichen
ließ mit der Aufschrift: »Vincidati maris Ludovicus XVI remune-
rator strenuo vindici« (Ludwig XVI. dankt für die Verdienste
des tapferen Kämpfers für die Freiheit der Meere).

Der gefangene Kapitän Richard Pearson wurde bald darauf ausgetauscht und am 10. März 1780 vor ein Kriegsgericht gestellt,
das allerdings erklärte: »Die Kapitäne Pearson und Piercy
haben mit Hilfe ihrer Offiziere und Mannschaften nicht nur ihre
Pflicht getan, sondern dabei durch eine sehr hartnäckige Verteidigung gegen weit überlegene Kräfte alle Ehre eingelegt.« Von
den Kaufleuten, deren Schiffe er gerettet hatte, erhielt Kapitän
Pearson einen Ehrendegen, und König George III. schlug ihn
gar zum Ritter.

Als John Paul Jones das erfuhr, soll er gesagt haben: »Sollte ich
noch einmal das Glück haben, mit ihm die Klingen zu kreuzen,
werde ich ihn beim nächsten Mal zum Lord machen!«

Kampf der ›Bonhomme Richard‹ gegen die ›Serapis‹ 1779

DIE WELT STEHT KOPF
VILLE DE PARIS
FRANKREICH 1766–1782

Sei es, daß Freiheitsgedanken bereits lange vor ihrem revolutionären Ausbruch in Frankreich lebendig waren, sei es, daß es nur darum ging, den Traditionsfeind England vor den Kopf zu stoßen, wie auch immer, als die Amerikaner gegen die Kolonialherrschaft des Mutterlandes aufstanden, war Frankreich ihr erster und entscheidender Verbündeter.

In den erbitterten Kämpfen um Saratoga im Herbst 1777 hatten die aufständischen Kolonisten noch allein gestanden, doch mit der Kapitulation der britischen Armee unter Generalleutnant Sir John Burgoyne am 17. Oktober war der endgültige Beweis geliefert, daß die Amerikaner nicht nur frei zu sein wünschten, sondern daß sie dafür auch entsprechend zu kämpfen verstanden. Zu den unmittelbaren Folgen des Sieges von Saratoga gehörte die offizielle Anerkennung der Selbständigkeit der 13 Kolonien durch Frankreich und ein Bündnisvertrag, so daß von nun an reguläre französische Truppen unter zwei außerordentlich tüchtigen Generälen, dem Marquis de LaFayette und dem Comte de Rochambeau, an der Seite George Washingtons fochten. In Berlin hatte der Alte Fritz den jungen Staat zwar nicht anerkannt, aber seinen besten Stabsoffizier, Baron Friedrich von Steuben, über den Atlantik geschickt, der die Amerikaner nicht nur lehrte, »daß ein Bajonett zu mehr als zum Grillen eines Steaks« am Lagerfeuer gut sei«, sondern ihnen vor allem »die größte Gabe, die sie bekommen konnten, die Disziplin, beigebracht hatte«.

Im Sommer 1781 war die Lage folgendermaßen: In und um New York lag die englische Hauptmacht unter dem Oberbefehl von Sir Henry Clinton, und in Virginia hatte sich Generalleutnant Earl Cornwallis nach anfänglichen Erfolgen mit 7500 Mann in York Town an der Chesapeake-Bucht verschanzt und wurde dort von Amerikanern und Franzosen unter Washington, Rochambeau, La Fayette und Steuben belagert. Doch die Belagerer hatten kaum weniger Schwierigkeiten als die Belagerten, wie der Comte de Rochambeau an den Comte de Grasse, der mit einer französischen Flotte vor San Domingo lag, schrieb: »Ich darf

Thomas Graves   *François-Joseph-Paul*
                                   Comte de Grasse

Ihnen, Monsieur, nicht verbergen, daß die Amerikaner am
Ende ihrer Möglichkeiten sind, daß Washington nicht die Hälfte
der Truppen hat, die er angibt. Ich glaube, obwohl er dazu nichts
sagt, daß er im Augenblick keine 6000 Mann hat, und daß M. de
La Fayette keine tausend regulären Soldaten und Miliz hat, um
Virginia zu verteidigen, und etwa ebenso viele, die unterwegs
sind, um zu ihm zu stoßen; daß es daher von größter Wichtigkeit
ist, daß Sie so viele Soldaten wie möglich an Bord nehmen. Ich
bin sicher, daß Sie uns Überlegenheit auf See bringen werden,
aber ich kann Ihnen nicht oft genug wiederholen, daß Sie bitte
auch die Truppen und das Geld bringen.«
Nun, genau zu diesem Zweck war im Frühjahr Admiral François-Joseph-Paul Comte de Grasse mit 24 Schiffen ausgelaufen,
von denen das größte sein Flaggschiff *Ville de Paris* war; mit
57,50 m Länge und 15,75 m Breite verfügte die 1766 in Rochefort
gebaute *Ville de Paris* über 90 Geschütze in drei durchgehenden
Decks – 30 36pfünder im Batteriedeck, 32 24pfünder im Mitteldeck und 28 12pfünder auf dem Großdeck. Es war ganz gewiß
kein Zufall, daß man für dieses Unternehmen das zweitgrößte
Schiff der französischen Flotte aufgestellt hatte, denn George
Washington schrieb einmal höchst zutreffend: »Am wichtigsten
ist eine ständige Überlegenheit zur See an dieser Küste. Hierdurch würde der Feind sofort in eine schwierige Verteidigung ge-

drängt. Sobald die Aussichten schwinden, daß noch mehr zu gewinnen ist, entfallen auch die Motive, den Krieg fortzusetzen. Es ist schwer vorstellbar, wie der Gegner in diesem Land größere Streitkräfte unterhalten will, wenn wir die Seeherrschaft haben und die Zufuhr von Europa abschneiden können.«

Der Comte de Grasse war mit seiner Flotte zunächst in die Karibik gesegelt, wo auch die englische Westindien-Flotte unter George Brydges, dem ersten Baron Rodney und einem der fähigsten Admiräle vor Nelson, lag. Doch zu mehr als einer recht belanglosen, kurzen Schießerei kam es zunächst noch nicht. In der zweiten Augusthälfte ging die französische Flotte auf Kurs Richtung Chesapeake-Bucht, und Admiral Rodney jagte unverzüglich 14 Schiffe unter dem ebenfalls hervorragenden Vizeadmiral Samuel Hood hinterdrein, während er selbst aus Gesundheitsgründen nach London zurückkehrte. Vizeadmiral Hood erreichte die Bucht am 27. August, fand sie leer und segelte weiter nach New York, um sich mit dem Geschwader unter Admiral Thomas Graves zu verbinden, der als dienstälterer Offizier auch das Oberkommando übernahm, ehe man am 31. August mit 19 Linienschiffen erneut auf die Suche nach dem Comte de Grasse ging.

Dieser war mittlerweile einen Tag zuvor in der Chesapeake-Bucht angekommen, hatte mit seinen 24 Linienschiffen bei Lynnhaven hinter Kap Henry geankert, dort die dringend erwarteten Truppen an Land gesetzt und die drei Millionen von den Spaniern auf Havanna gestifteten Goldpesos abgeliefert. Am Nachmittag des 5. September erschienen die Briten zum zweiten Mal vor der Chesapeake-Bucht und fanden die Franzosen recht unordentlich hinter Kap Henry vor Anker. Admiral Graves war unbestritten ein tapferer Mann, und so war es auch gar keine Frage, daß, trotz seiner zahlenmäßigen Unterlegenheit, das Signal zum Angriff am Mast seines Flaggschiffes *London* emporflog. Aber er war auch – sehr zum Ärger seines Vizeadmirals Hood – ein Mann ohne jede Phantasie. Hätte er das Signal »Jagd frei« setzen lassen, die Franzosen wären vermutlich in arge Verlegenheit geraten. Statt dessen vollzog er etwa in der Mitte der Buchteinfahrt eine saubere Wende, ließ seine Schiffe, wie es das damalige Seeschlachtenreglement vorsah, in ordentlicher Kiellinie auf Kurs Ost gehen und gab so dem Comte de Grasse die nötige Zeit, seine Geschwader zu ordnen und ebenfalls in paralleler Kiellinie auszulaufen.

Um 16 Uhr fielen die ersten Schüsse, und im französischen Schlachtbericht heißt es weiter: »L. A. de Bougainville begann das Gefecht mit sehr lebhaftem Feuer. Eins nach dem anderen griffen die Schiffe der Linie ein. Nur die acht Spitzenschiffe der englischen Flotte kamen ernster ins Gefecht, obwohl sie die Luvstellung innehatten. Zentrum und Nachhut hielten sich meist außer Kanonenschußweite, und die letzten neun Schiffe unserer eigenen Linie hatten überhaupt keinen Wind.« Die Kanonade dauerte etwa zweieinhalb Stunden, und als einzigen bedeutenderen Erfolg konnte Sieur Louis-Antoine de Bougainville die Zerstörung der englischen *Terrible* verbuchen; es war eben jener Sieur de Bougainville, der 1766−1769 mit den Schiffen *Bourdeuse* und *Étoile* die Erde umrundet hatte und als einer der großen Erforscher des pazifischen Raumes galt.

In diesem ansonsten kaum wirkungsvollen Kanonendonner wurden die Vereinigten Staaten von Nordamerika endgültig geboren, denn der nächste Tag brachte keine Erneuerung der Schlacht. Admiral Thomas Graves zog sich – drei Tage von den Franzosen locker verfolgt – nach Süden zurück. Das war die Entscheidung: Vor dem 5. September 1781 stand Amerikas Unab-

Französisches Linienschiff 1. Ranges mit 100 Geschützen

Die Übergabe von York Town, Earl Cornwallis überreicht seinen Degen George Washington, ganz links Friedrich von Steuben

hängigkeit zu erwarten, jetzt war sie Gewißheit geworden. Generalleutnant Earl Cornwallis leistete zwar in York Town, von Land und See nun unerbittlich eingeschlossen, noch grimmigen Widerstand, ehe er am 17. Oktober die Flagge niederholen mußte – die unangenehme Aufgabe, den Degen zu überreichen und den Abzug der geschlagenen Truppen anzuführen, überließ er, angeblich wegen Krankheit, seinem Stellvertreter General O'Hara.

Admiral de Grasse wandte sich nun erneut der Karibik zu, landete am 11. Januar 1782 Truppen auf der Insel St. Christoph, brachte am 9. April einen Geleitzug von 120 Handelsschiffen heil an der britischen Flotte vorbei, die nun wieder von Lord Rodney kommandiert wurde, doch dann riß sein Glücksfaden: In der Nacht zum 12. April kollidierte seine *Ville de Paris* mit dem 74-Kanonen-Linienschiff *La Zélé*, wodurch beide Schiffe so schwer beschädigt wurden, daß sie kaum noch ihrem Verband zu folgen vermochten. Doch als die Engländer am nächsten Tag erneut angriffen, nahm der Comte de Grasse trotzdem den

Kampf auf, und erst als die buchstäblich letzte Kugel verschossen war, mußte er die Flagge einholen und seinen Degen Lord Rodney überreichen. Die schwer beschädigte *Ville de Paris* sank wenig später auf der Fahrt nach England.

Doch auch dieser letzte Erfolg der Briten konnte niemanden über die Tatsache hinwegtäuschen, daß man insgesamt eine höchst schmerzliche Niederlage erlitten hatte. Der amerikanische Krieg zog sich noch ein gutes Jahr hin, ehe 1783 im Frieden von Versailles die Unabhängigkeit der 13 Staaten bestätigt und besiegelt wurde. Cornwallis zu Recht und Graves nicht ganz so zu Recht blieben Vorwürfe für ihre Niederlagen erspart, doch für die Royal Navy, die sich mehr und mehr als die Beherrscherin der Weltmeere fühlte, blieb die bittere Gewißheit, daß es ausgerechnet ihr Versagen gewesen war, das den Verlust der frühesten und einträglichsten Kolonie der Vereinigten Königreiche besiegelt hatte. Mehr noch für sie als für die Verteidiger von York Town schien jener Marsch gespielt, den sich die geschlagenen Truppen des Earl Cornwallis bei ihrem Abzug anhören mußten: »The world turned upside down« – »Die Welt steht kopf«.

In der Südsee verschollen
Boussole und Astrolabe
FRANKREICH 1785–1788

Wenn sich nicht ein – von vornherein garantierter! – Gewinn daraus ziehen ließ, waren die Engländer ihren Entdeckern gegenüber in der Regel ausgesprochen schäbig: James Cooks *Endeavour* war eine umgebaute Kohlenhulk, und die *Swallow* gar stand bereits auf der Liste abzuwrackender Schiffe, als jemand auf den glänzenden Gedanken kam, man könne sie Philipp Carteret für seine Südsee-Expedition geben.

Ganz anders in Frankreich: Hier wurden Forschungsexpeditionen um der Wissenschaft willen gefördert, Schiffe und Ausrüstung waren das Beste vom Besten, die Kapitäne wie de Bougainville, de Fresne, de Surville, La Pérouse, de Langle, d'Entrecastaux, d'Urville, de Kermadec und du Petit-Thouars stammten aus den angesehensten Familien des Landes, und in ihrer Begleitung reisten die erlauchtesten Geister der Wissenschaft.

Jean François de Galaupe, Compte de La Pérouse, war 1741 in der Nähe von Albi zur Welt gekommen, mit 15 in die Marine eingetreten, hatte sich in der Schlacht von Belle-Isle und in der Hudson-Bay bravourös mit den Engländern herumgeschlagen und galt 1785, als ihn Louis XVI. mit dem Auftrag, »nach all jenen Ländern zu suchen, die der Aufmerksamkeit von James Cook entgangen sind«, in die Südsee schickte, als einer der fähigsten und zuverlässigsten Kapitäne der französischen Flotte.

Als am 1. August die *Boussole* unter La Pérouse und die *Astrolabe* unter Fleuriot de Langle im Hafen von Brest ankerauf gingen, befanden sich neben der Stammbesatzung 20 Gelehrte der verschiedensten Fachrichtungen und etliche Künstler, die alles Gesehene an Landschaften, Menschen, Tieren und Pflanzen auf Papier festhalten sollten, dazu eine kleine wissenschaftliche Bibliothek an Büchern und Karten, bruchsicher in Kisten verpackt zahllose wissenschaftliche Gerätschaften, 5000 Bogen Papier zum Pressen von Blättern und Blumen und 20 Wasserfässer eigens für das Studium des Wachstums von Algen und Bakterien an Bord.

Im Januar umrundeten *Boussole* und *Astrolabe* Kap Hoorn, und

La Pérouse unterbreitet Louis XVI. den Expeditionsplan

La Pérouse notierte im Logbuch: »Dabei war ich meiner Meinung nach über jene Stelle weggefahren, an der das Land liegen müßte, das Drake gesichtet hatte. Seit meinem Aufbruch aus Europa habe ich mich immer wieder mit den Routen der alten Seefahrer beschäftigt. Aber ihre Bordtagebücher sind so elend geführt, daß man meist erraten muß, was eigentlich mit den Eintragungen gemeint war, und die Geographen, die sie dann auswerteten, verstanden wiederum von der Seefahrt so wenig, daß sie nicht imstande waren, diesen Quellen mit dem Rüstzeug jener gesunden Kritik zu begegnen, deren sie so dringend bedurft hätten. Darum kam es zu der Einzeichnung von Inseln, die gar nicht existierten oder jedenfalls beim Herannahen einer anderen Expedition bereits wieder verschwunden waren.«

Zweieinhalb Jahre brachten die beiden Schiffe fast ununterbrochen auf See zu, als wollten sie die Leistungen, die James Cook in drei Reisen vollbracht hatte, auf einer einzigen Fahrt überbieten. Keine Strecke schien La Pérouse zu weit: Zunächst segelten die Schiffe bis Concepción an der Küste Südamerikas hinauf und bogen dann in den Pazifik hinaus, wo sie am 9. April 1786 die geheimnisvollen Osterinseln erreichten, deren Beschreibung um so wertvoller ist, als La Pérouse die Inseln noch in einem ursprünglichen Zustand vorfand, ehe die Zivilisation über sie hereinbrach. Weiter ging es über Hawaii nordwärts nach Alaska.

Hier ereignete sich der erste schwere Zwischenfall: La Pérouse hatte der Bucht trotz ihrer geschützten Lage im Kranz des Mount St. Elias wegen der starken Gezeitenströmungen von Anfang an mißtraut. Leutnant d'Escures, der mit drei Booten die Bucht erkunden sollte, wurde in seinen schriftlichen Instruktionen daher so oft zur Vorsicht ermahnt, daß er aufbrausend fragte, ob ihn der Graf denn für ein Kind halte; er sei 32 Jahre alt und habe bereits Kriegsschiffe befehligt. Vier Stunden später kehrte von den drei Booten nur das kleinste zurück mit der Meldung, daß der Leutnant und 20 seiner Begleiter ertrunken seien, als das Boot in dem mit hoher Geschwindigkeit aus der Bucht brechenden Ebbstrom gekentert sei und auch das andere Boot, bei dem Versuch Hilfe zu bringen, das gleiche Schicksal erlitten habe.

Boussole und *Astrolabe* erforschten nun südwärts die Küsten der heutigen US-Staaten Washington, Oregon und Kalifornien bis auf die Höhe von Monterey, südlich des heutigen San Francisco, ehe sie wieder westwärts segelten, den ganzen Pazifik überquerten und Macao in Südchina anliefen.

Nach einem Abstecher auf die Philippinen-Insel Luzon ging es wieder nordwärts über Formosa, die Südküste Koreas und die Westküste Japans bis zur Mündung des Amur hinauf und an der Westküste der Insel Sachalin zurück, bis zu jener Meerenge zwischen den Inseln Sachalin und Hokkaido, die heute noch La-Pérouse-Straße heißt, und weiter an den Kurilen entlang bis zum heutigen Petropawlowsk auf der Halbinsel Kamtschatka, wo sie von Schneestürmen und Eisbergen zur Umkehr gezwungen wurden.

Über die Gilbert-, Phönix-, Samoa- und Freundschafts-Inseln steuerten die beiden französischen Korvetten in Richtung Australien, als es am 11. Dezember 1787 auf Maouna zum zweiten schweren Zwischenfall kam:

Der erste Kontakt mit den Eingeborenen war zwar nicht sonderlich gut, doch trotz einiger Reibereien tauschte man 500 Schweine und andere Lebensmittel ein, und Fleuriot de Langle, der Befehlshaber der *Astrolabe,* wollte bei einer nahegelegenen Quelle auch die Wasservorräte ergänzen.

Als die Franzosen in die Trinkwasserbucht einliefen, war Ebbe, so daß der Kapitän vorsorglich anordnete, daß drei der Boote weiter draußen ankern sollten, während er selbst mit zwei Booten ans Ufer ruderte, und da sich die etwa 200 Insulaner, in der

Hauptsache Frauen und Kinder, ruhig verhielten, ließ er eine Doppelkette bis zur Quelle bilden und mit dem Füllen der Fässer beginnen.

Doch kaum waren die Boote durch das ablaufende Wasser endgültig trockengefallen, als wohl an die tausend Eingeborenen-Krieger in die Bucht stürmten und die Franzosen mit einem Steinhagel einzudecken begannen. Um kein Blutbad anzurichten, zögerte Kapitän de Langle, den Angriff mit einer Musketensalve zu beantworten, und erst als die Insulaner von allen Seiten waffenschwingend auf sie eindrangen, befahl er zu feuern. Doch nach der zweiten Salve traf ihn selbst ein Stein so unglücklich, daß er bewußtlos zu Boden stürzte und Augenblicke später von den Insel-Kriegern erschlagen wurde. Nur dem Umstand, daß die Insulaner zunächst die beiden Boote nach den Schätzen der Weißen durchwühlten, verdanken es 49 der ursprünglich 61 Franzosen, daß sie mehr oder minder schwer verletzt fliehen und zu den weiter draußen ankernden Booten schwimmen konnten.

Als die Boote die *Boussole* und die *Astrolabe* erreichten, waren diese von zahllosen Eingeborenen-Pirogen umgeben, die mit den Schiffen eifrig Tauschhandel betrieben. Für La Pérouse wäre es nun ein leichtes gewesen, mit seinen wohlbestückten Korvetten ein Blutbad unter den Insulanern anzurichten. Doch

La Pérouse auf den Osterinseln

Jean François de Galaupe, Comte de La Pérouse

dem Grafen war solch brutales Vergeltungsdenken fremd, und so befahl er seiner aufgebrachten Mannschaft lediglich, sofort die Anker zu lichten, ohne daß ein einziger Schuß abgegeben wurde.

Am 26. Januar 1788 liefen die beiden französischen Korvetten in die Botany Bay an der Südostecke von Australien ein, wo James Cook 18 Jahre vorher erstmals den Boden des langgesuchten Südkontinents betreten hatte. Der Empfang durch ein englisches Geschwader unter Kommodore Philips war reichlich kühl, denn der Engländer war eben dabei, eine erste Strafkolonie auf australischem Boden zu errichten, und hatte neben landwirtschaftlichem Gerät eine reiche Fracht an Verbrechern – oder zumindest das, was man damals schon als Verbrecher bezeichnete, also auch Leute, die aus Hunger ein Stück Brot gestohlen hatten – zu hüten. Tatsächlich scheinen etliche der Sträflinge den Versuch gemacht zu haben, an Bord der französischen Schiffe zu entkommen, was das Wohlwollen des Engländers ebenfalls nicht gerade beflügelte. Immerhin erklärte sich Kommodore Philips bereit, Papiere, Berichte und Aufzeichnungen von La Pérouse über die besuchten Inseln und Küsten, geographische Vermessungen, Angaben über Flora, Fauna und die Menschen, ihre Nahrung, Kleidung, Häuser, Sitten und Gebräuche mit nach Europa zu nehmen – ein Verfahren, das der Graf schon zweimal angewendet hatte, um das Risiko eines Verlustes zu verringern.

Wenig später setzten die beiden Korvetten erneut Segel, steuerten nach Norden – und verschwanden.

Eine Suchexpedition unter Admiral Brui d'Entrecasteaux, die am 25. September 1891 mit den Schiffen *Recherche* und *Espérance* von Brest auslief, blieb erfolglos.

Erst 30 Jahre später – und mit letzter Sicherheit erst in den 60er Jahren unseres Jahrhunderts – wurde das Schicksal der *Boussole* und der *Astrolabe* geklärt. Eingeborene der Insel Vanikoko erzählten – und Taucherfunde bestätigten dies später –, daß im Februar oder März 1788 zwei große Schiffe in einer stürmischen Nacht in den Riffen der Insel gescheitert waren. Das eine, die *Boussole,* war sofort gesunken, und die später ausgegrabenen 60 Schädel von Europäern legten ein grausiges Zeugnis davon ab, daß die Überlebenden des Schiffbruchs Kannibalen in die Hände gefallen waren.

Auf dem anderen Schiff, der *Astrolabe,* hatte es zunächst keine Toten gegeben, und die gutbewaffnete Gruppe hatte sich auch die Menschenfresser vom Hals halten können. In monatelanger Arbeit war ein großes, offenes Boot gebaut worden, mit dem sie eines Tages in See gegangen war, wohl mit dem Ziel eines europäischen Hafens in Niederländisch-Indien, wo sie freilich nie angekommen ist.

Die Aufzeichnungen von La Pérouse wurden 1797 unter dem Titel »Reise um die Welt« in Paris veröffentlicht, vier Jahre nachdem Louis XVI., der die Expedition ausgeschickt hatte, die Guillotine hatte besteigen müssen.

DIE MEUTEREI
BOUNTY

Buch- und Filmautoren wissen über Kapitän William Bligh, dessen Name unlösbar mit der »Meuterei auf der *Bounty*« verknüpft ist, kaum Gutes zu berichten und tun ihm damit doch ganz erheblich unrecht. Zwar war William Bligh weder ein sanfter Philanthrop noch ein geschickter Psychologe, jedoch ein hervorragender Kapitän, der sich aus kleinen Verhältnissen hochgearbeitet und eine Reederstochter geheiratet hatte, um immer Schiffe zur Verfügung zu haben, die er kommandieren konnte.

Und da man neben einem Schurken stets auch einen Helden benötigt, erkor man dazu den Ersten Offizier der *Bounty,* Fletcher Christian. Einen prachtvolleren Gegentyp zu dem verbissenen Karrieremacher Bligh kann man sich freilich auch kaum ausdenken: Fletcher Christian war eben 24 Jahre alt, kam aus der besseren Gesellschaft und betrachtete die Expedition mit der *Bounty* als ein Gentleman-Abenteuer.

Wenn es, wie der alte Seemannsaberglaube will, Unglück bringt, ein Schiff umzutaufen, so tat in den Herbsttagen des Jahres 1787 Kapitän Bligh alles, die in *Bounty* umgetaufte *Bethia* vor solch einem Schicksal zu bewahren. Er hatte die Ausrüstung des Schiffes persönlich überwacht und so viele Umbauten und Ergänzungswünsche vorgebracht – und durchgesetzt –, daß die *Bounty* erst Ende Dezember in See gehen konnte. Ihr Auftrag hieß: Anlaufen der Insel Tahiti, Übernahme einer möglichst großen Anzahl an Brotfruchtpflanzen und deren Transport nach Westindien, wo man sie als Nahrungsmittel für die Sklaven in großen Plantagen anbauen wollte.

Was die 46 Männer unter seinem Kommando über Kapitän Bligh wußten, war, daß er zwar seinen Leuten das Äußerste abverlangte, jedoch niemals mehr als auch sich selbst. Und wenn sie etwas an Schiff und Kapitän auszusetzen fanden, dann allenfalls, daß der Platz in den Logis – die Kapitänskajüte nicht ausgenommen – noch enger und bedrängter war als üblich, da man den Hauptraum für die Brotfruchtpflanzen reserviert hatte.

Infolge ihres späten Auslaufens erreichte die *Bounty* Kap Hoorn gegen Ende März, in jener Jahreszeit, in der alle Kenner eine

Umrundung als unmöglich betrachteten, und auch Kapitän Bligh gab, um Schiff und Männer zu schonen, nach einem kurzen, vergeblichen Versuch auf und segelte die lange Route über das Kap der Guten Hoffnung, Niederländisch-Indien und Neuseeland nach Tahiti.

Als er nach zehnmonatiger Reise vor der Insel Anker warf, mußte der Kapitän feststellen, daß er wieder in die falsche Jahreszeit geraten war, denn erst in sechs Monaten würde man die jungen Brotfruchtpflanzen umsetzen und verschiffen können. Wäre Kapitän Bligh tatsächlich der finstere Leuteschinder gewesen, er hätte seine Männer nun eisern auf dem Schiff festgehalten, doch daran dachte er gar nicht. Wenn man William Bligh überhaupt einen Vorwurf für die kommenden Ereignisse machen will, so schlimmstenfalls den, daß er außer einer kleinen, sich abwechselnden Wachbesatzung für das Schiff die Männer der *Bounty* ungehindert an Land gehen ließ, wo sie sich traumhafte sechs Monate auf dem weißen Sandstrand die Sonne auf die Bäuche scheinen und die Früchte ins Maul wachsen lassen konnten, abends mit den Eingeborenen um die Feuer hockten, tanzten und sich mit den äußerst willigen Inselschönen zu Ehen auf Zeit zusammenfanden.

In diesem Idyll konnte natürlich nichts unwillkommener sein als der Befehl, wieder an Bord zu gehen, und als es Ende März 1789 so weit war, machten sich die Männer nur murrend daran, die frisch umgesetzten Brotfruchtpflanzen auf dem Schiff zu verstauen, Proviant und Wasser für die wohl wieder viele Monate dauernde Rückfahrt an Bord zu nehmen und den Inselschönen für immer Lebewohl zu sagen. An einem der ersten Apriltage versank die Trauminsel am Horizont, und mit jeder Meile, die sich die *Bounty* weiter von ihr entfernte, wurde die Stimmung schlechter, das Murren lauter.

Kapitän Bligh beantwortete die Aufsässigkeit der Matrosen mit Streichen der Schnapsration, Kürzen der Essensrationen und in Einzelfällen auch mit härteren Maßnahmen wie der berüchtigten »neunschwänzigen Katze« – psychologisch nicht eben feinfühlige Methoden, jedoch auf fast allen Schiffen aller Nationen jener Zeit (und bis weit ins 19. Jahrhundert herauf) völlig üblich, um eine Besatzung zur Räson zu bringen.

Auch was er als Erleichterung für seine Männer eingeführt hatte, wandte sich nun gegen Kapitän Bligh: Die Mannschaft war nämlich nicht wie üblich in zwei, sondern in drei Wachen eingeteilt, um jeder Wache eine längere Ruhezeit zwischen den Schichten zu gönnen, wodurch es für Fletcher Christian nun nicht schwer war, in seiner eigenen Wache all jene Männer zu sammeln, die die Abfahrt von Tahiti besonders bedauerten und die fast alle schon einmal unangenehm aufgefallen und bestraft worden waren.

Am Morgen des 18. April überrumpelte der Erste Steuermann mit 25 seiner Anhänger den Kapitän und riß in einer blitzschnellen, unblutigen Meuterei die Macht über das Schiff an sich. William Bligh und 18 loyale Besatzungsmitglieder wurden im Großboot ausgesetzt, und da Fletcher Christian sich schließlich als Gentleman fühlte, wurden ihnen nicht nur 150 Pfund Zwieback, 20 Pfund Pökelfleisch, 120 Liter Wasser und fünf Liter Rum als Proviant zugestanden, sondern auch ein Kompaß, ein Sextant, das Logbuch der *Bounty* und die privaten Papiere des Kapitäns.

Bligh steuerte zunächst die benachbarten Freundschafts-Inseln an, doch die keineswegs freundschaftlichen Eingeborenen vertrieben ihn und ermordeten einen seiner Männer. Der Kapitän beschloß daraufhin, keinen weiteren Versuch dieser Art mehr zu riskieren, setzte die Tagesration pro Mann auf 50 Gramm Zwieback und einen Achtelliter Wasser fest und nahm Kurs auf die nächste europäische Siedlung auf der 3400 Seemeilen entfernten Insel Timor, wo er am 14. Juni anlegte, ohne einen weiteren Mann verloren zu haben. Lediglich gegen Unterschrift erhielt Kapitän Bligh einen kleinen Schoner, und neun Monate später setzte er seinen Fuß wieder auf englischen Boden. Nach eingehender Prüfung des Logbuches und der Aussagen von William Bligh und seiner Getreuen sprach am 2. Oktober 1790 das Seegericht den Kapitän von aller Schuld am Verlust seines Schiffes frei, und das »Gentleman's Magazine« kommentierte: »Die Unbill, die er erduldet hat, gibt ihm ein Anrecht auf jegliche Belohnung.« Diese ließ auch nicht auf sich warten: William Bligh erhielt umgehend ein neues Schiff und wurde später sogar Vizeadmiral und Kolonialgouverneur.

Unterdessen war die *Bounty* nach Tahiti zurückgekehrt, wo die Mehrzahl der Meuterer das unterbrochene Schlaraffenleben wieder aufnahm. Fletcher Christian freilich war klar, daß hier über kürzer oder länger eine Strafexpedition auftauchen würde, und so stach er mit acht seiner Leute, sechs Insulanern und zwölf jungen Frauen mit der *Bounty* wieder in See, um einen sicheren Unterschlupf zu finden. Und er wußte auch schon wo: Pitcairn

In einem offenen Boot wird Kapitän Bligh ausgesetzt

lag am Südende des Paumotú-Inselbogens und war unbewohnt, auch wenn man Steinwerkzeuge, große Steinfiguren und Teile menschlicher Skelette gefunden hatte. 1767 hatte die *Swallow* unter Kapitän Philipp Carteret die Insel gesichtet und – falsch! – auf der Karte eingetragen. Carterets Bericht über seine Südsee-Expedition befand sich an Bord der *Bounty,* und Fletcher Christian erkannte sehr schnell, daß eine falsch eingezeichnete Insel noch erheblich sicherer war als sogar eine noch nicht entdeckte.

Im Januar 1790 gingen er und seine Leute an Land, luden die Vorräte aus und verbrannten die *Bounty,* um durch das ankernde Schiff nicht verraten zu werden. 18 Jahre galten sie als verschollen, bis 1808 der Walfänger *Topaz* die kleine Kolonie wieder entdeckte. Von den Meuterern war keiner mehr am Leben bis auf einen gewissen John Adams, der sich zum beinahe religiös verehrten Oberhaupt der Gemeinde aufgeschwungen hatte. Alle anderen waren in den Kämpfen um Macht und Frauen umgekommen, hatten freilich auch eine höchst zahlreiche Nachkommenschaft hinterlassen, die nach dem Tod Adams' 1829 noch lange Jahre von dem Sohn Fletcher Christians, Thursday October, als »Chief Magistrate« geleitet wurde.

Über die 16 auf Tahiti Zurückgebliebenen war, wie Fletcher Christian geahnt hatte, das Verhängnis sehr schnell hereingebrochen. Am 7. November 1790 war die *Pandora* unter Kapitän Edward Edwards ausgelaufen, und schon am 23. März 1791 ankerte sie nach einer Rekordfahrt in der Matavi-Bucht von Tahiti. Gegen die 24 Kanonen und 160 Mann der *Pandora* hatten die Meuterer, trotz eines gewissen Anhangs unter den Eingeborenen, keine Chance. Vier ergaben sich sofort, zehn wurden nach kurzer Jagd gefangen, zwei waren mittlerweile tot. In Ketten wurden die 14 Gefangenen in die »Büchse der *Pandora*«, einen dreieinhalb Meter durchmessenden Holzkäfig auf dem Deck des Schiffes, gesteckt, und nur die Menschlichkeit eines Seemannes rettete zehn von ihnen das Leben, als die *Pandora* im nordaustralischen Great-Barrier-Riff scheiterte, während Kapitän Edwards sie nur zu gern mit dem Schiff hätte untergehen lassen. Teilweise auf holländischen Schiffen kehrten die Überlebenden nach England zurück.

Am 12. September 1792 wurden vor dem Seegericht vier von ihnen, denen nichts Ernstes nachzuweisen war, freigesprochen, die anderen sechs zum Tod verurteilt und im Hafen von Portsmouth an der Großrah der *Brunswick* gehängt.

DAS LIED DER REVOLUTION
VENGEUR DU PEUPLE

FRANKREICH 1794

Für Großbritannien war und blieb Frankreich der Angstgegner zur See. Gewiß, die Royal Navy konnte unter dem Strich die entschieden höhere Zahl an Siegen verbuchen, doch was half das schon, wenn sie, wie 1781 in der Chesapeake-Bucht, im entscheidenden Augenblick geschlagen wurde und die größte und gewinnträchtigste Kolonie dabei verlorenging?

So packte denn Großbritannien mit Klauen und Zähnen zu, als sich ihm die Chance bot, diesen Rivalen ein für allemal von den Meeren zu tilgen: Und diese Chance war die Französische Revolution.

Das, was 1789 als durchaus berechtigter Wunsch nach mehr Mitspracherecht des Bürgertums begonnen hatte, war binnen nur vier Jahren zu einem wahnwitzigen Todeswirbel entartet: Die gemäßigten Republikaner, die Girondisten, hatten die Anhänger einer konstitutionellen Monarchie weggefegt und König Louis XVI., mehr aus Schwäche denn aus Überzeugung, am 21. Januar 1793 aufs Schafott geschickt; nur zehn Monate später, am 30. Oktober, traten sie selbst, die Marseillaise singend, den Weg auf das Blutgerüst an, während die nun siegreichen radikalen Montagnards, geführt von Robespierre und Danton, jetzt ihrerseits in rivalisierende Gruppen zerbrachen. Am 31. März 1794 wurde der gewaltige Danton verhaftet und am 5. April mit seinen Freunden hingerichtet. Doch die Wahnsinnsdiktatur Robespierres an der Spitze des »Wohlfahrts-Ausschusses« währte nur noch 118 Tage, dann wurde auch der »Unbestechliche«, wie er sich so gerne nannte, gestürzt und am 27. Juli mit 92 seiner Anhänger enthauptet.

Doch während unter dem Fallmesser der Guillotine wahllos Girondisten und Montagnards, Cordeliers, Aristokraten und Jakobiner starben, war das Volk von Frankreich, in dessen Namen angeblich dies alles geschah, am Verhungern. Die Briten wußten das, und so ging ein Flottenverband von 34 Linienschiffen unter dem Oberkommando von Admiral Richard Earl of Howe unter Segel, als gemeldet wurde, daß sich ein gewaltiger, mit Korn beladener Geleitzug aus Amerika dem hungernden Frankreich nä-

Louis Villaret de Joyeuse   *Richard Earl of Howe*

herte, den die Franzosen, koste es was es wolle, durchbringen mußten.

Auch dem französischen Admiral Louis Villaret de Joyeuse war dies nur zu klar, hatte man ihm doch im Fall, daß der Getreide-Konvoi Frankreich nicht erreichen sollte, die Guillotine in Aussicht gestellt, auch wenn er mit seinen 25 Linienschiffen nicht nur zahlenmäßig den Engländern unterlegen war, sondern es ihm vor allem an erfahrenen Offizieren fehlte; denn nahezu alle tüchtigen Kapitäne und Admiräle des Ancien Régime waren aus Frankreich geflohen, saßen im Kerker oder waren bereits der Guillotine zum Opfer gefallen.

Vier Tage zogen sich die Kämpfe bereits hin, ehe es am 1. Juni 1794 (dem 13. Prairial des Jahres II nach dem Revolutionskalender) zur Entscheidung kam.

Admiral Villaret de Joyeuse hatte sich mit seinen Schiffen in Schlachtlinie zwischen den knapp unter dem Horizont segelnden Getreide-Konvoi und die englische Flotte gelegt in der Hoffnung, die Briten würden in ihrer Gier, dem Erb- und Angstgegner eine empfindliche Niederlage beibringen zu können, all ihre Kräfte auf ihn konzentrieren.

Und genauso geschah es: Admiral Lord Howe scheint gar nicht der Gedanke gekommen zu sein, seine zahlenmäßige Überlegenheit dahin zu nutzen, einige Schiffe gegen den Konvoi zu detachieren, sondern er sah nur noch die französische Kriegsflotte. »Als klar war, daß Villaret den Kampf annehmen würde«, schrieb später Edward Codrington, »belebte sich Howes Gesicht, wie ich es bei seinem Alter nicht für möglich gehalten hätte. Dem Ergebnis schien er mit grenzenloser Zuversicht entgegenzusehen. Als sich die Flotten einander näherten, sagte Howe zu Sir Roger Curtis (seinem Flaggkapitän): ›Und jetzt, Sir, halten Sie das Signal ›Nahkampf‹ bereit. Ich erwarte von Ihnen, daß sie das tun, was der *Queen Charlotte* zukommt: mit dem französischen Admiral kämpfen. Wenn sich unsere Rahen berühren, um so besser, denn um so eher wird die Schlacht entschieden sein.«

Für die Franzosen wurde die Schlacht eine klare Niederlage: Zwei Schiffe mußten die Flagge streichen – vier andere hatten sich schon in den Kämpfen der Vortage ergeben müssen – und eines, die *Vengeur du Peuple,* ging nach wütendem Zweikampf mit der *Brunswick* unter.

Die englische Geschichtsschreibung nennt diesen Tag gern den »Glorreichen Ersten Juni«, doch so glorreich war er genau besehen gar nicht, denn die Franzosen hatten zwar sieben Linienschiffe verloren, aber, wie sogar der gefürchtete Wohlfahrts-Aus-

Der Untergang der ›Vengeur du Peuple‹ am 1. Juni 1794

schuß in Paris anerkannte, das französische Kampfziel war voll und ganz erreicht worden, und der Getreide-Konvoi, den Admiral Lord Howe in der Begeisterung seines Sieges restlos vergessen hatte, lag mittlerweile unbeschädigt in Brest; die Engländer hatten zwar einen beachtlichen taktischen Sieg, aber eine offenkundige strategische Niederlage zu verbuchen. Die heftigsten Kontroversen gab es in Paris freilich um den Untergang der *Vengeur du Peuple,* deren Kommandant Renaudin vorgeworfen wurde, er habe zu schnell den Kampf aufgegeben und sei, um seine Haut zu retten, in englische Gefangenschaft gegangen. Doch als er einige Zeit später ausgetauscht wurde, konnte er sich vor einem Kriegsgericht voll rehabilitieren, und der Untergang der *Vengeur du Peuple* erschien nun plötzlich in einem ganz anderen Licht, ja, er wurde zur Legende, zum Heldenlied:

Die Matrosen der *Vengeur du Peuple* hatten demnach gekämpft, bis das Wasser an den Mündungen ihrer Kanonen stand – was stimmte –, und es spielt keine Rolle, daß sie sich nicht geweigert haben, wie die Legende behauptete, sich retten zu lassen – 266 Mann, etwa ein Drittel der Besatzung samt Kapitän Renaudin, konnten von englischen Schiffen aufgefischt werden –, sondern daß seit Jahrhunderten erstmals in Europa eine Idee wieder so stark war, daß sich – und dies ist nun historisch belegte Tatsache – rund 750 Männer auf den Decks in Reih und Glied aufstellten und, während das kampfunfähige Schiff mit ihnen versank, ihr Revolutions- und Freiheitslied sangen, die Marseillaise.

»ENGLAND EXPECTS ...«
VICTORY

GROSSBRITANNIEN 1765 BIS HEUTE

Im Dezember 1758 wurde im englischen Parlament ein Gesetz
gebilligt, das den Bau eines Dreideckers 1. Ranges sowie elf weiterer Linienschiffe vorsah.

Als Folge des Beschlusses wurde von Schiffsbaumeister John
Lock in der Marinewerft von Chatham am 23. Juli 1759 der Kiel
für den neuen Dreidecker gestreckt, und am 30. Oktober 1760
nannte die Schiffsliste der Royal Navy erstmals auch den Namen
des neuen Schiffes: *Victory*.

Der Bau freilich ging reichlich schleppend voran, und als John
Lock 1762 starb und Edward Allin, der gewöhnlich als der Erbauer der *Victory* gilt, sein Nachfolger wurde, war der Rumpf
eben bis zum Batteriedeck fertig, und es dauerte nochmals drei
Jahre, ehe das Schiff am 7. Mai 1765 vom Stapel laufen konnte.
Seine Hauptabmessungen, an denen sich auch später, trotz
zweier fast vollständiger »rebuilts«, nichts mehr änderte, waren
226 Fuß, 6 Zoll = 69,04 m von der Galionsfigur bis zum Hack-
bord und 51 Fuß, 10 Zoll = 15,80 m in der größten Breite bei

Pierre Charles de Villeneuve

2162 t Tragfähigkeit und 3225 t Deplacement bei 25 Fuß = 7,62 m mittlerem Tiefgang; die gesamten Baukosten betrugen 63 176 Pfund Sterling.

Die *Victory* wurde nun zu einem Liegeplatz bei Upnor auf dem Medway geschleppt, und es dauerte volle vier Jahre, ehe sie 1769 zu einer See-Erprobung auslaufen durfte. Doch obwohl sie sich unter Segeln als hervorragendes Schiff erwies, wurde sie wieder an ihren Liegeplatz verholt und vorläufig vergessen. Als sie 1771 endlich einsatzfertig gemacht werden sollte, stellte sich heraus, daß die Beplankung teilweise von dem gefürchteten Schiffswurm befallen war, und so fuhr sie statt in die Schlacht ins Dock, kehrte anschließend an ihren Liegeplatz zurück, mußte vier Jahre danach erneut ins Dock und wieder auf ihren Liege- platz. Endlich, 13 Jahre nach ihrem Stapellauf, wurde die *Vic- tory* für Admiral Augustus Keppel aus der Reserve geholt, aufge- takelt und fertig ausgerüstet, wobei auch ihre Geschütze an Bord kamen: 30 32pfünder (zeitweilig auch 42pfünder) auf dem Batteriedeck, 28 24pfünder auf dem Mitteldeck, 30 12pfünder auf dem Großdeck und 12 12pfünder auf Back und Schanz.

Seit dem 8. Mai 1778, als sie an der Spitze des Kanalgeschwaders auslief, wurde ihr Geschick bewegter. Ende des Jahres stand sie bei Quessant erstmals im Feuer, war danach an den Schlachten bei der Doggerbank 1781 und Kap St. Vincent 1797, bei der Blok- kade von Toulon 1792 und etlichen anderen unbedeutenderen Gefechten beteiligt und führte nacheinander die Flaggen von elf

Nelsons persönliches Gebet, eingetragen in sein Tagebuch am Morgen der Schlacht von Trafalgar

Cuthbert Collingwood

Horatio Viscount Nelson,
Duke of Bronte

Admirälen, von denen die berühmtesten Vizeadmiral Francis William Drake, Vizeadmiral Sir Hyde Parker, Admiral Alexander Hood, Vicomte Bridport und Großadmiral Richard Earl of Howe waren.

Dazwischen wurden freilich immer wieder Reparaturen nötig, und erst als man 1780 den gesamten Unterwasserrumpf mit 3923 Kupferplatten – sie wogen 17 t, die Nägel 1,5 t – zum Schutz gegen den Schiffswurm beschlug, besserte sich die Lage etwas, doch die Reparaturen hatten mittlerweile eine Gesamtsumme von 57970 Pfund verschlungen, fast ebensoviel, wie der Bau gekostet hatte.

Im November 1797 wurde die *Victory* heimbeordert und außer Dienst gestellt. Die Admiralität schickte sie auf einen Liegeplatz auf dem Medway als Hospitalschiff für kranke Kriegsgefangene, und ein Jahr später erwog man sogar ernsthaft, sie in eine Gefangenenhulk umzuwandeln, eines jener berüchtigten Pontonschiffe, die als die übelsten Gefängnisse ihrer Zeit galten. Wäre dieser Plan durchgegangen, so hätte das ohne jeden Zweifel das unrühmliche Ende der *Victory* bedeutet, doch zu ihrem Glück hatte sie zu vielen hochkarätigen Marineoffizieren treue Dienste geleistet, die sich nun für sie einsetzten, so daß sie zunächst begnadigt und im Hospitaldienst belassen, schließlich, 1800, sogar ins Dock geschickt und für 70933 Pfund praktisch völlig zerlegt und neu erbaut werden konnte.

Am 11. April 1803 verließ die *Victory* das Dock und segelte nach Spithead, wo sie die Flagge ihres neuen Befehlshabers setzte, jenes Mannes, der ihr zu unsterblichem Ruhm verhelfen sollte: Vizeadmiral Horatio Viscount Nelson.

Als Flaggschiff der Mittelmeerflotte war ihre erste Aufgabe die 18monatige Blockade von Toulon, über die der amerikanische Admiral Mahan schrieb: »Es waren stumpfsinnige, ermüdende, ereignislose Monate des Wachens und Wartens auf den dicken Schiffen vor dem französischen Arsenal. Kein Zweifel, vielen erschienen sie nutzlos. Aber sie retteten England. Nie wurde der Welt der Einfluß der Seemacht auf die Geschichte eindrucksvoller dokumentiert. Die Große Armee bekam die sturmgepeitschten Schiffe weit draußen in See niemals zu Gesicht, aber sie standen zwischen ihr und der Weltherrschaft.«

Doch trotz aller Vorsicht und Zähigkeit gelang es im März 1805 Napoleons »glückhaftem« Admiral Pierre Charles de Villeneuve, zu entwischen und am 8. April die Straße von Gibraltar mit Ziel Westindien zu passieren. Lord Nelson jagte mit seiner Flotte hinterdrein, erfuhr in Trinidad, daß die Franzosen schon wieder heimwärts segelten, und kehrte enttäuscht und verärgert nach Gibraltar zurück, wo er seine Flotte beließ, um für drei Wochen Urlaub nach England zurückzukehren, während sein Schiff einer schnellen Ausbesserung unterzogen wurde, wobei auch noch zwei weitere 12pfünder-Kanonen und zwei 68pfünder-Carronaden auf der Back aufgestellt wurden, so daß die Zahl der Geschütze nun 104 betrug.

Am 15. September ging die *Victory* von Portsmouth unter Segel, um sich am 28. mit dem Rest der Flotte vor Gibraltar wieder zu vereinen.

Admiral Villeneuve lag indessen mit seiner Streitmacht im Hafen von Cádiz und lauerte auf eine günstige Gelegenheit auszulaufen, um ins Mittelmeer durchzubrechen, was ihm am Morgen des 20. Oktober auch gelang.

Folgen wir weiter dem Bericht von Vizeadmiral Lord Cuthbert Collingwood:

»Der ewig zu beklagende Tod von Vizeadmiral Lord Vicomte Nelson, der beim letzten Zusammenstoß mit dem Feind in der Stunde unsercs Siegcs fiel, macht es mir zur Pflicht, Sie, meine Herren Bevollmächtigten der Admiralität, davon zu unterrichten, daß am 20. d. M. dem Chefkommandanten der Schiffe, die die Bewegungen des Feindes in Cádiz beobachteten, mitgeteilt wurde, daß die gesamte Flotte in See gegangen sei. Da sie unter leichtem westlichem Wind segelten, kam seine Lordschaft zu dem Schluß, daß ihr Bestimmungsziel das Mittelmeer sei, und setzte sofort alle Segel, um mit dem britischen Geschwader von 27 Schiffen zum Eingang der Straße zu segeln.

Am Montag, dem 21. d. M., morgens, als Kap Trafalgar ungefähr sieben Seemeilen entfernt im Südosten lag, wurde der Feind sechs oder sieben Meilen ostwärts entdeckt. Der Chefkommandant gab sofort der Flotte Befehl, zwei Linien zu bilden, wie sie für das Segeln formiert werden. Eine solche Kampfordnung hatte Seine Lordschaft vorher angewiesen, um die Hindernisse und Verspätungen zu vermeiden, die bei der Formierung einer Kampflinie nach der üblichen Art entstehen. Die feindliche Linie bestand aus 33 Schiffen – 18 waren französisch, 15 spanisch – unter dem Chefkommando von Admiral Villeneuve. Die Spanier, unter dem Befehl von Garvina, segelten nordwärts und formierten ihre Kampflinie mit großer Geschlossenheit und Genauigkeit. Bevor das Feuer eröffnet wurde, lag jedes zweite Schiff gegen Luv versetzt ungefähr eine Kabellänge vom Bug bzw. Heck des Nachbarschiffes entfernt. Die Schiffe bildeten so eine Art doppelte Linie und schienen nur einen sehr kleinen Abstand zwischen sich zu lassen, ohne daß sie sich bedrängten. Admiral Villeneuve war an Bord der *Bucentaure;* die

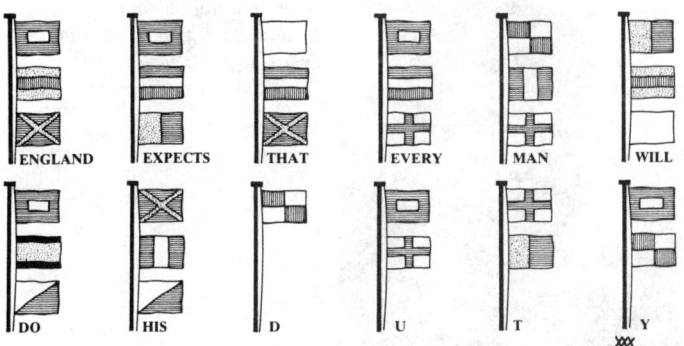

»England erwartet, daß jedermann seine Pflicht tut« – das im Popham-Code gesetzte berühmte Signal Nelsons

lag in der Mitte. Die *Principe del Asturia* in der Nachhut führte Garvinas Flagge; aber die französischen und spanischen Schiffe waren miteinander vermischt und zeigten keine erkennbare Einteilung in nationale Geschwader.

Da unsere Angriffsart vorher festgelegt und den Flaggoffizieren

Die völlig zusammengeschossene ›Redoutable‹ am Ende der Schlacht, links ihr Kommandant Jean-Jacques Lucas

Trafalgar: Rechts die ›Bucentaure‹, in der Mitte die ›Victory‹, ›Redoutable‹ und ›Temeraire‹ nebeneinander, ganz links die ›Royal Sovereign‹, neben der entmasteten ›Santa Anna‹

und Kapitänen bekannt war, benötigte man nur wenige Signale.«

Lord Collingwood verschweigt hier, daß Horatio Nelson sogar ungeheuer eifrig signalisierte und daß er als das berühmte »England expects every man to do his duty« an den Masten emporstieg, geknurrt hatte, der Admiral solle lieber endlich mit dem Unfug aufhören, da ohnehin jeder wisse, was er zu tun habe.

»Der Chefkommandant auf der *Victory* führte die Luvsäule an, die *Royal Sovereign,* die meine Flagge trug, die Leesäule. Der Kampf begann um zwölf Uhr, als die führenden Schiffe unserer Angriffssäulen die feindliche Linie durchbrachen. Der Chefkommandant befand sich ungefähr beim zehnten Schiff der Vorhut, der zweite Kommandant beim zwölften Schiff der Nachhut. Die folgenden Schiffe brachen nach ihren Führern ebenfalls an allen Stellen durch und forderten den Feind vor die Mündungen der Kanonen. Das Gefecht war ernst; die feindlichen Schiffe kämpften mit einer Tapferkeit, die ihre Offiziere sehr ehrte, aber sie konnten dem Angriff nicht standhalten. Und es gefiel dem Allmächtigen, Seiner Majestät Waffen einen vollständigen und glorreichen Sieg zu gewähren. Ungefähr um drei Uhr nachmittags hatten viele feindliche Schiffe ihre Flagge gestrichen. Ihre Linie gab nach, und Admiral Gravina mit zehn Schiffen vereinigte sich mit den Fregatten in Lee und zog sich in Richtung Cádiz zurück. Dem Geschwader Seiner Majestät wurden so 19 Linienschiffe überlassen – von welchen zwei ersten Ranges waren, die *Santísima Trinidad* und die *Santa Anna* – mit drei Flaggoffizieren, nämlich: dem Chefkommandanten Admiral Villeneuve, dem Vizeadmiral Don Ignatio Maria d'Aliva und dem spanischen Admiral der Nachhut Don Baltazar Hidalgo Cisneros.

Nach einem solchen Sieg mag es überflüssig erscheinen, darauf einzugehen, woran im einzelnen die verschiedenen Kommandanten beteiligt waren. Das Ergebnis sagt mehr zum Thema, als ich selbst ausdrücken kann, denn der Geist, der alle beflügelte, war derselbe.

Ein solcher Kampf konnte nicht ohne großen Menschenverlust ausgetragen werden. Zusammen mit der britischen Marine und der britischen Nation habe ich in dem Chefkommandanten den Verlust eines Helden zu beklagen, dessen Name unsterblich ist. Mein Herz ist erfüllt von tiefster Trauer über den Verlust eines Freundes, mit dem ich nach vielen Jahren mit den stärksten Banden der Zuneigung verbunden war. Diese Trauer erhält nicht einmal durch die ruhmreichen Umstände, unter denen er starb, ausreichenden Trost. Seine Lordschaft wurde etwa auf dem Höhepunkt des Kampfes von einer Musketenkugel in die linke Brust getroffen. Er sandte sofort einen Offizier zu mir mit einem letzten Abschiedsgruß; kurz danach verschied er.«

Die tödliche Kugel auf Horatio Nelson war aus den Marsen der *Redoutable* unter Kapitän Jean-Jacques Lucas abgefeuert worden, des wohl tapfersten Schiffes der ganzen Schlacht von Trafalgar. Ohne einen Augenblick zu zögern, hatte Kapitän Lucas seinen nur mit 74 Kanonen bestückten Zweidecker zwischen die beiden britischen Dreidecker *Victory* mit 104 Kanonen und *Temeraire* mit 98 Kanonen hineingesteuert und, nach beiden Seiten feuernd, fast Bordwand an Bordwand über eine Stunde jeden Angriff zurückgeschlagen.

Als die *Redoutable* schließlich ihre Flagge streichen mußte, waren von den 634 Männern der Besatzung 522 tot oder verwundet, Groß- und Besanmast weggeschossen, keine einzige Kanone mehr einsatzfähig und der Rumpf so schwer zerschossen, daß er abzusacken begann.

Diese Tapferkeit wurde später nicht nur von Napoleon mit dem Offizierskreuz der Légion d'Honneur gewürdigt, sondern auch von den Engländern, die dem Kriegsgefangenen bei einem Dinner, das ein Admiral zu seinen Ehren gab, seinen Degen zurückgaben.

Höchste Ritterlichkeit kennzeichnete – fast zum letzten Mal in der Kriegsgeschichte – die Tage nach der Schlacht: Da gab es keine »Auslöschung des Feindes« und keine »Kriegsverbrecher«, sondern nur Seeleute, Kameraden, die füreinander bis zum Letzten einstanden, gleichgültig auf welcher Seite sie zuvor gekämpft hatten. Der schwere Sturm, der noch in der Nacht jenes 21. Oktober über Sieger und Besiegte hereinbrach und fast eine Woche wütete, brachte nicht nur viele der angeschlagenen

Nelsons Tod

französisch-spanischen eroberten Schiffe zum Sinken – so die *Bucentaure,* die *Redoutable* und die *Santísima Trinidad* –, sondern auch die Briten in schwerste Gefahr, nicht zuletzt die unter Notmasten und im Schlepp erst der *Polyphemus,* dann der *Neptune* laufende *Victory.* Die menschliche Selbstverständlichkeit, mit der englische Matrosen unter höchster Gefahr des eigenen Lebens immerhin noch 474 Mann von der sinkenden *Redoutable* bargen, oder der rückhaltlose Einsatz, mit dem französische Gefangene halfen, die *Victory* über Wasser zu halten, ist – zumindest in den Augen des Autors – ein vielleicht sogar größeres Ruhmesblatt europäischer Geschichte, als es Nelsons Sieg bei Trafalgar darstellt.

Die *Victory* erreichte Gibraltar am 28. Oktober, wurde einigermaßen ausgebessert, trat am 4. November die Heimreise – Lord Nelsons Leiche konserviert in einem Faß mit Weingeist – an, mußte erneut, diesmal von der *Warrior* geschleppt, Plymouth anlaufen und erreichte endlich am 22. Dezember den Medway, von wo aus die Leiche von Lord Horatio Viscount Nelson und Duke of Bronte am 8. Januar 1806 unter allen nur denkbaren Ehren zu Grabe getragen wurde.

Die *Victory* diente zunächst während der Napoleonischen Kriege noch als Admiralsschiff, vor allem in der Ostsee, wurde 1814 bis 1816 zum zweiten Mal »neuerbaut«, 1830 offiziell ausgemustert, jedoch ein Jahr später wieder in Dienst gestellt und schließlich nach Portsmouth in das Dock Nummer 2 gebracht. Dank dem persönlichen Einsatz von Sir Philipp Watts wurde sie zwischen 1921 und 1928 vollständig restauriert und dient mit wenigen, kurzen Unterbrechungen seit 1831 bis zum heutigen Tag als stationäres Flaggschiff des Oberkommandierenden der Royal Navy.

SPANIENS NATIONALMONUMENT
SANTÍSIMA TRINIDAD

<u>SPANIEN 1769–1805</u>

Die Seefahrt muß einem Volk im Blut liegen, und bei den Spaniern war das ganz gewiß nicht so, auch wenn sie sich seit Christoforo Colombo gezwungen sahen, so zu tun als ob. Die gewaltigen Schiffe der unüberwindlichen Armada waren nach dem zweifelhaften Lehrsatz »viel hilft viel« gebaut, und 200 Jahre später, 1769, ließ man, immer noch nicht klüger, in Habana auf Kuba die *Santísima Trinidad* vom Stapel laufen: mit 59 m Länge, 16 m Breite, 8 m Tiefgang und 116 Kanonen in vier vollständigen Batteriedecks das gewaltigste Schiff der Welt – und das am schlechtesten segelnde. Sie wurde mehrfach umgebaut, 1795 gar noch um zwei Meter verlängert, und ihre Decks waren nunmehr mit 140 Geschützen vollgestopft, ohne daß sich irgend etwas verbessert hätte, außer daß sie mittlerweile als Nationalmonument galt.

Ihre erste kriegerische Bewährungsprobe kam am 14. Februar 1797 gegen die Engländer vor Kap St. Vincent an der Küste Portugals. Schon schien sich die Schlacht zu der üblichen Kiellinien-Kanonade ohne sonderliche Ergebnisse zu entwickeln, da brach die englische *Captain* unter dem jungen Commodore Horatio Nelson aus und warf sich den drei letzten spanischen Schiffen in den Weg.

Mit dem Ruf »Sieg oder Tod« enterte Nelson das 80-Kanonen-Schiff *San Nicolás* und stürmte gleich darauf die mit 112 Geschützen bestückte *San José,* die, mit der Takelage der *San Nicolás* unklar gekommen, längsseits lag – Nelson bezeichnete diese doppelte Prise später als »Nelsons patentierte Brücke zum Entern von Linienschiffen erster Klasse«. Die *Santísima Trinidad,* die die Flagge des Admirals Don José de Córdoba führte, entging fast nur durch Zufall dem gleichen Schicksal, wofür Don José höchlich belobigt wurde.

Zwar überlegte man nun doch, ob man sie nicht besser als schwimmende Festung zur Verteidigung des Hafens von Cádiz einsetzen sollte, aber sie war zu berühmt, und so wurde sie 1803 gründlich überholt und führte 1805 bei Trafalgar die Flagge des spanischen Befehlshabers Don Baltazar Hidalgo de Cisneros,

Die Schlacht vor Kap St. Vincent 1797

obwohl der französische Oberkommandierende Admiral Villeneuve klagte: »Es ist traurig, das schöne und starke Schiff mit
Hirten und Bettlern bemannt zu sehen.«

Die *Santísima Trinidad* wurde erbarmungslos zusammenge-
schossen, von 1115 Mann fielen 312, und ein Überlebender berichtete später: »Es sah aus, als hätten riesige Krallen an ihr gerissen. Bruchstücke von Spiern, Holztrümmer, dicke Hanftaue,
die zerschnitten waren wie das Getreide von der Sichel, herabge-
fallene Blöcke, Segeltuchfetzen und Hunderte anderer Gegenstände, die von den feindlichen Geschossen abgerissen worden
waren, häuften sich auf dem ganzen Deck. Blut floß in Rinnsa-
len über die Planken, sie liefen durch das Schlingern des Schiffes
trotz des ausgestreuten Sandes bald hierhin und bald dorthin, so
daß seltsame Muster entstanden.«

Im Orkan nach der Schlacht retteten *Ajax* und *Revenge* noch
etwa die Hälfte der Mannschaft und die Bordkatze, die aus der
Mündung eines der Geschütze herausschaute, doch dann sackte
die *Santísima Trinidad* ab, während »durch die Lukenschächte
grauenhaftes Schreien empordrang. Es kam von den Unglücklichen auf dem Unterdeck, die schon das Wasser steigen sahen, in
dem sie ertrinken mußten.«

EIN SOLDAT NAPOLEONS
LA CONFIANCE

<u>FRANKREICH 1800–1807</u>

1773 in St. Malo geboren, entstammte Robert Surcouf einer angesehenen Familie und ging 1791 mit 18 Jahren als Kapitän der Brigg *Créole* zum ersten Mal nach dem Indischen Ozean auf Kaperfahrt.

Marquis Maurice de Kérazan, später Kapitän und Freund Surcoufs, berichtete in seinem Tagebuch: »Eineinhalb Jahre blieb in St. Malo jede Nachricht von ihm aus. Gleichzeitig häuften sich in London Agentenberichte, nach denen im Indischen Ozean ein Freibeuter mit solchem Glück und solcher Unverschämtheit sein Unwesen treibe, daß sich die Versicherungsgesellschaften in England weigerten, Schiffe noch zu versichern, die in jene Gewässer ausliefen, da sie mit peinlicher Regelmäßigkeit als Totalverlust abgebucht werden mußten.« Als die *Créole* im September 1792 wieder in St. Malo einlief, war sie dermaßen mit kostbarster Beute überladen, daß man nicht nur die Geschütze, sondern auch den Fockmast und zwei Drittel der Proviant- und Wasserration über Bord geworfen hatte, nur um das Schiff über Wasser halten zu können. Den Kapitän, Robert Surcouf, machte das Unternehmen zum reichen Mann, und schon am nächsten Tag ging er daran, weiteren Gewinn aus seiner Beute zu schlagen: Er gründete in seiner Heimatstadt eine Reederei, die freilich eine ganz spezielle Eigenheit hatte, ganz nach dem verwegenen Sinn ihres Besitzers, denn ihre Schiffe dienten keineswegs dem friedlichen Handel, sondern ausschließlich dem Zweck des Schmuggels und der Freibeuterei. Auch gedachte Robert Surcouf keineswegs, ein harmloser Bürger zu werden. 1795 bis 1796 war er mit der 14-Kanonen-Brigg *La Clarisse* wieder im Indischen Ozean, nicht weniger erfolgreich als das erste Mal.

Im Oktober 1797 kam es zu der Begegnung mit jenem Mann, der das ganze weitere Leben Surcoufs bestimmen sollte:

»General Bonaparte, der gefeierte Sieger von Italien, ist Gast bei Robert Surcouf, und sie verstanden sich vom ersten Augenblick an. ›Man muß Europa einen!‹ erklärte Bonaparte, ›Europa besteht aus Hunderten kleiner verfeindeter Staaten, und die Fürsten und Könige begreifen nicht, daß sie zur Bedeutungslosigkeit heruntersinken werden, wenn sie sich nicht zusammenschließen! Sehen Sie sich Amerika an – oder Rußland: riesige Länder mit ungeahnten Möglichkeiten. Sie werden Europa beherrschen, wenn sich Europa nicht einigt! Preußen, Österreich, Rußland, sie alle sind erreichbar für eine Armee, nur England nicht. England ist durch das Meer geschützt, aber man kann Europa nicht vereinigen, solange man England nicht hat. –Wie kann man England besiegen?‹ – ›Krieg kostet Geld, General, und das Geld Englands stammt aus seinen Kolonien und seinem Handel. Man muß England in seinen Kolonien treffen und seinen Handel mit pausenlosem Kaperkrieg ruinieren.‹«

Dieses Gespräch hatte zwei unmittelbare Folgen: die eine spektakulär, historisch berühmt und weniger erfolgreich, der Zug Bonapartes nach Ägypten. Die andere, weniger bekannt, aber höchst gewinnbringend, eine dreijährige Kaperfahrt Surcoufs in den Indischen Ozean.

Höhepunkt dieser Fahrt war die Eroberung des englischen Ostindienfahrers *Kent* am 7. Oktober 1800. Die Briten hatten die ganze Ausbeute eines Jahres ihrer indischen Besitzungen auf dieses 1200 Tonnen große, von 38 Kanonen, 287 Matrosen und 150 Marinesoldaten beschützte Schiff verfrachtet, während Robert Surcouf über die 18-Kanonen-Korvette *La Confiance* und 160 Mann verfügte. Maurice de Kérazan, der Flaggkapitän Surcoufs auf dieser Fahrt, notierte: »Golf von Bengalen, 7. Oktober 1800. Um 8.30 Uhr sichteten wir die *Kent.* Sie lief unter Mars- und Bramsegeln auf Südkurs, während wir, Nordkurs steuernd, jeden Lappen – außer unserer Flagge – an den Rahen befestigt hatten, der sich auftreiben ließ. Von unseren arabischen Gewährsleuten informiert, hatten wir dem Ostindienfahrer vor dem Hafen von Visigapatam aufgelauert, waren ihm zwei Tage – knapp unter dem Horizont – gefolgt, hatten ihn letzte Nacht überholt und brausten ihm jetzt mit vollem Zeug entgegen. Die Kanonen waren fertig zum Schuß, aber nicht ausgefahren und die Stückpforten noch geschlossen – je später der Brite unsere Absicht erkannte, desto besser.

Robert Surcouf, wie immer im tadellosen, dunkelblauen Frack mit schneeweißem Hemd und Halstuch, winkte mich zu sich auf das Kampanjedeck: ›Du übernimmst jetzt das Kommando auf der *Confiance* – schade, daß du wegen deinem steifen Bein beim Entern nicht mitmachen kannst.‹ – ›Viel Glück, Robert, und sei vorsichtig!‹

Robert Surcouf

Robert Surcouf lachte schallend: ›Wenn ich vorsichtig sein wollte, hätte ich mir einen anderen Beruf suchen müssen.‹
Ich schaute durch das Fernglas zur *Kent* hinüber, doch dort schien alles ruhig. Wir waren fast auf Kanonenschußweite heran und steuerten einen Kurs, der uns knapp 50 Meter an der Leeseite der *Kent* vorüberführen mußte.
Jetzt stieg auf dem englischen Schiff die Signalflagge auf: ›Welches Schiff? Geben Sie sich zu erkennen.‹
›Setzen Sie: Signal nicht verstanden‹, rief ich dem Signalmaat zu, der den entsprechenden Wimpel aufzog. Robert Surcouf, der inzwischen auf das Großdeck hinuntergestiegen war, nickte mir anerkennend zu.
Wieder kam das Signal: ›Geben Sie sich zu erkennen‹, und wieder setzten wir den Wimpel: ›Nicht verstanden‹.
Nun lagen wir auf gleicher Höhe mit der *Kent,* und die Schiffe liefen aneinander vorbei. ›Wer sind Sie? Geben Sie sich zu erkennen!‹ rief eine Stimme von der *Kent* herüber.
Robert Surcouf griff nach dem Sprachrohr und brüllte zurück: ›Hier die französische Kaperkorvette *La Confiance,* Kapitän Robert Surcouf aus St. Malo!‹, und gleichzeitig entfaltete sich am Heck und am Großmast rauschend unsere Trikolore.
›Stückpforten auf! – Geschütze ausrennen! – Feuer!‹ Unsere Kanonen krachten. Dann waren wir vorbei.
›Brassen und Schoten los! Ruder hart steuerbord! Brassen und

301

Schoten backbord hart an!‹ Die Rahen schwangen herum, keine 150 Meter hinter der *Kent* wendeten wir und jagten nun dem großen Schiff nach. Am Bug hockten zehn Matrosen, die Enterhaken wurfbereit in der Hand.

Auf der *Kent* ging es drunter und drüber. Einzelne Geschütze waren ausgefahren, aber sie feuerten blindlings und überstürzt in die Gegend, Marinesoldaten drängelten sich vor den abgeschlossenen Waffenschränken, vor den Pulverkammern stauten sich die Munitionsträger in den mit Kisten und Ballen der kostbaren Ladung verstellten Durchgängen.

Die Enterhaken flogen, und schon sprangen die ersten unserer Männer auf das feindliche Schiff hinüber. Wieselflink enterten unsere Matrosen in die Wanten, rannten über die Rahen und sprangen auf das Deck der *Kent* hinunter. Pistolen und Gewehre knallten. Pulvergefüllte Flaschen prasselten explodierend zwischen die englischen Verteidiger. Aus den Marsen knatterte pausenlos das Feuer unserer Scharfschützen. Enterbeile und Säbel klirrten aufeinander.

20 Minuten später hatten wir die *Kent* fest in unserer Hand.«

Die Eroberung der *Kent* brachte wohl die reichste Beute, die ein Korsarenschiff je auf einen Schlag gemacht hatte, etwa zwei Millionen englische Pfund an Ladung und dazu ein großes, hervorragendes Schiff, das Surcouf einige Wochen später an die englische Ostindien-Kompanie zurückverkaufte. Im Kampf waren 70 Engländer gefallen, auf seiten der Franzosen nicht mehr als 20; die gefangenen englischen Matrosen und Soldaten wurden

Auszeichnungen für den Korsaren Surcouf: Ehrendegen des Kaisers, Offizierskreuz und Adler der Légion d'Honneur

Marquis Maurice de Kérazan

auf Befehl Surcoufs in Ceylon an Land gesetzt und freigelassen. Selbstverständlich blieb die Anerkennung in Frankreich nicht aus. Napoleon Bonaparte ließ Robert Surcouf einen Ehrendegen überreichen und ernannte ihn 1804 zum Ritter der Légion d'Honneur, der Ehrenlegion. Nach seiner vierten Fahrt in den Indischen Ozean 1807 mit zwei Korvetten, der *Revenant* unter seinem eigenen Kommando und der *La Confiance* unter Maurice de Kérazan, folgten für Surcouf das Offizierskreuz der Légion und die Erhebung in den Adelsstand, der Marquis de Kérazan wurde mit dem Ritterkreuz der Légion belohnt, dem 1809, nach der Eroberung des englischen Ostindienfahrers *Herefordshire,* das Offizierskreuz folgte.

Berechtigt waren diese Ehrungen ohne Zweifel, nicht nur für die großen Kaperfahrten, mehr noch für die ununterbrochenen Schläge, die Großbritannien fast 20 Jahre lang vor seiner eigenen Küste zugefügt wurden. In der Zeit von 1793 bis 1797 verloren die Engländer nicht weniger als 2266 Schiffe an die französischen Korsaren, rund 450 Schiffe pro Jahr, und die Zahlen stiegen: 507 im Jahr 1807, 619 im Jahr 1809, und ein erheblicher Anteil dieser Verluste entfiel auf die Reederei Surcouf in St. Malo. Fast ein Jahrzehnt ersetzten die französischen Korsaren Napoleon die bei Trafalgar verlorene Flotte und hinderten Großbritannien an der Invasion.

Und auch jenseits des Kanals wußte man Robert Surcouf durchaus zu »ehren«, mit der höchsten Kopfprämie – tot oder lebendig – nämlich, die je auf einen Freibeuter ausgesetzt worden ist: 100 000 Pfund, umgerechnet über eine Million Mark. Natürlich

Die Eroberung der ›Kent‹ durch die ›Confiance‹ am 7.10.1800

galt Robert Surcouf den Engländern als übler Pirat und Seeräuber. Wie er sich selber sah, verdeutlicht eine Episode aus dem August 1815, unmittelbar nach dem endgültigen Sturz Napoleons:

Wie ganz Frankreich war auch St. Malo von den siegreichen Truppen der Alliierten – Engländer, Preußen, Russen, Österreicher – besetzt. Eines Tages hörte Surcouf, wie sich ein Dutzend Besatzungsoffiziere abfällig über den gestürzten Kaiser äußerten – und forderte sie unverzüglich alle miteinander zum Duell. Maurice de Kérazan, der als Surcoufs Sekundant fungierte, berichtete weiter: »Am nächsten Morgen standen wir Schlag sieben Uhr draußen im Watt, und sie kamen, alle zwölf. ›Pistole oder Säbel?‹ – ›Säbel, wenn ich bitten darf.‹

Die ›Sieger‹ hatten nicht die geringste Chance gegen einen Fech-

304

ter wie Robert Surcouf, der mit allen Kniffen des Fechtens im Enterkampf auf schwankenden Schiffsdecks vertraut ist. Die Preußen, Österreicher, Russen und Engländer kämpften tapfer, aber nach knapp einer halben Stunde lagen zehn tot oder schwer verwundet im Sand des Watts. Dann fiel auch der elfte.

Der zwölfte, ein blutjunger Fähnrich, trat blaß, aber mutig vor. Nur einmal klirrten die Säbel aufeinander, dann wirbelte die Waffe des Fähnrichs durch die Luft davon.

Robert Surcouf trat zurück und steckte den Säbel in die Scheide, wobei er ruhig erklärte: ›Ich kämpfe nicht mit Kindern. – Lauf heim und erzähle all deinen Leuten: So schlägt sich ein Soldat Napoleons!‹«

FULTONS NARRHEIT
CLERMONT
VEREINIGTE STAATEN VON AMERIKA 1807

Am 14. November 1765 wurde in Little Britain im US-Staat Pennsylvania Robert Fulton geboren. In Philadelphia lernte er zeichnen und malen und hatte das Glück, daß Benjamin Franklin auf einige seiner Arbeiten aufmerksam wurde und ihn, mit Geld und Empfehlungsschreiben ausgerüstet, nach Europa schickte. Kaum angekommen, interessierten Fulton sehr schnell die Dampfmaschine von James Watt und die mechanischen Webstühle von Richard Arkwright mehr als die zeitgenössischen Maler – Robert Fulton entdeckte seine Liebe zur Technik. 1797 kam er mit einem Koffer voller Pläne und Vorschläge nach Paris. Neu war eigentlich keine einzige seiner Ideen – Unterseeboot, Torpedo, Dampfschiff –, aber was der Amerikaner all seinen

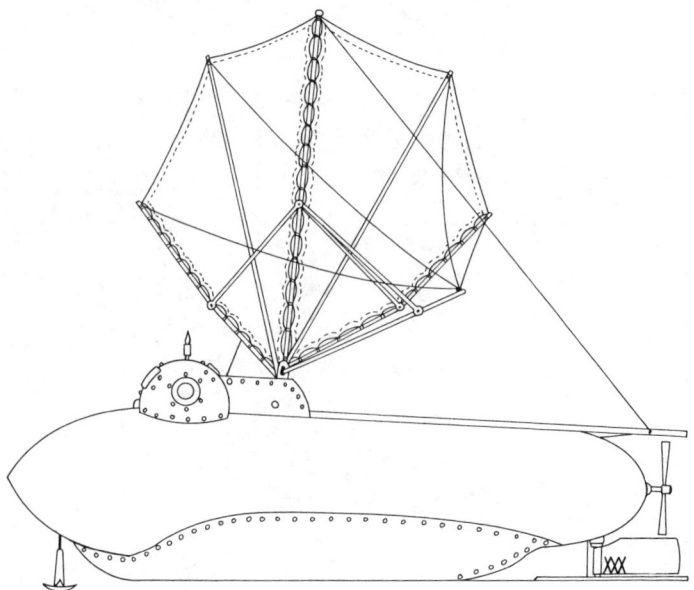

Fultons Unterseeboot ›Nautilus‹

Vorgängern voraushatte, war, daß er es nicht nur verstand, ernsthafte, brauchbare Pläne zu entwickeln, er wußte auch, wie man derlei Projekte verkaufen konnte. Und als Finanzier griff ihm kein Geringerer als der berühmte Korsaren-Reeder Robert Surcouf unter die Arme.

Die Probefahrt seines Unterseebootes *Nautilus* am 29. Juli 1801 im Hafen von Le Havre unter den Augen des Ersten Konsuls Bonaparte, der Admiräle, Minister, Senatoren und einer mehrtausendköpfigen Menge war ein voller Erfolg, doch als die *Nautilus* auch ihre militärische Brauchbarkeit demonstrieren sollte – sie sollte ein englisches Schiff versenken –, versagte sie restlos – die Engländer hielten einfach nicht lange genug vor der Küste still, als daß sie für den lächerlichen Handkurbelantrieb des Schiffchens erreichbar gewesen wären. Zu spät erkannte Robert Fulton, was seiner *Nautilus* fehlte: eine Maschine. Also zog der unermüdliche Amerikaner seine alten Pläne für ein Dampfschiff aus der Schublade. Neu war diese Idee ebensowenig wie die des Unterseebootes: Denis Papin 1685, der Marquis Claude de Jouffroy d'Abans 1783, John Fitch 1790, William Symington 1788, Lord Dundas 1802 hatten bereits mit Dampfbooten experimentiert, und die *Pyroscaph* des Marquis de Joffroy und die *Perseverance* John Fitchs zeigten durchaus erfolgversprechende Ansätze. Die *Charlotte Dundas* – benannt nach der Gattin des Lords – hatte trotz heftigen Gegenwindes zwei Lastkähne zu 70 Tonnen fast 20 Meilen in sechs Stunden durch den Forth-and-Clyde-Kanal gezogen; sie hätte durchaus das erste Dampfschiff in Dienst sein können, wäre da nicht die kleinliche Befürchtung gewesen, daß die Wirbel der Schaufelräder die Uferböschung beschädigen könnten, weshalb man nach der Probefahrt die Feuer unter dem Kessel löschte und das Schiff irgendwo still verrotten ließ.

Robert Fulton kannte all diese Pläne, Erfolge und Mißerfolge sehr genau, bei der Fahrt der *Charlotte Dundas* war er selbst dabei gewesen.

Das Problem war nur das Geld, denn Robert Surcouf wollte, nachdem der Amerikaner sich am Abend der erfolgreichen Probefahrt der *Nautilus* in Le Havre ziemlich überheblich aufgeführt hatte, nichts mehr von diesem wissen. Doch das Glück, das sich so vielen seiner Vorgänger versagt hatte, blieb Fulton treu. Der gerade erst ernannte Botschafter der Vereinigten Staaten von Nordamerika in Paris hieß Robert R. Livingston, und er hatte nicht nur Geld wie Heu, sondern außerdem eine Konzession, die ihm für die nächsten 20 Jahre das ausschließliche Recht sicherte, im Staat New York Boote, die mit der Kraft des Dampfes oder des Feuers arbeiteten, zu betreiben.

»Sie haben also die richtige Maschine?« fragte Robert Fulton erschrocken, als ihm der Botschafter von der Konzession erzählte. Doch dieser grinste nur: »Natürlich nicht, aber ich glaube, ich habe eben den Mann gefunden, der sie mir verschaffen kann.«

Die beiden Männer beschlossen sofort, hier in Paris ein Dampfboot zu bauen, und im Sommer 1803 war es soweit. Doch das Projekt stand unter keinem guten Stern: Das erste Modell sank noch vor der Probefahrt in einem Sturm auf den Grund der Seine, und nur unter beträchtlichen Kosten und Mühen gelang es, wenigstens die Maschine zu bergen, zu reparieren und in ein neues Boot einzubauen. Doch diesem war auch kein besseres Schicksal beschieden. Kaum hatte es fauchend, ratternd und zischend vom Seine-Kai abgelegt und begonnen, von seiner 8-PS-Maschine angetrieben, den Fluß hinaufzudampfen, da schlug eine Welle über den niedrigen Bug, dann eine zweite, und wie von Geisterhand gepackt, wurde das Boot bugüber in die Tiefe gezogen. Nur mit knapper Not konnten sich Fulton und die Besatzung ans Ufer retten.

Vom Abend des Unglückstages ist folgender Dialog zwischen Fulton und Livingston überliefert:
»Machen wir weiter?« – »Natürlich machen wir weiter!« – »Und das Unglück?« – »War unser beider Fehler. Wir haben nur auf die Maschine geachtet, und die war ja auch in Ordnung, aber keiner hat sich um das Boot gekümmert; das war einfach zu klein, zu flach, zu leicht für die schwere Maschine. Was wir brauchen ist ein leistungsfähigeres Boot.« – »Und wo machen wir weiter?« – »Daheim in New York.«

1806 betrat Robert Fulton nach 19 Jahren wieder amerikanischen Boden, und bald schon lachte ganz New York über »Fultons Narrheit« – »Fulton's Folly«. Waren denn nicht schon genug Versuche mit Dampfschiffen gescheitert, um zu zeigen, daß die Idee undurchführbar war?

Doch Fulton und Livingston ließ das Gerede der Leute gleichgültig. Sie zeichneten, rechneten, planten, bastelten, machten Versuche mit Modellen, die sie gegen einen künstlichen Strom schwimmen ließen, um die beste Rumpfform zu finden. Fulton's Folly wird schwimmen!

Dann erging der Auftrag an den angesehenen Schiffsbaumeister Charles Brown, die *Clermont*, wie das Schiff nach dem Landsitz Livingstons heißen sollte, auf Stapel zu legen – 42,70 m lang, 4,60 m breit (5,50 m über die Radkästen), mit zwei Schaufelrädern von 4,70 m Durchmesser und zur Sicherheit vorn und achtern einem Mast mit Segeln – eine Sicherheit, auf die man, auch

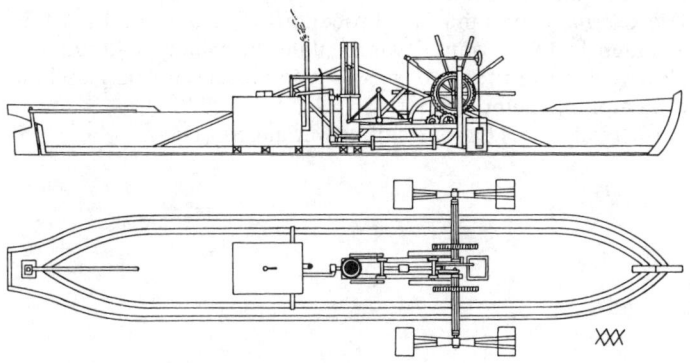

Fultons erstes Dampfboot, das 1803 bei der Probefahrt auf der Seine in Paris sank

Das erste Dampfschiff im Dienst: die ›Clermont‹

als Dampfmaschinen längst absolut zuverlässig arbeiteten, noch bis weit in die zweite Hälfte des 19. Jahrhunderts nicht zu verzichten geneigt war.

Am 17. August 1807 ging die *Clermont* auf Jungfernfahrt: Schwarze Rauchwolken quollen aus ihrem Schornstein, die Schaufelräder begannen das Wasser zu peitschen, so daß ein Platzregen auf die 40 Ehrengäste an Bord und die Hunderte von Zuschauern am Ufer niederging. Fulton's Folly schwamm, und sie schwamm nicht nur, unter dem Jubel von Erbauern, Ehrengästen und Besatzung stampfte sie gegen die kräftige Strömung den Hudson-River hinauf.

Die *Clermont* bestand ihre Probefahrt glänzend, und nach 32 Stunden legte sie ohne Zwischenfälle in Albany, 240 km von New York entfernt, an, begeistert von Tausenden von Zuschauern empfangen und gefeiert.

Das Zeitalter des Dampfschiffes war angebrochen.

DAS SCHIFF DER DEUTSCHEN
PHILADELPHIA
VEREINIGTE STAATEN VON AMERIKA 1799–1804

Ehe seit der Mitte des 19. Jahrhunderts durch den Goldrausch, die Erschließung des Westens und die immer größere Mobilität eine weitgehende Vermischung der amerikanischen Bevölkerung stattfand, war das Land, entsprechend der Herkunft seiner Einwanderer, vielfach durchaus national geprägt. So saßen die Angelsachsen vorzugsweise im Nordosten mit Boston als Zentrum, in New York die Juden, am Mississippi und um die großen Seen dachte und lebte man französisch, und Pennsylvania mit Philadelphia als Zentrum war fast rein deutsch, was freilich nicht hieß, daß all diese Volksgruppen sich nicht zuerst und vor allem als gute Amerikaner fühlten.

Sehr sichtbar wurde dieses Gefühl, als die Deutschen in Philadelphia beschlossen, auf eigene, private Kosten eine 36-Kanonen-Fregatte, die den Namen ihrer Stadt tragen sollte, bauen und ausrüsten zu lassen, um sie dann der doch noch recht bescheidenen US-Marine zu schenken.

1799 lief die von dem berühmten Schiffskonstrukteur Joshua Humphreys erbaute *Philadelphia* vom Stapel, wurde im Frühjahr 1800 in Dienst gestellt und galt während ihrer gesamten, nur zu kurzen Laufbahn im Tripoliskrieg als der beste Segler der ganzen Marine. Am 14. Mai 1801 erklärte Jussuf Karamanli Pascha, der rechtgläubige Beherrscher von Tripolis, den Vereinigten Staaten den Krieg, wobei er sehr deutlich durchblicken ließ, daß ihn eine jährliche Zahlung von 20000 Dollar durchaus wieder friedfertig stimmen könnte.

Offiziell nannten die europäischen Seemächte jene Piraten der Berberküste verächtlich »Sandhaufenbanditen«, aber inoffiziell war jedem klar, daß es keine Seefahrt im Mittelmeer ohne deren Duldung gab und daß diese Duldung nur durch entsprechende Tribute – pardon, »Subsidien«! – zu erreichen war. Frankreich zahlte nach heutiger Rechnung etwa eine Million Mark im Jahr an die verschiedenen Paschas, Deis und Beis, ebenso Holland, die italienischen Kleinstaaten wohl entsprechend weniger, Spanien und sogar das hochfahrende England dafür ganz entschieden mehr.

Edward Preble

Im amerikanischen Kongreß waren die Meinungen recht widersprüchlich: Einerseits wollte man keinen regelrechten Krieg mit Tripolis, andererseits erklärte Präsident Thomas Jefferson unmißverständlich zu der Tributforderung: »Das Geld wäre hinausgeworfen, denn die Forderungen dieser Mächte kennen kein Ende, und ihre Versprechungen bieten keine Sicherheit. Die eigentliche Frage ist vielmehr, ob wir das Mittelmeer aufgeben oder es weiterhin befahren wollen.« Man einigte sich schließlich auf einen Kompromiß und setzte ein kleines Geschwader unter Kapitän Richard Dale, bestehend aus drei Fregatten, der *President* mit 44, der *Philadelphia* mit 36 und der *Essex* mit 32 Kanonen wie dem Schoner *Enterprise* mit 12 Geschützen, in Richtung Tripolis in Marsch.

Am 2. Juni 1801 lief das kleine Geschwader vor Philadelphia aus, erreichte am 24. Juli Tripolis und blockierte dort den Hafen so gründlich, daß sich für gut zwei Jahre keiner der Berberpiraten mehr hervorwagte.

Der Nachfolger Richard Dales, der im April 1802 mit der *President* nach Hause zurückgekehrt war, Richard Valentine Morris, zeichnete sich durch ebenso brillante politische Beziehungen wie militärisch hoffnungslose Unfähigkeit aus, und als er – obwohl die *Philadelphia* soeben in einer versteckten Bucht ein Dutzend für Tripolis bestimmte Getreideschiffe aufgestöbert und versenkt hatte – Jussuf Karamanli einen für die Amerikaner verheerenden Friedensplan unterbreitete, wurde er schleunigst zurückgepfiffen, und Präsident Jefferson entzog ihm kurzerhand sein Offizierspatent.

Der neue Oberkommandierende, der im September 1803 an Bord der 44-Kanonen-Fregatte *Constitution* zu dem Verband stieß, war der sauertöpfische, von Magengeschwüren geplagte und ungemein tüchtige Commodore Edward Preble. Die Schiffsführer seines kleinen Geschwaders nannte er »nur eine Jungenbande«, denen man erst einmal die Grundbegriffe von Disziplin beibringen müsse. Doch er sah auch sehr genau, welche Qualitäten in ihnen steckten, und so gingen aus »Prebles Marinekindergarten«, wie er in der Folgezeit genannt wurde, ausnahmslos alle amerikanischen Seehelden jener Epoche hervor: der draufgängerische Stephen Decatur, der gemütlich-dickbäuchige Isaac Hull, der charmante Charles Stewart, der eigensinnige David Porter und der menschliche William Bainbridge, dessen Karriere lange vom Unglück verfolgt gewesen war. Ihm wurde nun das Kommando auf der *Philadelphia* anvertraut.

Etwa sechs Wochen nach der Ankunft Commodore Prebles, man schrieb den 31. Oktober, passierte die Katastrophe: Der Beob-

Die von den Deutsch-Amerikanern gestiftete ›Philadelphia‹

achtungsposten der *Philadelphia* sichtete zwei Berberschiffe, die in den Hafen von Tripolis zu schlüpfen versuchten, Kapitän Bainbridge jagte mit seinem Schiff los, um sie abzufangen und – krachte auf ein in der Karte nicht verzeichnetes Riff. Die *Philadelphia* saß fest, und das auch noch in einer so unglücklichen Schräglage, daß sie ihre Geschütze nicht gegen die eilends heransegelnden Tripolitaner zum Einsatz bringen konnte. So blieb dem Kapitän keine Wahl, als die Flagge zu streichen und mit seinen Männern in Gefangenschaft zu gehen. Zu allem Unglück gelang es den Moslems auch noch, mit der nächsten Flut die *Philadelphia* freizubekommen und in den Hafen zu schleppen, wo sie nun mit ihren 36 Geschützen die Abwehrkraft des Paschas bemerkenswert verstärkte.

Commodore Preble tobte: »Wollte Gott, die Offiziere und Mannschaft der *Philadelphia* hätten allesamt den Tod der Sklaverei vorgezogen!« Und als er später den unglücklichen William Bainbridge anfuhr, weshalb er nicht wenigstens das Schiff in die Luft gesprengt habe, erwiderte dieser nur: »Sir, ich maßte mir nicht an, das Recht zu haben, 306 Menschen dem Tod auszuliefern, nur weil sie meinem Kommando unterstanden.« Wenig später hielt der verwegene Stephen Decatur einen schriftlichen Befehl in Händen: »Sir, Sie werden mit der Prisenketsch *Intrepid* sich nach Tripolis begeben, bei Nacht in den Hafen eindringen, die *Philadelphia* entern, sie in Brand setzen und unverzüglich Ihren Rückzug antreten. Die Zerstörung der *Philadelphia* ist von größter Wichtigkeit, und ich vertraue bei der Ausführung dieser Aufgabe auf Ihren Mut und Ihren Unternehmungsgeist.« In der Nacht des 16. Februar 1804 setzte Stephen Decatur mit 75 Freiwilligen – fast durchweg Deutsch-Amerikanern – den Befehl in die Tat um. Die Fregatte wurde mit dem Ruf »Philadelphia« geentert, die wenigen Tripolitaner, die nicht erschreckt über Bord sprangen, niedergehauen und in jeder Ecke des Schiffes Feuer gelegt, ehe sich das Enterkommando mit der *Intrepid* zurückzog. Gerade als die *Philadelphia* unter den Palast des Paschas trieb, detonierte ihr Pulvermagazin und riß sie in tausend Stücke, die brennend auf die Häuser der Stadt und die im Hafen liegenden Schiffe herunterregneten. Der Kongreß überreichte Stephen Decatur für diesen wagemutigen Einsatz später einen Ehrendegen. Das Opfer der *Philadelphia* war nicht umsonst. Im November 1804 mußte Karamanli Pascha den Friedensvertrag unterzeichnen und die gefangenen Amerikaner freilassen.

DUELL DER FREGATTEN
GUERRIERE
GROSSBRITANNIEN 1812

Nach dem Sieg von Trafalgar fühlte sich die Royal Navy, an deren Macht niemand und nichts jemals wieder sollte rühren dürfen, als die absolute und unumschränkte Herrscherin über die sieben Weltmeere. Ihre 900 Kriegsschiffe mit einer Gesamttonnage von 860 990 Tonnen reichten vom Dreidecker 1. Ranges mit 100 und mehr Geschützen bis zu den kleinen Biggs und Kuttern der Küstenverteidigung. Sie verfügten zusammen über 27 800 Geschütze, und das einzige Problem, das die Royal Navy kannte, war die Beschaffung der rund 151 600 Mann, um diese Schiffe auch zu bedienen. Es gab keinen Tag, an dem nicht landauf, landab die Preßgangs unterwegs waren, um Männer für den Dienst zusammenzufangen und auf die glorreichen Schiffe Seiner Majestät zu schleppen. Und da man auf der heimischen Insel nicht genug Leute zusammenbrachte, holte man sie sich auch höchst ungeniert von amerikanischen Schiffen herunter. Mit der Erklärung: »Einmal Engländer – immer Engländer«, konnte nach britischer Auffassung jeder vor dem Frieden von Versailles 1783, der die offizielle Anerkennung der Vereinigten Staaten gebracht hatte, geborene Amerikaner zum Dienst in der Royal Navy herangezogen werden.

Dabei kam es mehr als einmal zu höchst üblen Zwischenfällen, etwa 1807, als das 50-Kanonen-Linienschiff *Leopard* die amerikanische 36-Kanonen-Fregatte *Chesapeake* mit einigen Breitseiten, die den Amerikaner drei Tote und 18 Verwundete kosteten, zwang, die Flagge niederzuholen und vier Männer auszuliefern, von denen einer als Deserteur demonstrativ sofort gehängt, die drei anderen zu je 500 Hieben mit der neunschwänzigen Katze verurteilt wurden. 1811 waren es schließlich über 6000 Fälle – von denen die Royal Navy 3300 sogar offiziell zugab –, bei denen amerikanische Bürger auf britische Schiffe gepreßt worden waren. Doch erst als am 1. Mai 1811 die 38-Kanonen-Fregatte *Guerriere* wieder einmal einen Amerikaner von der Brigg *Spitfire* heruntergeholt hatte, war die Geduld des Kongresses erschöpft: Am 18. Juni 1812 erklärte man den Krieg. »Amerika kann sich doch nicht wirklich einbilden, Krieg mit uns führen zu wollen. Es hat ja gar keine Flotte dazu!« höhnte ›The Statesman‹ in London. Und wahrhaftig, die drei 44-Kanonen-Fregatten *President, United States und Constitution,* die drei 36-Kanonen-Fregatten *Chesapeake, Constellation* und *Congress,* die 32-Kanonen-Fregatte *Essex* und die Handvoll kleinerer Fahrzeuge der Amerikaner, mit insgesamt 422 Geschützen und 5025 Mann, waren nun wirklich kein Gegner! Gewiß, die US-Fregatten waren auffallend groß, schnell und auch gut bewaffnet, aber das allein genügte schließlich nicht, wie der britische Kapitän John Surman Carden den amerikanischen Commodore Stephen Decatur wissen ließ: »Eure Schiffe mögen ja schon ganz gut sein, und ihr seid auch kluge Burschen, aber wo ist eure Kriegserfahrung? Da ist der Haken!

Und Kapitän James Dacres von der *Guerriere* gar lud jede US-Fregatte von gleicher Größe zu einem »Tête-à-tête von einigen Minuten« ein und wettete, jede von ihnen binnen längstens einer Dreiviertelstunde zum Streichen der Flagge zu bringen. Er sollte sein Tête-à-tête sehr schnell bekommen: Es war Mittwoch, der 19. August 1812, gegen 14 Uhr, als man rund 200 Seemeilen östlich von Halifax ein Segel am Horizont sichtete. Wenig später stand fest, daß es sich um die 44-Kanonen-Fregatte *Constitution* unter Kapitän Isaac Hull handelte, die sich da »zu stürmisch für einen Amerikaner«, wie Kapitän Dacres meinte, näherte. »Aber je großartiger sie sich verhält, desto ruhmreicher ihre Aufbringung.«

Zunächst war der Amerikaner eindeutig im Nachteil, denn während er heransegelte, hätte er höchstens ein paar Buggeschütze zum Tragen bringen können, die *Guerriere* hingegen konnte ihn mit einer Breitseite nach der anderen eindecken. Kapitän Isaac Hull hatte aus diesem Grund vollständig darauf verzichtet, das Feuer zu erwidern, und sogar als sich die Schiffe gegen 18 Uhr auf etwa 50 Meter genähert hatten und der Erste Offizier Charles Morris bat, endlich feuern zu dürfen, bekam er zur Antwort: »Es ist noch zu früh, Sir!« Erst bei 25 Metern ließ Kapitän Hull die *Constitution* beidrehen, um dem Briten die volle Breitseite zu zeigen, und brüllte: »Los, Jungs, spritzt sie voll!«

Der Anprall der 15 24pfünder-Langrohr- und der 11 32pfünder-Carronadenkugeln der Steuerbordseite ließ die *Guerriere* bis zum Kiel hinunter erbeben, zerfetzte Tauwerk und Segel, zerschmetterte Geschütze und Mannschaften.

Kapitän Dacres erwiderte das Feuer mit seinen 19 18pfünder-

Isaac Hull   *James Dacres*

Backbordgeschützen, doch obwohl sie leichter und damit eigentlich schneller zu laden waren als die 24pfünder des Gegners, stellte sich rasch heraus, daß der Amerikaner drei Schüsse in der gleichen Zeit abfeuerte, die der Brite für zwei brauchte, da man auf den US-Fregatten moderne Kartuschen aus Bleiblech verwendete und so nicht nach jedem Schuß erst das Rohr gründlich von glimmenden Resten der Flanellkartuschen reinigen mußte, wie dies auf der *Guerriere* noch nötig war, wenn man vermeiden wollte, daß sich die neue Ladung zu früh entzündete.

Schon nach wenigen Minuten ging der Besanmast der *Guerriere* zerschossen über Bord, und ein amerikanischer Kanonier brüllte begeistert: »Bei Gott, wir haben sie in eine Brigg verwandelt, bei der nächsten Salve machen wir einen Kutter aus ihr!«, und Kapitän Hull schrie: »Beim Himmel, das Schiff ist unser!« Doch noch zeigte der englische Löwe die Zähne. Als die *Constitution* nun die *Guerriere* vor dem Bug zu passieren versuchte, um das Deck der Länge nach mit den Geschützen zu bestreichen, kamen sich die beiden Schiffe so nah, daß man schon ans Entern dachte, doch da Kapitän Dacres in diesem Augenblick von einer Musketenkugel am Rücken verwundet wurde und ein Windstoß die Kontrahenten auseinanderschob, hieb die *Constitution* nur weiter mit verheerenden Breitseiten auf den Briten ein.

Mit vollen Segeln nähert sich gegen 18 Uhr der ›Constitution‹ der abwartend daliegenden ›Guerriere‹

Bereits nach wenigen Minuten des Gefechts verliert die ›Guerriere‹ ihren Besanmast

25 Minuten nach der ersten Salve der *Constitution* war es soweit: Der Fockmast der *Guerriere* stürzte krachend herunter und riß den Großmast mit sich.

Kapitän Hull zog sein Schiff daraufhin aus dem Schußfeld zurück und schickte Leutnant George Read zur *Guerriere* hinüber, um die Kapitulation entgegenzunehmen. »Etwa um halb sieben abends, als das Feuer eingestellt worden war, stieg ich an Deck.

25 Minuten nach der ersten Salve der ›Constitution‹ fällt der Fockmast der ›Guerriere‹ und reißt den Großmast mit sich

30 Minuten nach der ersten Salve ist die ›Guerriere‹ ein hilfloses Wrack; die Schäden der ›Constitution‹ sind gering

Das Bild, das sich mir dort bot, läßt sich nur schwer beschreiben. Sämtliche Masten der *Guerriere* waren weggeschossen, und das Schiff rollte auf der See hin und her wie ein Baumstamm. Mehrere Männer waren damit beschäftigt, die Toten über Bord zu werfen. Die Decks waren blutgetränkt und glichen einem Schlachthaus. Etliche Maate und Matrosen hatten sich nach dem Gefecht Schnaps verschafft und waren betrunken. Mit dem Stöhnen der Verwundeten, dem Lärmen und Toben der wutentbrannten Überlebenden des Unglücksschiffes war das Ganze ein Abbild der Hölle.«

Auf die Frage Leutnant Reads, ob er die Flagge streiche, erwiderte der verwundete James Dacres: »Tja, ich weiß nicht recht. Unser Besanmast ist weg, der Groß- und Fockmast ebenfalls. Ich glaube, im großen und ganzen könnte man wohl sagen, daß wir unsere Flagge gestrichen haben.«

Als Kapitän Dacres über die Reling der *Constitution* stieg, empfing ihn Kapitän Hull: »Gebt mir Eure Hand, ich weiß, Ihr seid verletzt.« Den angebotenen Degen lehnte er freundlich ab: »Nein, nein, ich nehme keinen Degen von einem, der ihn so gut zu benutzen versteht.«

Kapitän Dacres vermerkte in seinem späteren Bericht: »Kapitän Hull und seine Offiziere verhielten sich unseren Leuten gegenüber wie tapfere, edle Gegner; sie sorgten dafür, daß keinem unserer Männer etwas abhanden kam und daß unsere Verwundeten die beste Pflege erhielten.« – Die *Guerriere* hatte 101 Tote und Verwundete zu beklagen, die *Constitution* nicht mehr als sieben Tote und sieben Verletzte, und die gute Pflege war auch ein Dank dafür, daß James Dacres, obwohl er eigentlich jeden Mann für den Kampf gebraucht hätte, zehn gepreßte Amerikaner vor der Schlacht unter Deck geschickt hatte, damit sie nicht gezwungen wären, auf die eigene Flagge zu schießen.

Was den britischen Kapitän freilich noch mehr schmerzte als seine Wunde, war die Tatsache, daß die *Constitution,* außer ein bißchen zerzauster Takelage, fast unbeschädigt war, während seine eigene stolze Fregatte als hilfloses Wrack, das sich nicht einmal als Prise abzuschleppen lohnte, auf den Wellen trieb. Auf die Frage, ob er noch etwas von Bord seines Schiffes benötige, antwortete er: »Ja, die Bibel meiner Mutter«. Sie wurde geholt und die *Guerriere* daraufhin angesteckt und versenkt.

Am 30. August lief die *Constitution* in Boston ein, wo Isaac Hull stürmisch gefeiert wurde, was diesem bescheidenen Mann eher unangenehm war, wie er schrieb: »Je weniger über eine große Tat gesagt wird, desto besser ist es, wie mir scheinen will. Festgehalten aber soll werden: Vom kleinsten Schiffsjungen bis zum ältesten Seemann war keine Spur von Angst zu sehen. Alle gingen unter Hochrufen zum Einsatz und baten darum, dem Feind gegenüber aufgestellt zu werden.«

In London schlug die Nachricht wie eine Bombe ein, und sogar die ›Times‹ vergaß ihre gewohnte Zurückhaltung: »Der Verlust der *Guerriere* hat in der ganzen Stadt eine schmerzlich düstere Stimmung ausgelöst. Es ist ja nicht allein, daß eine englische Fregatte nach – wie wir berichten dürfen – tapferem Widerstand gekapert wurde, sondern daß sie ein neuer Feind eroberte, zumal ein Feind, der solche Triumphe nicht gewohnt ist und dadurch leicht anmaßend und dreist werden könnte. Nie zuvor in der Weltgeschichte hat eine englische Fregatte vor einer amerikanischen die Flagge streichen müssen.« (Den Verlust der *Serapis* hatte man offensichtlich aus dem Bewußtsein verdrängt.) Und sie lamentierte weiter: »Es gab jedenfalls eine Zeit, wo man nicht geglaubt hätte, daß die amerikanische Flotte nach sechs Monaten Krieg mit England noch auf den Meeren erscheinen, geschweige denn, daß sie siegreich sein könnte. Was, in Gottes Namen, ist aus unserer gewaltigen Übermacht geworden? O weh, der Zauber ist zerbrochen! Was für Hoffnungen werden sich nun in der Brust unserer Feinde regen!«

Konsequenzen freilich zog man keine – und verlor wenig später die hervorragende Fregatte *Macedonian* im Kampf gegen die US-Fregatte *United States* unter Stephen Decatur. Einzig der große Duke of Wellington sah die Zeichen der Zeit: »Mir ist keineswegs geheuer bei diesen amerikanischen Seekriegserfolgen. Ich bin der Ansicht, wir sollten mit Amerika schleunigst Frieden schließen!«

OLD IRONSIDES
CONSTITUTION

VEREINIGTE STAATEN VON AMERIKA
1794 BIS HEUTE

Hassan Pascha, der gottesfürchtige Bei von Algier, kann es sich zum Verdienst anrechnen, der Anlaß zur Gründung jener Flotte gewesen zu sein, die heute die mächtigste der Welt ist.

Im Grunde war es genau das gleiche Spiel, das ein paar Jahre später Jussuf Karamanli von Tripolis zu spielen versuchte, um von den Vereinigten Staaten wie eben auch von den anderen seefahrenden Nationen einen netten kleinen Tribut zu erpressen.

Doch statt klein beizugeben, forderte Thomas Jefferson, damals Gesandter in Frankreich, man müsse »durch das Mittel des Krieges« mit dem Gesindel fertig werden. Und als auch George Washington einstimmte: »Wollte Gott, wir hätten eine Marine, die diese Feinde der Menschheit bekehren oder sie vernichten könnte!«, erließ der Kongreß am 27. März 1794 ein Gesetz zum Bau von sechs Fregatten und stellte 68 888,82 Dollar zur Verfügung, um mit den Arbeiten beginnen zu können.

Am 28. Juni 1794 bestallte man Joshua Humphreys zum »Konstrukteur oder Schiffsbaumeister eines im Hafen von Philadelphia zu errichtenden Schiffes mit 44 Geschützen«. Zudem sollte er auch die Risse für die fünf weiteren vom Kongreß bewilligten Kriegsschiffe erstellen, auch wenn diese anderenorts gebaut wurden. Der 1751 in Haverford, Pennsylvania, geborene Joshua Humphreys war ein erfahrener Schiffsbauer, und wenn sich der junge Staat aus Geldmangel schon nichts Größeres als Fregatten leisten konnte, so sollten diese wenigstens das Beste werden, was die Welt bislang an Schiffen dieser Klasse gesehen hatte: ebenso schnell wie kampfstark, »Fregatten, die bei starkem Wind den Zweideckern noch überlegen sind und die sich bei leichtem Wind dem Kampf entziehen können«.

Sie wurden alle mehr oder minder berühmt, die in Philadelphia gebaute *United States,* die *Constellation* aus Baltimore, die *President* aus New York, die *Chesapeake* aus Gosport in Virginia, die *Congress* aus Portsmouth in New Hampshire. Doch eine von ihnen wurde als »das« Schiff der Vereinigten Staaten unsterblich: die in Boston erbaute *Constitution.*

Die Flucht der ›Constitution‹ während der Flaute

Mit 62 Metern vom Galion bis zur Heckreling war sie kaum kürzer als ein englischer Dreidecker und um 15 m länger als eine britische Fregatte, die sie mit 13 m Breite am Hauptspant um einen Meter und mit 2200 Tonnen um fast ein Viertel der Wasserverdrängung übertraf. Für das Spantengerüst wählte man die Virginia-Eiche. Auch wenn das eisenharte Holz unendlich schwer zu beschaffen und zu bearbeiten war, so war seine Haltbarkeit doch etwa fünfmal so groß wie die der Weißeiche, die man im europäischen Schiffbau verwendete und aus der man auch die Planken und Decks der US-Fregatten schnitt. Diese massiven, in einem Abstand von nur 4 cm auf den Kiel gesetzten Spanten ergaben zusammen mit der Beplankung eine 40 bis 50 cm starke und trotzdem elastische Eichenwand. Ihren Spitznamen »Old Ironsides« erhielt die *Constitution* angeblich von einem Seemann, der beim Anblick der von ihrem Rumpf abprallenden Kanonenkugeln ausgerufen haben soll: »Sie hat ja Eisenwände!« Doch trotz ihrer Größe und Massigkeit besaß der Unterwasserrumpf die »schnellen Linien« einer Fregatte, die es der *Constitution* erlaubten, mit 14 Knoten Geschwindigkeit und bis zu sechs Strich am Wind zu segeln. Ihre Masten aus dem Kernholz der Neuengland-Kiefer ragten 57 m in den Himmel und konnten 37 Segel mit einer Fläche von fast 4000 Quadratmetern tragen. Als Bewaffnung vorgesehen waren 30 24pfünder-Langrohrgeschütze im Batteriedeck, ein 18pfünder-Jagdgeschütz am Bug und 22 32pfünder-Carronaden auf Back und Schanz, und ihre Besatzung sollte 400 Offiziere und Mannschaften umfassen, 150 Mann mehr als auf den größten englischen Fregatten.

Und dann, kurz vor dem geplanten Stapellauf, kam die Anweisung des Kongresses, unverzüglich die Arbeiten einzustellen. Am 2. März 1796 hatten die »Tauben um jeden Preis« Hassan Pascha eine einmalige Zahlung von 642 500 Dollar und einen Jahrestribut von 21 600 Dollar angeboten, wenn er hinfort amerikanische Schiffe in Ruhe ließe.

Für über ein Jahr versanken die halbfertigen Fregatten in einen Dornröschenschlaf, bis sich im Juli 1797 der Wind erneut drehte. Das revolutionäre Frankreich, von erbitterten Machtkämpfen im Inneren zerrissen, von außen durch die Koalition der antirevolutionären Staaten bedrängt, versuchte sich durch blindwütige Rundumschläge Luft zu verschaffen und traf dabei auch recht schmerzhaft die Handelsschiffahrt der ursprünglich durchaus wohlgesonnenen Amerikaner. Der Kongreß beschloß nun

Charles Stewart

doch, zumindest drei der Fregatten fertigstellen zu lassen, darunter die *Constitution,* die am 20. September vom Stapel laufen sollte – aber nicht lief, sondern auf der zu flachen Helling nach acht Metern liegen blieb. Man benötigte fast einen Monat, um sie mit Hebeln und Winden doch noch in ihr Element zu ziehen und zu schieben; es gelang dies just am 21. Oktober, einem Datum, das im Laufe von Jahrhunderten in der Seefahrt immer wieder eine höchst gewichtige Rolle gespielt hat, sei es als Geburtsdatum berühmter Seehelden und Schiffsbaumeister, sei es als Datum entscheidender Seeschlachten, von denen Trafalgar gar nur die bekannteste ist.

Am 22. Juli 1798 ging die *Constitution* unter Kapitän Samuel Nicholson von Boston aus auf Jungfernfahrt, und ein Jahr später diente sie als Flaggschiff eines kleinen Geschwaders in der Karibik, wo man auch höflichste Kontakte zu den dortigen Stützpunkten der Royal Navy pflegte. Anläßlich solch eines Besuches bemerkte denn auch Kapitän Parker von Seiner Majestät Fregatte *Santa Margaretta* – selbstverständlich in höflichster Form –, daß die amerikanischen Super-Fregatten zwar recht groß geraten seien, ansonsten aber mit den englischen wohl kaum mithalten könnten, und bot ein Faß besten Madeiras als Siegespreis, sollte es Kapitän Nicholson gelingen, Parkers Schiff bei einer Wettfahrt zu schlagen. Der Amerikaner nahm die Wette an, und am nächsten Tag bezeichnete ein Kanonenschuß den Beginn des

Rennens, das in der Tat höchst eindeutig verlief, nur nicht so, wie sich Kapitän Parker das vorgestellt hatte, denn am Abend lag die *Constitution* längst friedlich dümpelnd beigedreht, während die weit abgeschlagene *Santa Margaretta* noch durch die See hetzte, um das Madeira-Faß abzuliefern.

Nach diesem vergnüglichen Zwischenspiel und ereignislosen Jahren vor der heimischen Küste begann der Ernst des Lebens als Kriegsschiff für die *Constitution* im Jahr 1803 unter dem Befehl Commodore Edward Prebles im Mittelmeer. Ihre Glanzzeit aber hatte sie in den Kämpfen mit der Royal Navy zwischen 1812 und 1815.

Dabei sah es ganz so aus, als ob der Krieg für die *Constitution* zu Ende wäre, ehe er recht begonnen hatte, denn jenes Geschwader, dem sich die US-Fregatte am Abend des 16. Juli 1812 auf etwa sechs Seemeilen genähert hatte, entpuppte sich nicht als das gesuchte amerikanische unter Commodore John Rodgers, sondern als ein englisches unter Philip Bowes Vere Broke, und für die fünf Briten – das 64-Kanonen-Linienschiff *Africa,* die 38-Kanonen-Fregatten *Shannon* und *Guerriere,* die 36-Kanonen-Fregatte *Belvidera* und die 32-Kanonen-Fregatte *Aeolus* – schien die *Constitution* eine leichte Beute, gerade weil der leichte Nachtwind am Morgen gänzlich abflaute und die US-Fregatte so ihre überlegene Geschwindigkeit nicht ausspielen konnte. Aber so leicht ließ sich Kapitän Isaac Hull, der die *Constitution* kommandierte, nicht fangen: Die Boote gingen zu Wasser und begannen das Schiff aus der Falle abzuschleppen, doch als die Engländer merkten, was vorging, folgten sie schleunigst diesem Beispiel. Fast drei Stunden dauerte der Schneckenwettlauf, doch gerade als die *Shannon* auf Schußweite heran war, erhob sich ein leichter Wind, und die *Constitution* machte in der nächsten halben Stunde etwa eine halbe Seemeile Vorsprung gut, doch dann schlief der Wind erneut ein. Leutnant Charles Morris schlug nun eine effektivere Methode vor: An einem 800 m langen Tau wurde ein leichter Warpanker angeschlagen, von einem Beiboot ausgebracht und, sobald das Tau gespannt war, ausgeworfen. Nun zog die Mannschaft ihr Schiff voran, indem sie das Tau an Deck wieder einholte, und kaum war man bei dem ersten Warpanker angekommen, war schon ein zweiter ausgebracht und geworfen – eine mühsame Knochenarbeit, aber der Abstand zwischen der *Constitution* und der *Shannon* vergrößerte sich rasch, bis die Briten erneut schleunigst dem

Beispiel der Amerikaner folgten. So ging das vom frühen Morgen bis zum späten Abend, und der Wettlauf stand immer noch unentschieden.

Da brachte ein heraufziehendes Gewitter Kapitän Hull auf eine Idee: Bislang hatten die Briten jede seiner Maßnahmen getreulich nachgeahmt, also ließ er die leichten Segel bergen und die schweren doppelt reffen, gerade so, als erwarte er ein schweres Unwetter, und wie erhofft folgte die *Shannon* unverzüglich seinem Beispiel. Als dann das leichte Sommergewitter losbrach und erste Regenböen die Sicht behinderten, ließ der Kapitän jeden Fetzen Leinwand setzen. Die *Constitution* flog mit 11 Knoten Fahrt los, und als es bald danach wieder aufklarte, entschwand sie bereits mit vollen Segeln am Horizont.

Einen Monat später bestand die *Constitution* glanzvoll das Duell mit der *Guerriere,* und am Mittag des 29. Dezember wurde wiederum »klar Schiff zum Gefecht« gemacht. Auf der *Constitution* kommandierte mittlerweile Kapitän William Bainbridge, der seinerzeit vor Tripolis die *Philadelphia* verloren hatte, und ihr Gegner war die 28-Kanonen-Fregatte *Java* unter Kapitän Henry Lambert. Die *Java* war 1805 in Nantes unter dem Namen *Renommée* vom Stapel gelaufen, 1811 vor Madagaskar den Engländern in die Hände gefallen und galt als eines der hervorragendsten Schiffe ihrer Klasse.

Gegen 14 Uhr wurden die ersten Breitseiten getauscht, und fast zwei Stunden lang versuchten die beiden Kapitäne, durch verwickelte Kurse den Gegner in die schlechtere Schußposition zu manövrieren – was auf der *Constitution* noch dadurch erschwert wurde, weil man ihr Ruder bald nur noch mit Hilfstakeln bedienen konnte, da eine Kugel den Ruderstand zerschmettert hatte. Aber als sich nach zweieinhalb Stunden Kampf der Pulverqualm verzog, war die *Java* ein mastlos treibendes Wrack mit 22 Toten, einem tödlich verwundeten Kapitän und 102 Verletzten an Bord, während auf der *Constitution* 14 Mann gefallen und 44 verwundet worden waren und das Schiff, außer einem etwas angesplitterten Besanmast, keine ernsthaften Beschädigungen aufwies. Um 17.50 Uhr strich die *Java* offiziell die Flagge und mußte nach Übernahme der englischen Mannschaft trotz einer wertvollen Ladung an Kupferplatten als nicht mehr seetüchtig aufgegeben werden.

Ihren glanzvollsten Sieg freilich feierte die *Constitution,* als der Friedensvertrag mit Großbritannien bereits unterzeichnet war –

doch das konnte Kapitän Charles Stewart, der neue Befehlshaber der *Constitution,* nicht ahnen. Am 17. Dezember 1814 war das Schiff von Boston aus in See gegangen und hatte am 24. das Handelsschiff *Lord Nelson* gekapert, doch ansonsten war ihm keine Beute vor den Bug gesegelt, und die Offiziere begannen über den mangelnden Erfolg zu klagen. Kapitän Stewart soll darauf gesagt haben: »Meine Herren, ich versichere Ihnen, bevor die Sonne auf- und untergegangen ist, werden Sie ein Gefecht mit einem Feind austragen, und es wird nicht gegen ein einzelnes Schiff sein.«

Daß man tatsächlich am nächsten Morgen, es war der 20. Februar, zwei englische Kriegsschiffe voraus sichtete, mag Glück, Zufall oder Vorausschau gewesen sein; daß es zwei Schiffe waren, war hingegen nur allzu wahrscheinlich, denn die Admiralität in London hatte nach den verschiedenen verheerenden Niederlagen den Befehl ausgegeben, daß sich britische Schiffe nur noch dann in einen Kampf mit den Super-Fregatten der Amerikaner einlassen durften, wenn sie diesen – blamabel genug – allerwenigstens zwei zu eins überlegen waren.

Als sich nach einer Verfolgungsjagd, die den ganzen Tag angedauert hatte, die *Constitution* gegen 18 Uhr auf Gefechtsdistanz herangearbeitet hatte, stellten sich die beiden Briten als die 32-Kanonen-Fregatte *Cyane* unter Kapitän Gordon Falcon und die Korvette *Levant* unter Kapitän George Douglass heraus. Für die Stimmung an Bord der *Constitution* ist eine kleine Episode charakteristisch: Traditionell wurde vor einer Schlacht eine doppelte Schnapsration an die Männer ausgegeben, doch die Matrosen schütteten den Rum ins Speigatt und erklärten: »Wir brauchen uns keinen Mut anzusaufen!«

Als der Kampf begann, beleuchtete der Vollmond die Szene. Zunächst tauschten die beiden Fregatten einige Breitseiten, dann überholte Kapitän Stewart die *Cyane* und stürzte sich auf die *Levant,* um das kleinere Schiff mit einem Eisenhagel zu vernichten, was freilich wieder der *Cyane* die Möglichkeit gab, sich in gute Schußposition zu bringen. Kapitän Stewart vollbrachte nun mit seiner Mannschaft eine seemännische Meisterleistung: Er ließ backbrassen und – segelte rückwärts, wodurch er nun seinerseits die *Cyane* unter verheerenden Diagonalbeschuß nehmen konnte. Die britische Fregatte fiel schleunigst ab, und die *Constitution* wandte sich erneut der *Levant* zu. Die Schlacht »entwickelte sich zu einem Todestanz mit Partnerwechsel«, wie sich

Ein hervorragendes Modell der ›Constitution‹

Henry E. Gruppe in ›Die Fregatten‹ ausdrückt. Die Breitseiten der Amerikaner krachten erneut durch das Deck des kleineren Schiffes, das sich waidwund davonschleppte.

Also zurück zur *Cyane,* die, 40 Minuten nach dem ersten Schußwechsel, die Flagge niederholen mußte. Damit schien die Schlacht zu Ende, doch noch einmal kehrte die tapfere *Levant* zurück, aber die nächste Breitseite der *Constitution* zwang auch sie, die Flagge zu streichen.

Auch in diesem Gefecht machte die »Old Ironsides« ihrem Spitznamen alle Ehre. Während auf der *Cyane* und der *Levant* 35 Tote und 42 Verwundete zu beklagen waren, beliefen sich die Verluste auf der *Constitution* auf nicht mehr als vier Tote und zehn Verletzte. Wenig später, als die Kapitäne Falcon und Douglass in der Kajüte der *Constitution* saßen und damit begannen, sich gegenseitig für die Niederlage verantwortlich zu machen, meinte Kapitän Stewart nur: »Gentlemen, es hat keinen Sinn, daß Sie sich darüber die Gemüter erhitzen. Das Resultat wäre das gleiche geblieben, egal, was Sie unternommen hätten. Falls Sie daran zweifeln, bringe ich Sie an Bord Ihrer Schiffe zurück, und wir können es noch einmal versuchen.«

Die ›Times‹, die ein halbes Jahr zuvor noch die brutalen Plünderungen und Verwüstungen, die Admiral George Cockburn am Chesapeake River angerichtet hatte, als »die Wilden zu züchtigen« gelobt hatte, druckte auch das niederschmetternde Ergebnis dieses Krieges:

»Es gibt kaum ein amerikanisches Schiff, das sich nicht eines Sieges über ein britisches zu rühmen wüßte. Aber kaum eines von 30 oder 40 britischen Schiffen hat einen Amerikaner besiegt. Obgleich wir die tapfersten Matrosen und die mächtigste Marine der Welt besitzen, neigt sich die Waagschale der Niederlagen sehr zu unseren Ungunsten.«

Doch für jedes Schiff, auch das berühmteste und standhafteste, kommt ein letzter Tag, und auch für die *Constitution* wäre er gekommen, wenn nicht ein junger Mann namens Oliver Wendell-Holmes sich leidenschaftlich dafür eingesetzt hätte, daß die »Old Ironsides« nicht als Abfallholz verkauft wurde. Ein patriotischer Aufschrei lief durch die Bevölkerung, der Kongreß zuckte merklich zusammen und revidierte schleunigst das schon gefällte Todesurteil. Ihre Tage als aktives Kriegsschiff waren zwar trotzdem 1830 vorbei, aber die *Constitution* durfte weiterleben, blieb im Dienst als Flaggschiff des Pazifik-, Afrika- und Mittelmeergeschwaders, in welcher Eigenschaft sie 1849 Pius IX. als ersten Papst auf ihren Decksplanken »auf amerikanischem Boden« empfing. Sie umschiffte die Erde, wurde Schulschiff und bis 1879 schwimmende Baracke für Marinerekruten. Zwischen 1927 und 1931 gründlich restauriert – zwei Drittel der Kosten dafür brachten amerikanische Bürger durch Spenden auf –, dient sie heute als ältestes Schiff der US-Marine in Boston als Museumsschiff.

DAS FLOSS
MÉDUSE

FRANKREICH 1806–1816

Es gibt einige Gemälde, die die Publikumsgunst so sehr errungen haben, daß sie jeder, aber auch jeder kennt: Dürers »Vier Apostel«, da Vincis »Mona Lisa«, Raffaels »Sixtinische Madonna«, Rembrandts »Nachtwache«, Goyas »Nackte Maja« oder van Goghs »Sonnenblumen«. Zweifellos gehört zu diesen absoluten Publikumslieblingen auch Théodore Géricaults 1819 entstandenes Gemälde »Le Radeau de la Méduse« (Das Floß der *Méduse).* Doch wer von den Hunderten, die sich heute täglich im Louvre vor dem Gemälde drängeln, kennt seine Geschichte?

1806, im Jahr nach der Trafalgar-Katastrophe, wurde die *Méduse* in Paimbœuf an der Loiremündung auf Stapel gelegt und 1810 in Dienst gestellt. Sie war eine »Frégat de 18« mit 54,5 m Länge, 12 m Breite, 5,4 m Tiefgang und einer Höhe von gut 59 m vom Kiel bis zur Spitze des Großmastes. Bewaffnet war sie mit 28 12pfündern in der Batterie und 12 6pfündern sowie 6 36pfünder-Karronaden auf Back und Schanz. Die Besatzung umfaßte 323 Offiziere, Mannschaften und Marinesoldaten.

Am 17. Juni 1816 ging ein kleines Geschwader, bestehend aus den Schiffen *Argus, Écho, Loire* und dem Flaggschiff *Méduse,* von Rochefort aus in See. Ziel des Geschwaders war Senegambien an der Küste Senegals, das die Franzosen in der Zeit Napoleons an England verloren, das der Wiener Kongreß ihnen jedoch als Kolonie wieder zugesprochen hatte. Auf den Schiffen befanden sich neben der Besatzung der neuernannte Gouverneur, Offiziere, Kolonialbeamte, Soldaten, Kaufleute und Kolonisten für Senegal samt ihren Familien, an Bord der *Méduse* allein rund 400 Menschen.

Mit dem Kommandanten hatte der nach dem Sturz des großen Korsen in Paris regierende dicke Bourbone Louis XVIII. einerseits Probleme gehabt, diese andererseits aber wohl auch nicht sonderlich ernst genommen. Monsieur Duroy de Chaumareys behauptete, viel zur See gefahren zu sein – was freilich, falls überhaupt, ein gutes Vierteljahrhundert zurückliegen mußte –, aber er war, was erheblich mehr zählte, ein royalistischer Emigrant und damit nicht wie nahezu alle tüchtigen Offiziere durch Zusammenarbeit mit Napoleon kompromittiert.

Nach einem halben Leben unbefriedigten Ehrgeizes war die unumschränkte Macht über die mit vollen Segeln über die Wogen fliegende *Méduse* für Monsieur de Chaumareys wie ein Rausch. Was kümmerten ihn die schon bald zurückbleibenden und außer Sicht geratenden, langsameren Schiffe seines Geschwaders? Was gingen ihn die Warnungen der untergebenen Offiziere an, die ihm aus den Seekarten zu beweisen versuchten, daß der westafrikanischen Küste gefährliche Korallenbänke vorgelagert seien, auf die man direkt zusteuere? Was besagte es schon, daß seine Instruktionen einen anderen, westlicheren Kurs vorschrieben und er einen seiner protestierenden Offiziere deshalb unter Arrest stellen mußte? Er, Duroy de Chaumareys, würde Senegambien in Rekordzeit erreichen und darum den kürzesten Kurs nahe der Küste beibehalten!

Als man den nördlichen Wendekreis überquerte und in die Tropenzone einfuhr, begannen an Bord ausgelassene Feiern. Matrosen, Soldaten, Frauen und Kinder kostümierten sich, und Monsieur de Chaumareys präsidierte dem Treiben als Meeresherrscher Neptun, während die *Méduse,* nach wie vor unter allem Tuch, auf die Arguin-Bänke südlich von Cap Blanco zujagte, deren Riffe als besonders heimtückisch gelten, da sie sich knapp unter der Wasseroberfläche verbergen.

Und dann, am 2. Juli gegen 15 Uhr, erschütterte ein Stoß die Fregatte. Die lachenden, tanzenden, trinkenden Menschen taumelten durcheinander, stürzten zu Boden.

Die *Méduse* war aufgelaufen.

Man war erschrocken, betroffen, besorgt, doch keineswegs verzweifelt. Das Wetter war leidlich gut, das Land nicht fern und die anderen Schiffe des Geschwaders im Anmarsch, um Hilfe zu bringen, und der jäh aus seinem Macht- und Glücksrausch gerissene Monsieur de Chaumareys begann Befehle zu brüllen. Um das Schiff zu erleichtern, wurden die obere Takelage und die Stengen abgenommen, und ein erfahrener Kapitän hätte wohl auch die 46 Kanonen samt dem größten Teil der Ladung über Bord werfen lassen, um das so erleichterte Schiff wieder flottzubekommen. Aber der Kommandant mochte sich nicht von den Kanonen, die Kolonialbeamten nicht von der Ladung trennen, und so mißlang der Versuch, die *Méduse* mit Hilfe eines mühsam ausgebrachten Ankers von dem Felsen zu winden.

»Le Radeau de la Méduse« von T. Géricault

In der Nacht verschlechterte sich das Wetter, und aus dem untersten Raum des Schiffes hörte man das unheilvolle Bersten und Krachen von Planken, das anzeigte, daß die *Méduse* leckgeschlagen wurde.

Selbst am nächsten Morgen, dem 3. Juli, hätte durchaus noch eine Chance bestanden, das Schiff zu retten und mit ihm wenigstens die 45 km entfernte Küste zu erreichen, wenn man Geschütze und Ladung über Bord geworfen hätte.

Statt dessen beschloß Monsieur de Chaumareys, die *Méduse* aufzugeben. Dieser Beweis völliger Hilflosigkeit kostete den Kommandanten den Rest an Autorität, den er vielleicht noch gehabt haben mochte. Noch verhinderten Soldaten, daß sich einzelne Grüppchen in die Beiboote schlichen und davonruderten, doch andere Soldaten und Matrosen machten sich bereits ungeniert über die Vorräte, insbesondere die Weinfässer, her.

Da der Platz in den sechs Beibooten für die gut 400 Menschen selbstverständlich keinesfalls ausreichte, war es der Gouverneur, der vorschlug, ein großes Floß zu bauen, das 200 Personen samt Lebensmitteln aufnehmen und dann von den Booten zur Küste geschleppt werden sollte. Mit Feuereifer wurde aus Stengen, Rahen und Decksplanken ein rund 18 m langes und 6,5 m breites Gefährt zusammengebunden und -genagelt, das freilich weder über einen Mast noch ein Ruder verfügte.

Die Ausschiffung am nächsten Morgen verlief verhältnismäßig ruhig. Die Kapitänsgig wurde mit 20 Personen bemannt – den wichtigsten Persönlichkeiten an Bord und den kräftigsten Matrosen. Das reichlich altersschwache Großboot wurde mit 88 Matrosen besetzt, die große Barkasse mit 42 Offizieren und ihren Familien, die drei kleineren Kutter mit je 25 Personen und die Jolle mit Gourvernementsbeamten und ihren Angehörigen. 17 zumeist total betrunkene Personen blieben auf der *Méduse* zurück, die sich auf ihrem Felsen ja durchaus so lange halten konnten, bis Hilfe kam.

Für das Floß blieben somit 152 – nach anderen Angaben 149 – Menschen: vor allem Soldaten und Frauen des militärischen Gefolges unter dem Kommando einer kleinen Gruppe von ledigen Offizieren.

Drei Boote nahmen das ungefüge Floß in Schlepp, während die anderen, darunter selbstverständlich die Kapitänsgig, mit flottem Ruderschlag in Richtung Küste verschwanden.

Am Abend des ersten Rudertages sichtete man Land – vielleicht war es auch nur eine Wolkenbank –, doch am nächsten Morgen mußten die Menschen auf dem Floß mit Entsetzen und Verbitterung feststellen, daß die Schleppleinen gekappt und die Boote verschwunden waren.

Monsieur Duroy de Chaumareys jagte unterdessen – wieder einmal – mit seiner schnellen Gig den anderen Booten davon und erreichte binnen drei Tagen wohlbehalten die Mündung des Senegal, wo er auch den Rest seines Geschwaders, das die sichere, vorgeschriebene Route außerhalb der Klippen gesegelt war, vorfand. Er schickte die *Argus* aus, nach den Schiffbrüchigen zu suchen. Relativ schnell entdeckte die *Argus* auch jenen Trupp Matrosen aus dem Großboot, der nur mit Not die Küste erreicht hatte und sich nun in einem wahren Höllenmarsch durch die Wüste nach Senegal durchschlug, und konnte die Männer wenigstens mit Proviant und Waffen versorgen.

Das Floß freilich blieb vorläufig verschollen.

Das Verschwinden der Schleppboote hatte auf dem Floß mittlerweile jegliche Ordnung zerschlagen. Zwar war ein Notmast aufgerichtet und ein Segel genäht worden, so daß das ungefüge Fahrzeug nun wenigstens etwas Fahrt machte, aber eine Gruppe

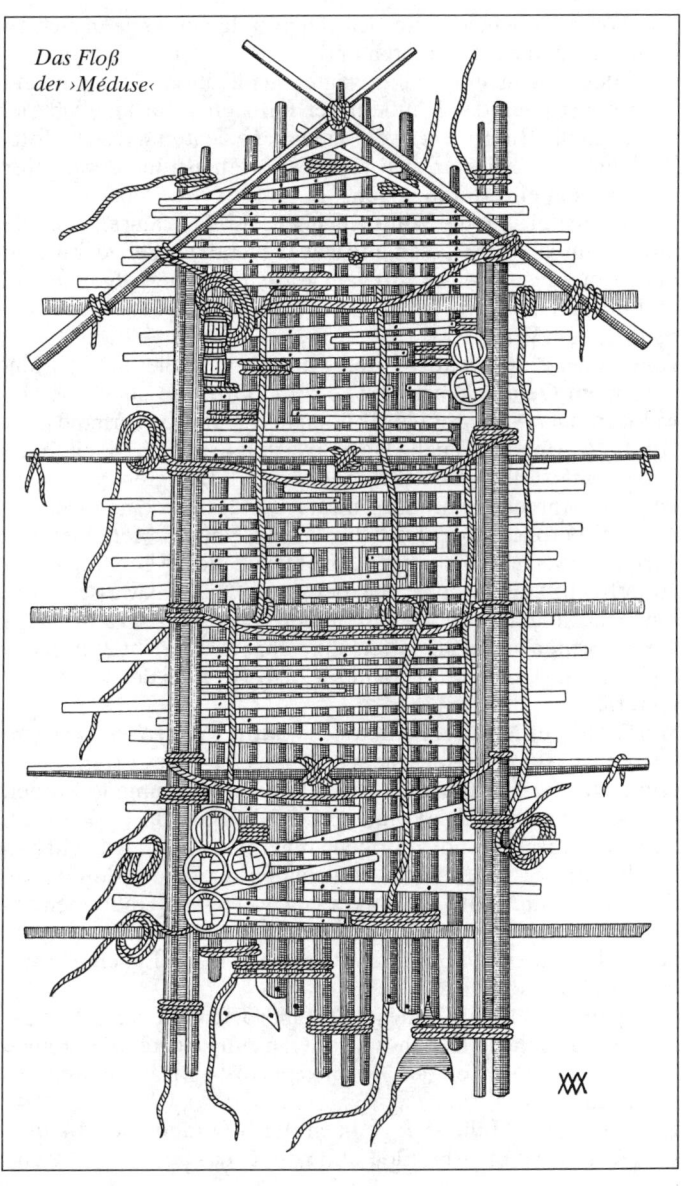

Das Floß der ›Méduse‹

von Soldaten bemächtigte sich der Weinfässer, begann sich zu betrinken und zu randalieren und jeden mit der Waffe zu bedrohen, der sich in ihre Nähe wagte. Dank ihrer Disziplin und Fechtkunst blieb das Häuflein der Offiziere zwar letztlich Sieger, doch die Bilanz von zwei Tagen und Nächten waren 65 Tote. Schlimmer freilich war, daß auch der Notmast und der einzige Kompaß dabei verlorengingen.

Ein Sturm fiel über die Schiffbrüchigen her. Tagelang standen sie knietief im salzigen Wasser, und wen die Kraft verließ, der wurde über Bord gespült. Der Proviant war so gut wie aufgebraucht, und nur ein Schwarm fliegender Fische rettete die Überlebenden vor dem Verhungern.

Dann brach eine zweite Meuterei aus, die in all dieser Not offenbar einem Geldsäckchen galt, das die Offiziere als Kasse verwahrten. Der Anführer wurde überwältigt und kurzerhand über Bord geworfen, wo ihn die Haie erwarteten, die schon seit Tagen in dichten, wohlgenährten Rudeln dem Floß folgten.

»Als der Morgen des 5. Tages graute, gewährte er einen schauerlichen Überblick über das Schlachtfeld. Von 48 Menschen des vorigen Tages lebten nur noch 30, und von diesen konnten kaum 20 aufrecht stehen oder sich bewegen. Das Salzwasser hatte ihnen die Haut von Füßen und Beinen gefressen, und am ganzen Körper waren sie zu Skeletten abgemagert«, berichteten später Heinrich Savigny und Alexander Correard, zwei der schließlich Geretteten.

Am 7. Tag wurden zwei Soldaten erwischt, wie sie Wein aus dem letzten Faß stahlen. Auch sie wurden ins Meer geworfen.

Am 8. Tag beschloß man, 15 Leute, die wahnsinnig geworden waren, darunter einige Frauen, ebenfalls über Bord zu stoßen, damit die Vorräte für die übrigen länger reichten – vielleicht hatten die Unglücklichen auch gar nicht den Verstand verloren, sondern waren nur völlig apathisch geworden, die Überlebenden mögen da manches beschönigt haben.

Am 9. Tag waren von 150 Menschen noch 15 am Leben.

Weitere Tage vergingen.

Was in ihnen geschah, ohne jeglichen Proviant, deutet selbst der sonst so gründliche Bericht von Savigny und Correard nur noch an, wenn sie etwa von der »ruchlosen Kost« – Kannibalismus – sprechen.

Endlich, am 17. Juli, 15 Tage nach der Strandung der *Méduse*, entdeckte die *Argus* das Floß und konnte das restliche Dutzend

Menschen bergen, von denen freilich noch die Hälfte in den nächsten Tagen den erlittenen Strapazen erlag.

Zur Rettung der 17 auf der *Méduse* Zurückgebliebenen lief erst nach Rückkehr der *Argus,* am 26. Juli, ein Schoner aus; Monsieur de Chaumareys hatte sie offenbar vollständig vergessen! Und erst beim dritten Versuch, 52 Tage nach dem Unglück, gelang es dem Schoner, die *Méduse* zu erreichen. Das Schiff hatte ausgehalten, doch nur noch drei der ursprünglich 17 waren am Leben. Zwölf Mann hatten nach 42 Tagen ebenfalls ein Floß gebaut und waren der Küste zugesegelt. Später erfuhr man, daß sie ihr Ziel tatsächlich erreicht hatten, aber von Beduinen ermordet worden waren. Einer hatte die sonderbare Idee gehabt, sich in einem Hühnerstall zu retten – er ertrank noch in Sichtweite. Ein anderer hatte versucht, zur Küste zu schwimmen – und sie angesichts der Haie natürlich nie erreicht.

Die letzten drei hatten sich in verschiedenen Teilen des Schiffes verschanzt und jeden mit dem Messer bedroht, der sein Revier zu verlassen versuchte. In den letzten Tagen hatten sie nur noch den Branntwein gehabt, der ihnen in der Kapitänskajüte in die Hände gefallen war. Der Tod von 14 derer, die auf der *Méduse* zurückgeblieben waren, war um so tragischer, als man bei einer späteren Untersuchung beachtliche Mengen an Lebensmitteln an Bord entdeckte, die die Zurückgebliebenen nur nicht gefunden hatten und die durchaus gereicht hätten, auch das Unglücksfloß weitaus besser mit Proviant zu versehen.

Monsieur Duroy de Chaumareys, der durch Größenwahn und Unfähigkeit fast 160 Menschenleben auf dem Gewissen hatte, wurde, nach Frankreich zurückgekehrt, zwar vor Gericht gestellt, kam aber höchst glimpflich davon: drei Jahre »ehrenvolle« Haft und Verlust seines militärischen Ranges.

DER DAMPFSARG
SAVANNAH
VEREINIGTE STAATEN VON AMERIKA 1819

Als sie 1818 in New York auf Stapel gelegt wurde, sollte die *Savannah* eines jener robusten Paketschiffe werden, die Passagiere, Fracht und vor allem Post über den Atlantik beförderten. Mit 36 m Länge, 7,90 m Breite, 4,20 m Tiefgang, einem Ladevolumen von knapp 3000 Faß und ihrer Dreimast-Vollschiff-Takelage war sie ein solides Schiff mittlerer Größe, das keinerlei Anspruch darauf hatte, irgendwie in die Annalen der Seefahrt einzugehen, hätte ein gewisser Moses Rogers nicht ihren Weg gekreuzt.

Dieser Moses Rogers war Kapitän bei einer kleinen Dampfschiffahrtsgesellschaft an der Küste der Vereinigten Staaten. Doch er war auch ein Träumer, der sich immer wieder ausmalte, wie zeit- und kostensparend es doch sein müsse, mit windunabhängigen Dampfschiffen eine Route über den Atlantik zu eröffnen. Außer dieser offenkundigen Narrheit war der Kapitän ein vernünftiger, keineswegs reicher, aber doch einigermaßen wohlhabender Mann, und als er die *Savannah* sah, reifte in ihm der Entschluß: Wenn die anderen zu dumm oder zu feig für dieses Wagnis waren, so würde er eben selbst eine transatlantische Dampfschifflinie eröffnen.

Er kaufte die *Savannah* und ließ eine 90-PS-Dampfmaschine zum Betrieb der beiden Schaufelräder aufstellen. Selbstverständlich war Kapitän Rogers nicht so wahnsinnig zu glauben, man könne je den großen Teich allein unter Dampfkraft überqueren, aber als Hilfsmaschine bei Flauten oder zusammen mit den Segeln zur Erhöhung der Geschwindigkeit würde die neumodische Technik zweifellos Hervorragendes leisten. Da sein Schiff ja nach wie vor in erster Linie ein Segler sein würde, erdachte er eine ebenso einfache wie praktische Konstruktion, die es erlaubte, die Schaufelräder während des Segelns zusammenzuklappen, um keinen unnötigen Wasserwiderstand zu bieten, ja, sie bei schwerem Wetter ganz an Deck zu hieven und dort sicher zu verstauen.

Als die *Savannah* am 6. April 1819 im Hafen von Savannah im Bundesstaat Georgia einlief, wurde sie freudig durch die Bürger begrüßt, doch dann begannen fast augenblicklich die Schwierig-

Moses Rogers

Modell der ›Savannah‹

keiten: Seit Robert Fultons *Clermont* gehörten dampfgetrie-
bene Fluß- und Küstenschiffe zum amerikanischen Alltag, und
niemand hatte mehr Hemmungen, sein Leben für eine kurze

Fahrt solch einem fauchenden, spritzenden, qualmenden Gefährt anzuvertrauen, war doch stets das Ufer nah und, gegebenen Falles, Retter nicht fern. Aber mit einem Schiff, in dessen Bauch unheimliche, ja ausgesprochen bedrohliche Feuer loderten, über den Atlantik zu fahren, fern aller Ufer und Retter, das war eine ganz andere, ganz entschieden unheilschwangere Sache. Bald nannte man die *Savannah* nur noch »Rogers' Dampfsarg«, und einige besonders patriotische Bürger bemühten sogar die Gerichte mit dem Ansinnen, das Schiff zwangsweise umbenennen zu lassen, damit nicht der gute Name ihrer Heimatstadt in eine mit Sicherheit hereinbrechende Schiffskatastrophe verwickelt würde.

Sechs Wochen lang bemühte sich der Kapitän und Eigner, wenigstens ein paar Wagemutige für seine zehn Passagierkabinen zu finden oder zumindest ein bißchen Frachtgut – doch vergebens. Und während die *Savannah* nutzlos im Hafen lag, wuchsen die Schulden.

»Bau die verdammte Höllenmaschine aus, und wir verschaffen dir Fracht und Passagiere für drei Fahrten!« bestürmten ihn seine Freunde, doch das war genau das, was Moses Rogers unter keinen Umständen zu tun bereit war. Mitte Mai war die Finanzlage des eigensinnigen Kapitäns so schlimm geworden, daß es nur noch einen Ausweg gab: Verkauf der *Savannah.* Aber wenn schon Verkauf, dann wenigstens in Europa – die Fahrt über den Atlantik mit einem Dampfschiff wollte und konnte er sich nicht nehmen lassen.

Am 24. Mai 1819 lief die *Savannah,* nur mit Kohle und Holz für ihre Maschine an Bord, aus. Die Überfahrt nach Liverpool dauerte 29 Tage – eine durchaus gute Zeit –, wobei täglich die Dampfmaschine vier Stunden in Betrieb war, teilweise zusätzlich zu den Segeln, was der *Savannah* immerhin eine Geschwindigkeit von zehn Knoten gab.

Am 17. Juni 1819 hastete ein Küstenbeobachter in das Wachlokal von Cape Clear an der Südküste Irlands, um atemlos ein »Brennendes Schiff!« zu melden. Der Marinekutter *Kite* jagte unter vollen Segeln los, doch er konnte das brennende Schiff mit der amerikanischen Flagge nicht einholen, das erst nach ein paar Signalschüssen beidrehte. Es war die *Savannah,* und sie brannte keineswegs, sondern fuhr unter Dampf, wie sich die Engländer verblüfft überzeugen konnten, denn sosehr auch sie mittlerweile an Dampfschiffe an der Küste oder auf den Flüssen ge-

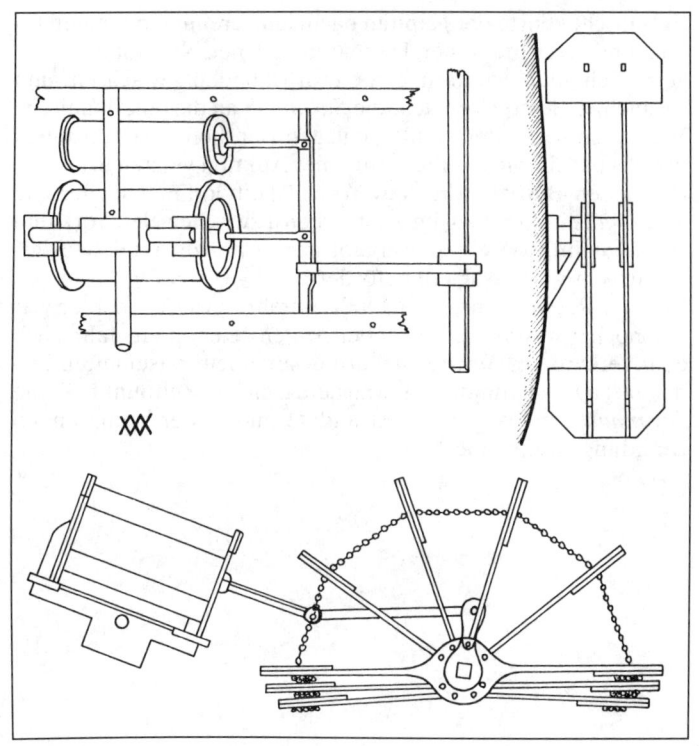

*Originalzeichnungen von der Maschine der ›Savannah‹ und den während
des Segelns zusammenklappbaren Schaufelrädern*

wohnt waren, vom offenen Atlantik war noch nie eines hereinge-
kommen.
So klein ihre Maschine auch war, so relativ kurz man sie täglich
in Betrieb nahm, die *Savannah* – der »Dampfsarg« – war das
erste Dampfschiff, das den Atlantik überquert hatte.
Finanziell war die Reise freilich ein totales Fiasko: England war
an dem Schiff uninteressiert, Deutschland hatte kein Geld, der
schwedische König Karl XIV. bot immerhin Handelswaren im
Gegenwert von 100000 Dollar für das Schiff, doch Moses Rogers hoffte auf Bargeld und auf den russischen Zaren – beides
vergeblich.

Enttäuscht kehrte der Kapitän nach den Vereinigten Staaten zurück und erreichte seinen Heimathafen Ende November.

Seine Schulden waren indessen erdrückend angewachsen, und als auch ein letzter Versuch, die *Savannah* an die amerikanische Marine zu verkaufen, fehlgeschlagen war, ließ er sie für einen geradezu lächerlichen Preis auf einer Auktion versteigern.

Die neuen Besitzer, die New York Paketbootlinie, setzten die *Savannah* ein Jahr lang im Küstendienst zwischen New York und Georgia ein, wo sie in der Hauptsache – plötzlich durchaus gewinnträchtig – Passagiere beförderte.

Kapitän Rogers kehrte zur Flußschiffahrt zurück, doch er war nur noch ein Mann ohne Lebenswillen. Knapp ein Jahr nach dem Verkauf der *Savannah* starb er an einem rätselhaften Fieber, fast auf die Stunde genau zu dem gleichen Zeitpunkt, als die *Savannah* auf Long Island strandete und in der stampfenden Brandung auseinanderbrach.

Rettung aus Feuer und Sturm
Kent

GROSSBRITANNIEN 1800–1825

Einmal ein Unglücksschiff, immer ein Unglücksschiff!
Die *Kent* war eines der größten, besten, am schwersten bewaffneten Schiffe der britischen Eastindia-Company, doch ein glückhaftes Schiff war sie ganz gewiß nicht.
Am 7. Oktober 1800, es war auf der Heimreise ihrer Jungfernfahrt nach Ostindien, fiel sie dem großen französischen Korsaren Robert Surcouf in die Hände und mußte nach 20minütigem Gefecht die Flagge streichen – genauer gesagt, die Flagge wurde von den Franzosen heruntergeholt. Unter französischer Prisenbesatzung segelte sie nach der Île de France östlich von Madagaskar und wurde um eine respektable Summe an die Company zurückverkauft. 25 Jahre tat sie anschließend Dienst zwischen London und den indischen Häfen, beharrlich verfolgt von größeren und kleineren Mißgeschicken. Doch erst im Jahr 1825 machte sie wieder in der breiten Öffentlichkeit von sich reden und – wie konnte es anders sein – keineswegs in positivem Sinne.
Ende Februar war die *Kent* mit 655 Personen an Bord von Portsmouth ausgelaufen mit Ziel Bengalen und China. Die eigentliche Besatzung des Ostindienfahrers unter dem erfahrenen Kapitän Cobb umfaßte 148 Mann, dazu kamen 20 Kolonialoffiziere mit 340 Soldaten und in ihrem Gefolge 43 Offiziers- und Soldatenfrauen mit ihren 70 Kindern nebst 34 weiteren zivilen Passagieren. Der Abschied von der Heimat war – soweit dies, wenn man vielleicht auf viele, viele Jahre fortgeht, möglich ist – heiter gewesen, und auch der Sturm, der in der Biskaya die *Kent* überfiel, war nicht mehr als eine jener Unbilden, denen man sich auf einer langen Seereise nun einmal ausgesetzt sieht und von denen man später am Kaminfeuer seinen Enkeln so schön gruselig berichten konnte.
Weniger gruselig als recht ärgerlich war, daß man in Portsmouth die Ladung im Bauch der *Kent* offenbar recht schlampig gestaut hatte und daß diese nun ins Rutschen kam, weshalb Kapitän Cobb einen Maat mit zwei Matrosen abkommandierte, ins Orlopdeck hinunterzusteigen, um die Schweinerei, die die Schauerleute da offensichtlich hinterlassen hatten, zu besichtigen und

entsprechend in Ordnung zu bringen, ein unerfreuliches, doch nach dem Auslaufen leider nur zu häufiges Problem und keineswegs der Erwähnung wert, hätte wenigstens die Lampe des Maats ordentlich gebrannt. Doch wie so eines zum anderen kommt, rußte und qualmte die Lampe mehr, als daß sie leuchtete, und so stemmte sich der Mann mit dem Rücken gegen ein aus der Ordnung gerolltes Faß und öffnete die Lampe, um den Docht zu reinigen.

Ausgerechnet in diesem Augenblick legte eine anrollende Woge die *Kent* hart über, und dem Maat entglitten Faß wie Lampe. Das Faß, das unglückseligerweise Branntwein enthielt, zerschellte, und das brennend aus der Lampe spritzende Öl entzündete den auslaufenden Alkohol.

»Zunächst«, berichtete ein Augenzeuge später, »alarmierte das Mißgeschick niemanden. Obwohl kleine Explosionen aus dem Laderaum anzeigten, daß noch mehrere andere Fässer in Brand geraten waren, arbeiteten Besatzung und Soldaten unter dem Kommando einiger Offiziere mit größter Ruhe am Löschen des Feuers. Die Pumpen waren reichlich besetzt, und bald ergoß sich ein Wasserstrom in den Laderaum. Feuchte Segel wurden über den Brandherd geworfen, um ihm die Luftzufuhr abzuschneiden, aber seltsamerweise erwiesen sich alle Anstrengungen als nutzlos. Das Wasser schien die Flammen nicht zu löschen, sondern anzufachen, und die Segel begannen zu brennen, so gründlich man sie auch mit Wasser getränkt hatte. In den blauen Flammen des Alkohols zeigte sich bald schwärzlicher Rauch. Die Hitze wurde immer größer, und schließlich verbreitete sich der Schreckensruf: ›Der Teer brennt, die Taue brennen‹, und wir wußten, daß keine Hoffnung mehr bestand, das Schiff zu retten.«

Ganz so schwarz sah Kapitän Cobb zunächst freilich noch nicht, und er gab Befehl, die Luvstückpforten zu öffnen, um so den Laderaum schneller unter Wasser setzen zu können. Doch das sturmgepeitschte Meer drang mit solchem Ungestüm ein, daß einige Matrosen, die das Feuer noch immer mit den bisherigen Methoden zu bekämpfen versuchten, zwischen den umherwirbelnden Fässern und Kisten zerquetscht wurden und das Schiff durch das Wasser noch schneller zu sinken drohte als durch das Feuer. Die Pforten mußten schleunigst wieder geschlossen und verrammelt werden.

Nun war guter Rat tatsächlich teuer.

Brand und Untergang des Ostindienfahrers ›Kent‹

Matrosen, Soldaten und Passagiere drängten sich auf dem noch vom Feuer verschonten Achterschiff zusammen, »einige begaben sich absichtlich zu jenen Luken, unter denen sie die Pulverfässer wußten, damit ihnen langes Leiden erspart bliebe, wenn das Schiff in die Luft flog, ein anderer schrieb einen Zettel an seinen Vater, verschloß ihn in einer Flasche und warf diese ins Meer, und die Frommen, zumal Frauen und Kinder, lagen auf den Knien und beteten.«

In diesem Augenblick der höchsten Not sichtete der Ausguck ein Segel. Die *Kent* feuerte aus allen Rohren, um auf sich aufmerksam zu machen, der Rauch tat ein übriges, und begeisterter Jubel begrüßte die herankreuzende *Cambridge,* eine kleine 200-Tonnen-Brigg unter englischer Flagge, auch wenn niemand zunächst so recht wußte, wie man zu ihr hinübergelangen sollte,

345

denn die sechs Boote – vier von der *Kent*, zwei von der *Cambridge* – konnten wegen Sturm und Feuer nicht an dem Ostindienfahrer anlegen. So blieb schließlich nur der Ausweg, einen Menschen nach dem anderen vom Besanbaum aus an Tauen zu den Booten hinunterrutschen zu lassen, wobei manche bis zu fünfmal unter Wasser gerieten. Zumal von den Frauen und Kindern ertranken dabei viele, weil sie nicht die Kraft hatten, sich an der Leine wieder aus den Wellen herauszuarbeiten. Andere wurden, an den Tauen hängend, vom Sturm gegen das Heck der *Kent* geschleudert und brachen Glieder und Rückgrat, und mancher ertrank noch in den Booten selbst, weil sich dort jeder, der nicht ruderte, flach auf den Boden legen mußte, um die Schwerstarbeit der Matrosen nicht zu behindern.

Sechs Stunden kämpften sich die tapferen Retter von der *Kent* zur *Cambridge* und zurück – drei Boote zerschellten dabei –, ehe um Mitternacht das Pulvermagazin des Ostindienfahrers in die Luft flog und die stolze *Kent* in tausend Stücke riß.

Bedenkt man die Umstände, grenzte es fast an ein Wunder, daß nicht mehr als 56 Menschen bei dieser mehr als schwierigen Rettungsaktion ihr Leben lassen mußten.

Es war immerhin erstaunlich, daß die Zahl der Opfer nicht im nachhinein noch erheblich größer wurde, denn auf der kleinen *Cambridge* war man gezwungen gewesen, die Männer in den Laderaum zu stecken, wo die Luft bald so verbraucht war, daß keine Lampe mehr brennen wollte, während Frauen und Kinder, immer wieder von Brechern durchnäßt, auf dem Deck hockten. Aber die Brigg mit den 599 Geretteten hatte das Glück, schon zwei Tage später die Scilly-Inseln zu erreichen, wo andere Schiffe die Überlebenden an Bord nahmen und sicher zurück nach England in den Hafen von Falmouth brachten.

Brand und Untergang der *Kent* waren noch Jahre nach der Katastrophe, aufgeputzt und illustriert im Geschmack der Zeit, ein beliebtes Thema für Berichte von Augenzeugen – deren es ja genug gab –, Almanache und Moritatensänger, wobei freilich die Würdigung des heldenhaften Einsatzes der Retter von der *Cambridge* eine recht untergeordnete Rolle spielte. Doch auch dies ist ja leider in solchen Fällen nicht so ganz untypisch, lassen sich doch Angst und Entsetzen, Bangen und Hoffen auf einem brennenden, sinkenden Schiff so viel besser journalistisch ausschlachten als das Pullen eines kleinen Bootes, das die nächsten sechs oder sieben Menschen in Sicherheit bringt.

AUSLAUFEN ZUM FESTEN TERMIN
JAMES MONROE BIS NE PLUS ULTRA
VEREINIGTE STAATEN VON AMERIKA 1818–1881

Das Auslaufen eines großen Seglers, selbst an einem so kalten und windigen Tag wie jenem 5. Januar 1818, war für New York nichts Ungewöhnliches.

Höchst ungewöhnlich war es allerdings, daß die *James Monroe* als erstes Schiff nach einem fest vorgegebenen Fahrplan aus dem Hafen segelte.

Im Spätsommer 1817 hatten zwei Amerikaner, Isaac Wright und sein Sohn William, sowie drei Engländer, Benjamin Marshall und die Brüder Jeremiah und Francis Thompson, eine neue Schiffahrtsgesellschaft gegründet, die Black-Ball-Linie. Sie hatten vier Schiffe gekauft und am 27. Oktober in die New Yorker ›Evening Post‹ setzen lassen: »Zur häufigen und regelmäßigen Beförderung von Waren und Passagieren haben wir eine Schiffahrtslinie zwischen New York und Liverpool eingerichtet. Unsere Schiffe sollen das ganze Jahr über jeden Monat an festgelegten Tagen von bestimmten Orten aus in See stechen.« Und in der Liverpooler Anzeige versprachen sie sogar »eine regelmäßige Aufeinanderfolge von Schiffen, die auf jeden Fall segeln werden, voll oder nicht voll«!

Die Sache rief etliches Kopfschütteln unter den etablierten Reedern hervor.

Natürlich hatte die Idee einiges für sich: Die oft wirklich höchst ärgerlichen Verzögerungen bei Warenlieferungen würde es so nicht mehr geben, auch nicht die hohen Lagerkosten bis zu einem unbestimmten Auslauftermin des nächsten Schiffes, und als Passagier mußte man nicht mitunter Wochen bequem, aber teuer oder billig und unkomfortabel in einem Hafenhotel herumsitzen, bis genug Leute zusammengekommen waren, um die Passagierkabinen zu füllen. Ja, angenehm war die Idee tatsächlich, denn wenn sie sich durchsetzte, würde man auf Wochen und Monate im voraus feste Termine haben und entsprechend buchen können.

Andererseits: Wenn man zu jeder Jahreszeit fuhr, also auch in den schlechten Monaten im Winter oder im Spätherbst zur Zeit der ärgsten Stürme, würde das die Schiffe ganz gehörig verschleißen, und für solche Fahrten würde man an Kapitänen die besten, zähesten – und teuersten brauchen.

Das größte Problem freilich war, daß man bei festen Auslaufterminen nicht warten konnte wie bisher, bis genug Fracht und Passagiere das Schiff füllten, und die Black-Ball-Linie würde wohl manche Fahrt unter den Eigenkosten machen müssen. Genau das war bereits mit der ersten Reise der *James Monroe* der Fall: Zwar hatte sie 1500 Fässer Äpfel, 860 Faß Mehl, 200 Faß Pottasche, 71 Ballen Baumwolle, 14 Ballen Wolle und einen dicken Ledersack mit Post geladen, doch jeder Reeder in New York wußte, daß in ihren Laderäumen noch für gut 1000 weitere Fässer Platz war. Und die Passagiere gar. Anstatt der vorgesehenen 28 hatten sich ganze acht eingefunden! Nun, wen wunderte es, die Passagepreise waren ja auch höher als anderswo …

Zugegeben, die Idee mochte gut sein, aber sie roch verdächtig nach Pleite.

Vier Jahre später waren es freilich etliche der konventionellen Reedereien, die sich fragen mußten, in wessen Kontoren es denn nun nach Pleite roch.

Die »Paketschiffe« – wie die regelmäßig verkehrenden Schiffe nun allgemein genannt wurden – waren nämlich ein durchschlagender Erfolg!

Zuverlässige Termine erschienen Passagieren und Spediteuren durchaus die etwas höheren Kosten wert, so daß im Jahr 1822 die Black-Ball-Linie nicht nur vier weitere Schiffe in Dienst nehmen konnte, sondern auch zwei weitere Linien, die Red-Star und die Swallowtail, mit je vier Schiffen in das Geschäft einstiegen und von Thomas P. Cope die erste Linie von Boston aus eröffnet wurde.

1843 segelten allein auf der Route New York – Liverpool 24 Paketschiffe, andere legten von Boston, Philadelphia oder Baltimore ab und hatten London, Antwerpen oder Le Havre zum Ziel.

Die 1844 gegründete White-Diamond-Linie hatte schließlich 30 Schiffe unter ihrer Flagge und erwirtschaftete jährlich einen Gewinn von rund einer Million Dollar.

Und auch die Schiffsgrößen wuchsen beständig. Die *James Monroe* war 36 m lang, 8,5 m breit, ging 4,5 m tief und faßte 3600 Faß, also rund 400 Tonnen Ladung. In den 40er Jahren stieg die Tonnage auf das Doppelte, um 1855 hatten die Paketschiffe eine maximale Größe von 1700 Tonnen erreicht, und Charles Dik-

Paketschiff der Black-Ball-Linie

kens hatte 1842 bemerkt: »Die edlen amerikanischen Fahrzeuge
haben ihren Paketschiffdienst zum schönsten der Welt gemacht.«

Die Kehrseite war die ungeheure Beanspruchung, der Material
und Menschen auf diesen Schiffen ausgesetzt waren. Herman
Melville, der selbst auf Paketschiffen gefahren war, schrieb: »An
Bord jener Linienschiffe muß die Mannschaft furchtbar harte
Arbeit leisten; sie ist für den enormen Segelpreß verantwortlich, der auf den möglichst schnellen Überfahrten gesetzt wird
und der ermöglicht, daß die Schiffe ihrem Ruf außergewöhnli-
cher Schnelligkeit entsprechen können.« Und ein Kapitän er-
gänzte: »Zur Mannschaft eines Paketschiffes gehörten in jeder
Hinsicht die härtesten Männer. Sie konnten das mieseste Wetter,
die schlechteste Verpflegung und die gröbste Behandlung aus-
halten und fanden sich mit weniger Schlaf, mehr Rum und härteren Schlägen ab als andere Seeleute.«

Und was für die Mannschaft galt, wurde ebenso dem Kapitän ab-
verlangt. Gewiß, er konnte ein wohlhabender Mann werden,

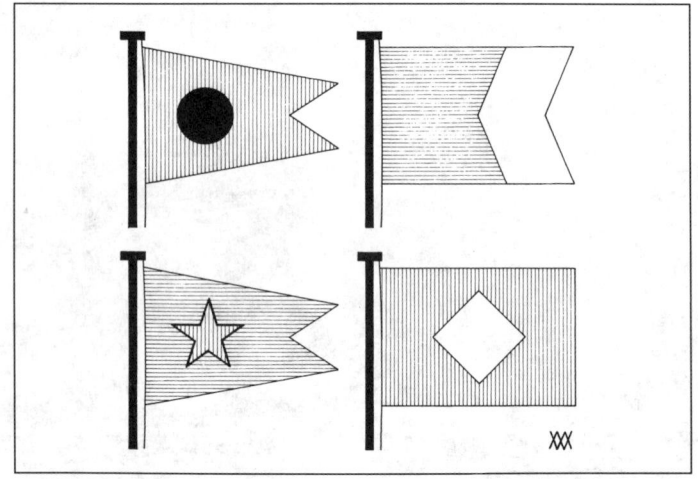

Hausflaggen der berühmtesten Paketschifflinien: Black-Ball, Swallowtail, Red-Star und White Diamond

der durch seine Anteile an Fracht- und Passagiergebühren bis zu 5000 Dollar im Jahr verdiente – das Dreißigfache etwa eines einfachen Matrosen –, doch mehr als fünf Jahre hielt kaum einer durch, und ein Mann wie Kapitän Nathaniel Brown Palmer, der zwölf Jahre die Atlantikroute befuhr, wurde zur Legende: »Tag und Nacht war er an Deck und setzte sich allenfalls kurz in einen an der Luvreling befestigten Lehnstuhl, um eine Tasse Kaffee zu trinken, etwas zu essen oder einige Minuten zu ruhen.« Mit der *Siddons* stellte er 1840 auch den Rekord zwischen New York und Liverpool auf: 15 Tage.

Die Norm bei der »Talfahrt« nach Liverpool – Westwind und Golfstrom im Rücken – lag bei 24 Tagen gegenüber einem guten Monat in früheren Zeiten, und auf der »Bergfahrt« nach Westen wurde die Zeit von durchschnittlich drei Monaten auf 40 Tage verkürzt.

In 60 Jahren haben die Paketschiffe den Atlantik aus einem trennenden Ozean in eine verbindende Wasserstraße verwandelt.

Nach der Jahrhundertmitte begann ihr Stern gegenüber den Dampfschiffen zu verblassen, und am 18. Mai 1881 legte das letzte von ihnen in Liverpool an.

Der Name: *Ne Plus Ultra* – »Nicht mehr weiter«.

SCHIFFBRUCH VOR IRLANDS KÜSTE
ALBION

VEREINIGTE STAATEN VON AMERIKA 1818–1822

Die 434 Tonnen große *Albion* gehörte zu den vier ersten Schiffen der Black-Ball-Linie und hatte unter Kapitän John Williams, der ebenfalls vom ersten Tag mit dabei gewesen war, einige höchst beachtliche Rekorde auf der Strecke zwischen New York und Liverpool aufgestellt. Wie all ihre Schwesterschiffe war die *Albion* robust und für die brutalen Anforderungen der Paketschiffe mit ihren festen Fahrplänen und knapp bemessenen Fahrzeiten, die Höchstgeschwindigkeiten auch bei übelstem Wetter verlangten, gebaut; ein Schiff also, das es durchaus vertrug, »hart geknüppelt« zu werden. Und Kapitän Williams machte seine nur 166 cm Körpergröße durch Energie und Können mehr als wett. Mit seinen 37 Jahren war er auf dem Höhepunkt seiner Laufbahn.

Am 1. April 1822 stach die *Albion* von New York aus in See, und die Überfahrt war »mild und günstig«, wie sich der Erste Steuermann Henry Cammyer später erinnerte.

Neben der Ladung und 22 Mann Besatzung waren 23 Kabinenpassagiere an Bord, darunter ein Mr. William Everhart und der Comte Charles Lefevbre-Desnouettes, ein ehemaliger napoleonischer General, der sich nach dem Sturz des Kaisers 1815 durch Flucht nach Amerika dem Todesurteil entzogen hatte und nun versuchte, sich repatriieren zu lassen.

Mit seinem Kabinennachbarn, William Gough, Major des 68. britischen Linienregiments, das einst in Spanien gegen die Franzosen gekämpft hatte, wobei der Major auch verwundet worden war, verband ihn bald eine gute Soldatenkameradschaft, und alle waren sich einig in der Verehrung der jungen und, wie sich der Erste Steuermann erinnerte, »ungewöhnlich charmanten« Miß Powell, der Tochter des Ehrenwerten W. D. Powell, Oberstrichter für Ober-Kanada. Zu den sechs Zwischendeckpassagieren gehörten ein Mr. Steve Chase aus Kanada, der Tierarzt Dr. Carver, der Zimmermann Mr. Harrison und ein Baumwollspinner aus Yorkshire, Mr. Baldwin.

Für Kapitän John Williams würde die Fahrt trotz des schwach belegten Zwischendecks recht profitabel werden, denn zusätzlich zu seinem Gehalt und seinem Anteil an der Fracht konnte er die

Hälfte – bei manchen Linien sogar die gesamten – Einkünfte aus dem Passagiertransport in die eigene Tasche stecken. Und wenn er auch für die Verpflegung der Passagiere während der Fahrt aufkommen mußte, so konnte Kapitän Williams doch mit gut 1300 Dollar extra für diese Fahrt rechnen.

Am 21. April um 13.30 Uhr kam nach nur 21 Tagen Überfahrt Fastnet Rock an der irischen Küste in Sicht, und »alle waren davon überzeugt, in kurzer Zeit ihr Ziel zu erreichen«. Doch nun wurde die Sicht schlechter, die Luft wurde »trüb und neblig«, und erste Sturmböen trafen das Schiff.

Kapitän Williams befahl nun, auf Kurs Ostsüdost zu gehen, »wobei er umsichtig alle Segel setzte, um das Schiff vom Land abzubringen«.

Doch nur zu schnell entwickelte sich der Sturm zum Orkan. Gegen 16 Uhr wurde die Fockrah weggerissen und das Vormarssegel zerfetzt.

Um 20.30 Uhr donnerte ein gewaltiger Brecher auf das Deck der *Albion,* zerschmetterte Großmast, Klüverbaum, Fock- und Besanmast, riß Boote, Deckshaus und Kompasse mit sich, und eine zweite Woge spülte sechs Matrosen und einen Passagier über Bord. Am schlimmsten freilich war, daß die beiden Brecher auch das Ruder zerschlagen hatten und die *Albion* nun steuerlos in dem Orkan herumgeworfen wurde, und so machte es kaum noch einen Unterschied, als auch die restlichen Spieren und die Reste der Takelage über Bord gingen und das Schiff endgültig zu einem hilflosen Spielball von Sturm und Wellen wurde.

Obschon »jeder größere Brecher fast ungehindert bis in den Laderaum vordringen konnte«, erteilte Kapitän Williams seine Befehle weiterhin »mit lauter und ruhiger Stimme«. Die kräftigsten Männer, gleichgültig ob Matrose oder Passagier, wurden an die Pumpen gestellt und dort angebunden, damit sie nicht über Bord gewaschen werden konnten. Sogar Miß Powell erbot sich zu helfen. Wer nicht an den Pumpen stand, wurde vom Kapitän, obwohl sich dieser zweifellos über den Ernst der Lage im klaren war, mit dem Hinweis beruhigt, daß gegen Morgen der Wind drehen würde, und unter Deck geschickt. »In den Kabinen stand das Wasser jedoch kniehoch, und die herumschwimmenden Möbel machten die Lage gefährlich und furchtbar.«

Gegen ein Uhr morgens sichtete man das Leuchtfeuer auf dem Old Head of Kinsale, und eine Stunde später kündete das gegen die Felsen krachende Wasser das Ende an.

Schiffbruch der ›Albion‹ am 21. April 1822

Kapitän Williams ließ die Passagiere, von denen sich viele Knochenbrüche und andere Verletzungen zugezogen hatten, an
Deck rufen und erklärte, daß das Schiff verloren sei. »Unsere Situation in jenem Augenblick war unbeschreiblich«, erinnerte
sich Henry Cammyer, »und etliche Frauen schrien vor Entsetzen«, doch der aufkommenden Panik stellten sich unverzüglich
die beiden alten Soldaten, Comte Lefevbre-Desnouettes und
Major Gough, entgegen und erklärten, daß »der Tod, wann
immer er auch käme, ein unwillkommener Gast sei, dem sie jedoch wie Männer gegenübertreten müßten«.
Gegen drei Uhr morgens wurde die *Albion* auf die Klippen von
Kinsale geworfen. »Die nächste Welle warf sie noch höher auf
den Felsen hinauf, die dritte noch weiter, bis sie schon wieder
fast gerade lag. Dann kippte sie aber um, und ihr Heck wurde

gegen einen anderen Felsen in der Nähe des Ufers getrieben. In dieser Lage ging jede Welle vollständig über sie hinweg, und viele ertranken an Deck«, berichtete Mr. Everhart. Der Kampf um sein Schiff war verloren, doch Kapitän Williams dachte nicht daran, den Kampf um das Leben seiner Passagiere und Besatzung aufzugeben. Henry Cammyer, der Erste Steuermann, und einige Matrosen erhielten den Befehl, auf den Fuß der Klippe zu klettern und, wenn möglich, dort ein Rettungsseil zu befestigen. William Everhart und einige andere Passagiere schlossen sich ihm an.

In diesem Augenblick donnerte ein weiterer Brecher über das Deck und riß Kapitän Williams mit sich, der nicht wieder auftauchte. Ein Ire, der den Schiffbruch von den Klippen aus beobachtete, erzählte später: »Ich sah fünf Menschen auf dem Deck liegen, ob sie schon tot waren, weiß ich nicht, und vier andere, die um Hilfe riefen, ohne daß wir sie ihnen bringen konnten.«

Zwei, drei Wogen später brach das Schiff auseinander. Es dauerte Stunden, in denen sich jene, die auf die Klippe geklettert waren, inmitten der tobenden Naturgewalten verzweifelt an die Felsen klammerten, ehe der Sturm so weit nachgelassen hatte, daß Retter ein Seil herunterlassen und die Überlebenden in Sicherheit bringen konnten: von den Kabinenpassagieren William Everhart, aus dem Zwischendeck Stephen Chase, von der Mannschaft den Ersten Steuermann Henry Cammyer und sechs Matrosen.

Alle anderen, Kapitän Williams, Comte Lefevbre-Desnouettes, Major Gough, die charmante Miß Powell, Dr. Carver und weitere 40 Passagiere und Mannschaftsmitglieder, hatte die wütende See verschlungen.

FREIHEIT FÜR HELLAS
ASIA, SIRÈNE, ASOW
GROSSBRITANNIEN, FRANKREICH, RUSSLAND 1827

Jahrhunderte hatte Griechenland unter türkischer Oberhoheit gestöhnt, ehe es 1821 endlich zum allgemeinen Aufstand kam und am 1. Januar 1822 zu Epidauros die Unabhängigkeit des hellenischen Volkes verkündet wurde.

Die Türken unter ihrem Oberbefehlshaber Ibrahim Pascha schlugen mit brutalster Gewalt zurück und hätten das kleine Land wohl bald wieder im Griff gehabt, hätte nicht der Freiheitskampf der Hellenen – jedem klassisch gebildeten Menschen Ur- und Vorbild eines freien Volkes – in Europa ein ungeahntes Echo gefunden. Scharen von Freiwilligen, der berühmteste unter ihnen der englische Dichter Lord Byron, strömten nach Griechenland, und angesichts der allgemeinen Stimmung kamen Großbritannien, Frankreich und Rußland – Preußen und Österreich hielten sich neutral – im Juli 1827 in London überein, einen Flottenverband zu Hilfe zu schicken. Wenige Wochen später versammelten sich die englischen Schiffe unter Admiral Sir Edward Codrington, der sich als Kapitän der *Orion* bei Trafalgar schon ausgezeichnet hatte, auf der *Asia,* die Franzosen unter Vi-

Sir Edward Codrington

355

zeadmiral Comte Gauthier de Rigny auf der *Sirène* und die Russen unter Konteradmiral Joseph Graf von Heyden auf der *Asow* vor der griechischen Küste.

Am 17. Oktober lagen die Alliierten vor der Bucht von Navarino. Der Gesamtverband umfaßte 27 Schiffe, davon 10 Linienschiffe (3 englische, 3 französische, 4 russische), 10 Fregatten (4 englische, 2 französische, 4 russische), 1 Korvette und 3 englische Briggs sowie 2 französische Schoner mit 1298 Geschützen und 18 000 Mann.

Die osmanische Flotte unter Ibrahim Pascha, Tahir Pascha und Moharrem Bey zählte 62 Kriegsschiffe mit 2106 Geschützen und 22 000 Mann und lag in einem mächtigen Hufeisen in der Bucht, die Spitzen gegen die Einfahrt gewendet.

Es ist keine Frage, daß Codrington, de Rigny und von Heyden die Schlacht wollten, aber sie bewegten sich auf diplomatisch spiegelglattem Parkett, und so schickte man zunächst die *Dartmouth* mit einem Schreiben zu Ibrahim Pascha, man könne ihn aufgrund der von seinen Truppen auf der Peloponnes angerichteten Verwüstungen nicht länger als unter dem Schutz internationaler Verträge stehend betrachten. Der Brief konnte nicht übergeben werden, denn Ibrahim Pascha war verschwunden.

Gegen Mittag des 20. Oktober 1827 liefen die Alliierten in die Bucht von Navarino ein, voran die Engländer, dann die Franzosen, dahinter die Russen, als Abschluß nochmals einige englische Schiffe. Als sie in die Hafeneinfahrt segelten, wurden sie von der Küstenbatterie angerufen, es sei verboten einzulaufen, doch Codrington ließ antworten, er sei nicht gekommen, um Befehle zu empfangen, sondern um solche zu geben, und der erste Kanonenschuß der Türken würde das Signal zur Vernichtung ihrer Flotte sein. Daraufhin schwieg die Küstenbatterie, und die alliierte Flotte legte sich in einem Halbkreis vor die osmanischen Schiffe, ohne zunächst einen Schuß abzufeuern – den Beginn der Feindseligkeiten sollten auf jeden Fall die Türken machen, und darauf brauchte man nicht allzu lange zu warten: Als die Türken einen Brander fertig zu machen begannen, schickte Kapitän Fellowes von der *Dartmouth* ein Boot mit der Forderung, den Brander sofort an einen weniger gefährlichen Platz zu schaffen. Die Türken schossen auf das Boot, töteten und verwundeten einige Männer, Kapitän Fellowes ließ zum Schutz seiner Leute daraufhin ebenfalls mit leichten Waffen das Feuer eröffnen, unterstützt vom französischen Flaggschiff *Sirène,* wäh-

Der Seesieg bei Navarino am 20. Oktober 1827 schuf die Voraussetzungen für die Freiheit Griechenlands

rend Vizeadmiral de Rigny der türkischen *Ihsania* zurufen ließ, er werde seine Artillerie nur einsetzen, falls er selbst beschossen würde. In diesem Augenblick feuerte eine osmanische Korvette zwei Schüsse ab, eine Kanonenkugel flog über die *Dartmouth* weg, die andere tötete einen Matrosen auf der *Sirène*.

Das war das Zeichen: Die Franzosen erwiderten das Feuer, die *Ihsania* nahm es auf, und wenige Minuten später entbrannte die Schlacht entlang der ganzen Linie. Es war 14.30 Uhr.

Dreieinhalb Stunden später, gegen 18 Uhr, war alles vorbei. Nur eine Fregatte und 15 kleinere Fahrzeuge der Osmanen kamen ohne allzu ernsthafte Schäden davon, 15 Linienschiffe und Fregatten waren gesunken, der Rest der türkischen Flotte schau-

Comte Gauthier de Rigny   *Joseph Graf von Heyden*

kelte als mastlose, brennende, explodierende, von Kugeln zerfetzte, sinkende Wracks auf den Wellen. Wie viele Türken fielen
oder verwundet wurden, ist nicht bekannt, man schätzt allerwenigstens zwischen 4000 und 5000, die Alliierten hatten 182 Tote
und 489 Verwundete zu beklagen.

Zur Ausbesserung der Schäden liefen die Franzosen Toulon an,
die Russen mangels einer eigenen erreichbaren Basis Malta, Sir
Edward Codrington wurde heimbeordert, um »Erklärungen«
abzugeben. Die Anekdote berichtet, daß er in London einen be-
freundeten Jäger traf, der ihn fragte: »Hatten Sie nicht kürzlich
eine gute Jagd?«, worauf Codrington erwiderte: »Nun, ich
denke, ich habe etwas ganz Bemerkenswertes zur Strecke gebracht.«

Die Schlacht bei Navarino – die letzte ausschließlich unter Segel
– mit der Vernichtung der türkischen Flotte brachte die Entscheidung für die Unabhängigkeit Griechenlands, auch wenn sich der
Krieg noch zwei Jahre hinzog, ehe 1829 im Frieden von Adria-
nopel und 1830 im Londoner Protokoll die Freiheit für Hellas
endgültig verbrieft und besiegelt wurde und, nochmals zwei
Jahre später, 1832, der zum König von Griechenland gewählte
Otto I., ein Sohn des kunstsinnigen Königs Ludwig I. von Bayern, in Athen einritt.

NUR UNTER DAMPF
ROYAL WILLIAM
KANADA 1831–1837

Als das Schiff im April 1831 in Québec von Stapel lief, taufte man es auf den Namen des britischen Monarchen und dachte ihm die Rolle des Flaggschiffes der Québec-and-Halifax-Steam Navigation-Company zu, einer kleinen Reederei, deren höchster Ehrgeiz darin bestand, die beiden Städte in ihrem Firmennamen durch eine Schiffahrtslinie zu verbinden.

Mit ihren 54 m Länge, der Barkentine-Takelung und den beiden 200-PS-Dampfmaschinen, die ihr mit den 5,50 m durchmessenden Schaufelrädern bei 20 Umdrehungen in der Minute eine Geschwindigkeit von etwa acht Knoten ermöglichten, war die *Royal William* ein solides und keinesfalls auffälliges Schiff.

Wäre nun alles nach Plan und Wunsch gegangen, kein Mensch hätte je viel von dieser *Royal William* gehört. Doch 1832 brach in Kanada die Cholera aus, und die *Royal William* lag monatelang in Quarantäne fest. Als die Behörden sie endlich wieder freigaben, war die Reederei pleite, mußte das Schiff für 5000 Pfund verkaufen, und auch die neuen Eigner waren lediglich daran interessiert, sie schnellstmöglich gewinnbringend weiter-

Oft um ihren Ruhm betrogen: die ›Royal William‹

zuveräußern. Doch auf dem amerikanischen Markt bestand kein Bedarf, und so wurde beschlossen, das Schiff zum Verkauf über den Atlantik nach London zu schicken.

Am 17. August 1833 dampfte die *Royal William* in den St.-Lorenz-Strom hinaus mit sieben Passagieren, einer Harfe, einer Kiste mit ausgestopften Vögeln, 324 Tonnen Kohle für die Maschinen, einer kleinen Besatzung, einem ängstlichen Maschinisten und einem gewissen John McDougall als Kapitän an Bord. Kaum unterwegs, geriet man in ein recht übles Unwetter: »Wir erlebten einen Sturm, der meinen Maschinisten zutiefst beunruhigte; er wollte unbedingt Neufundland anlaufen. Zuvor hatten wir den Top des Fockmastes verloren, und zu Beginn des Sturmes war eine der Maschinen ausgefallen; mit der anderen konnten wir nicht viel ausrichten, und der Maschinist meldete, daß das Schiff sinke. Es sah ziemlich ungemütlich aus.«

Nun, ganz so arg wurde es dann doch nicht, das Wasser wurde ausgepumpt, und nach zehn Tagen war auch die zweite Maschine wieder einsatzbereit. »Danach kamen wir sehr gut voran«, berichtete Kapitän McDougall später stolz.

25 Tage nach dem Auslaufen legte die *Royal William* nahezu unbemerkt in London an, so unbemerkt, daß selbst bekannte Marinehistoriker lange Zeit übersehen haben, daß sie das erste Schiff gewesen ist, das den Atlantik praktisch ausschließlich unter Dampf überquert hat – nur alle vier Tage hatte Kapitän McDougall jeweils kurz die Maschinen stoppen lassen, um die Kessel zu reinigen –, so daß dieser Ruhm lange der in England gebauten *Sirius* an die Fahnen geheftet wurde, die 1838 tatsächlich nur als erstes Schiff in West-Ost-Richtung den Atlantik unter Dampf gekreuzt hat.

Die *Royal William* wurde in London für 10000 Pfund verkauft, diente ein paar Jahre in der spanischen Marine, wurde 1837 ausgeschlachtet und dann vergessen und dem Verrotten überlassen.

DER SCHMUTZIGSTE ALLER KRIEGE
FALCON
GROSSBRITANNIEN 1824–1842

Dem so moraltriefenden viktorianischen England blieb es vorbehalten, den in seiner Zielsetzung schmutzigsten, in seiner Of-
fenheit der Motive zynischsten und in seinen menschlichen Auswirkungen widerwärtigsten aller Kriege zu führen: den »Opium-
krieg«.

Schon in der ersten Hälfte des 18. Jahrhunderts hatten britische
Schiffe bengalisches Opium nach China geschmuggelt, doch das
Geschäft entwickelte sich so einträglich, daß die halbstaatliche
East India Company den Rauschgifthandel für sich monopolisierte, seit den 80er Jahren systematisch in Indien riesige Mohn-
plantagen anlegte und für das aus den Samenkapseln gewon-
nene Opium eigene schnelle, wohlbewaffnete Schiffe bauen
ließ, die das Teufelszeug nach China transportierten.

Eines dieser Schiffe war die 1824 gebaute *Falcon,* ein schnittiger
Dreimaster, dessen Linienführung ihn zu einem direkten Vorläu-
fer der berühmten Klipper machte, gezimmert aus Teakholz –
dem anerkannt besten Schiffsbauholz der Welt –, mit Tauwerk

aus nichtfaulenden Kokosfasern und bewaffnet mit 14 Geschützen zur Abwehr chinesischer Zoll- und Wachschiffe.

China wehrte sich mit allen Mitteln gegen »dieses abscheuliche, giftige Zeug«, nicht nur, weil der Opium-Import bald die Einnahmen aus dem Tee-Export um mehr als drei Millionen Dollar überstieg, sondern mehr noch um der menschlichen Auswirkungen der Droge willen. »Auf den Sofas liegen zahllose Männer mit einem idiotischen Lächeln auf dem Gesicht«, berichtete ein Besucher einer Opiumhölle. »Nach ein paar Tagen dieses schrecklichen Genusses sieht ein Mensch bereits ausgezehrt aus; und wenige Monate genügen, um einen kräftigen Mann in ein Skelett zu verwandeln.«

Schließlich ließ 1839 ein Mandarin 20 000 Kisten Opium vernichten. Großbritannien antwortete unverzüglich mit seinen Kriegsschiffen, gegen die die chinesischen Dschunken nicht die geringste Chance hatten. 1842 mußte China den demütigenden Frieden von Nanking unterzeichnen, Hongkong an England abtreten, fünf weitere Häfen dem internationalen Handel öffnen und die Opium-Einfuhr für die Briten, die bis 1915 (!) in diesem Geschäft blieben, offiziell gestatten, was selbst einen Engländer, den bekannten Erzieher Thomas Arnold, zu den empörten Zeilen veranlaßte: »Dieser Krieg gegen China war so niederträchtig, daß man ihn als eine nationale Sünde größten Ausmaßes betrachten muß!«

Eine Seefahrt, die ist lustig
Europe
Vereinigte Staaten von Amerika 1833

»Vergib deinen Feinden, küsse deine Frau, und mit reinem Herzen und 48 sauberen Hemden solltest du es versuchen«, erklärte Tyrone Power – Ire, Schauspieler, Lebemann. Wenn er nicht diesseits oder jenseits des großen Teiches, umjubelt, beklatscht und von den Damen der besten Gesellschaft angeschmachtet, auf den Brettern, die die Welt bedeuten, stand, liebte er es, die Bretter bzw. Planken, die den Atlantik überquerten, mit seiner Anwesenheit zu beehren – selbstverständlich als Kabinenpassagier!

Punkt sechs Uhr in der Früh eilte Tyrone Power in Baumwollunterhosen »bei Sonnenschein oder Wolken, Flaute oder Sturm« an Deck, wo ihn ein »grimmig dreinschauender, zwei Meter zehn großer Seemann« mit ein paar Kübeln Salzwasser erwartete und der Schauspieler »wie die Schildkröte des Kapitäns geduscht wurde«.

Kaum wieder unter Deck und fertig angekleidet, läutete die Glocke des Stewards zum Frühstück im Speisesalon, der sich nicht wesentlich von jenem der *Marco Polo* unterschieden haben mag, den 1854 ein Reporter so beschrieb: »Die Decke ist mit Ahorn getäfelt, und die viereckigen Stützpfeiler sind mit reichverziertem und versilbertem Glas verkleidet, wobei Münzen aus verschiedenen Ländern eine Neuheit in der Dekoration darstellen.« »Es lohnt sich«, vermerkte Tyrone Power einmal, »ein Leben lang stumpfsinnig dahinzuleben, um einmal an Bord eines Paketschiffes frühstücken zu dürfen.«

William Lyon Mackenzie, der 1830 auf der *Ontario* reiste, schilderte die Mahlzeiten an Bord: um neun Uhr das Frühstück mit »schwarzem Tee, grünem Tee, Kaffee, Keksen, Brot, frischen Semmeln, Fisch, Hähnchenfleisch, Schinken, kaltem Lammfleisch und Eiern«. Mittags gab es eine imposante Platte mit kaltem Fleisch. Um vier Uhr folgte die eigentliche Hauptmahlzeit: »Suppen, frisches Lammfleisch, Rindfleisch, Schweinefleisch und manchmal Kalbfleisch, Haushühner, Speck, Plumpudding, Eingemachtes und Gebäck.« Um acht war dann der »Tee« an der Reihe, eine Wiederholung des Mittagessens, und vor dem Schlafengehen gab es noch Sardinen auf Toast. Als Nachspeise wurden jeweils Nüsse und Obst serviert, und auch die Getränke konnten sich sehen lassen: »Hervorragender Madeira und Portwein sowie roter Bordeaux auf dem Tisch, und gelegentlich – etwa jeden zweiten Tag – wird echter Champagner gereicht, sobald der Tisch abgedeckt ist.«

Harriet Martineau, die ein Journalist wegen ihres Engagements für verschiedene Gesetze zum Schutz der Armen einmal eine »magenkranke, radikale Streitaxt« genannt hatte, bemerkte zu diesen üppigen Mahlzeiten freilich: »Einige von uns fanden es ziemlich lästig, so lang am Tisch sitzen zu müssen, aber das ist ein Brauch, der wohl extra für diejenigen eingeführt worden ist, denen der Tag zu lang ist.«

Aber auch außerhalb der Mahlzeiten war reichlich für Unterhaltung gesorgt. Die sportlichen unter den Passagieren schossen mit Gewehren und Pistolen auf Flaschen, die man ins Wasser geworfen oder an einer Spiere aufgehängt hatte, oder veranstalteten eine lustige Jagd auf Ratten. Bei ruhiger See oder gar Flauten erfreute sich das Shuffle-Board-Spiel an Deck größter Beliebtheit, und die Tollkühnsten sprangen wohl auch über Bord und schwammen eine Runde um das Schiff, um ihre Kraft und vor allem ihren Mut zu beweisen, denn zum beliebten Zeitvertreib gehörte es auch, Hammel- und Rindfleischstücke ins Wasser zu werfen, um Haie anzulocken, die dann in ganzen Rudeln dem Paketschiff folgten. Luxuriöse Schiffe wie die *Europe* hatten ein eigenes Berufsorchester für Abendkonzerte und Tanzveranstaltungen an Bord, die kleineren Schiffe zumindest einen Pianisten und einen Geiger.

Gegen aufkommende Langeweile wurden Clubs organisiert, etwa 1822 »eine Gesellschaft für das gute Benehmen und die Geselligkeit der Passagiere« auf der *Pacific,* und auch Charles Dikkens, der 1842 an Bord der *George Washington* den Atlantik überquerte, war Mitglied »einer sehr vergnügten und fröhlichen Gesellschaft, deren ausgezeichneten Präsidenten mir die Bescheidenheit zu nennen verbietet«. Die Clubs führten beliebte Ratespiele durch oder Debatten und Laientheater, und ein Höhepunkt war es, wenn sich ein bekannter Schauspieler wie Tyrone Power mit großen Monologen und Szenen produzierte.

Auch sonst standen Spiele aller Art hoch im Kurs, harmlose wie Mühle, Dame, Schach und Domino, und weniger harmlose wie Whist und Poker, und wenn man dazu gar in die Kabine der

Ein Paketschiff der Red-Star-Linie

Damen eingeladen wurde, war das Glück vollkommen, ein Vergnügen, dessen Tyrone Power recht häufig teilhaftig wurde. Die Damenkabine selbst war der Höhepunkt des Luxus an Bord, »ein schöner, quadratischer Raum, der mit Sofas, Spiegeln und anderen eleganten Kleinigkeiten ausgestattet ist«, wie sich Tyrone Power erinnerte oder wie sie ein Journalist 1843 auf der *Victoria* beschrieb: »Die Damenkabine zeichnete sich durch die einzigartige Eleganz ihrer Einrichtung aus. Kein Salon und kein Boudoir auf dem Festland bietet bessere Tapezierer- oder Polstererkunst. Der Stil des geschmackvoll in Weiß und Gold gehaltenen Raumes ist der Zeit Ludwigs XIV. oder XV.; die Schnitzereien an der Täfelung sind hervorragend ausgeführt.« Das Rauchzimmer der Herren stand dem kaum nach, nur daß man hier die Farben dunkler, als Hölzer gerne Teak oder Mahagoni wählte.

Ärgerlich war eigentlich nur, wenn es unter den Passagieren schlechte Verlierer gab. Harriet Martineau berichtete: »Die Spiele endeten nicht immer harmonisch. Man konnte von der Whistgruppe oben am Tisch zänkische Worte vernehmen und einen beiläufigen Fluch bei einem Schachmatt weiter unten.« Freilich waren auch Stürme nicht jedermanns Sache. »Auch wenn wir die ganze Nacht lang hätten ruhig liegen können, hätte der Lärm den Schlaf vertrieben. Der Wind tobte; die Wellen schlugen gegen das Schiff, als ob sie es zerbrechen wollten; das Wasser drang in die Kabine ein, obwohl das Oberlicht geschlossen war«, vermerkte Miß Martineau. Der einzige trockene Platz fand sich schließlich unter dem Tisch. »Ich brachte also eine Decke und ein Kopfkissen unter den Tisch, legte mich hin und bekam eine Stunde Schlaf, bis der Sturm schließlich so zugenommen hatte, daß er selbst einen Toten aufgeweckt hätte.« Und dann gab es auch noch jene, die einer Seereise generell nichts abgewinnen konnten, wie der Autor und Philosoph Ralph Waldo Emerson, der klagte: »Jeden Morgen wache ich mit der Überzeugung auf, daß jemand mein Bett umkippen wolle. Niemand läßt sich gern schändlich behandeln, umwerfen, gegen die Wand stoßen, anrempeln oder in Bilge, stickiger Luft und Küchenfett ersticken.«

Doch solche Leute waren wohl eher die Ausnahme, denn Reedereien, Kapitäne, Stewards und Mannschaften taten alles für die Annehmlichkeit und Zufriedenheit ihrer Passagiere, wozu auch gehörte, daß ihnen nach Möglichkeit verborgen blieb, was direkt unter ihren Füßen im Zwischendeck vor sich ging. Und war ein Kabinenpassagier tatsächlich einmal neugierig, wurde er mit der Erklärung abgewiesen, man »hielte es nicht nur für gefährlich und ungesund, sondern auch für ein Schauspiel, das sich für jemand, der nicht an den Anblick des in diesen Löchern voller Krankheit und Not herrschenden fremdartigen, elenden und verderblichen Treibens gewöhnt ist, nicht eigne«.

Zum Glück waren derartige Wünsche selten, und die Kabinenpassagiere zogen es vor, nach einem vergnügten Tag an Deck einen letzten Schlummertrunk zu sich zu nehmen. »Die letzte Hälfte des Grogs soll für den netten Kerl am Ruder sein«, pflegte Tyrone Power zu erklären. »Wirf einen Blick auf den Kompaß, überzeuge dich davon, daß das Schiff nach Westnordwest fährt, und geh vollauf zufrieden nach unten. Der Steward zündet die Wachskerze vor deinem Fenster an. Wenn du all das getan hast, was dir Spaß macht, danke Gott und schlafe ein.«

PS: Tyrone Power ertrank beim Schiffbruch der *President* 1841.

ZWISCHENDECK-AUSWANDERER
JOHN DENNISON
VEREINIGTE STAATEN VON AMERIKA 1834–1855

»Vor ihnen lag die Hoffnung, und hinter ihnen gab es nur die Erinnerung an Not und Elend.«

Der Schiffsname dieses Kapitels ist eigentlich rein zufällig. Es hätte auch *Lady Macnaughton, Virginius, The Times, Washington* oder nach einem der rund 1000 anderen Schiffe heißen können, die zum Höhepunkt der Auswandererwelle in den 40er und 50er Jahren des vorigen Jahrhunderts mit etwa 1600 Fahrten im Jahr, beladen mit jeweils 500 bis 1200 Menschen, insgesamt über zwei Millionen Auswanderer über den Atlantik verfrachtet haben. In der Regel waren es arme Teufel, Einzelpersonen, Familien, aber auch ganze Dörfer und Glaubensgemeinschaften, die, von Krieg, politischen Unruhen, Arbeitslosigkeit und Hungersnöten getrieben, ihre armseligen Bündelchen schnürten, um im Land der unbegrenzten Möglichkeiten eine neue Existenz zu gründen. Doch noch lag zwischen ihnen und der Zukunft der Atlantik.

In der Mehrzahl der Fälle begann die Reise in Liverpool, dem größten Auswandererhafen Europas, mit der Beschaffung der Passage, und wenn der Preis von 3 Pfund 15 Schilling pro Person auch gering erscheinen mag, für manchen irischen Landarbeiter war das ein halber Jahreslohn (!). Dann folgte die ärztliche Untersuchung. Theoretisch durfte kein Auswanderer an Bord gehen, ohne von einem Regierungsarzt untersucht worden zu sein. Die Praxis schilderte ein Betroffener so: »Ich stellte mich zur Untersuchung vor ihn hin. In einem Atemzug sagte er: ›Wie heißen Sie? Geht es Ihnen gut? Strecken Sie die Zunge heraus. In Ordnung – der Nächste.‹« Wie ein Beamter der Auswanderungsbehörde in London zugab, fertigten die Regierungsärzte auf diese Weise rund 200 Menschen in der Stunde ab für ein Pfund pro 100 (!) Untersuchungen.

Dann ging es an Bord, wo die Menschen auf dem Zwischendeck »gestaut« wurden – anders kann man ihre Unterbringung kaum bezeichnen, denn den Reedereien lag, wie bei jeder Ladung, ausschließlich daran, in möglichst wenig Raum möglichst viel Ladung – im vorliegenden Fall also Menschen – unterzubringen.

Das 895 Tonnen große Paketschiff ›Garrick‹ der Dramatic-Linie

Diese Zwischendecks waren nichts anderes als ein etwa 165 cm
hoher Raum, der vom eigentlichen Laderaum im Unteren des
Schiffes mit einem dünnen Bretterboden abgeteilt war. In diesem provisorischen »Deck« waren in zwei, oft drei Etagen über-
einander Bettgestelle aufgebaut, so daß zwischen den einzelnen
Etagen kaum mehr als 50 cm Luft blieb; lang waren sie in der
Regel 180 cm, breit 45 cm – und wer solch eine Koje erwischte,
hatte noch Glück, denn er konnte auch in einem jener Quadrate
landen, die, 180 mal 180 cm groß, offiziell für vier Personen gedacht, in der Regel mit sechs, manchmal sogar sieben Personen
vollgepackt wurden.
Licht und Luft kamen durch die Luken im Deck, doch bei rauher See wurden diese dichtgemacht, so daß die einzige Beleuch-
tung von ein paar Petroleumfunzeln ausging. Und was die Luft
anbelangte, so meinte Herman Melville, der eine Zeitlang auf
Paketschiffen gefahren ist, daß man, wenn man eine Woche nach
dem Auslaufen »den Kopf durch die Vorderluke steckte, meinen
konnte, man halte ihn in eine plötzlich geöffnete Jauchegrube
hinein«. Nun, wen wundert das bei den sanitären Zuständen in
den Zwischendecks? Die Toiletten bestanden aus ein paar Kübeln, mit oder ohne Sitz, hinter einer dünnen Trennwand, die bei
gutem Wetter täglich, bei schlechtem aber gar nicht geleert wur-

Werbeplakat eines Auswandererschiffes

den, und Waschen war in der Regel verboten, weil man fürchtete, die Feuchtigkeit könne den dünnen Bretterboden angreifen. Daß es von Ratten und Ungeziefer nur so wimmelte, war selbstverständlich, und als einmal ein kanadischer Regierungsinspektor die *Lady Macnaughton* besichtigte, stellte er fest, daß jeder Winkel des Zwischendecks »mit Zwiebackresten, Knochen, Lumpen und jeglicher Art von Abfällen gefüllt war, die faulten und voller Maden waren«.

Die Verpflegung war entsprechend. Amtlich standen zwar jedem Passagier wöchentlich 2 ¼ Pfund Zwieback, 1 Pfund Weizen- und 4 ½ Pfund Hafermehl, 2 Pfund Reis, 55 Gramm Tee und ½ Pfund Zucker zu, wobei Hafermehl und Reis durch je 5 Pfund Kartoffeln ersetzt werden konnten, doch in Wirklichkeit erhielt man meist nur dann etwas, wenn man den Schiffskoch oder Proviantmeister entsprechend bestach. Und selbst auf jenen Schiffen, auf denen die Rationen ordnungsgemäß zugeteilt wurden, war es noch sehr die Frage, ob man sie nicht roh in sich hineinwürgen mußte, denn wie ein gewisser Frederick Marshall aus Liverpool, Besitzer einer Auswandererherberge, der einmal die

Überfahrt aus Neugier machte, um zu sehen, wie es seinen ehemaligen Gästen erginge, berichtete, standen für die 400 Zwischendeckspassagiere auf seinem Schiff ganze sechs Kochstellen an Deck zur Verfügung – selbstverständlich nicht bei schlechtem Wetter –, um die man sich von morgens bis abends stritt. Und wer nicht den Smutje mit Geld oder Whisky bestach, der bekam bestenfalls alle zwei Tage eine ordentliche Mahlzeit in den Magen. Das Trinkwasser – offiziell standen jedem Passagier täglich drei Liter zur Verfügung – war nicht besser, »faulig, trüb und bitter«, so daß »die herausgepumpte Flüssigkeit ekelhaftem Grabenwasser glich«, erinnerte sich ein Auswanderer, und ein anderer nannte diese Brühe »nicht klarer als eine schmutzige Gosse nach einem starken Regenschauer«.

Ein Regierungsarzt antwortete auf die Frage, ob er die Verpflegung für ausreichend halte, mit einem glatten »Nein«, und sogar ein Reeder bequemte sich zu dem Eingeständnis: »ausreichend, um nicht zu verhungern, vielleicht, aber nicht, um davon leben und gedeihen zu können«.

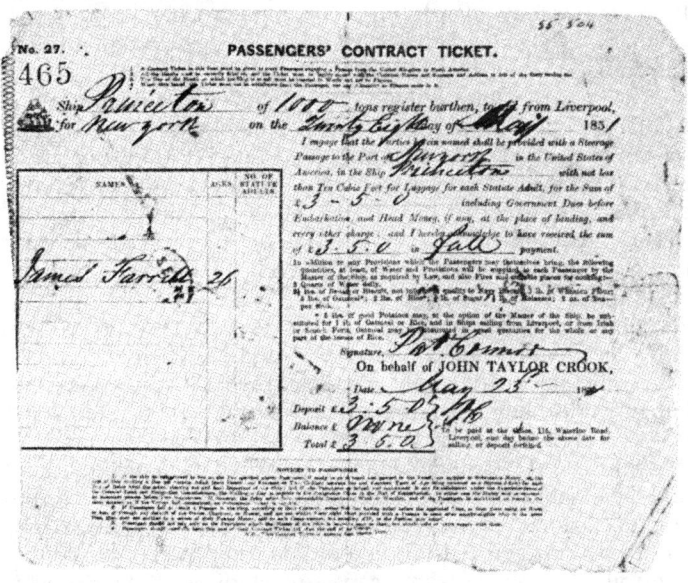

Fahrkarte für das Zwischendeck der ›Princeton‹ 1851

Nur der Alkohol floß in Strömen, »weil es sich für den Kapitän, der mit dem Gesöff handelt, lohnt«. Der Alkohol führte nicht immer zu so beschaulichen Szenen wie auf der *John Dennison,* wo jeden Abend um sechs Uhr der Schiffsarzt zur Fiedel griff und mit dem Schiffsbäcker als Zeremonienmeister und einer Gallone Rum auf dem Achterdeck »so lange Tanz und gute Laune herrschte, bis die Schiffsglocke viermal schlug, also bis zehn Uhr abends«, oder zu solch üblen wie auf der *Washington,* wo die Matrosen zum Spaß an einem recht kühlen Tag die Feuerwehrschläuche ins Zwischendeck richteten oder die Auswanderer an die Pumpen und Spills prügelten. Daß Matrosen und einschichtige männliche Passagiere alleinreisenden Frauen und Mädchen gegenüber aufdringlich wurden, war fast die Regel, und da es in den Zwischendecks – entgegen der Vorschrift – fast nie getrennte Räume für Männer, Frauen und Familien gab (später eine Selbstverständlichkeit), verbrachte manche junge Frau die Nacht lieber auf dem Boden sitzend, nur um nicht mit irgendeinem Kerl in der Koje unter der gleichen Decke schlafen zu müssen, während sich verschiedene Schiffsoffiziere, auf das Problem der fehlenden Intimsphäre angesprochen, sogar noch rühmten: »Da gibt es keine Schwierigkeiten; jede Nacht tut sich da genug, um die Leute bei Laune zu halten.«

Wen wundert es unter diesen Umständen, daß Krankheiten – Cholera, Pocken, Typhus, der bald »Schiffsfieber« hieß – grassierten und schreckliche Ernte hielten. »Das Schwarze Loch von Kalkutta war im Vergleich mit den Laderäumen dieser Schiffe eine Wohltat«, schrieb die ›Times‹ in jenem Jahr, in dem von 250000 Auswanderern 20000 auf See oder kurz nach der Ankunft in Amerika diesen Seuchen erlagen, es war das »Seuchenjahr« 1847.

Zweifellos gab es Ausnahmen, doch in der Regel waren die Zwischendecks »ein Anblick von Elend und Durcheinander, wie man es niemals zuvor gesehen hat«, und auch staatliche Gesetze hüben wie drüben des Großen Teiches gegen die ärgsten Mißstände waren kaum das Papier wert, auf dem sie geschrieben standen. Die Reedereien kümmerten sich einfach nicht darum, und die eingesetzten Inspektoren, die jene rund 30 Schiffe, die von fünf Kilometern auseinander liegenden Docks in Liverpool an einem einzigen Tag mit gutem Wind und Wetter ausliefen, kontrollieren sollten, waren ganz einfach dieser Aufgabe nicht gewachsen – und zudem im Zweifelsfalle abgeschmiert.

Zwei noch recht freundliche Bilder aus dem Zwischendeck

So überquerten Hunderttausende, ja Millionen von »armen Menschen, Männer, Frauen und Kinder jeden Alters, vom dummen Zeug schwatzenden, 90jährigen Schwachsinnigen bis zum neugeborenen Baby, dort ohne Licht und ohne frische Luft, sich in Schmutz wälzend und Gestank einatmend, körperlich und seelisch niedergedrückt« den Atlantik, um eine neue Heimat zu finden, von der sie heimschrieben: »Laßt meine Brüder auf jeden Fall herüberkommen, wenn sie sich aus ihrer Knechtschaft befreien wollen; für den Fleißigen ist dies das Land der Unabhängigkeit.«

FLAGGSCHIFF UNTER ZWEI FLAGGEN
BRITANNIA – BARBAROSSA
GROSSBRITANNIEN UND DEUTSCHLAND
1840–1880

»Er ist schüchtern, schweigsam und ziemlich provinziell«, meinte die bekannte Schauspielerin Fanny Kemble, und war dann höchst erstaunt, als ihr klar wurde, daß hinter der fast perfekten Maske des artigen Buchhalters ein Geist steckte, der »sowohl Menschen als auch Dinge seinem Willen untertan« machte. »Er«, das war Samuel Cunard – zur Zeit der Begegnung mit der Schauspielerin bereits »Sir« Samuel Cunard.

1787 war er in einer ärmlichen Hütte nahe dem Hafen im neuschottischen Halifax geboren worden, nahm, kaum daß er richtig laufen konnte, jede Arbeit an, sofern sie ehrlich war und Geld brachte (genau in dieser Reihenfolge), hatte 1808 mit 21 Jahren genug zusammengescharrt, um den Schoner *White Oak* kaufen zu können, besaß drei Jahre später, 1812 beim Ausbruch des Amerikanisch-englischen Krieges, bereits 40 (!) Schiffe, und 1838, mit 50 Jahren, war er Multimillionär, Vater von sieben Töchtern und zwei Söhnen und bereit, den größten Plan seines Lebens in die Tat umzusetzen.

Sir Samuel Cunard

Durch eine Rinne im Eis verläßt die ›Britannia‹ Boston

Im Januar 1839 reiste Samuel Cunard nach London, mietete in Picadilly ein Büro und schrieb an die hohen Lords der britischen Admiralität: »Ich biete hiermit an, Dampfschiffe mit nicht weniger als 300 Pferdestärken auszurüsten, um zweimal im Monat die Post von einem Ort in England nach Halifax und zurück zu befördern.« Das erste Schiff könne am 1. Mai 1840 auslaufen, und kosten würde die Sache 55 000 Pfund im Jahr. Eine Behörde von der Größe und Wichtigkeit der britischen Admiralität wird nahezu zwangsläufig Jahr für Jahr, Tag für Tag von allen möglichen und unmöglichen Angeboten, von Erfindern und Scharlatanen, von Genies und Schwindlern aller Art überschwemmt. Und wie alle großen Behörden reagierte sie in der Regel damit, daß sie Offerten so lange auf irgendwelchen Schreibtischen liegenließ, bis sich eine ehrwürdige Patina angesetzt und sie sich damit meistens von selbst erledigt hatten. Neben vielen anderen war einst auch ein Robert Fulton an dieser Praxis gescheitert. Es bedurfte schon einer ungeheuren persönlichen wie sachlichen Überzeugungskraft, um den Koloß der Admiralität zu raschem Handeln zu veranlassen, doch dieser kleingewachsene, rotbäkkige Selfmademan aus der Provinz hatte sie, und so lag nur drei Monate nach seinem Angebot ein Siebenjahresvertrag unterschriftsreif auf dem Tisch. Mehr noch, als die englischen Reeder protestierten, weil englische Post ein Recht darauf habe, auf englischen Schiffen befördert zu werden, wurden sie von der Admiralität glatt abgewiesen, und als die Bostoner Kaufleute dringend darum baten, statt Halifax doch ihre Stadt zum Hauptzielhafen zu machen, erhöhte die Admiralität die jährliche Summe auf 60000 Pfund, und die Bostoner versprachen Cunard als Dank auf 20 Jahre einen Kai und die kostenlose Benutzung der Anlage.

Daß Samuel Cunard sich so schnell und durchschlagend mit seinen Ideen durchsetzte, war freilich kein Zufall. Seit dem Stapellauf der *Royal William,* an der er finanziell beteiligt gewesen war, hatte er sich mit dem Gedanken beschäftigt, daß »entsprechend gebaute und bemannte Dampfer mit der Pünktlichkeit von Eisenbahnzügen abfahren und an ihrem Bestimmungsort eintreffen könnten«. Und als er seinen Vertrag in der Tasche hatte, wußte er auch schon genau, wer ihm seine Schiffe und vor allem seine Maschinen bauen würde: Robert Napier in Glasgow, der einmal erklärt hatte: »Alles, was mit der Maschine zu tun hat, würde ich sehr widerstandsfähig und aus dem besten Material herstellen, da es von äußerster Wichtigkeit ist, am Anfang Vertrauen einzuflößen, denn wenn sich auch nur das kleinste Mißgeschick ereignet, das beispielsweise ein Schiff daran hindern könnte, seine Überfahrt mit Hilfe von Dampf zu bewerkstelligen, so würde das von unseren Gegnern über Gebühr herausgestrichen. Wenn es den Dampfern dagegen gelingt, zu Anfang einige schnelle Fahrten durchzuführen und dabei die Segelschiffe entscheidend zu schlagen, dann kann man die Schlacht als gewonnen ansehen.«

Und er hatte auch gesagt: »Jede solide und bekannte Verbesserung wird von mir übernommen werden.«

Das erste Schiff der British & North American Royal Mail Steam Packet Company – besser bekannt als »Cunard-Line« –, die auf der Werft von Robert Duncan & Co. gebaute, mit einer Napier-Maschine ausgerüstete *Britannia,* war auf 950 Tonnen und 375 PS projektiert. Doch als Richard Napier ein erheblich größeres und stärkeres Schiff vorschlug, stimmte Samuel Cunard sofort zu, und so lief am 5. Februar 1840 die *Britannia* vom Stapel – mit einer Länge von 64,70 m über alles, 9,32 m Breite im Rumpf und 16,53 m Breite über die Radkästen, 5,20 m mittlerem Tiefgang für 1313 Bruttoregistertonnen, ausgerüstet mit zwei Einzylinder-Seitenbalanciermaschinen für 1500 PS, die von vier Kofferkesseln aus beheizt wurden und 9,00 m durchmessende Schaufelräder antrieben, und zusätzlich einer Dreimastbark-Takelung –, die neben der üblichen Ladung und den Postsäcken noch 115 Passagiere I. Klasse an Bord nehmen konnte, außerdem rund 1000 bis 1200 Auswanderer im Zwischendeck.

Um seinen Kontrakt pünktlich zu erfüllen, charterte Samuel Cunard die *Unicorn,* einen 400-Tonnen-Dampfer der Reederei G. und J. Bruns, die am 16. Mai 1840 mit 27 Passagieren die Überfahrt antrat, doch die eigentliche »Cunard-Line« wurde am 4. Juli 1840, dem 64. Jahrestag der amerikanischen Unabhängigkeitserklärung, mit dem Auslaufen des Flaggschiffes der Cunard-Flotte, der *Britannia* unter Kapitän Samuel Woodruff, von Liverpool eröffnet. Sie überquerte in der Rekordzeit von 15 Tagen und zehn Stunden den Atlantik und errang damit als erster Dampfer das legendäre »Blaue Band«, das 1835 von dem englischen Parlamentsmitglied Harold Hales als Auszeichnung für das jeweils schnellste Schiff auf der Atlantikroute gestiftet worden war.

Der Empfang in Boston für die *Britannia* und Samuel Cunard, der, von seiner Tochter Ann begleitet, die Reise mitgemacht hatte, war überwältigend: Militärkapellen spielten, Salut-

Die Kabine von Charles Dickens auf der ›Britannia‹

schüsse knallten, bei dem fünfstündigen Bankett waren sich die Redner einig, daß es seit der *Mayflower* keine Fahrt vergleichbarer Bedeutung mehr gegeben habe, und Josiah Quincy jr., der Rektor der Harvard University, brach in den Ruf aus: »Er hatte den Kopf, es zu ersinnen, die Zunge, es zu verfechten, und die Hand, es auszuführen.«

Wie stolz die Bostoner auf »ihre« Paketlinie und »ihre« *Britannia* waren, erwies sich knapp vier Jahre später im Winter 1844: Als der Hafen vollständig zugefroren war, hackten sie eine über elf Kilometer lange und rund 30 Meter breite Rinne ins Eis, damit die *Britannia* auslaufen konnte, um zu beweisen, daß Boston zu jeder Jahreszeit und bei jedem Wetter ein zuverlässiger Hafen war.

In den Instruktionen für Kapitän Woodruff von Samuel Cunards eigener Hand für die Jungfernfahrt hatte es unter anderem geheißen: »Für die Teilhaber der *Britannia* ist es von größter Wichtigkeit, daß sie sich den Ruf der Schnelligkeit und Sicherheit erwirbt«, aber auch um der Sparsamkeit willen »die Türen der Kessel möglichst geschlossen zu halten und mit den Luftklappen umsichtig zu verfahren, Kessel und Maschinen regelmäßig zu warten« und »die Umdrehungen der Maschine alle zwei Stunden zu ermitteln und im Logbuch festzuhalten.« Diese Zeilen waren für Samuel Cunard typisch. Zuverlässigkeit, technische Perfektion und solide Arbeit waren für ihn oberstes Gebot, besondere Bequemlichkeit gab es nicht, wie er seinerzeit etwa der Werft geschrieben hatte: »Ich ziehe einfaches Holzwerk in der Kabine vor, was zu beträchtlichen Einsparungen führt.« Schwimmende Hotels und Paläste lagen Samuel Cunard fern, auch wenn er sich später, vor allem unter dem Druck der Dramatic-Line (wir werden noch auf sie zu sprechen kommen), doch zu etlichen Konzessionen würde bereitfinden müssen, und so kam es, daß sich die Schiffe seiner Linie im allgemeinen und die *Britannia* im besonderen trotz aller Zuverlässigkeit mitunter ob ihrer spartanischen Einrichtung doch recht herber Kritik ausgesetzt sahen. Der ärgste dieser Nörgler war wohl der versierte Paketschiff-Passagier Charles Dickens, der 1842 eine Überfahrt auf der *Britannia* gebucht hatte und danach so ziemlich kein gutes Haar an dem Schiff ließ – daß er seekrank wurde und zehn Tage das Bett hüten mußte, mag dabei freilich auch eine gewisse Rolle gespielt haben. Vor Antritt der Reise hatte Charles Dikkens auf einem Reklamezettel das Bild des Speisesaales gesehen, einem, gemäß der damals so beliebten perspektivischen Verzeichnung, Raum von schier unendlicher Ausdehnung und fernöstlicher Ausstattung, den er dann später als »einen großen Leichenwagen mit Fenstern« betitelte, in dem es lediglich »sehr gelb gekochte Hammelkeule« und »ein ziemlich verdorbenes Dessert aus Äpfeln, Trauben und Orangen« gegeben habe; und seine Kabine gar – die er bestenfalls als »lächerliche Schachtel« bezeichnete oder als »eine völlig unpraktische, gänzlich hoffnungslose und widernatürliche Kiste«, in die sein Gepäck hineinpaßte »wie eine Giraffe in einen Blumentopf« samt einem Bett, das »einem Sims« ähnelte und von dem der Dichter maulte: »Nie wurde etwas Kleineres zum Schlafen gebaut, außer Särgen« – konnte offensichtlich in keiner Weise seine Zustimmung finden.

Trotzdem fuhr die *Britannia,* bald regelmäßig ausgebucht, 40mal über den Atlantik, geriet am 14. September 1847 bei Cape Race auf Grund, konnte aber mit leichten Beschädigungen wieder freikommen und in New York repariert werden. Doch langsam wurde sie alt, zu alt, zumindest nach der Meinung von Sir Samuel Cunard, für die Anforderungen des Transatlantikverkehrs.

Das Jahr 1848 war ein Jahr der Erhebungen und Revolutionen, und nur ausnehmend naive Gemüter – zu denen sich freilich zahlreiche Historiker zählen dürfen – können annehmen, daß es sich um puren »Zufall« gehandelt haben kann, daß nahezu gleichzeitig in Frankreich, Deutschland, Österreich, Ungarn, Böhmen und Italien sozialistisch-kommunistisch-nationalistische Aufstände ausbrechen konnten, ohne daß da irgendwo ein innerer Zusammenhang bestanden habe. Freilich hatten die Drahtzieher – Ultralinke und Freimaurer – mit ihren nationalistisch-sozialistischen Parolen letztlich keinen durchgreifenden Erfolg, die bewaffneten Aufstände in Paris und Wien, in Berlin, München, Prag und Baden-Baden wurden niedergeschlagen oder verliefen im Sande, in Frankreich ergriff nach kurzem republikanischem Zwischenspiel Prinz Louis Napoleon als Napoleon III. die Macht; in Bayern mußte zwar König Ludwig I. – einer der besten Regenten seines Landes – zugunsten seines Sohnes Maximilian II. abdanken, doch im deutsch-ungarisch-italienisch-böhmischen Vielvölkerstaat Österreich ebenso wie in Preußen wurden die Erhebungen schnell und teilweise recht brutal niedergeworfen.

Karl Rudolf Bromme,
genannt Brommy

Einzig sichtbares Ergebnis der 48er Revolution im Reichsgebiet war die am 18. Mai in der Frankfurter Paulskirche eröffnete Deutsche Nationalversammlung, die am 27. Juni Erzherzog Johann von Österreich zum Reichsverweser wählte und die alten Farben Schwarz-Rot-Gold zu den »Bundesfarben« erklärte.

Eines der schwierigsten Probleme des Deutschen Bundes war Dänemark, das immer schon Schleswig-Holstein gerne für sich gehabt hätte und das nun die Schwäche seines von Unruhen geschüttelten südlichen Nachbarn nur zu gerne ausnutzte, um dieses Ziel zu erreichen. So gehörte zu den ersten Aufgaben des Bundestages in Frankfurt die Schaffung einer entsprechenden Flotte, denn obwohl dem Bund de jure neben den eigenen, noch zu beschaffenden Schiffen die preußische Marine, die österreichische Marine, die schleswig-holsteinische Flottille und die Hamburger Flottille unterstand, stellte sich sehr bald heraus, daß außer den Hamburgern, die ihre Schiffe am 14. Oktober 1848 dem Bund übergaben, niemand sonst gewillt war, Einheiten an ein gemeinsames Oberkommando abzutreten. So mußte denn der Bund schleunigst eigene Kriegsschiffe beschaffen.

Zwei dieser Schiffe waren die Cunard-Dampfer *Acadia,* die den neuen Namen *Erzherzog Johann* erhielt, und *Britannia,* die, in *Barbarossa* umgetauft, zum Flaggschiff der Bundesflotte ernannt wurde.

Die wichtigsten Umbauten zum Kriegsschiff, etwa die Verstärkung der Decksbalken, um die schweren Geschütze tragen zu können, wurden noch in England durchgeführt, doch das Schiff verließ am 12. März 1849 seine Heimat unbewaffnet, da Großbritannien aus Neutralitätsgründen keine Kriegsschiffe exportieren durfte. Ihre neun 68pfünder-Bombengeschütze wurden separat geliefert und nach dem Einlaufen der *Barbarossa* am 19. März in Bremerhaven an Deck aufgestellt.

Kopf und Herz dieser ersten deutschen Bundesflotte war Fregattenkapitän Karl Rudolf Bromme, genannt Brommy, ein gebürtiger Sachse, der Direktor der griechischen Marineschule in Piräus gewesen war. Da seinem Vorgesetzten in der »Technischen Marinekommission« in Frankfurt, Admiral Prinz Adalbert von Preußen, aus zahlreichen politischen und diplomatischen Grün-

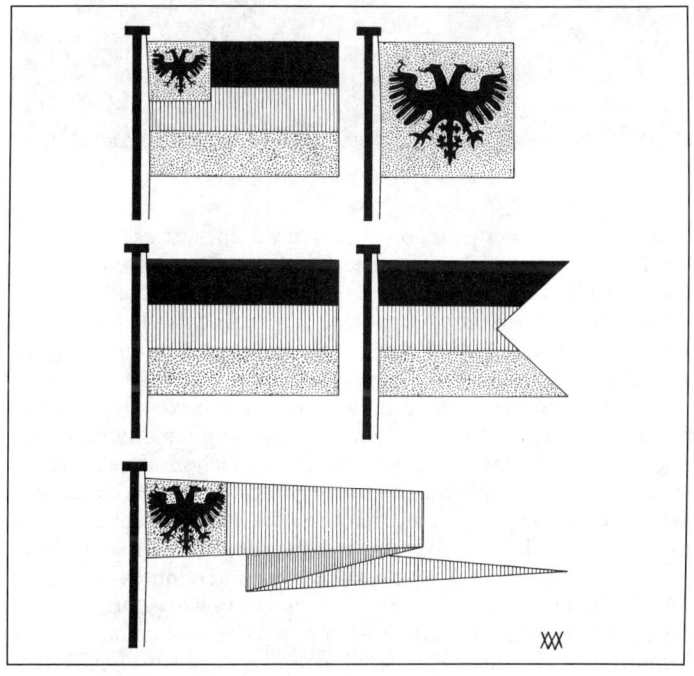

Flaggen der deutschen Bundesflotte 1848; Kriegsflagge, Gösch, Admiralsflagge, Kommodorestander, Wimpel

Die ›Barbarossa‹ im Gefecht mit der ›Valkyrien‹ 1849

den die Hände weitgehend gebunden waren, war es auch Kapitän Brommy, der das einzige Seegefecht der Bundesmarine ausfocht: Am 4. Juni 1849 kam es vor Helgoland zum Schußwechsel zwischen der dänischen Fregatte *Valkyrien* und den Bundesschiffen *Barbarossa* mit Brommys Flagge im Top, *Hamburg* und *Lübeck*. Als Leutnant Theodor Julius Reichert, der die *Hamburg* befehligte, zum Entern ansetzte, zog sich die *Valkyrien* in den Schutz der neutralen britischen Festung Helgoland zurück, die sogar einige Warnschüsse gegen die Deutschen abgab. Wenig später trieb Großbritannien seine »Neutralität« noch etwas weiter und deklarierte die schwarzrotgoldene Bundesflagge zur »Piratenflagge«, da es keinen Staat gäbe, dessen Seemacht diese Farben zu führen berechtigt sei. – In England nannte man derlei Unterstützung für Dänemark »Balance of Power« und rechtfertigte damit alles, was dazu angetan war, jeden kleinzuhalten, der irgendwann vielleicht zum Konkurrenten der britischen Supermacht heranwachsen mochte.
Die Geschichte der Bundesflotte war kurz wie die des Bundesta-

ges in Frankfurt. Am 6. Juni 1852 mußte Konteradmiral Brommy – ihm diesen mehr als wohlverdienten Rang zu verleihen, war fast die letzte Amtshandlung des Reichsverwesers Erzherzog Johann – die Bundesflagge niederholen und die *Barbarossa* der preußischen Marine übergeben.

Das Schiff diente zunächst in Danzig, dann in Kiel, mehr und mehr demontiert, als Stationsschiff, wurde am 5. Mai 1880 außer Dienst gestellt und am 28. Juli 1880 als Zielschiff durch Torpedos der *Zieten* versenkt, anschließend gehoben und in Kiel abgewrackt.

GESCHWINDIGKEIT UND LUXUS
ATLANTIC, PACIFIC, ARCTIC UND BALTIC
VEREINIGTE STAATEN VON AMERIKA 1848–1858

»Wir haben die schnellsten Pferde, die schönsten Frauen und die besten Gewehre der Welt, und wir müssen auch die schnellsten Dampfer haben!«

Also sprach Edson Baldwin Olds, Kongreßabgeordneter des US-Bundesstaates Ohio anno 1847 und stimmte für die Bewilligung von jährlich 385000 Dollar Subvention für eine Reederei, die »die absolute Unterwerfung dieses Cunard betreiben« sollte. Noch klarer drückte es der Senator James Asheton Bayard jr. aus Delaware aus: »Eine Geschwindigkeit, mit der diese Briten niemals zu konkurrieren hoffen können. Eine so hohe Geschwindigkeit, wie die Regierung Großbritanniens und ihr Handlanger Cunard sich niemals vorstellen, geschweige erreichen könnten.«

Offiziell wurde das Geld für die Postbeförderung zwischen New York und Liverpool mit 20 Hin- und Rückfahrten im Jahr bezahlt, doch in Wirklichkeit ging es um das Prestige: Das Land der unbegrenzten Möglichkeiten wollte auch die unumstritten modernsten, schnellsten und luxuriösesten Schiffe auf dem Atlantik haben. Der Mann, mit dem der Regierungskontrakt geschlossen wurde, war Edward Knight Collins, seit den 30er Jahren Besitzer einer Paketschifflinie, die er aufgrund seiner Vorliebe für das Theater »Dramatic Line« nannte.

Zwischen 1848 und 1850 liefen die ersten vier Dampfer der Dramatic Line vom Stapel, die *Atlantic,* die *Pacific,* die *Arctic* und die *Baltic.* Mit je 2850 Tonnen und einer Spitzengeschwindigkeit von 13 Knoten waren sie der Cunard-Konkurrenz um 500 Tonnen und zwei Knoten überlegen, und auch in der Ausstattung wurde an nichts, aber auch gar nichts gespart: Sie verfügten über Dampfheizung und fließendes Warm- und Kaltwasser – auch an Land noch ein seltener Luxus; die Salons waren mit wertvollen Teppichen ausgelegt, die Decken geschnitzt und vergoldet, die Fenster aus buntem Glas, und gemütliche Polstermöbel standen um Tische mit Platten aus Brocatelli-Marmor; die Kabinen waren mit Samt, Plüsch, Damast und kostbaren Hölzern eingerichtet; es gab elegante Damensalons, Rauchzimmer, Musik-

Der große Salon der ›Atlantic‹

zimmer, Spielzimmer; im Herrenfrisiersalon standen »Vitrinen,
die Parfümerieartikel etc. enthielten, und in der Mitte ein ›Fri-
sierstuhl‹, verstellbar, mit einer geschwungenen Rückenlehne
und einem bequemen, gepolsterten Sitz«; und im Bauch des
Schiffes lagerten in einem Eiskeller mit 40 Tonnen Eis die Lebensmittel, aus denen das Rudel Köche Schildkrötensuppe,
Truthahn in Austernsauce, Barsch in Sauce hollandaise oder
Gans in Champagner zauberte.
O ja, es war ein reines Vergnügen, mit den Schiffen der Dramatic
Line zu reisen, doch für die Reederei waren Geschwindigkeit
und Luxus auch ein teures, ein sehr teures Vergnügen. Was half
es, daß es im April 1852 der *Pacific* gelang, mit neun Tagen, 20
Stunden und 15 Minuten als erstes Schiff die magische Grenze
von zehn Tagen für eine Überfahrt zu unterbieten, wenn Edward
K. Collins' Unternehmen mehr und mehr in die roten Zahlen geriet und, obwohl die Regierung ihre Subventionen 1852 auf
858 000 Dollar verdoppelte, unter der Schuldenlast von 1,7 Millionen stöhnte? Der Geschwindigkeitsrausch ruinierte die Maschinen, verschlang Unmassen an Kohle, beschädigte die
Schornsteinkammern und zerrüttete die hölzernen Rümpfe, so
daß zwischen den Überfahrten stets kostspielige Reparaturen
notwendig wurden.

Und er war auch gefährlich, dieser Geschwindigkeitsrausch: Man schrieb den 27. September 1854, als die *Arctic,* wie üblich mit dem Äußersten, was Maschinen und Schaufelräder hergaben, vor den Neufundlandbänken durch dicken Nebel preschte. Die Passagiere hatten sich soeben zum Mittagessen gesetzt, als ein Schatten vor dem Bug auftauchte. Die Bugwache hatte eben noch Zeit aufzuschreien, da krachte bereits die *Arctic* mit dem kleinen französischen Dampfer *Vesta* zusammen. Doch während der eiserne Rumpf der *Vesta* die Kollision einigermaßen heil überstand und sie sich nach St. John's auf Neufundland retten konnte, blieb die *Arctic* mit drei klaffenden Lecks unter der Wasserlinie in ihrer hölzernen Außenhaut liegen. Der Versuch, das 58 Seemeilen entfernte Cape Race zu erreichen, scheiterte nur zu schnell, als das in die Maschinenräume einbrechende Wasser die Schaufelräder stillstehen ließ, und um das Ziel unter Segel zu erreichen, blieb keine Zeit. Binnen weniger Stunden versank das stolze Schiff in den Wellen. Von den 233 Passagieren und 175 Besatzungsmitgliedern konnten nur 86 in Booten das Land erreichen oder wurden von behelfsmäßig zusammengezimmerten Flößen durch andere Schiffe geborgen. 322 Menschen riß die *Arctic* mit sich in die Tiefe, darunter auch die Frau und die beiden Kinder Edward K. Collins', die sich an Bord befunden hatten.

Doch der Eigner der Dramatic Line wollte aus diesem Schicksalsschlag nicht lernen. Die Raserei, auch bei schlechtester Sicht, ging weiter und führte fast auf den Tag 14 Monate später zur nächsten Katastrophe: Am 23. Januar 1856 lief die *Pacific* mit 45 Passagieren, mindestens 1000 Menschen im Zwischendeck und 141 Mann Besatzung von Liverpool aus – und verschwand.

Als ihr zwei Wochen später die *Atlantic* folgte, entging sie fast nur durch ein Wunder dem gleichen Schicksal. Einer der Passagiere erinnerte sich später: »Um 7 Uhr morgens bot sich uns ein Schauspiel, das niemand an Bord je vergessen wird; es war in der Tat ein Fingerzeig des Himmels, und es müssen sich würdigere Menschen als ich an Bord befunden haben. Der dichte Nebelschleier hob sich plötzlich wie ein Vorhang, und wir erblickten eine herrliche, furchterregende und großartige Landschaft. Soweit das Auge reichte war die Luft klar; die Sonne schien strahlend auf eine zusammenhängende Kette von rund 30 Meter hohen Eisbergen, zwischen denen sich Eisfelder ausdehnten. Kette um Kette schob sich in Sichtweite, und schneller, als es dauert, dies niederzuschreiben, senkte sich der Vorhang wieder, und alles entschwand.«

Edward K. Collins baute unterdessen sein nächstes Prachtschiff, die *Adriatic,* mit 3650 Tonnen noch größer, mit 16 Knoten noch schneller, mit 316 Kabinen der I. und 60 Kabinen der II. Klasse noch luxuriöser. Im April 1856 lief sie vom Stapel und am 23. November 1857 zu ihrer Jungfernfahrt aus. Nur zweimal überquerte sie unter der Flagge der Dramatic Line den Atlantic, dann brach die Reederei unter ihren immensen Schulden endgültig zusammen.

Am 1. April 1858 wurden die *Adriatic,* die *Atlantic* und die *Baltic* für 50000 Dollar versteigert. *Atlantic* und *Baltic* dienten im amerikanischen Bürgerkrieg als Truppentransporter, die *Atlantic* wurde anschließend abgebrochen, die *Baltic* ihrer Maschinen beraubt und als reiner Segler nach Deutschland verkauft. Die *Adriatic* kam als Paketschiff unter englische Flagge und diente schließlich an der afrikanischen Küste als Lagerschiff, ehe man sie außer Dienst stellte und verrotten ließ.

Die Katastrophen der *Arctic* und der *Pacific* und das Beinaheunglück der *Atlantic* hatten die Geschwindigkeitsbegeisterung der Amerikaner bereits merklich abgekühlt, die Regierung hatte daraufhin ihre Subventionen 1857 zunächst fühlbar gekürzt und dann ganz gestrichen, und als die Dramatic Line zusammenbrach, hatte ein Journalist der Zeitschrift ›Harper's‹ endlich gewagt, das auszusprechen, was mittlerweile viele seiner Zeitgenossen dachten: »Das beste wäre es, wir hielten uns weiterhin an Segelschiffe und überließen England die Dampfschiffahrt auf dem Ozean.«

In London mag sich Sir Samuel Cunard die Hände gerieben haben: Ein Jahrzehnt war die Dramatic Line eine bitterböse Konkurrenz gewesen, die ihn – auch in Sachen Luxus – zu manchem Zugeständnis gezwungen und ihm manch gefährlichen Einbruch gebracht hatte, aber der Sieg gehörte letztlich eben doch seinen wirtschaftlicher gebauten und geführten Schiffen. Der Atlantik war nun – und er sollte es für lange Zeit bleiben – »Cunards Teich«.

Edward K. Collins starb 1878, restlos verarmt, in geistiger Umnachtung.

DIE WINDHUNDE DES MEERES
SEA WITCH

VEREINIGTE STAATEN VON AMERIKA 1846–1855

»Sie war eine absolute Schönheit für jeden Seemann. Außer sprechen konnte sie alles!« schwärmte ein Klipper-Kapitän von seinem Schiff.

Viele betrachteten die Klipper als den Höhepunkt der Seefahrt unter Segel schlechthin, und doch war es nur eine kurze Epoche von kaum mehr als 30 Jahren, in der diese »Windhunde des Meeres« über die Ozeane flogen, in Stürmen, in denen man ein Jahrhundert zuvor noch entsetzt jedes Segel geborgen hätte, unter vollem Tuch Geschwindigkeitsrekord um Geschwindigkeitsrekord brachen und ihren Reedern ein Vielfaches ihrer Baukosten einfuhren.

Eigentlich war es unvermeidlich, daß gerade die Amerikaner die schnellen Klipper entwickelten, denn Schnelligkeit war das Leitmotiv gewesen, seit es so etwas wie eine amerikanische Seefahrt gab: anfangs bei den kleinen Schmugglern, die die zahllosen Einschränkungen der Navigationsakte unterlaufen hatten, dann bei den Korsaren und Kaperfahrern, die mithalfen, die Unabhängigkeit zu erkämpfen, schließlich bei den stolzen Fregatten, die diese Unabhängigkeit gegen die mächtige Royal Navy verteidigten, und nun bei den Handelsschiffen, die sich daran machten, das übermächtige Großbritannien auch auf diesem Gebiet aus dem Feld zu schlagen. Daß zu weitblickenden, investitionsbereiten Reedern noch wagemutige Konstrukteure wie Willis Griffiths, brillante Schiffsbaumeister wie der fast legendäre Donald McKay und ein Mann wie Matthew Fontaine Maury – der in jahrzehntelanger Kleinarbeit in den staubigen Kellern des Depot of Charts and Instruments in Washington D. C. Abertausende von alten Logbüchern durcharbeitete und daraus Wind-, Wetter- und Strömungskarten entwickelte, die es den Kapitänen zu jeder Jahreszeit ermöglichten, die optimalen Fahrtrouten zu ermitteln – kamen, war jenes Quentchen Glück, das so oft dem Tüchtigen zur Seite steht.

Die Sea Witch war einer der ersten Klipper, hervorgegangen aus der Zusammenarbeit des Konstrukteurs Willis Griffiths und des Kapitäns Robert H. Watermann. Als sie am 8. Dezember 1846 vom Stapel lief, war sie in den Augen der Zuschauer, die schon vorher in Scharen zu der Werft von Smith & Dimon, wo die *Sea Witch* auf Helling lag, gepilgert waren, um den Neubau zu begutachten, ein ungewohnter Anblick: Statt des seit nun fast drei Jahrhunderten üblichen völligen »Dorschkopfes« ein scharf konkav geschnittener Bug, mit 52 m Länge und 10 m Breite auffallend schmal – nach der bisherigen Bautradition hätte das Schiff mindestens 13 m Breite aufweisen müssen – und mit 42,70 m extrem hoch getakelt. Der bekannte Kapitän Nathaniel B. Palmer meinte zwar, die *Sea Witch* werde »aller Wahrscheinlichkeit nach sehr schnell sein«, aber die komplizierte Takelage werde »von vielen Matrosen bedient werden müssen, vom Verschleiß ganz zu schweigen«. Kurz gesagt, der Klipper würde zwar ein gutes, im Betrieb aber recht teures Schiff werden.

Noch im Monat ihres Stapellaufs, am 23. Dezember, ging die *Sea Witch* nach China in See, obwohl sich Kapitän Robert »Bob« Watermann durchaus darüber im klaren war, daß er damit ganz und gar in die falsche Jahreszeit geriet. Aber Bob Watermann war ein ausgezeichneter, wenn auch harter Kapitän, und er wollte einfach wissen, was in dem neuen Schiff steckte. Es wurde eine gute und – trotz aller Wetterunbilden – schnelle Fahrt, und auch die zweite Reise nach China verlief ausgezeichnet; eine Sensation freilich waren beide Reisen nicht.

Im Januar 1849 lag die *Sea Witch* zum dritten Male in Hongkong. Am 27. April 1848 war sie von New York ausgelaufen, hatte Kap Hoorn umrundet, im chilenischen Valparaiso ihre Ladung gelöscht und dann Kurs über den Pazifik genommen. Diesmal, so hatte sich Kapitän Watermann geschworen, würde er die Rekorde brechen, die er selbst 1848 mit dem Baumwolltransporter *Natchez* mit 78 Reisetagen zwischen Macao und New York und 1847 mit 77 Tagen mit der *Sea Witch* von Hongkong aus aufgestellt hatte. Die Aussichten dafür waren durchaus gut: Die *Sea Witch* war ein exzellentes Schiff, die Mannschaft tüchtig und zuverlässig und der Kapitän ein erstrangiger Seemann. 1808 in New York geboren, war er mit zwölf Jahren zur See gegangen, hatte sich in der harten Schule des Paketschiffsdienstes bewährt und war 1829, mit 21 Jahren, zum Ersten Offizier und 1833 zum Kapitän ernannt worden. Robert H. Watermann galt als zäh, fleißig und mutig: Noch als Erster Offizier war er einmal während eines Sturmes, nur mit einer Notleine gesichert, in den Atlantik gesprungen, um einen über Bord gegangenen Matrosen

Matthew Fontaine Maury

zu retten – und hatte diesen am nächsten Tag windelweich geprügelt, als er Krankheit simulierte.

Am Mittag des 9. Januar 1849 wurden die letzten Luken der *Sea Witch* auf der Reede von Hongkong verschalkt, und um 19.30 Uhr ging der chinesische Hafenlotse von Bord.

Schon im Chinesischen Meer in den ersten Tagen legte die *Sea Witch* ein Tempo vor, von dem andere Schiffe nur träumen konnten: 176 Seemeilen am ersten, 237 am zweiten, 277 am dritten Tag – ein Etmal von 150 Seemeilen hatte bislang als hervorragende Leistung gegolten.

Am 16. Januar notierte George Frase, der Erste Offizier, im Logbuch: »Den ganzen Tag leichter, unsteter Wind«, doch Kapitän Watermann hatte trotzdem 56 Seemeilen geschafft.

Am 17. Januar fegten heftige Sturmböen durch die Sundastraße, Bob Watermann ließ Anker werfen und fast sofort wieder ankerauf gehen, »da das Wetter besser zu werden schien«.

Der Indische Ozean empfing die *Sea Witch* mit leichten Windchen und totalen Flauten, aber irgendwie gelang es dem Kapitän trotzdem, mit seinem Gespür dafür, wo Wind war und wie man ihn am besten nutzen konnte, den Klipper von der Stelle zu bringen, doch erst am 26. Januar fing sich wieder richtiger Wind in den riesigen Segeltürmen. 240, 248, 249, 253 Seemeilen täglich, und am 1. Februar meldete das Logbuch »starke Passatwinde« und ein Etmal von 260 Seemeilen.

Die ›Sea Witch‹, einer der frühesten Klipper

Am 17. Februar: »Kap der Guten Hoffnung peilte rechtweisend Nord.«

Am 17., den kräftigen Südostpassat im Rücken, schaffte das Schiff die größte Tagesstrecke: 267 Seemeilen.

Wechselnde Winde ließen die *Sea Witch* in den nächsten Tagen etwas langsamer werden; um die 150 Seemeilen täglich segelte sie dennoch.

Am 7. März überflog das Schiff den Äquator und gelangte am 9. in den Bereich des Nordostpassats. Nun machten schwere Stürme dem Klipper zu schaffen, und Bob Watermann mußte zu seinem großen Mißvergnügen mehrfach die Segel kürzen lassen. Doch oft waren die Matrosen kaum an Deck angekommen, als sie schon wieder in die Takelage gejagt wurden, um das eben erst eingesteckte Reff wieder herauszulassen, da sich der Sturm ein ganz klein wenig abschwächte oder der Kapitän einfach beschlossen hatte, ihn zu ignorieren, was dazu führte, daß sich am 20. März die *Sea Witch* in einer Sturmbö so hart auf die Seite legte, daß »ihr Bugspriet untertauchte«. Endlich lief das Schiff in die ruhigeren Gewässer des Golfstromes ein, und augenblicklich ließ Bob Watermann »alle Beisegel setzen«.

Und dann, am 25. März 1849, sichtete der Ausguck auf dem Signalturm von Sandy Hook vor der Einfahrt zum Hafen von New York einen unter vollen Segeln heranjagenden Klipper. Die langen Arme des Signalturmes begannen zu klappern, und kaum eine Stunde später wußte es nicht nur die Reederei Howland & Aspinwall, sondern die halbe Stadt: Die *Sea Witch* war aus China zurück, mindestens eine Woche früher, als man sie erwartet hatte!

Der Hafenlotse war der erste, der Kapitän Robert Watermann gratulierte: 74 Tage und 14 Stunden von Hongkong nach New York – ein Rekord, der nie mehr von einem Segelschiff gebrochen werden sollte.

DER KALIFORNISCHE GOLDRAUSCH
FLYING CLOUD

<u>VEREINIGTE STAATEN VON AMERIKA 1851</u>

Im Dezember des Jahres 1848 erklärte der amerikanische Präsident James Polk: »Die Meldungen über die Unmengen von Gold in jenem Gebiet sind so außergewöhnlich, daß man ihnen kaum Glauben schenken könnte, wenn sie nicht von zuverlässigen Berichten bestätigt würden«, und ließ gleichzeitig im Kriegsministerium eine kleine Kiste mit Goldklumpen und Goldspänen im Wert von etwa 3000 Dollar ausstellen.

Präsident James Polk kann unmöglich geahnt haben, was er mit seinen Worten auslösen würde: Die ganze amerikanische Ostküste wurde von einem Fieber, einem Rausch, einer Hysterie ergriffen.

Gold! Das Gold von Kalifornien!

Neuenglische Bauern liefen von ihren Äckern davon und Bergknappen aus ihren Zechen, biedere Kontorangestellte verschwanden ohne Kündigung, Lehrlinge und Studenten rissen aus, Ärzte ließen ihre Patienten und Rechtsanwälte ihre Mandanten im Stich, Wirte fanden sich über Nacht ohne Kellner und Tellerwäscher wieder, die Schreibstuben bislang untadeliger Staatsbeamter blieben leer, Geschäfte und Handwerksbetriebe schlossen von einem Tag auf den anderen, Polizisten brannten zusammen mit ihren Häftlingen durch, ehrenwerte Stadtväter erschienen nicht mehr zu den Sitzungen, und aus den Hafenkneipen, Bordellen und Spielsalons begann der große Exodus ins gelobte Land.

Sie hatten alle nur eines im Kopf: das Gold von Kalifornien und daß sie ganz, ganz schnell ganz, ganz reich sein würden, auch wenn sie von Kalifornien kaum mehr wußten als den Namen und nicht die leiseste Ahnung hatten, wie man das Gold eigentlich findet und aus der Erde holt. A. B. C. Whipple schreibt dazu: »Einige trugen Papierschirme, als wenn sie in den Sudan fahren wollten, während andere in Felle und arktische Kleidung gehüllt waren. Viele plagten sich damit ab, eigenartige Gegenstände einzuladen, die von seltsam geformten Hacken und Schaufeln bis zu sperrigen Maschinen reichten, die aus dem Alptraum eines Beamten vom Patentbüro hätten stammen können.«

Josiah Perkins Creesy

Auf der anderen Seite des Kontinents expandierte San Francisco zur Großstadt. Noch im Sommer 1848 war San Francisco ein verschlafenes Nest mit knapp 1000 Einwohnern gewesen, das jährlich kaum von mehr als einem Dutzend Schiffen angelaufen wurde. Ein Jahr später fluteten nicht weniger als 775 Schiffe durch das Golden Gate in die Bucht und spiehen mindestens 20000 Menschen an Land. Die Versorgung brach binnen Wochen zusammen, und die Preise schnellten in schwindelnde Höhen hinauf: Ein Faß Mehl, das an der Ostküste fünf Dollar gekostet hatte, brachte in San Francisco das Zehnfache, für ein Ei oder eine vier Monate alte Zeitung, die in New York oder Boston für ein paar Cents zu haben gewesen waren, durfte man getrost einen Dollar verlangen, und da es keine Verbindung über Land nach dem Westen gab, waren bald die Reeder, Spediteure und Werften im Osten die eigentlichen Gewinner des kalifornischen Goldrausches.

Noch 1849 hatte sich als erster Klipper die *Memnon* nach dem Westen aufgemacht und die 13200 Seemeilen um Kap Hoorn in 122 Tagen geschafft, während andere Schiffe für die Reise mindestens 200 Tage benötigten. Im Mai 1850 folgte ihr die *Samuel Russel* und im Juli die *Sea Witch*. Kapitän George Frase, der ehemalige Erste Offizier unter Robert Watermann, schaffte die Strecke in 97 Tagen und schlug seine Ladung, die in New York 84626 Dollar gekostet hatte, in San Francisco um nicht weniger als 272 000 Dollar los – fast das Vierfache von dem, was der Bau des Schiffes gekostet hatte.

Wer jetzt nicht in das Geschäft einstieg, war ein Narr, und zumal die Besitzer der schnellen Klipper zogen ihre Schiffe schleunigst aus dem Chinahandel, um sie, vollgepackt mit Menschen und Gütern, rund um Kap Hoorn nach dem amerikanischen Westen zu jagen, während allein auf den Werften am East River von New York nicht weniger als 10 000 Männer vom frühen Morgen bis zum späten Abend fieberhaft an neuen, größeren, schnelleren Klippern sägten und hämmerten.

Zumal die Werft des berühmtesten aller Schiffsbaumeister, Donald McKay in Boston, der schon die *Sea Witch* gebaut hatte, wußte sich kaum vor Aufträgen zu retten, und Anfang des Jahres 1851 wimmelte es auf ihr von Schaulustigen, die das Entstehen seines neuesten Meisterwerkes beobachteten.

Die *Flying Cloud,* wie das Schiff heißen sollte, war auf 69,80 m Länge, 12,50 m Breite, 6,55 m Tiefgang und 1783 Tonnen ausgelegt und hatte damit das fast doppelte Ladevolumen der fünf Jahre älteren *Sea Witch,* und ihre Masten ragten 61 m in den Himmel. Die kleine Reederei Enoch Trais hatte das »Schiff, das auf der ganzen Welt ein neues Zeitalter im Schiffbau einläuten sollte«, in Auftrag gegeben, doch als ihr die New Yorker Firma Grinnell, Minturn & Co. 90 000 Dollar auf die Hand für das noch unfertige Schiff bot, verkaufte Enoch Trais – und gab später zu, daß er kaum einen Schritt in seinem Leben mehr bereut habe als den Verkauf der *Flying Cloud.* Am 15. April 1851 lief der Klipper vom Stapel und wurde einige Tage später nach New York geschleppt, fertig ausgerüstet und beladen.

Am 2. Juni um 14 Uhr ging die *Flying Cloud* unter dem 37jährigen Kapitän Josiah Perkins Creesy und seiner Frau Eleanor, die ihren Mann auf allen Fahrten als Navigationsoffizier begleitete, in See.

Am 5. Juni notierte Kapitän Creesy im Logbuch: »Gute Brisen und schönes Wetter.« Doch wie oft im Atlantik wurde aus der guten Nordwestbrise bald ein schwerer Sturm, der die Wellen auftürmte und durch die Takelage heulte. Trotzdem ließ der Kapitän kaum Segel wegnehmen – Klipper waren schließlich Schiffe, die im Sturm ihre besten Zeiten liefen –, doch er hatte der *Flying Cloud* zuviel zugemutet: Knallend rissen die Pardunen der Großbramstenge, die sich, ihres Haltes beraubt, vorneigte, brach und, während das Tauwerk zerfetzte und die Segel krachend wegflogen, mit Bram-, Oberbram- und Skyrah von oben kam, die Kreuzbramstenge samt Rahen und Segeln mitriß, auf die Großmarsrah stürzte, sie ebenfalls mitnahm und schließlich unter ohrenbetäubendem Poltern in einem Chaos von zersplitterndem Holz und wirrem Tauwerk auf das Deck prasselte. »Selbst einem alten Seebären konnte das Herz aussetzen, wenn ein Klipper in einem Sturm auf dem Meer auch nur teilweise entmastet wurde«, schreibt A. B. C. Whipple. »Das Schiff taumelte in der Kreuzsee. Der Wind peitschte die Rundhölzer in mörderischen Schwingungen hin und her. Überall schwangen Blöcke wie gewaltige Abbruchkugeln umher. Sturmgepeitschte Wellen schlugen über die Schiffswände, warfen die Männer um und schleuderten sie über die ganze Länge oder Breite des Decks. Bruchstücke des oberen Riggs, die noch an der Takelage hingen, waren über Bord gespült worden. Wenn man diese Spieren und Mastteile nicht kappte, schlugen sie unter Umständen wie Rammböcke Löcher in die Seiten des Schiffes und brachten es zum Sinken.«

In all dem Tohuwabohu an Deck behielt Kapitän Creesy klaren

Die ›Flying Cloud‹ im Sturm

Kopf: Die Taue zu den neben dem Schiff auf und ab tanzenden Trümmern wurden gekappt, die Reste der Takelage geborgen, und in der Früh vermerkte er lakonisch im Logbuch: »Großbramstenge, Kreuzbramstenge und Großmarsrah verloren.« Zum Glück flaute der Sturm langsam ab, doch aus der »Fliegenden Wolke« war eine »Lahme Ente« geworden. Josiah Creesy hetzte seine Männer an die Arbeit, und während der Klipper durch die noch aufgewühlte See stampfte, wurden Stück um Stück neue Bramstengen und Rahen montiert und aufgetakelt, und nur innerhalb von 48 Stunden hatte die *Flying Cloud* wieder ihre volle Leistungsfähigkeit erreicht. Am 8. Juni vermerkte der Kapitän im Logbuch lediglich: »Schönes Wetter. Alle vorhandenen Segel gesetzt.«

Am 19. Juni lief die *Flying Cloud* in jene fast windlose Zone der Calmen ein, und der sonst in seinen Eintragungen so trockene Kapitän notierte ärgerlich: »Flaute, Flaute, Flaute!«, doch schon vier Tage später füllte, dank Navigationsoffizier Mrs. Eleanor Creesy und den Karten von Matthew F. Maury, wieder frischer Wind die Segel.

Am 24. Juni kurz nach Mitternacht passierte der Klipper den Äquator und am 26. Kap São Roque an der Ostspitze Brasiliens, und die Mannschaft – insbesondere jene, die gar keine Seeleute waren, sondern nur angeheuert hatten, um billig zu den kalifornischen Goldfeldern zu kommen – flehte den Kapitän an, Rio de Janeiro anzulaufen, denn am 13. – natürlich! – Juni hatte man »ungefähr 30 Zentimeter über der Mastbacke (des Großmastes) einen großen Sprung« entdeckt, und zumal die Landratten sahen den stolzen Klipper schon »blankgefegt wie ein indianisches Kanu«, wenn sie in die Eisstürme von Kap Hoorn geraten würden. Doch Kapitän Creesy dachte nicht im Traum daran nachzugeben.

Am 9. Juli stand die *Flying Cloud* auf der Höhe von Patagonien, als am Morgen ein heftiges Gewitter einen neuen Sturm ankündigte. Diesmal war der Kapitän vorsichtiger, ließ Bram-, Oberbram- und Skysegel bergen und die Marssegel doppelt reffen. Während die Männer noch in der Takelage arbeiteten, nahm der Wind mehr und mehr zu, wurde zum Sturm und bald zum Orkan, und alles lauschte beklommen auf das Knirschen und Knacken des Großmastes, bis Josiah Creesy befahl, die drei obersten Rahen des Großmastes herunterzufieren und an Deck zu bergen, um den Großmast zu erleichtern.

Fast zwei Wochen tobte der Sturm, dessen mitgeführter Regen immer mehr in Schnee überging, und mitten in diesem Toben der Elemente brachte der Zimmermann die Schreckensnachricht: »Das Schiff macht Wasser, mehr als die Pumpen schaffen können. Das Mannschaftslogis unter der Back ist entschieden höher überflutet, als das vom Regen kommen könnte.« Kapitän und Zimmermann stiegen also ins Mannschaftslogis hinunter und stellten fest, daß der Pfropfen, der die Ankerklüsen verschloß, verschwunden war. Doch als der Zimmermann einen neuen Stöpsel festgeschlagen hatte, lief das Wasser nicht durch die Speigatten außenbords, sondern verschwand unter einer Koje. Der Zimmermann sah nach, und entdeckte ein 10 cm großes Loch, das jemand durch das Deck gebohrt und so das Wasser in den Laderaum geleitet hatte. Das Loch wurde abgedichtet und die beiden Saboteure, die gemeint hatten, auf diese Weise den Kapitän zum Anlaufen eines Hafens zwingen zu können – das Loch war genialerweise genau unter der Koje des einen –, schnell gefunden und in Eisen gelegt.

Am 22. Juli wurde das Wetter besser, die *Flying Cloud* durchfuhr die La-Maire-Straße, am nächsten Morgen gegen 8 Uhr sichtete man den schwarzen Felsen von Kap Hoorn, und am 26. segelte der Klipper bereits wieder bei gutem Wind und klarem Wetter an der Küste Südamerikas hinauf nach Norden. Mrs. Eleanor Creesy hatte, dank ihrer Navigationskünste, das Schiff in nur drei Tagen um das berüchtigte Kap gebracht, wozu andere Wochen, manche Monate brauchten.

Der Kapitän ließ nun auch wieder die abmontierten Sky- und Bramrahen anbringen und trotz erneut aufkommenden Sturmes die *Flying Cloud* weiter unter vollem Tuch laufen. Am 31. Juli wurde er dafür nicht nur mit einem Tempo von geloggten 18 Knoten, sondern auch mit einem Etmal – der zurückgelegten Tagesstrecke – von 325 Seemeilen belohnt, eine Geschwindigkeit, die bis zu diesem Tag kein Schiff erreicht hatte. Bis zum 24. August blieb das Wetter günstig, man überquerte erneut den Äquator, diesmal in anderer Richtung, dann flauten die Winde ab, um am 29. erneut zu Sturmstärke aufzufrischen. Kapitän und Mannschaft hatte inzwischen das Rekordfieber gepackt, und so blieben die Segel stehen – bis die Fockbramstenge samt Rahen und Segeln herunterkrachte.

Aber jetzt wollten sie es erst recht wissen, sogar jene ehemaligen Landratten, denen in den letzten Wochen tüchtige Seebeine gewachsen waren. Binnen 24 Stunden war die neue Stenge samt Rahen und Segeln montiert.

Am 31. August notierte der Kapitän: »Um sechs Uhr morgens passierten wir South Farallone vor der Einfahrt von San Francisco.« Die *Flying Cloud* schoß kurz in den Wind, um den Lotsen an Bord zu nehmen, und rauschte dann durch das Golden Gate, wobei jeder Fetzen Leinwand – »außer Kapitän Creesys Nachthemd« – gesetzt war.

89 Tage und 21 Stunden nach dem Auslaufen aus New York fielen die Anker zu jenem verblüffenden sogenannten »San Francisco-Anlegemanöver«. Überall auf der Welt lief ein Schiff seinen Ankerplatz unter gerefften Segeln an, warf Anker, die Matrosen holten die Segel ein und zurrten sie an der Rah fest, und dann begann erst die Ausschiffung. Anders in San Francisco, wo die Mannschaft ein Schiff mit vollen Segeln auf seinen Ankerplatz zujagte, die Anker ausrauschen und die Segel mit gelösten Schoten in den Wind schießen ließ, um sich dann sofort, zusammen mit den Passagieren, in die wartenden Boote zu stürzen; einige ganz Eilige sprangen sogar einfach über Bord, um an Land zu schwimmen, als ob ihr Schiff im nächsten Augenblick explodieren wollte, um nur ja keine Sekunde Zeit zu verlieren, ins gelobte Goldland zu kommen.

Die *Flying Cloud* kehrte, nachdem sie ihre Ladung gelöscht, den Pazifik überquert und in Kanton eine Ladung Tee an Bord genommen hatte, nach New York zurück, wo man das Logbuch ihrer Rekordfahrt nach Kalifornien – sie sollte nie mehr unterboten werden – in goldenen Lettern auf weiße Seide druckte.

DAS HÖLLENSCHIFF
CHALLENGE
VEREINIGTE STAATEN VON AMERIKA 1851

Noch lag die *Flying Cloud* im East River am Pier 20 und übernahm die Ladung für ihre Kalifornienfahrt, als wenige hundert Meter weiter in der Werft von William Webb am 24. Mai 1851 ein mit 2006 Tonnen noch größerer, mit 70 m noch höher getakelter Klipper vom Stapel lief, die *Challenge,* von der ein Zuschauer sagte: »Sie bot von vorn und von der Seite einen wirklich prachtvollen Anblick. In einer Form gegossen hätte sie nicht schöner sein können.«

Doch während die *Flying Cloud* auf ihrer Jungfernfahrt einen vielbejubelten Rekord aufstellte, geriet die *Challenge* in den Ruf, ein Höllenschiff zu sein, mit dessen Jungfernfahrt sich Gerichte und Presse auseinandersetzten, wobei letztere mit sensationell aufgemachten Berichten, »Enthüllungen« und teilweise schlichten Lügenmärchen viel für die Auflagen ihrer Zeitungen tat, während das Gericht, zumindest im Fall des Ersten Offiziers James Douglass, wohl ein wenig zu sehr die Augen zudrückte.

Kapitän der *Challenge,* die am 13. Juli 1851 New York verließ, war Robert Watermann, der zwei Jahre zuvor mit der *Sea Witch* den Rekord auf der China-Route aufgestellt hatte. Bob Watermann galt keineswegs als brutal, freilich als hart, aber das waren sie alle, die Klipperkapitäne, mußten es sein, wenn sie mit einer Mannschaft, die bestenfalls zu einem Drittel aus erfahrenen Seeleuten bestand, Höchstleistungen erreichen wollten. Kapitän Samuel Samuels, der 1859 die Meuterei auf der *Dreadnought* bestand, schrieb einmal, daß die Matrosen »in jeder Hinsicht außerordentlich zäh waren. Sie hielten das schlimmste Wetter, das schlechteste Essen und die härteste Behandlung aus. Sie hatten jedoch nicht die leiseste Vorstellung von Moral oder Ehrlichkeit, und Dankbarkeit kannten sie nicht. Die Angst vor dem Belegnagel oder dem Drehknüppel machte sie arbeitswillig«.

War es schon im Normalfall schwierig, eine halbwegs brauchbare Mannschaft zu bekommen, so war das im Sommer 1851 in New York nahezu unmöglich; wer auch nur einigermaßen etwas von der Seefahrt verstand, war längst mit einem der zahllosen Schiffe in Richtung Kalifornien unterwegs, und so war der Großteil der Besatzung, abgesehen von ein paar freiwilligen Landratten, die so ihre Überfahrt nach Kalifornien abzuarbeiten gedachten, von den »Crimps« genannten Schleppern zusammengelesen worden. Diese Crimps lauerten überall in den Hafenkneipen und Bordellen, um mit Alkohol oder auch kräftigeren Betäubungsmitteln Männer gegen eine Prämie, die dem unfreiwilligen Matrosen später auch noch von der Heuer abgezogen wurde, auf die Schiffe zu liefern, und die Kapitäne wurden nur ärgerlich, wenn man ihnen Leichen oder als Matrosen kostümierte Strohpuppen unterschob. Wenn Kapitän Robert Watermann später vor Gericht erklärte: »Es war die schlechteste Besatzung, die ich je gesehen habe, und ich fahre jetzt schon seit 30 Jahren zur See«, so hat er damit vermutlich die reine Wahrheit gesagt, was auch von einem altgedienten Matrosen bestätigt wurde: »Wir hatten eine miserable Mannschaft an Bord der *Challenge,* die meisten waren elendes Gesindel.«

Unmittelbar nach dem Auslaufen wurde die Mannschaft, notfalls mit einigen Kübeln Seewasser, halbwegs ernüchtert und an Deck gejagt, wo ihnen der Kapitän eine längere Rede über ihre Pflichten hielt, die Bob Watermann mit einer kleinen Zeremonie abzuschließen pflegte, bei der er sich Meerwasser ins Gesicht spritzte, um damit auszudrücken, daß er nun seine Land-Persönlichkeit abwusch und nur noch eines war: der Kapitän! Zweck der Zeremonie war, den Offizieren Zeit zu geben, jede Seekiste und jeden Seesack in den Logis gründlich nach Waffen zu durchsuchen, und die Sammlung an Pistolen, Totschlägern, Schlagringen und ähnlichem, die unverzüglich außenbords gekippt wurde, muß auf der *Challenge* höchst beachtlich gewesen sein. Den nun einmal unentbehrlichen Seemannsmessern wurde anschließend vom Schmied wenigstens die Spitze abgeschlagen. Und auch mit der Schlußbemerkung seiner Rede: »Seeleute oder Hackfleisch werde ich aus euch machen!« hatte Bob Watermann nur wiederholt, was zahllose Kapitäne schon vor ihm mehr oder minder laut gesagt hatten.

So weit hätten sich die Ereignisse auf der *Challenge* – auch die, die noch folgen sollten – kaum von dem unterschieden, was damals auf allen Schiffen, zumal auf Klippern, gang und gäbe war, wo unfreiwillige, schlecht oder gar nicht ausgebildete Matrosen von ehrgeizigen Offizieren und Kapitänen zu schweren und gefährlichen Arbeiten gezwungen wurden, wäre der Erste Offizier, ein gewisser James Douglass, nicht einer jener berüchtigten

Der Stapellauf der ›Challenge‹

»Bucko«-Offiziere gewesen, von denen man sagte, »daß er lieber eine Schlägerei gegen mehrere Matrosen führte, als eine gute Mahlzeit zu sich zu nehmen«.

Etwa einen Monat nach dem Auslaufen gab es den ersten schweren Zwischenfall: Ein paar Matrosen hatten sich beklagt, daß ihnen Dinge gestohlen worden seien, und James Douglass beorderte die Mannschaft mit ihren Seekisten an Deck, um sie durchsuchen zu lassen, als Kapitän Watermann den Schrei »Mord!« seines Ersten Offiziers hörte und sah, wie dieser zu Boden gerissen und von einem Dutzend Männern mit den Seemannsmessern angegriffen wurde. Bob Watermann schnappte sich einen eisernen Belegnagel, schlug drei Männer nieder und überwältigte sieben weitere, die er fesselte und an den Wanten festband. Der Rest floh ins Logis. Der Kapitän bat nun vier seiner Passagiere als Zeugen zu sich und verhörte dann die Mannschaft, ob dies ein spontaner Aufruhr oder eine geplante Verschwörung gewesen sei. Der Matrose George Smith packte, wie der Passagier W. C. Marston später berichtete, schließlich aus und gestand den Plan einer Meuterei, deren Kopf ein Fred Birkenshaw nebst acht anderen Männern war. Als dies auch von weiteren Matrosen bestätigt wurde, ließ Kapitän Watermann die acht Verschwörer an die Takelage binden und auspeitschen, nur Birkenshaw, der auch als erster auf James Douglass mit dem Messer losgegangen war, schien verschwunden. Auf seine Weise typisch war freilich auch die Reaktion des aus zwölf Stichwunden blutenden James Douglass: »Verdammtes Pack, ich bin froh, daß es diesen Krawall gegeben hat. Nun kann ich prügeln, soviel ich will, und niemand kann mir etwas anhaben, wenn wir nach Kalifornien kommen.«

Schon seit Beginn der Reise waren so viele Männer krank gewesen, daß Kapitän Watermann die Segelkoje in ein Lazarett hatte umwandeln müssen, denn solange die Männer einigermaßen kräftig aussahen, kümmerte es die Crimps nicht im mindesten, ob sie an Ruhr, Tuberkulose, Delirium tremens, Gelbsucht oder den verschiedensten Geschlechtskrankheiten litten. Als aber in den »Brüllenden Vierzigern«, jener sturmreichen Gegend zwischen dem 39. und dem 50. Breitengrad, drei Männer bei einem Sturm aus der Takelage über Bord gefegt worden waren, meldete sich beständig gut ein Dutzend Matrosen krank. Zweifellos waren darunter etliche Simulanten, was die Schiffsführung begreiflicherweise erboste, ihr Pech war nur, daß sie in ihrem Ärger wahllos gegen Simulanten und tatsächlich Kranke vorging: Da war Tons Miti, ein Finne, der sein allzu langsames Deckscheuern mit Frostbeulen entschuldigte. »Ich befahl dem Offizier, ihn mit dem Tampen zu schlagen«, erklärte der Kapitän später, »und meine, er hatte es verdient; als er zum Tee in die Kombüse ging, konnte er nämlich sehr gut laufen.«

Und da war George Lessig, ohnehin ein ständiger Nörgler, der an Ruhr zu leiden behauptete und sich deshalb weigerte, in die Takelage aufzuentern. James Douglass packte ihn, tauchte ihn zweimal in das eisige Seewasser, das durch den Wassergang gurgelte, schleifte ihn über das Deck zur Luvseite des Schiffes, band ihn an die Wanten und ließ ihn dort einige Stunden in seinen nassen Kleidern schlottern, ehe er ihn losmachte und in die Koje schickte. Dort fand ihn am nächsten Tag ein Passagier, der gebeten hatte, sich einmal im Mannschaftslogis umschauen zu dürfen, und sagte später aus, daß Lessig tatsächlich an schwerer Ruhr gelitten habe, an der er auch ein paar Tage später starb.

Da war noch der ergraute Italiener Papaw, der wegen Frostbeulen an den Füßen eines Tages nicht an Deck erschien. James Douglass schlug ihn so brutal zusammen, daß »sein Gesicht eine einzige breiige Masse gewesen, die Augen ganz zugeschwollen, der Kopf und das Haar voll Blut« gewesen seien, wie sich der

Modell des Klippers ›Flying Fish‹

Matrose Charles Weldon erinnerte, der den alten Mann in seine Koje zurückgetragen hatte. Bob Watermann besuchte den Verletzten und brachte ihm Wein mit, doch wenig später war Papaw tot.

Auch Birkenshaw, der Anführer der geplanten Meuterei, der seit dem Angriff auf den Ersten Offizier verschwunden war, wurde nach einem Monat in seinem Versteck aufgestöbert. Zunächst winselte er: »Ich werde ein volles Geständnis ablegen. Bitte tut mir nichts!«, doch als der Kapitän brüllte: »Auf die Knie mit dir, du Hurensohn! Raus mit der Sprache, was wolltest du mit mir anstellen?«, zog der Mann es doch vor, jegliche Beteiligung an der Sache zu leugnen. Daß ihm der Kapitän nur mit einem wütenden Schlag den Arm brach, statt ihn an der nächsten Rah wegen Meuterei aufhängen zu lassen – das Recht dazu hätte er durchaus gehabt –, war angesichts der Tatsache, daß er

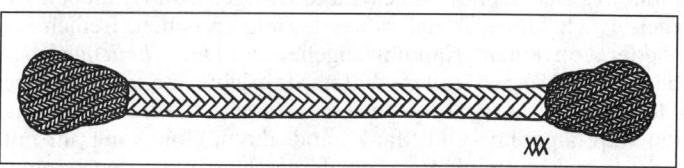

Drehknüppel

höchstpersönlich Birkenshaw vom Rücken des angegriffenen Douglass heruntergezerrt hatte, mehr als mild.

Von diesem Tag an mußten der Kapitän und der Erste Offizier die *Challenge* nahezu allein bedienen, denn von einer Wache meldeten sich oft nur drei Männer zum Dienst, und selbst der Zweite Offizier befand sich nun häufig unter den Fehlenden. Daß die *Challenge* San Francisco trotzdem binnen 108 Tagen erreichte, grenzte schon fast an ein Wunder.

Kaum angekommen, gelang es Bob Watermann und James Douglass nur durch eine abenteuerliche Flucht, sich vor dem Lynchen zu retten, und am nächsten Tag begann die Presse zu geifern: »Die *Challenge* ist angekommen, und ihr Kapitän Watermann ist auch da – aber wo sind neun Mitglieder ihrer Besatzung geblieben? Wenn die Berichte darüber stimmen, wie Watermann sich seinen Männern gegenüber verhalten hat, dann ist er eines der unmenschlichsten Scheusale unserer Zeit. Wenn sie zutreffen, dann sollte er bei lebendigem Leibe verbrannt werden«. Und sie wußte plötzlich auch zu berichten, Watermann habe den Steuermann niedergeschlagen, weil er schmutzige Hände hatte, habe die drei, die aus der Takelage gefallen waren, vom Deck aus mit einem Revolver erschossen und einen Kranken in eine Persenning einnähen und über Bord werfen lassen – der habe noch gestöhnt, als man ihn über die Reling hievte.

Das Gericht sah die Sache freilich etwas anders: »Das Recht der Prügelstrafe befindet sich im Einklang mit der Geisteshaltung unseres Zeitalters«, und obwohl sie laut Kongreßbeschluß 1850 abgeschafft worden war, kümmerten sich Kapitäne und Offiziere keinen Deut darum, bis sie erst 1879 endgültig verboten wurde. Von den neun Toten der *Challenge* waren drei im Sturm aus der Takelage geweht worden – das passierte auf allen Schiffen immer wieder; vier waren an Krankheiten gestorben, und nur die Fälle Papaw und Lessig blieben düstere Punkte. Die Richter fanden keine Schuld an Robert Watermann, und der Kapitän zog sich als höchst geachteter Bürger ins Privatleben zurück. Auch James Douglass wurde freigesprochen, freilich nie wieder von einem Kapitän angeheuert. Der *Challenge* aber blieb der Ruf eines Höllenschiffes. Sie erlebte noch zwei weitere Meutereien, eine davon gegen den als höchst friedfertig bekannten Kapitän John »Old Man« Land, die in Hongkong nur mit Hilfe von Marineinfanterie niedergeschlagen werden konnte. Das Schiff sank 1876 vor der Küste von Frankreich.

GLANZ UND DEMÜTIGUNG
SOVEREIGN OF THE SEAS
VEREINIGTE STAATEN VON AMERIKA 1853

»Auf meiner letzten Fahrt versetzte ich die ganze Welt in Staunen, diesmal werde ich es dem allmächtigen Herrgott zeigen!«
Die Begeisterung über die schnellen Klipper schien alle Grenzen zu sprengen, und zumal von den Schiffen Donald McKays sagte man: »Sie scheinen wie Lebewesen über das Wasser zu schreiten«, und von den gewaltigen Segeltürmen meinte man, daß sie nicht nur die Wolken und den Mond berührten, sondern daß ganz oben sogar gelegentlich die Engel des Himmels säßen.
So ersannen die Schiffbauer und Reeder auch Namen, die zu diesen Schiffen paßten: *Lightning* (Blitz), *Flying Dragon* (Fliegender Drache) und *Flying Cloud* (Fliegende Wolke), *Champion of the Seas* (Meister der See) und *Sovereign of the Seas* (Herrscher der See), *Stag Hound* (Windhund), *Chariot of Fame* (Wagen des Ruhmes) und *White Squall* (Weiße Sturmbö), auch wenn der Spediteur George Francis Train lästerte: »Ich habe die ›schnellen‹ Namen gründlich satt. *Snall* (Schnecke), *Tortoise* (Schildkröte) oder *Drone* (Drohne) würde ich für die nächsten Klipper vorschlagen.«

Donald McKay

Ein Klipper unter vollem Tuch

Aber sie waren ja auch in der Tat unglaublich schnell: 18, 19, 20 Knoten – Geschwindigkeiten, die Dampfschiffe erst nach fast einem halben Jahrhundert erreichen würden. Den Rekord für das schnellste je erreichte Etmal – die von Mittag zu Mittag durchlaufene Strecke – eines Seglers stellte die *Champion of the Seas* vom 11. zum 12. Dezember 1854 mit 465 Seemeilen auf, was einer Durchschnittsgeschwindigkeit von fast 20 Knoten entspricht, und die von Donald McKay 1852 erbaute, 2420 Tonnen große *Sovereign of the Seas* soll stundenweise sogar bis zu 22 Knoten erreicht haben.

Doch gerade die *Sovereign of the Seas* mußte eine der schlimm-sten Demütigungen hinnehmen: 1853 hatte McKay mit einigen englischen Kaufleuten ein glänzendes Geschäft gemacht und lud sie ein, nun mit ihm auf der *Souvereign* nach Liverpool zu fahren. Die Herren lehnten ab und bestiegen das Cunard-Dampfschiff *Canada* – um Zeit zu sparen.

Verärgert ließ McKay seine *Sovereign* zur gleichen Stunde wie die *Canada* von Boston aus in See gehen. Fünf Tage führte der Klipper bei kräftigem Wind überlegen, doch dann geriet er in eine Flaute. Der Dampfer holte auf – überholte – und lag schon 48 Stunden in Liverpool, als die *Sovereign of the Seas* anlegte. Von jenem Tag an gehörte der Atlantik »Cunards stinkenden Dampfkesseln«, wie es ein Zeitgenosse ausdrückte.

MOCHA DICK
ESSEX

VEREINIGTE STAATEN VON AMERIKA 1820–1851

Herman Melville, Sohn einer in der Wirtschaftskrise von 1837 verarmten New Yorker Familie, war selbst vier Jahre, verlockt von der »überwältigenden Vorstellung des großen Wals«, auf den Walfängern *Acushnet* und *Lucy Ann* gefahren, ehe er 1851 das gewaltige Epos von Kapitän Ahab, dem »King Lear des Achterdecks«, und seinem furchtbaren Widersacher Moby Dick schrieb.

Man mag, wie der Autor, die Jagd auf diesen gewaltigen und, wie wir heute wissen, hochintelligenten Meeressäuger noch so sehr verabscheuen, es ist unmöglich, sich der Faszination dieses Ringens zweier durchaus ebenbürtiger Gegner zu entziehen.

Zu einer Zeit, als der Walfang nicht wie heute ein mechanisiertes Gemetzel war, sondern größten persönlichen Mut und Einsatz erforderte, wurde auch der Kampf mit dem Wal nicht selten, wie zwischen Kapitän Ahab und Moby Dick, zu einer ganz persönlichen Auseinandersetzung, bei der der Ausgang keineswegs feststand. Timor Jack, ein nach seinem bevorzugten Aufenthaltsort in der Timorsee benannter Wal, hatte nicht weniger als 19 Harpunen verschiedenster Fangschiffe in seiner Schwarte stecken, als er nach Jahren erlegt und abgespeckt wurde. Ein anderer, New Zealand Tom, zerschmetterte einmal an einem einzigen Tag nicht weniger als neun Fangboote, und in der Seemannskirche auf dem Johnny Cake Hill hängen lange Reihen von Gedenktafeln mit Inschriften wie: »Von der Leine über Bord gezogen«, »Mit der ganzen Besatzung auf See geblieben«, »Bei der Isle of Desolation über Bord gegangen«, »Von einem Pottwal getötet«, »Bei Kap Hoorn von oben gekommen« oder »Von einem Wal außer Sicht geschleppt«. Alljährlich kamen Hunderte von Männern bei der Waljagd ums Leben, und jeder, der einen Schwanzschlag oder den zuschnappenden Kiefern eines Pottwals nur als Krüppel entkam, konnte von Glück reden, wie Kapitän Edmund Gardner von der *Winston*: »Ich blutete aus zahllosen Wunden, als man mich an Deck schaffte. Meine Schuhe waren voller Blut. An Bord stellte ich fest, daß mir ein Zahn in den Kopf gedrungen war und die Schädeldecke gebrochen hatte. Ein ande-

Harpunieren eines Wales

rer hatte mir die Hand durchbohrt, wieder ein anderer den rechten Oberarm zerfleischt, und der Arm war von der Schulter bis zum Ellenbogen mehrfach gebrochen. Meine Schulter saß mindestens zweieinhalb Zentimeter tiefer als vorher – was mir bis heute geblieben ist –, mein Kiefer und fünf Zähne waren gebrochen, die Zunge durchtrennt, die linke Hand von einem Zahn durchbohrt und vielfach gebrochen.«

Herman Melville hat in seinem »Moby Dick« das Schicksal der *Essex* unter Kapitän George Pollard mit dem Leben des berühmtesten aller Wale verwoben.

Mocha Dick war ein riesiger Pottwal-Bulle von über 26 Metern Länge, der nach der Mocha-Insel vor der chilenischen Küste benannt war. Mehr als 30 Jahre war Mocha Dick der Schrecken der Walfänger, und die Geschichten über ihn wurden so oft erzählt und wiedererzählt, daß seine Farbe schließlich »weiß wie Wolle« geworden war, obschon der lebende Mocha Dick eher dunkelgrau war, mit einer auffallenden weißen Narbe an der Stirn. Viele dieser Geschichten mögen Seemannsgarn sein, etliche aber sind unzweifelhaft verbürgt:

Im Juli 1840 sichtete die Walfangbrigg *Desmond* etwa 190 Meilen vor Valparaiso einen riesigen Wal mit einer weißen Narbe an der Stirn. Kaum waren zwei Fangboote zu Wasser gelassen, als

Mocha Dick angriff, das erste Boot rammte, sich dann herumwarf und über dem zweiten seine gewaltigen Kiefer zuschnappen ließ und es zermalmte. Dann tauchte der Wal. Doch während die Männer des nur leicht beschädigten ersten Bootes noch ihre Kameraden aus dem Wasser fischten, kam Mocha Dick aus der Tiefe geschossen und rammte das Boot von unten, so daß die Insassen in die Luft geschleudert wurden.

Als die *Desmond* zu Hilfe eilte, konnte sie von den zwölf Männern aus den beiden Booten nur noch zehn mehr oder minder schwer verletzt bergen.

Einen Monat später und 450 Seemeilen südlich begegnete die russische Walfangbark *Serepta* Mocha Dick. Zwei Fangboote der *Serepta* hatten einen Wal erlegt und waren eben dabei, ihn zum Schiff zu schleppen, als Mocha Dick angriff. Binnen Sekunden war das eine Fangboot so zertrümmert, »daß nicht einmal soviel übrigblieb, daß der Smutje damit seinen Herd hätte anzünden können«, während sich das andere Boot hinter dem Kadaver des toten Wals versteckte. Die *Serepta* barg schleunigst die Überlebenden, ließ den erlegten Wal im Stich und floh, wobei sie beobachtete, wie Mocha Dick langsam wieder und wieder, wie eine Totenwache, seinen erlegten Artgenossen umkreiste.

Im Mai 1841 bekam es der britische Walfänger *John Day* östlich der Falkland-Inseln mit Mocha Dick zu tun. Bei seinem ersten Angriff verfehlte der Wal die drei Fangboote, und einem der Steuerleute gelang es sogar, eine Harpune anzubringen. Zweieinhalb Meilen wurde das Boot mit Höchstgeschwindigkeit davongeschleppt, dann drehte Mocha Dick erneut zum Angriff, rammte das Boot und begrub es völlig unter seinem riesigen Leib, um ihm schließlich mit einem gewaltigen Schlag der Schwanzflosse den Rest zu geben. Dann wartete er, bis die beiden anderen Boote heranwaren und einer der Männer die treibende Harpunenleine zu fassen bekam. Im nächsten Augenblick traf ein fürchterlicher Schlag das Boot von unten, der den Boden zertrümmerte und die Insassen in die Luft prellte. Um zwei Mann weniger und mit etlichen Schwerverletzten an Bord vermochten die Walfänger mit dem dritten Boot zu entkommen.

Doch Mocha Dick begnügte sich keineswegs mit Fangbooten. Im Oktober 1842 griff er vor der Küste Japans einen Schoner mit einer Ladung Holz an und zertrümmerte das Heck des Schiffes, das jedoch dank seiner Ladung über Wasser blieb. Wenig später trafen drei Walfänger – die *Yankee* aus New Bedford und die Briten *Dudley* und *Crieff* – auf den havarierten Schoner. Während man noch die Mannschaft übernahm, tauchte Mocha Dick wieder auf, und jedes der Fangschiffe setzte zwei Boote aus. Als der Wal erneut an die Oberfläche kam, traf ihn ein Harpunier der *Yankee* dicht hinter dem Kopf. Mocha Dick stieß einen gewaltigen Strahl aus, der wie ein Stöhnen klang, schlug noch einmal zuckend wie im Todeskampf mit der Schwanzflosse und rührte sich nicht mehr. Die Fänger warteten zehn Minuten, ehe sie sich dem reglos treibenden Giganten näherten. Doch kaum hatten sie damit begonnen, den Kadaver nach dem Schiff zu schleppen, als Mocha Dick urplötzlich wieder ungeheuer lebendig wurde, ein Boot der *Crieff* mit einem Schwanzschlag zerschmetterte und sich, das Boot der *Yankee* hinter sich herschleppend, auf ein Boot der *Dudley* stürzte, es in sein riesiges Maul nahm, zerknackte und zwei der Männer verschluckte. Entsetzt kappte das Boot der *Yankee* die Leine und pullte zusammen mit den anderen, heilgebliebenen Fangbooten zur *Crieff* zurück. Und auch das Schiff selbst bekam noch sein Teil ab: Mit einem ungeheuren Sprung schnellte Mocha Dick in seiner vollen Länge aus dem

Ein Pottwal zerbeißt ein Fangboot

Wasser, streifte den Bug der *Crieff* und riß Bugspriet samt Klüverbaum und dem gesamten Vorgeschirr herunter, ehe er dem inzwischen von seiner Mannschaft verlassenen Holzfrachter einen letzten Stoß versetzte und offensichtlich zufrieden blasend die Flucht der drei Walfänger beobachtete.

Auch das Ende von Kapitän Ahabs *Pequod* war keine Erfindung Herman Melvilles.

Am 20. November 1820 machten die Fangboote der *Essex* aus Nantucket, gut 1000 Seemeilen nordöstlich der Marquesas-Inseln, Jagd, und dem Ersten Steuermann, Owen Chase, gelang es auch, einen Wal zu harpunieren. Doch als dieser mit seinem Schwanz das Boot leckschlug, kappten die Männer die Leine, verstopften das Leck notdürftig und kehrten auf die *Essex* zurück, um den Schaden zu reparieren.

Und dann sah Owen Chase einen gut 26 Meter langen Pottwal. »Er kam in voller Fahrt auf uns zugeschossen und rammte das Schiff mit dem Kopf dicht vor den Fockrüsten. Durch das Schiff ging ein so jäher und gewaltiger Stoß, als sei es auf eine Klippe aufgelaufen, und es zitterte ein paar Sekunden wie Espenlaub. Der Wal schwamm unter dem Schiff durch, wobei er den Kiel streifte, und kam auf der Leeseite wieder zum Vorschein, offenbar benommen von dem ungeheuren Zusammenprall.« Die *Essex* begann fast augenblicklich zu sinken, als sie noch ein zweiter wuchtiger Stoß am Bug traf. Zehn Minuten später standen bereits die Decks unter Wasser. Der erste Steuermann hatte eben noch Zeit, ein Boot zu Wasser zu bringen und ein paar Lebensmittel und nautische Geräte zu retten.

Als Kapitän George Pollard und der Zweite Steuermann, Matthew Joy, die weiter entfernt auf Jagd gewesen waren, zurückkehrten, tauchten gerade die Masten in den Fluten unter. »Mein Gott, Mr. Chase« rief der Kapitän entsetzt, »was ist denn bloß passiert?«

»Wir sind von einem Wal gerammt worden! In vorsätzlicher, berechneter Bosheit gerammt worden!«

Später schrieb Owen Chase: »Die Stöße waren so berechnet, daß sie uns den größtmöglichen Schaden zufügten. Indem der Wal uns schräg von vorne rammte, trug die Geschwindigkeit beider Objekte zur Wucht des Zusammenpralls bei. Dafür waren genau die Manöver erforderlich, die der Wal ausführte.«

Die drei Boote mit 20 Mann an Bord machten sich auf den Weg zur südamerikanischen Küste.

Der Untergang der ›Essex‹

Nach 51 Tagen unter glühender Tropensonne mit immer knapper werdenden Vorräten starb im Boot des Ersten Steuermanns einer der Männer. Zwei Tage danach lieferte zwar ein Unwetter kostbares Trinkwasser, doch als der Sturm abflaute, fand sich jedes Boot allein auf der unendlichen Wasserfläche. Bald darauf erlag der nächste den Strapazen.

Der Proviant war nahezu aufgebraucht, als am 81. Tag ein dritter Mann starb. »Wir trennten die Gliedmaßen vom Rumpf und schnitten alles Fleisch von den Knochen. Dann öffneten wir den Rumpf, nahmen das Herz heraus, verschlossen ihn wieder, indem wir ihn so sorgfältig wie möglich zunähten – und übergaben ihn der See.« Owen Chase hatte den Vorschlag gemacht, und es schüttelte ihn ein Leben lang vor Grausen, wenn er daran erinnert wurde, doch er rettete damit die Überlebenden seines Bootes, die schließlich, nach drei Monaten und rund 4000 Seemeilen Fahrt, von der Brigg *Indian* geborgen wurden.

Noch schrecklicher war das Schicksal von Kapitän Pollards Boot, gerade weil keiner der Männer starb. Sie zogen schließlich das Los, wer sich für die anderen opfern sollte. Es traf den jungen Owen Coffin, einen Neffen des Kapitäns. George Pollard erbot sich, an seine Stelle zu treten, doch Owen Coffin lehnte ab. »Dann legte er still den Kopf auf das Dollbord und sagte: ›Mir fällt das so leicht wie jedem anderen.‹ Wir brachten es rasch hinter uns, und es blieb nichts von ihm übrig. Aber mehr vermag ich nicht zu sagen – der Kopf glüht mir, wenn ich daran zurückdenke.«

Nach 96 Tagen in dem offenen Boot wurden Kapitän Pollard und seine Leute von dem Walfänger *Dauphin* nahe der chilenischen Küste gerettet.

Das dritte Boot unter dem Zweiten Steuermann Matthew Joy blieb in den Weiten des Pazifik verschollen.

Ob Mocha Dick für den Untergang der *Essex* verantwortlich war, wie viele glaubten, ist unbewiesen. Owen Chase hat die auffallende weiße Narbe an der Stirn des Wals nicht gesehen – doch gerade von dem Zusammenprall mit der *Essex* mag sie gestammt haben.

NOCHMAL MOCHA DICK
ANN ALEXANDER

VEREINIGTE STAATEN VON AMERIKA 1805–1851

Im November 1851 erschien Herman Melvilles ›Moby Dick‹. Sein historisches Vorbild, Mocha Dick, hatte mittlerweile über 100 belegbare Kämpfe siegreich bestanden, wenigstens 150 Fangboote zu Kleinholz geschlagen, 30 Männer getötet, zwei große Schiffe versenkt, und gut ein Dutzend Walfänger stritten um die Ehre, ihn erlegt zu haben.

Die *Ann Alexander* war 1805 als friedliches Handelsschiff von einer Quaker-Dame mit den Worten getauft worden: »Ich taufe dich auf den Namen *Ann Alexander,* und mögest du immer geschwind und wohlbehalten die Häfen deiner Wahl erreichen.« Anfang der 20er Jahre wurde sie dann zum Walfänger umgebaut.

Im Sommer 1851 war das Schiff unter Kapitän John DeBois in den »Offshore Grounds« des Pazifik auf Jagd, als eines Spätnachmittags der Ausguck einen kapitalen Wal aussang. Zwei Boote wurden gefiert, mußten aber bei Anbruch der Dunkelheit unverrichteter Dinge zurückkehren. Kapitän DeBois berechnete Kurs und Geschwindigkeit des Wales und folgte ihm die

Herman Melville

417

Nacht hindurch, so daß er ihn schon bald am Morgen wieder entdeckte.

Erneut gingen zwei Boote zu Wasser, und dem Ersten Steuermann gelang es auch, eine Harpune festzuwerfen. Im gleichen Augenblick begann der Gigant zu toben, und die entsetzten Männer erkannten die berühmte weiße Narbe an seiner Stirn. Zunächst stürzte sich Mocha Dick, das Boot des Ersten Steuermanns hinter sich herschleppend, auf das Boot des Kapitäns. »Er erhob sich so steil aus dem Wasser«, berichtete DeBois später, »daß er seinen Schwung verlor und sich verwirrt ins Wasser zurückfallen ließ«, wobei er auf den Rücken klatschte.

Im nächsten Moment »war unser Boot auf seinem Bauch gestrandet, kein sonderlich angenehmer Liegeplatz für ein leichtes Boot! So lagen wir also einen Moment lang auf seinem riesigen Leib fest. Dann streckte sich das Monstrum, schoß davon, und wir kamen wieder flott.«

Kapitän DeBois war mit dem Schrecken davongekommen, doch nun war das Fangboot des Ersten Steuermanns an der Reihe, »und im Handumdrehen hatte er es wie ein Papierschiffchen zwischen seinen mächtigen Kiefern zerdrückt. Die Männer flogen hierhin und dorthin, und als sie sich an das zertrümmerte Boot klammerten, wurden sie wieder heruntergefegt. Zwei Männer wurden durch einen besonders bösartigen Schlag des Wales volle sechs Meter in die Luft geschleudert.«

Nun ließ der Zweite Steuermann ebenfalls sein Boot aussetzen, um Mocha Dick nochmals zu harpunieren. Doch als auch dieses Boot fast augenblicklich in Trümmer geschlagen wurde, kommandierte der Kapitän, die Männer zu bergen und »ohne Verzug« zum Schiff zurückzukehren.

DeBois war ein zäher Mann, und mit der Lanze am Bug stehend, befahl er, mit dem Schiff den Wal zu verfolgen, als Mocha Dick »das Schiff mit einem dumpfen Stoß rammte, der mich glattweg vom Bug aufs Deck warf«.

Da die *Ann Alexander* keinen ernsthaften Schaden davongetragen hatte, befahl Kapitän DeBois erneut, zwei Boote zu Wasser zu bringen.

Walfänger durften alles sein, nur keine Feiglinge, doch diesmal weigerten sich die Männer ganz entschieden, wieder in die Boote zu gehen.

Während sich Kapitän und Mannschaft an Deck noch stritten, ging Mocha Dick erneut auf Kollisionskurs. »Ich sah nur einen

Schatten, als der Wal dem Schiff einen furchtbaren Stoß versetzte, der es von vorn bis achtern erschütterte. Das Ungeheuer hatte sich gut einen Meter vom Kiel in den Bug gebohrt. Ich versuchte sofort, in die Back hinabzusteigen, aber als ich hörte, mit welcher Gewalt das Wasser eindrang, wußte ich, daß keine Hoffnung mehr war.«

Nun gingen Kapitän und Mannschaft doch in die Boote, wenn auch aus einem anderen Grund, und gaben die *Ann Alexander* auf. Zwei Wochen später wurden sie von einem Walfänger aus Nantucket geborgen.

Der Untergang der *Ann Alexander* muß just zu dem Zeitpunkt geschehen sein, als Herman Melville die Schlußkapitel seines ›Moby Dick‹ schrieb, und als die Nachricht vom Untergang der *Ann Alexander* Pittsfield, gleichzeitig mit den ersten Buchexemplaren, erreichte, notierte Melville: »Als ob meine unselige Kunst dieses Ungeheuer heraufbeschworen hätte.«

Das Ende Mocha Dicks ist so vielfältig überliefert, daß notgedrungen der allergrößte Teil der Berichte falsch sein muß, so daß wir nicht wissen, ob er eines Tages eines friedlichen Pottwal-Todes gestorben ist oder ob er es vorgezogen hat, kämpfend in ein Walhall der Wale einzugehen.

DIE HÜHNERFREGATTE
FLORIDA
VEREINIGTE STAATEN VON AMERIKA 1858–1861

Als man beim Auslaufen einen Seemann daran erinnerte, er habe vergessen, seiner Frau einen Abschiedskuß zu geben, soll dieser nur geknurrt haben: »Was sollen die Albernheiten? Ich bin doch in sechs Monaten wieder da.«

War das Los der Seemannsfrauen allgemein schon nicht beneidenswert, so war es für die Frauen der Walfänger fast unerträglich, denn ihre Männer blieben mindestens drei, oft aber auch vier und fünf Jahre fern der Heimat. So rechnete Lydia Gardner, die Frau eines Walfangkapitäns, aus, daß ihr Mann in 37 Ehejahren keine fünf zu Hause verbracht hatte, und eine andere kam bei der gleichen Rechnung bei elf Ehejahren noch nicht einmal auf ein ganzes gemeinsames Jahr.

Es ist also kaum verwunderlich, daß, nachdem Mary Hayden Russell 1817 auf dem Walfänger *Hydra* ihres Mannes Laban Russell den Anfang gemacht hatte, mehr und mehr Frauen ihre Ehemänner auf den langen Fahrten begleiteten, auch wenn mancher Seemann solch ein Schiff, auf dem die Kapitänsgattin mitfuhr, spöttisch als »Hühnerfregatte« titulierte und der Vierte Steuermann der *Gazelle* über die Frau seines Kapitäns vermerkte: »Das Pfeifen des Windes in der Takelage ist viel melodischer als der Klang ihrer Stimme. Wer möchte nicht lieber Junggeselle sein, als sich mit sowas abzugeben?« In der Regel freilich waren die Männer nicht so abweisend – vorausgesetzt, den Frauen gelang es, sich bei diesen Burschen durchzusetzen.

»An der Seite meines Mannes ging ich am 7. September 1858 gegen 9 Uhr an Bord des Schiffes *Florida,* auf dem wir nun lange Zeit auf See zubringen werden, weit weg von Freunden und Heimat«, begann Eliza Williams aus New Bedford ihr Tagebuch, und schon am nächsten Tag stand zu lesen: »Ich glaube ich werde seekrank.« Und zwei Tage später: »Ich nenne es einen Sturm, aber mein Mann lacht mich aus und meint, ich hätte eben noch keinen richtigen Sturm erlebt.«

Die *Florida* unter Kapitän Thomas Williams galt als glückhaftes Schiff, und obwohl der Kapitän mit Rücksicht auf seine Frau, die im fünften Monat schwanger war, die ruhigere, jedoch längere Route um das Kap der Guten Hoffnung, statt um das stürmische Kap Hoorn, gewählt hatte, stieß man bereits am 9. November, noch vor dem Einlaufen in den Pazifik, auf die erste Walherde. Bald lagen drei der gewaltigen Tiere erlegt längsseits, doch als es Nacht wurde, waren immer noch drei Fangboote außer Sicht. Um ihnen den Standort des Schiffes zu signalisieren, »entfachten die Männer aus Stücken geteerten Tauwerks und sonstigen Abfällen in der Kocherei ein hoch aufloderndes Feuer. Mein Mann sagte mir, er mache sich keine Sorgen um die Boote, denn die See sei ja ruhig, und sie würden das Schiff unschwer wiederfinden, weil es seinen Standort nicht verändere. Ich war froh, als sie kamen, und sie hatten noch zwei weitere Wale erlegt.« Als die Männer am nächsten Morgen mit dem Abspecken begannen, kam ein Sturm auf, den auch Thomas Williams als solchen anerkannte. »Ich dachte, es müßte ihnen unmöglich sein, mit der Arbeit weiterzumachen, angesichts der gegen das Schiff anrennenden Wellen und des Auf- und Abwogens dieser Ungetüme, die oft so tief ins Wasser eintauchten, daß sie kaum noch zu sehen waren. An Deck herrschte ein Höllenlärm – der Sturm, der Regen, die Offiziere, die den Männern Befehle zubrüllten –, und überhaupt ging alles drunter und drüber. Eine der Stellings gab nach, so daß der Erste Steuermann ins Wasser fiel, aber das schien ihm nichts auszumachen, denn im Nu war er wieder auf den Beinen und arbeitete weiter, durchnäßt wie er war; überhaupt troffen alle Männer vor Nässe. Die Arbeit ging den ganzen stürmischen Tag und die Nacht über weiter, und am nächsten Morgen hatte sich das Wetter gebessert.«

Mitte Dezember brachen die Eintragungen ab und wurden erst Mitte Januar – die *Florida* lag mittlerweile im Hafen von Mangonui auf Neuseeland – wieder aufgenommen: »Es ist jetzt mehr als ein Monat vergangen, seit ich zum letztenmal etwas in mein Tagebuch schrieb, und vieles hat sich seitdem zugetragen. Wir haben einen prachtvollen, gesunden Jungen, der am 12. zur Welt kam, fünf Tage ehe wir in den Hafen einliefen.«

Bereits am 5. Februar, das Baby war noch keine vier Wochen alt, ging die *Florida* erneut unter Segel. Zwei Jahre war das Schiff auf Fahrt: Im Frühjahr und Herbst vor der südamerikanischen Küste, im Sommer im Oskischen Meer: »Mein Mann und ein paar von den anderen machten« eine Schneeballschlacht und amüsierten sich großartig dabei«, im Winter im Mittel- und Südpazifik. Auf den Karolinen-Inseln statteten sie dem Häuptling

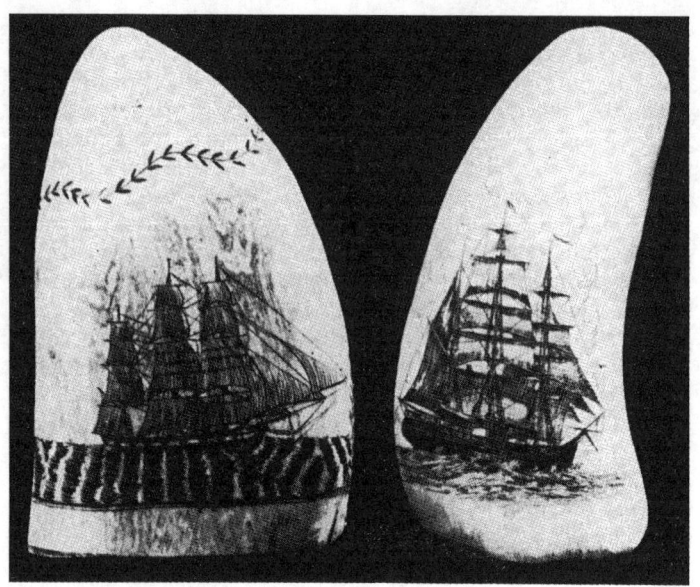

Auf Pottwalzähne geritzte Walfangschiffe

von Strong Island einen Besuch ab: »In seinem Haus hängen an den Wänden Streitkeulen, Beile und allerlei Kuriositäten, die er im Lauf der Zeit gesammelt hat, und von der Decke über und über verzierte, bunte Kanus. Es sah hübsch aus. Ich mußte an ein Museum denken.« Im Mai 1859 ankerte die *Florida* im japanischen Hafen Hakodate, und einige Würdenträger kamen an Bord: »Sie waren recht ansehnlich, obzwar für meine Begriffe höchst ungewöhnlich bekleidet. Sie trugen wallende, lose herabfallende Gewänder, weite Hosen, wenn man es so nennen kann, und eine Art Umhang darüber mit sehr weiten Ärmeln.« Am meisten staunte Eliza Williams über die langen Schwerter und Dolche und berichtete stolz, die Besucher seien von ihrem Sohn »sehr angetan gewesen. Sie drängten sich um ihn und streichelten ihn und sprachen und lachten mit ihm.«

Klein »Willie« gedieh in dieser rauhen Umgebung ganz prächtig: »Er ist fast ständig an Deck, und meistens sinnt er nur auf dumme Streiche, wenn er da oben ist, und wirft seine Schuhe oder seine Mütze oder andere Sachen über Bord.«

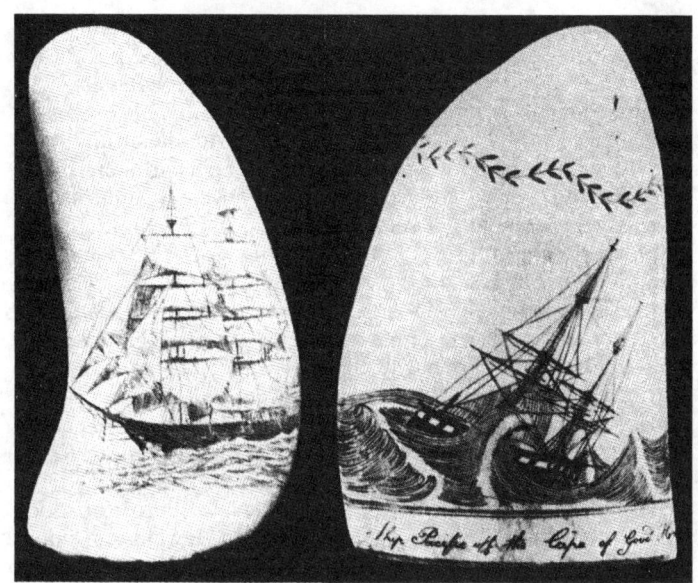

Die Schiffskinder überhaupt: Was half es, daß zum Beispiel Kapitän Thomas Mellen von der *Europe* einen Kreidestrich quer über das Achterdeck zog und den Kindern verbot, diese Linie zu überschreiten, damit sie der Mannschaft nicht in die Quere kamen? Für Jungen war die Takelage eine fast unwiderstehliche Versuchung, und der Kapitän-Papa war dann hin und her gerissen zwischen Stolz auf den Mut und Ärger über den Ungehorsam seines Sprößlings. Oder Jamie, der Sohn des Ersten Steuermanns auf der *Europe,* war zwar eine ständige Quelle des Ärgers für Kapitän Mellen, für die Mannschaft aber eine ebenso ständige Quelle des ungetrübten Vergnügens, wenn sie sich daran erinnerten, wie er den Griff des Schürhakens, mit dem der Kapitän seine Pfeife anzuzünden pflegte, im Kombüsenfeuer erhitzt oder Reißnägel auf den Lieblingssitz des Kapitäns gestreut und dieser ihn, mit Reißzwecken im Hosenboden, vergeblich über das ganze Schiff gejagt hatte.

Das Tagebuch Eliza Williams ist bunt gemischt wie das Leben der Walfänger. Da steht Lustiges, als die Männer einmal einen Wal zerlegten, »drängte mich mein Mann, ins Maul des Wales hineinzugehen. Es gelang ihm auch, mich so weit hineinzuschieben, daß ich behaupten kann, ich sei schon einmal im Maul eines Wales gewesen«, und Trauriges, als sich ein Harpunier in der Leine verfing und in die Tiefe gerissen wurde: »Er hat mehr Wale für uns erlegt als jeder andere an Bord, und er hat nie einen verfehlt. Aber ich denke nicht nur an die Dienste, die er uns geleistet hat; es war ein schrecklicher Tod. Er war ein Farbiger. Er war ein sehr freundlicher Mensch. Sooft ich an Deck kam, immer hatte er ein Lächeln auf seinen Lippen«, und Wehmütiges am Geburtstag ihres ältesten Sohnes, der bei einer Tante hatte daheimbleiben müssen: »Oh, wie innig wünsche ich mir, ich könnte ihn wiedersehen! Worte vermögen nicht zu beschreiben, wie sehr mein Herz sich sehnt nach meinen lieben Kindern, nach der Heimat, den lieben Eltern und Freunden.« Und am 26. März 1861 ohne einen vorherigen Hinweis: »Die Besatzung der *Florida* hat Zuwachs bekommen. Wir haben ein kleines Töchterchen, das am 27. Februar in der Banderas-Bucht an der Küste von Mexiko zur Welt kam.«

Im Herbst 1861 legte die *Florida* wieder in New Bedford an, doch Eliza Williams wollte nicht zu Hause bleiben. Jeweils von einem ihrer Kinder begleitet, fuhr sie noch 13 Jahre lang mit ihrem Mann auf Walfang aus, wobei sie mehrfach, wenn ihr Mann und die Offiziere mit den Fangbooten draußen waren, Navigation und Kommando auf dem Schiff übernahm. Sie war, als sie sich 1874 endlich in Oakland, Kalifornien, zur Ruhe setzte, gewiß kein schlechterer »Seemann« als jene Dame, von der Mark Twain, wohl ohne sehr zu übertreiben, zu berichten wußte:

»Ich habe soeben eine höchst schätzenswerte Dame kennengelernt, die Gattin von Kapitän Jollopson, der – mit ihrer Unterstützung – die Walfangbark *Lucretia Wilkerson* befehligt. Und selbige Dame erzählte mir: ›Wie ich da neulich vor dem Postamt liege, kommt doch so'n Skipper mit Vollzeug und eingeschlagenen Bullaugen um die Ecke gerauscht, und ich seh' schon, wenn der bei der Fahrt, die er drauf hat, nicht schleunigst die Segel kürzt und abhält, kommt er unweigerlich mit meiner Leesegelspiere unklar. Ich braßte back, so stark ich konnte, und sing noch aus, er soll sein Ruder nach Steuerbord legen, aber alles umsonst. Er ließ alles treiben, und ich hatte schon beachtliche Fahrt übern Achtersteven, da rammt er mich doch noch etwas achterlich als backstags, und ich geh kopfüber auf Grund und schlag mir den Ellenbogen an. Sollte mich nicht wundern, wenn ich nun auf der Brabank gekielholt werden muß.‹«

ZWEI TOTE IM RUMPF
GREAT EASTERN
GROSSBRITANNIEN 1854–1888

Für den berühmten Konstrukteur Sir Isambard Kingdom Brunel war es nicht schwer, die Eastern Steamship Navigation Company davon zu überzeugen, daß ein Schiff, fünfmal so groß wie der größte bislang gebaute Dampfer, ungemein wirtschaftlich sein müsse. Am 1. August 1854 wurde die *Leviathan* auf Stapel gelegt. Sie sollte das »Wunder des Meeres«, ein »schwimmender Palast« werden.

Der Rumpf des Giganten enthielt zehn wasserdichte Abteilungen und bis zur Wasserlinie einen Doppelboden mit einem Plattenabstand von 85 cm. Diese Konstruktion sollte das Schiff unsinkbar machen – und obschon ihm alle nur denkbaren Unglücke zustießen, gesunken ist es tatsächlich nie. Seine Länge betrug 211 m – erst 1899 wurde ein größeres Schiff gebaut –, die Breite 25,5 m bzw. 36 m über die Radkästen und der Tiefgang 9 m für 27 400 Tonnen Deplacement. Als einziges Schiff verfügte es nicht nur über zwei Schaufelräder mit 17 m Durchmesser, sondern auch über eine 7,3 m durchmessende, vierflügelige Schraube am Heck. Das Deck trug fünf Schornsteine und sechs Masten mit 5400 m² Segelfläche, für die die Mannschaft geschlagene fünf Stunden brauchte, um sie zu setzen. Eingerichtet war

Die gewaltige, vom Unglück verfolgte ›Great Eastern‹

das Schiff für 800 Fahrgäste I. Klasse, 2000 der II. Klasse und 1200 der III. Klasse (wobei die II. und III. Klasse erst Jahre nach der Indienststellung überhaupt fertig wurden), dazu mehr als 400 Mann Besatzung und Platz für 6000 Tonnen Fracht.

Der Bau des Giganten verlief relativ problemlos, bis eines Tages ein Nieter und sein Lehrling spurlos verschwanden und sich das Gerücht verbreitete, man habe die beiden versehentlich in der Doppelwand des Rumpfes eingeschlossen und ihre Hilferufe im Dröhnen der Niethämmer überhört. Die Bitte der Werftarbeiter, die an jenem Tag gesetzten Platten nochmals abreißen zu dürfen, lehnten Sir Isambard und die Reederei aus Kostengründen ab. Seit diesem Tag ging schief, was nur irgend schiefgehen konnte. Als erstes ging der Reederei das Geld aus, als die Blechpreise stiegen. Der Stapellauf dauerte drei aufreibende Monate: Ketten brachen, Barkassen kenterten, hydraulische Rammen wurden zermalmt, bis der Gigant die 100 Meter zum Themseufer hinuntergeschafft war, und als der Stapellauf am 31. Januar 1858 beendet war, hatte er 1000 Pfund pro 30 cm Bewegung gekostet. Die Gesamtkosten des nunmehr auf den Namen *Great Eastern* getauften Schiffes überstiegen mittlerweile die Millionengrenze, und die Ausstattung brachte der zweiten Gesellschaft den Ruin.

Schließlich lag der Schiffsgigant abfahrtbereit in der Themsemündung, und am Tag vor dem Auslaufen kam Sir Isambard K. Brunel zu einer letzten Inspektion an Bord. Gerade als er sich zu einer Fotoaufnahme in Positur stellen wollte, brach er mit einem Schlaganfall zusammen. Eine Woche später starb er, 53 Jahre alt, gerade als die Meldung durchkam, daß auf der Überführungsfahrt durch den Kanal einer der Schornsteine explodiert war: »Es gab ein undeutliches Dröhnen, bei dem sich das furchtbare Krachen von Holz und Eisen zu einem entsetzlichen Getöse vereinte, und dann verschwand alles in Rauch und Dampf.« Fünf Männer wurden zu Tode gebrüht, einer in eines der Schaufelräder geschleudert und zehn weitere verletzt, zudem der große Salon mit seinen Spiegelwänden und kostbaren Möbeln restlos verwüstet.

Kaum waren die Reparaturen beendet, als sich das Schiff in einem schweren Sturm von den Vertäuungen losriß und ins Meer hinaus trieb. 18 Stunden hielt die *Great Eastern* ohne größere Schäden dem Sturm stand, nur die Inneneinrichtung und der eben reparierte große Salon lagen wieder in Trümmern.

Sir Isambard Kingdom Brunel

Noch waren die neuerlichen Reparaturen nicht voll abgeschlossen, da ertrank der Kapitän, als sein Boot auf dem Weg zur Anlegebrücke kenterte. Als diese Nachricht London erreichte, gab die Eignergesellschaft auf; denn nichts wirft nach Meinung der Seeleute einen größeren Schatten auf ein Schiff als der Tod des Kapitäns vor oder während der Jungfernfahrt. Sir Samuel Cunard war der nächste Besitzer, und er war es, der den verhängnisvollen Beschluß faßte, den Giganten nicht auf Langstrecken, etwa nach Indien oder Australien, einzusetzen, wofür er konstruiert war, sondern im Nordatlantikverkehr.

Als die *Great Eastern* schließlich am 16. Juni 1860 mit über einer Woche Verspätung Southampton zu ihrer Jungfernfahrt verließ, waren bei einer Mannschaft von 418 Mann nur 38 (!) zahlende Passagiere an Bord. Dafür beschädigte die billige Kohle einerseits die Schornsteinkammern und erhitzte andererseits den Hauptspeiseraum derart, daß sich die Passagiere weigerten, dort weiterhin zu essen.

Das Einlaufen des Riesenschiffes in New York wurde begeistert gefeiert, man feuerte 14 Salutschüsse ab, das Glockenspiel der Trinity-Kirche spielte »Rule Britannia«, und Hunderte von Menschen, die sich auf dem Pier drängten, griffen nach den Tauen und halfen, das Schiff zu vertäuen. Doch ein daraufhin arrangierter Zweitage-Ausflug kühlte auch die Begeisterung der Amerikaner gründlich ab. Jeremy Kingston schildert in seinem Buch ›Rätselhafte Begebenheiten‹: »Zweitausend Passagiere

Der auf der Überführungsfahrt explodierte Schornstein

wurden mit dem Problem konfrontiert, in nur dreihundert Betten schlafen zu müssen. Ein Rohr platzte im Vorratsraum und überflutete die Vorräte. Es gab nichts zu essen außer getrocknetem Hühnchen, Salzfleisch und steinharten Biskuits. Dafür mußten die Leute horrende Preise bezahlen. Die meisten Passagiere mußten die Nacht an Deck verbringen, wo sie vom Aschenregen aus den fünf Schornsteinen überschüttet wurden. Am Morgen gab es kein Wasser, um den Schmutz abzuwaschen. Die Passagiere freuten sich auf die baldige Ankunft in New York, doch durch einen Navigationsfehler war die *Great Eastern* in der Nacht vom Kurs abgekommen und befand sich noch hundert Meilen entfernt auf offener See. Es gab keine Nahrungsmittel mehr für das Frühstück und das Mittagessen. Als man anlegte, kämpfte jeder der hungrigen, ergrimmten und übermüdeten Passagiere darum, als erster an Land zu kommen.«
Auch die Rückfahrt mit 90 Passagieren an Bord verlief nicht ohne Zwischenfälle: Mitten im Atlantik setzte eine Antriebswelle aus, in Milford Haven verhängte sich die *Great Eastern* in der Trosse eines kleinen Schiffes, wobei zwei Menschen ertranken, und rammte schließlich die Fregatte *Blendheim*.

Mehrfach pendelte die *Great Eastern* über den Atlantik, beharrlich von größeren und kleineren Mißgeschicken verfolgt – selbst als man endlich die II. und III. Klasse ausbaute – und weiterhin unrentabel, da sich Sir Samuel Cunard weigerte, das Schiff für Auswanderer bereitzustellen, mit denen man durchaus einen Gewinn hätte einfahren können.

Als am 6. September 1861 ein schwerer Hurrikan über den Atlantik tobte, geriet die *Great Eastern* selbstverständlich mitten hinein. Beide Schaufelräder wurden abgerissen, alle Rettungsboote weggeschwemmt, und das Ruder wurde zerschlagen.

»Jeder, der die hochaufragenden Seiten der *Great Eastern* gesehen hat und weiß, daß die oberste Plattform der Radkästen ins Wasser eintauchte, kann sich das Durcheinander vorstellen.« Der große Salon wurde wieder einmal verwüstet, und einer der Passagiere berichtete später: »Tische und Stühle tanzten wie zur Musik einer Hornpfeife, der Ofen mischte herzhaft mit, und all die Tänzer schienen nur eine Absicht zu haben, all die zierlich gedrehten Mahagonisäulen und -geländer zu zerbrechen, die dann auch wie Glas zersplitterten.« Doch war dies neben den sonstigen Schäden nur noch ein geringes Ärgernis.

Die Reparaturen kosteten 60 000 Pfund.

Der im Hurrikan 1861 – wieder einmal – verwüstete große Salon

Ein Jahr später streifte das Schiff ein auf den Karten nicht einge-
zeichnetes Riff und zog sich einen Riß von 25 Metern Länge und
fast 3 Metern Breite in der äußeren Außenhaut zu. Diesmal kostete die Reparatur 70000 Pfund. Sir Samuel hatte endgültig
genug und ließ 1864 das Schiff um 25000 Pfund versteigern.
Die neue Gesellschaft rüstete den Giganten zum Kabelleger
um, und der große Salon hatte eben das rechte Maß, um die
3200 Kilometer Kabel darin unterzubringen. Aus Angst vor Sa-
botage verlangte die Unternehmensleitung von der Besatzung,
Arbeitsanzüge ohne Taschen zu tragen, damit diese kein Werk-
zeug verstecken konnten, mit dem sie das Kabel hätten beschädigen können. Diese Angst stellte sich zwar als überflüssig heraus, trotzdem ging natürlich der erste Versuch, ein Kabel zwischen England und dem amerikanischen Kontinent zu legen,
wieder einmal schief. 1186 Meilen westlich von Island, fast
schon in Sichtweite der Küste von Neufundland, rutschte das
Kabel weg und verschwand unwiederbringlich auf dem Meeres-
boden. Ein zweiter Versuch im Jahr 1866 indessen war erfolgreich. Am 26. Juli wurde das Kabelende an Land gezogen,
wobei die Matrosen »es stolz in die Höhe hielten und jubelnd
tanzten«, und einen Tag später, am 27., ging die erste Nachricht
durch ein Unterseekabel von Europa nach Amerika. Auch als
Kabelleger zwischen Bombay und Aden, 1869, erwies sich die
Great Eastern als erfolgreich. Unglücksfälle aus jener Epoche
sind nicht überliefert, was freilich auch nur der Verschwiegenheit der kleinen Besatzung zuzuschreiben sein kann.
Der Stapellauf des ersten, speziell für diese Aufgabe gebauten
Kabellegers 1874 beendete auch diese Tätigkeit der *Great Eastern.* Das Schiff wurde nach Milford Haven zurückgebracht, für
zwölf Jahre vergessen und schließlich für 20000 Pfund verkauft,
während ein Zeitgenosse vermerkte, daß ihr größter Wert darin
bestanden habe, »zu demonstrieren, daß es bei Dampfschiffen
im Hinblick auf ihre Größe Grenzen gibt«. Das ehemalige
»Wunder des Meeres« wurde nach Liverpool geschleppt, wobei
es prompt den Kutter *Wrestler* rammte, und mit Werbeslogans
für ein Liverpooler Kaufhaus bemalt. Später warb das Schiff in
gleicher Weise in Dublin für eine Teefirma, und ein Beobachter,
der sich ihres früheren Glanzes und der hochgesteckten Erwar-
tungen an dieses Schiff erinnerte, schrieb: »Möge sie anständig
unter den wilden Wogen des Atlantiks zur letzten Ruhe gebettet
werden. Was mich betrifft, so will ich mich gerne an den Bestat-

Das Ende des ersten Unterseekabels wird an Land gebracht

tungskosten beteiligen.« Doch statt des Wellengrabes mußte die
Great Eastern den bitteren Weg der Entwürdigung bis zu Ende
gehen. Als sie 1888 schließlich nochmals verkauft, abgebrochen
und verschrottet wurde – man mußte eigens zu diesem Zweck
Spezialmaschinen konstruieren –, fand man zwischen den
Schiffswänden die zwei Skelette jenes Nieters und seines Lehr-
lings, die beim Bau verschwunden waren, und die Seeleute
waren sich einig, daß es diese beidenToten waren, die die perma-
nenten Unglücksfälle der *Great Eastern* herbeigeführt hatten.

BERICHT EINES BRANDES
AUSTRIA

DEUTSCHLAND 1858

›Leipziger Illustrierte Zeitung‹ vom 30.10.1858: »Wie die Wirklichkeit die schreckensvollen Bilder der Erfindung überbietet, das hat sich wieder einmal auf's Erschütterndste gezeigt. Zu dem Entsetzlichsten gehört ein brennendes Schiff auf hoher See. Wir haben oft Gemälde dieser Art gesehen und gelesen, aber der Untergang der *Austria* übertrifft Alles, was Pinsel oder Feder der Art geschaffen.

Das Schiff, ein großer Schraubendampfer mit 542 Passagieren, geführt vom Kapitän Heydtmann, war glücklich von Hamburg bis in die Nähe der Neufundlandbänke gelangt. Am 13. September 1858 war es fast windstill. Die Passagiere kamen nach Tisch auf das Deck, um sich des schönen Wetters zu freuen.

Da ging gegen 2 Uhr der Mate des Hochbootsmannes in das Zwischendeck hinab, um zu räuchern. Er bediente sich dazu eines Eimers mit Theer und eines glühend gemachten Stücks von einer Ankerkette. Die Passagiere wurden aufgefordert, sich zu entfernen, aber nur wenige gehorchten. Inzwischen sagte der Dritte Offizier, es sei noch nicht genug geräuchert, worauf der Mate das glühende Eisen in den Theer steckte. Der starke Qualm, den dies erzeugte, trieb die Passagiere davon; bei ihrer hastigen Flucht wurde der Eimer mit dem jetzt lichterloh auflodernden Theer umgeworfen, und einen Augenblick nachher erscholl der furchtbare Ruf: ›Feuer!‹ über das ganze Deck. Hatte man damit, daß überhaupt mit Theer, statt mit Essig geräuchert worden, eine Unvorsichtigkeit begangen, so beging man jetzt die ebenso unverzeihliche Unvorsichtigkeit, den brennenden Theer mit Wasser löschen zu wollen.

Die Folgen wurden sofort sichtbar. Es stieg einige Schritte vom ersten Mast eine dicke Rauchwolke auf, der bald die helle Flamme folgte, und fünf Minuten später war schon die Verbindung zwischen Hinter- und Vordertheil des Fahrzeuges unterbrochen. Der Kapitän, der eben schlief, kam ohne Mütze herbeigeeilt, um die nöthigen Anordnungen zum Löschen zu treffen und vor Allem zu sorgen, daß die Boote zur Rettung der Passagiere hinabgelassen würden.

Jenes war unmöglich, da die Flammen die Bleiröhren der Wasserleitung geschmolzen hatten und die Stelle, wo die Löscheimer angeschlossen waren, bereits in Brand stand.

Die Boote ließen sich von den Penterbalken nicht rasch losmachen, da das Gedränge der um sie versammelten Passagiere die ordnungsgemäße Arbeit hinderte.

Da scheint, nach der Aussage von mehreren Passagieren, der Kapitän plötzlich den Kopf verloren zu haben. Er rief, wie verschiedene Zeugen versichern, aus: ›Wir sind Alle verloren!‹ und sprang über Bord. Inzwischen war ein Boot losgemacht worden, der Kapitän schwamm auf dasselbe zu, sank aber, wahrscheinlich vom Wirbel der Schraube ergriffen, unter und kam nicht wieder zum Vorschein.

Über die Boote sagten die geretteten Offiziere: ›Wir hatten acht Boote an Bord, drei von Francis' eisernen Rettungsbooten, die jedes 60 Personen faßten, und zwei kleinere Jollen, die je 30 bis 40 Personen hielten. Die Boote waren so aufgehängt, daß sie in kürzester Zeit hinabgelassen werden konnten. Aber das rasende Gedränge der Passagiere vereitelte die Ausführung der Vorschriften, auch gerieten die vier Boote der Steuerbordseite bald in Brand, da hier die Flamme hinloderte. Die vier auf der Backbordseite wurden hinabgelassen, allein drei derselben wurden, ehe sie noch das Wasser erreichten, von den Passagieren, die sich massenhaft in sie stürzten, zertrümmert. Nur eines konnte regelrecht flott gemacht werden, und dieses rettete 23 Personen.‹

Noch immer hätte ein Theil der Passagiere gerettet werden können, wenn man im Stande gewesen wäre, die Maschine anzuhalten. Auch dies war unmöglich, da die Ingenieure durch den Rauch gleich Anfangs erstickt worden waren. So lange das Schiff mit der Breitseite gegen den Wind lag, wurden einige schwache Versuche gemacht, des Feuers Herr zu werden, aber als das Fahrzeug wieder gegen den Wind drehte, konnte davon keine Rede mehr sein. Die Flammen ergriffen die Takelage, zerstörten die Taue. Drei Viertelstunden nach Ausbruch des Feuers fiel der Fockmast, bald danach der Mittelmast und endlich auch der Besanmast.

Der Brand hatte sich jetzt über das ganze Deck ausgebreitet. Der größte Theil der Passagiere lief auf dem Schiff durch Rauch und Glut, um irgendwelche Gegenstände, welche treiben würden, zu suchen. Wer etwas Derartiges, ein Brett, eine Thür, einen Balken, eine Tonne oder Rettungsboje gefunden, stürzte sich damit über Bord. Das eine Boot, welches glücklich hinabgelassen worden, füllte sich rasch mit Menschen und schlug um, worauf mehrere der darin Befindlichen versanken. Auf dem Deck gab es herzzerreißende Scenen. Kinder rannten schreiend umher. Frauen stürzten sich mit brennenden Haaren und Kleidern in die See oder verfielen in Lachkrämpfe, baten, ihnen den Hals abzuschneiden. Mütter kreischten nach ihren Kindern, Männer suchten entsetzt ihre Gattinnen. Vom Meer drunten scholl das gurgelnde Röcheln der Ertrinkenden, aus den Luken das entsetzliche Stöhnen der im Rauch Erstickenden, der in den Flammen Verbrennenden herauf.

Kurz nachdem der Mittelmast gefallen war, wendete sich das Schiff, das jetzt von vorn bis hinten ein einziger Feuerbrand war, nach Norden, die Maschine stand still, und der Rauch, der bisher nach hinten gegangen war, kam jetzt über die Steuerbordseite. 10 Minuten später flog das Pulvermagazin mit 100 Pfund Pulver auf.

Bei der Wendung des Schiffes wurde die Lage Derer, die sich auf dem Vorderkastell befanden, sehr gefährlich, da jetzt Rauch und Flammen dahin getrieben wurden. Eine Menge Menschen sprang hier über Bord, paarweise, zu Dreien und Vieren, Einige Hand in Hand. Andere flüchteten sich auf die äußersten Enden des Bugspriets, auf den Klüverbaum und auf die daran hängenden Ketten und Taue. Auch hier kamen die grauenvollsten Scenen vor.

Einer der Mannschaft erzählt, wie es am Bugspriet zuging: ›Nach zwei Stunden waren bereits zwei Drittheile der Menschen, die sich hier befanden, über Bord gedrängt. Ich vermochte mich jetzt auch nicht mehr am Deck aufzuhalten und ließ mich an einem Tau, welches ich zu diesem Zweck an einem Ringe an der Außenseite des Schiffes festband, hinab. Am unteren Ende hatte ich eine Schlinge gemacht, in die ich meinen Fuß stellte, während ich mich mit den Händen am Tau festhielt. Kaum war ich über dem Wasser angelangt, als vier bis fünf Menschen auf einmal an demselben Tau herabgerutscht kamen. Sie klammerten sich an meine Kleider fest, wurden aber durch frische Ankömmlinge verdrängt und abgestreift. So ging es drei Stunden fort. Während dieser Zeit fielen beständig Menschen, zum Theil halb verbrannt, auf mich herab und versanken nach kurzem Kampf in meiner Nähe, Kohlen und brennende Holzsplitter überschütteten mich, und da meine Kräfte endlich

Der Brand der ›Austria‹ am 13. September 1858

schwanden, ließ ich das Tau fahren und schwamm in der Richtung, in der ich das Segelschiff früher vom Deck gesehen hatte.‹
Dieses Segelschiff war der französische Dreimaster *Maurice,* dessen Kapitän Renaud mit seiner Mannschaft Alles, was Menschen möglich ist, that, um die Mannschaft und die Passagiere des unglücklichen Dampfers zu retten. Kapitän Renaud war am 8. September von Neufundland nach der Reunionsinsel abgesegelt und hatte am 13. um 2 Uhr den Dampfer erblickt. Eine halbe Stunde darauf bemerkte er, daß derselbe in Flammen stand. Er steuerte sofort auf das Schiff zu, und schon eine Meile von ihm schwammen ihm Unglückliche, an halb verbrannte Masttrümmer geklammert, entgegen.
Sobald er näher kam, schickte er seine beiden Boote den Leuten zu Hülfe. Auf dem Bugspriet, erzählen die beiden damit beauftragten Offiziere, waren mindestens 300 Personen. Längs des Bordes hingen wenigstens 150 Menschen an Stricken, welche an

435

den Querbalken des Schiffes befestigt waren. Manchmal klammerten sich über 20 Menschen an dasselbe Tau, das innere Feuer verbrannte es, und alle die Unglücklichen verschwanden rettungslos in den Fluten. So kamen gegen 300 um. Durch viermaliges Hin- und Herfahren wurden 40 Gerettete an Bord der *Maurice* gebracht.

Um 9 Uhr langte ein leckes Boot des Dampfers an Bord des französischen Schiffes an, welches 23 Menschen trug. Als das letzte Boot ankam, war es völlig Nacht, es hatte nur noch 2 Personen retten können. Es war um diese Zeit entsetzlich an dem Schiffe gewesen. Die Ruder des Bootes tauchten nie in's Wasser, ohne Leichen bei Seite zu schieben.

Um seine Leute nicht ohne Noth auszusetzen, und da die See schon hoch zu gehen begann, hielt sich der Kapitän in der Nähe der *Austria* auf, um am nächsten Morgen zu sehen, ob noch jemand zu retten wäre. Aber als der Morgen graute, war ihm das norwegische Schiff *Katharina* zuvorgekommen und hatte noch 22 Passagiere geborgen.

Somit sind von den 542 Menschen auf der *Austria* nur 89 gerettet worden, 67 durch die *Maurice,* 22 durch die *Katharina.*«

MARINE-PANIK
LA GLOIRE
FRANKREICH 1859

Die Nachricht, die ein Kurier im März 1859 nach London brachte, versetzte die Admiralität in hellstes Entsetzen, griff mit Bestürzung in den Offiziersmessen der Royal Navy um sich, und im Parlament prägte ein Redner das durchaus zutreffende Wort von einer »Marine-Panik«. Was bis vor kurzem wie maßlos übertriebener Marineklatsch erschienen war, entpuppte sich als bittere Wahrheit: In Toulon hatten die Franzosen ein Panzerschiff vom Stapel laufen lassen, das, wenn es sich auch nur halbwegs bewährte, die gepriesenen »Wooden Walls« mit einem Schlag zum wertlosen Anachronismus verdammen würde.

Dabei war die Idee von Panzerschiffen gar nicht neu. Bei der Belagerung von Gibraltar 1780/82 hatten die Franzosen gepanzerte Fahrzeuge eingesetzt, und in den Folgejahren war es immer wieder zu derartigen, freilich nicht verwirklichten Vorschlägen gekommen. Den Ausschlag hatte während des Krimkrieges die Belagerung der russischen Festung Kinburn vor dem Schwarzmeerhafen Nikolajew gegeben: Napoleon III. hatte zu diesem Zweck drei flachgehende, schwimmende, mit 10-mm-Eisenplatten gepanzerte Batterien bauen lassen, die *Dévastation,* die *Tonnant* und die *Lave.* Am 17. Oktober 1855 hatten sie um 9.30 Uhr das

Feuer auf Kinburn eröffnet, und drei Stunden später mußten die Russen ihre Fahne einholen; während des Gefechtes war jede der schwimmenden Batterien rund 60mal getroffen worden, und man hatte trotzdem nicht mehr als zwei Tote und 24 Verletzte zu beklagen.

Nach diesem Erfolg war es für Frankreich selbstverständlich, die Vorteile dieser Fahrzeuge auf ein hochseegehendes Schiff zu übertragen, und so erhielt der berühmte Konstrukteur Dupuy de Lôme den Auftrag, die *La Gloire* in Toulon zu erbauen. Ursprünglich war die *La Gloire* als konventionelles 90-Kanonen-Linienschiff geplant und dann als 60-Kanonen-Fregatte 1858 auf Kiel gelegt worden. Schließlich bezeichnete man sie als »heruntergeschnittenen Zweidecker«, in Wahrheit war sie aber eine völlig neue Konstruktion.

Mit 80,40 m Länge, 16 m Breite, 8,50 m Tiefgang und 5618 Tonnen Deplacement verfügte sie über die »schnellen Linien« einer Fregatte. Ihre vierflügelige Schraube, angetrieben von einer 3200-PS-Dampfmaschine, die mit acht Kesseln beheizt wurde, verlieh ihr eine Geschwindigkeit von 13 Knoten – und noch 10 Knoten bei schwerer See –, dazu verfügte sie über eine, freilich in der Höhe stark reduzierte Vollschifftakelage. Die eigentliche Sensation aber war ihre Panzerung aus 12 mm starken Eisenplatten, die, nur an Bug und Heck abgeschwächt, rund um das Schiff von der Unterkante des Batteriedecks bis zwei Meter unter die Wasserlinie reichte und sich darüber bis zur Reling mit 11 mm Stärke fortsetzte. Gebohrt war die *La Gloire* auf 32 Geschütze in der Batterie und vier auf dem Oberdeck – gezogene Hinterlader mit 16 cm Kaliber.

Die *La Gloire* lief im März 1859 vom Stapel und wurde am 24. November des gleichen Jahres in Dienst gestellt. Auf ihren Probefahrten bewährte sie sich so hervorragend, daß noch 1859 die *Invincible* in Toulon und die *Normandie* in Cherbourg auf Kiel gelegt wurden und bis 1865 zehn weitere Schwesterschiffe folgten.

DIE BESTE MANNSCHAFT
DREADNOUGHT
VEREINIGTE STAATEN VON AMERIKA 1859

Über Kapitän Samuel Samuels schmunzelten die Reeder und Spediteure auf beiden Seiten des großen Teiches, er müsse »zwischen New York und Liverpool einen Geheimweg über den Ozean« kennen, denn anders sei es wohl nicht möglich, daß er allen Ernstes angeboten habe, sämtliche Frachtkosten aus eigener Tasche zurückzuzahlen, wenn er seine Ladung nicht pünktlich liefere – und daß ihn dieses kühne Versprechen niemals auch nur einen Penny gekostet habe.

Mit elf Jahren war Samuel Samuels von zu Hause durchgebrannt und als Schiffsjunge zur See gegangen, war zehn Jahre später Kapitän und Eigner eines Schiffes, und als es der 1843 gegründeten Red-Cross-Linie gelang, ihn für sich zu gewinnen, ließ sie eigens für ihn das 1400 Tonnen große Luxusschiff *Dreadnought* bauen. Kapitän Samuels war aber nicht nur ein brillanter Seemann, er war dank seiner Liebenswürdigkeit bei seinen Passagieren so beliebt, daß diese ihre Reservierungen schon eine ganze Saison im voraus buchten, um nur ja einen Platz auf seinem Schiff zu bekommen. Außerdem war er tief gottesfürchtig: Fluchen war an Bord der *Dreadnought* verboten, Abendandachten für Besatzung und Passagiere waren obligatorisch, und am Sonntag wurden die Flaggen gesetzt, was man sonst nur tat, wenn ein anderes Schiff in Sicht kam. Von einem Passagier einmal daraufhin angesprochen, daß die Flaggen doch niemand sehe, meinte er freundlich: »Gott sieht sie!«

Um so erstaunlicher, daß seine Mannschaft mitunter aus den ruppigsten und übelsten Gestalten bestand, und Samuel Samuels meinte später in seinen Memoiren: »Ich habe meine Mannschaft niemals ganz oder teilweise wegen schlechten Charakters abgelehnt.« – Für ihn zählte nur das seemännische Können.

Die »Blutigen Vierziger«, eine geschlossen fahrende Gruppe von rund 40 Seeleuten aus Liverpool unter der Führung eines gewissen Finnigan, waren freilich so ziemlich das Ärgste, das damals den Atlantik überquerte, doch Kapitän Samuels schien keine Bedenken zu haben, als er am 11. Juli 1859 in Liverpool die Anker lichtete mit einer Ladung Eisenstangen, einer

Gruppe deutscher Auswanderer und den »Blutigen Vierzigern« an Bord, obwohl er schon im Hafen gewarnt worden war, daß Finnigan seine Leute aufhetze, »der verfluchten, alten *Dreadnought* die Flügel zu stutzen und dem Kapitän ein Bad zu verpassen«.

Es dauerte tatsächlich keine 24 Stunden, bis es Stunk gab. Der Mann am Ruder wurde frech. »Sein unverschämter Ton veranlaßte mich, auf ihn zuzugehen«, schrieb Samuels später. »Er versuchte seinen Dolch zu ziehen. Da ich die Gefährlichkeit meiner Lage erkannte, schlug ich den Mann, so daß er bewußtlos in Lee neben dem Ruder liegenblieb. Dann bewachte ihn Wallace, mein Hund, und stellte seine Vorderpfoten auf seine Brust. Ich nahm ihm den Dolch ab und befahl den Offizieren, ihm Handfesseln anzulegen. Dann wurde er ins Achterschiff gebracht und eingeschlossen.«

Als die Mannschaft seinen nächsten Befehlen nicht nachkam, schickte er die Passagiere unter Deck, übergab das Steuer einem zuverlässigen Mann, bewaffnete sich und begann, von seinem Hund Wallace begleitet, an Deck zu patrouillieren. Als er an der Kombüsentür vorbeikam, stand er plötzlich einer mit Messern bewaffneten Rotte Matrosen gegenüber. »Der Zeitpunkt war gekommen, daß ich diesen Männern einmal zeigte, daß moralischer Mut stärker als brutale Gewalt ist. In jeder Hand eine Pistole, die auf die Körper der mir am nächsten Stehenden gerichtet waren, stand ich unbeweglich da. Das Geschrei der Frauen und Kinder unter Deck, das sich mit dem Lärm auf Deck vermischte, spottete jeder Beschreibung. Kein einziger wagte, näher als ungefähr dreieinhalb Meter an mich heranzukommen, denn er wußte genau, daß ein weiterer Schritt vorwärts sein Schicksal besiegeln würde.«

Finnigan riß das Hemd über seiner Brust auf und dröhnte, Samuels möge ihn doch erschießen, und bedachte den Kapitän »mit einem schändlichen Ausdruck«.

Samuel Samuels schoß nicht, wich aber auch nicht.

Finnigan brüllte und fluchte, wich aber ebensowenig.

Der Kapitän appellierte an die Vernunft.

Die Meuterer brüllten ihn nieder.

Kapitän Samuels zog sich zurück und befahl, den Meuterern das Essen zu streichen.

Als er jedoch rund 24 Stunden später, als der Wind kräftig aufgefrischt hatte, anordnete: »Holt die Oberbramsegel ein«, wurde

Die ›Dreadnought‹, die für Samuel Samuels eigens erbaut wurde

das Kommando nur mit einem lautstarken »Fahr zur Hölle!« beantwortet.

Am zweiten Morgen ohne Essen knurrten die Mägen der Meuterer laut genug, daß sie sich bereit erklärten zu arbeiten, wenn sie vorher etwas zu essen bekämen.

»Erst wird gearbeitet, dann gegessen!« erklärte der Kapitän kategorisch.

Die Kraftprobe ging weiter.

Am Abend des zweiten Tages klärte Kapitän Samuels die Passagiere über die Lage auf, bat sie, ihm zu helfen, die Meuterei niederzuschlagen, bekam ein einstimmiges »Befiehl uns, Kapitän, und wir werden gehorchen« zu hören, bewaffnete 17 von ihnen mit den Eisenstangen aus dem Laderaum und verteilte sie an strategisch wichtigen Punkten des Schiffes.

Der dritte Morgen kam.

60 Stunden hatte der Kapitän nun ohne Schlaf, die Meuterer ohne Essen ausgehalten.

Bei Tagesanbruch versuchten die »Blutigen Vierziger« die Kombüse zu stürmen, doch der treue Wallace sprang einem an die Kehle und riß ihn zu Boden, der Rest wurde von den Eisenstangen der Deutschen und den zwei Pistolen des Kapitäns empfangen: »Tod dem ersten, der es wagt, einen Schritt vorwärts zu ma-

441

chen! Ich gebe euch eine Sekunde Zeit, eure Messer über Bord zu werfen!«

»Du gehst als erster, du verdammter, psalmensingender ...«, schrie Finnigan.

Doch die Mägen der »Blutigen Vierziger« knurrten lauter, als ihr Anführer brüllte. Einer nach dem anderen warf sein Messer weg.

Nun war es für Kapitän Samuels kein Problem mehr, den von seinen Kumpanen verlassenen Anführer niederzuschlagen, zu fesseln und in den Schwitzkasten – einen engen Verschlag, den es zur Bestrafung aufsässiger Matrosen auf fast jedem Schiff gab – zu stecken.

Der Rest der Mannschaft bekam Kaffee und wurde zum Schrubben des Achterdecks abkommandiert.

»Nach weniger als einer halben Stunde schrie Finnigan um Gnade und wollte alles sagen und alles tun, wenn er nur losgemacht würde.« Vor allen anderen erklärte er dann: »Kapitän, ich gebe auf. Dies zuzugeben macht einen Mann nicht zum Feigling, wenn er seinen Meister gefunden hat.«

Was außer Aufsässigkeit in den »Blutigen Vierzigern« steckte, zeigten sie in den nächsten knapp zwei Wochen: Obwohl die *Dreadnought* durch die Meuterei in den ersten drei Tagen beträchtlich Zeit verloren hatte, verfehlte sie auf dieser Fahrt den bestehenden Atlantikrekord nur um wenige Stunden.

Und als das Schiff endlich im Hafen von New York lag, versammelten sich die Ex-Meuterer um den Kapitän, um ihm ihre uneingeschränkte Hochachtung auszudrücken.

Samuel Samuels erklärte feierlich: »Laßt mich sagen, daß ich in Zukunft für jeden von euch meine Hand ins Feuer legen werde. Ich bin nie mit einer besseren Mannschaft gesegelt und werde das wohl auch nicht tun können.«

Und die »Blutigen Vierziger« brüllten im Chor: »Gott segne Sie, Kapitän!«

Natty der Saubere muss hängen
Erie

Samstag, der 8. März 1862, war ein nebliger, naßkalter Tag: Schneeregen rieselte auf die Zuschauermenge herunter. Ein Aufgebot schwerbewaffneter Marinesoldaten hatte den Richtplatz mit dem Galgen vor dem Tombs-Gefängnis in New York abgeriegelt. Ein Trommelwirbel zeigte den Beginn der Exekution an. Dann brach der Wirbel ab, und mit einem dumpfen Schlag öffnete sich die Falltür unter dem Galgen.

Amerika war um einen Gangster ärmer und um einen Justizmord reicher.

Schade war es um Kapitän Nathaniel Gordon nicht, nur daß man ihn wegen Piraterie hängte, war ein böser Mißgriff, denn so lang das Sündenregister Nathaniel Gordons, den man in einschlägigen Kreisen »Natty den Sauberen« nannte, auch war, ein Pirat war er nicht, auch wenn ihm der zweifelhafte Ruhm verbleibt, der letzte Weiße gewesen zu sein, der für dieses Delikt gehängt wurde.

Natty der Saubere war Sklavenhändler und stand damit in der langen Reihe jener, die mit amtlichem Wohlwollen oder zumindest stillschweigender Duldung Arbeitskräfte für die amerikanische Wirtschaft geliefert hatten. Vom Tag, als der höchst ehrenwerte John Hawkins mit der ersten Sklavenfracht in der Karibik erschienen war, bis zum Jahr der amerikanischen Unabhängigkeit 1786 hatten englische Reedereien an die zweieinhalb Millionen Schwarze in die Neue Welt transportiert. Als man dann in Übersee das Freiheitsbanner der Sterne und Streifen gehißt hatte, zeigte England freilich keine Neigung mehr, das amerikanische Wirtschaftsleben zu fördern, brandmarkte den Sklavenhandel als abscheuliches Verbrechen und bewilligte jährlich an die 230 000 Pfund für Polizeischiffe rund um die Küsten Afrikas, um die Ausfuhr zu sperren – nicht zum Schaden Großbritanniens, das das schwarze »Arbeitsvieh« ja auch in den eigenen afrikanischen Kolonien brauchen konnte. Natürlich hörte damit der Sklavenhandel nicht auf, denn die schwarzen Häuptlinge verdienten – nach ihren Begriffen zumindest – ja auch nicht schlecht an der Lieferung überzähliger Untertanen, die sie

gegen die Segnungen der weißen Zivilisation – vom Fusel bis
zum rostigen Vorderlader – eintauschten.

Zu den größten Händlern mit schwarzem Elfenbein gehörte um
die Mitte des letzten Jahrhunderts der gebürtige Florentiner
Theodore Canot, der seine Faktorei an der Westküste Afrikas
bei Grand Cape Mount in alter Anhänglichkeit an seine Heimatstadt New Florence nannte. 1846 wurde die Faktorei von
einer britischen Marinestreife niedergebrannt und Canot selbst
auf einem vollbeladenen Sklavenschiff geschnappt. Da er jedoch unter amerikanischer Flagge fuhr, entging er gerichtlicher
Belästigung und starb viele Jahre später als angesehener und
wohlhabender Bürger in Virginia.

Ein anderer war Cha Cha Francisco de Souza, der »König des
Sklavenhandels«; als er 1849 zu Widah an der Küste von Da-
homé starb, hinterließ er 1000 Frauen, einen Palast, »strotzend
von Silbergerät«, eine Menge Faktoreien und Lagerhäuser, 80
Söhne und den Ruf, ein edel denkender Charakter gewesen zu
sein, weil er sich gegen die Menschenopfer seiner schwarzen
Häuptlingsfreunde gestellt hatte, um diese sinnlose Vergeudung
guter »Ware« zu verhindern.

Menschenfreundlichkeit scheint überhaupt eine hervorste-
chende Eigenschaft der Sklavenhändler gewesen zu sein, wenn

Der Baltimore-Klipper ›Erie‹ Nathaniel Gordons

Eine französische Sklavenbrigg

man den Bericht eines gewissen Barbot liest, der etliche Jahre auf der *Erie* Nathaniel Gordons gefahren war: »An Bord werden die Sklaven nach Geschlechtern getrennt untergebracht. Eine Wand beim Großmast teilt den Laderaum; der eine Teil ist für Männer bestimmt, der andere hinter dem Mast für Frauen. Auf großen Schiffen, auf denen 500 bis 600 Sklaven transportiert werden, sollen die Decks wenigstens sechs Fuß hoch sein, denn je höher ein Deck ist, desto besser ist die Luft, und um so leichter ist es, die Gefangenen gesundzuhalten und nach ihnen zu

sehen. Das erleichtert den armen Wesen, die so beengt untergebracht werden, das Leben. Die Portugiesen sind im Hinblick auf
die Sauberkeit an Bord nicht mit den Engländern, Holländern
oder Franzosen zu vergleichen. Manche englische und französische Schiffe sind sogar durch die Nachlässigkeit ihrer Kapitäne
als schlampig, schmutzig oder stinkig zu bezeichnen, aber die
Portugiesen sind vorbildlich sauber und verdienen ein Lob.
Auch wir legen immer großen Wert darauf, die Liegeplätze der
Sklaven sauber und ordentlich zu halten. Für diese Aufgabe werden einige Männer der Schiffsbesatzung eingeteilt, und mehrere
Sklaven helfen ihnen dabei.
Einige Sklaven sind verzweifelt, weil sie glauben, daß sie gegossen werden sollen. Andere wieder sind wegen ihrer Gefangen-
nahme so voller Haß, daß sie – würde man sie nicht gut bewachen – meutern und die Schiffsbesatzung umbringen würden,
nur um entfliehen zu können. An den Türen und auf den Gängen
stehen daher Wachen, so daß wir jederzeit in der Lage sind,
einen Aufstand niederzuschlagen. Diese Vorsichtsmaßnahme
trägt sehr dazu bei, die Sklaven ruhigzuhalten. Ich habe auf den
Schiffen, auf denen ich war, jedenfalls niemals die geringste Neigung zur Meuterei bemerkt, wahrscheinlich, weil die Sklaven
wußten, wie gut und freundlich wir sie behandelten. Bei gutem
Wetter dürfen sie jeden Tag an Deck kommen. Zweimal täglich
erhalten sie zu bestimmten Stunden ihr Essen, etwa um 10 Uhr
vormittags und um 5 Uhr nachmittags. Den Frauen ist es freige-
stellt, so lange an Deck zu bleiben, wie es ihnen gefällt, und
sogar einige Männer haben die gleiche Freiheit. Tagsüber werden nur wenige von ihnen gefesselt oder in Ketten gehalten,
außer wenn Unruhen zu befürchten sind, was bei einer solchen
Ansammlung von Wilden oft nicht zu vermeiden ist. Die Frauen
und sogar einige der Männer bekommen ein Stück groben Stof-
fes, damit sie sich bedecken können. Auch achten wir darauf,
daß sie sich ab und zu von Ungeziefer reinigen, danach sehen sie
gesünder aus und besser. Den Abend verbringen sie nach ihrem
eigenen Geschmack. Einige unterhalten sich, andere tanzen,
singen oder spielen miteinander. Besonders das weibliche Ge-
schlecht und viele junge, hübsche Mädchen, die vergnügt und
voller Humor sind, machen auch uns viel Freude.
Die erste tägliche Mahlzeit besteht aus großen gekochten Bohnen mit Schweineschmalz, zur zweiten Mahlzeit erhalten sie
Erbsen oder Weizen. Die Zubereitung erfolgt abwechselnd mit

Schmalz, Talg oder Fett. Auch Pferdebohnen sind sehr zu empfehlen. Ich meine, daß sie Bohnen besser vertragen können, viel besser als Weizen, und daß diese ein gutes, nahrhaftes Essen abgeben, viel besser als das, das sie in ihrer Heimat haben. Jeder Sklave hat einen kleinen Holzlöffel, womit er essen kann. Das ist sauberer als mit den Fingern, und sie haben viel Spaß daran. Zu jeder Mahlzeit dürfen sie eine Kokosnuß voll Wasser trinken. Jeden Tag werden die Sklaven vom Schiffsarzt besucht. Die Kranken und Verwundeten werden zum Schiffshospital im Vorschiff gebracht, dort haben die Ärzte mehr Zeit und bessere Möglichkeit, sie zu heilen, als in dem Gedränge der Laderäume. Die Hitze ist dort manchmal so groß, daß die Ärzte in Ohnmacht fallen und die Kerzen wegen der verbrauchten Luft nicht brennen wollen.

Über die Pflege und Gesundhaltung von Sklaven auf solchen Reisen könnte noch viel mehr gesagt werden. Nur dieses eine möchte ich hinzufügen: Obwohl wir die Sklaven gut bewachen sollen, um uns zu schützen und böse Absichten, die solch Wilden naturgemäß angeboren sind, im Keim zu ersticken, dürfen wir doch nicht zu streng mit ihnen sein; wir sollten vielmehr bei jeder Gelegenheit Verständnis und Humor für sie haben, da sie sonst melancholisch und krank werden und oft sogar sterben.«

Die Karriere Nathaniel Gordons hatte als Erster Offizier Don Pedro Blancos begonnen, der neben Palast und Harem auch acht Gebäude, in denen man bis zu jeweils 2000 Neger unterbringen konnte, sein eigen nannte. Als schließlich der englische Korvettenleutnant Denman die Faktorei ausräumen und die Gebäude niederbrennen ließ, man schrieb das Jahr 1852, hatte sich Don Pedro Blanco bereits nach Kuba abgesetzt, wo er später, als Millionär hochgeachtet und von der Kirche als freigebiger Wohltäter gesegnet, verstarb.

Das Geschäft übernahm Natty der Saubere mit seinem schnittigen Baltimore-Klipper *Erie*. Wie oft er bis zu 1000 Neger auf seinem etwa 500 Tonnen großen Schiff zusammengepfercht und mit dieser Fracht den Atlantik überquert hat, ist unbekannt, zugegeben wurden später nur vier Fahrten. Auf jeden Fall hatte er zehn Jahre das Geschäft betrieben, als er 1862 das Pech hatte, von dem Kriegsschiff *Mohican* geschnappt zu werden, das die Fracht in dem 1822 von einer humanen amerikanischen Privatgesellschaft gegründeten Negerfreistaat Liberia absetzte und Nathaniel Gordon in Ketten nach New York schaffte.

Verschiedene Schnitte durch ein Sklavenschiff, die die Unterbringung der Sklaven zeigen

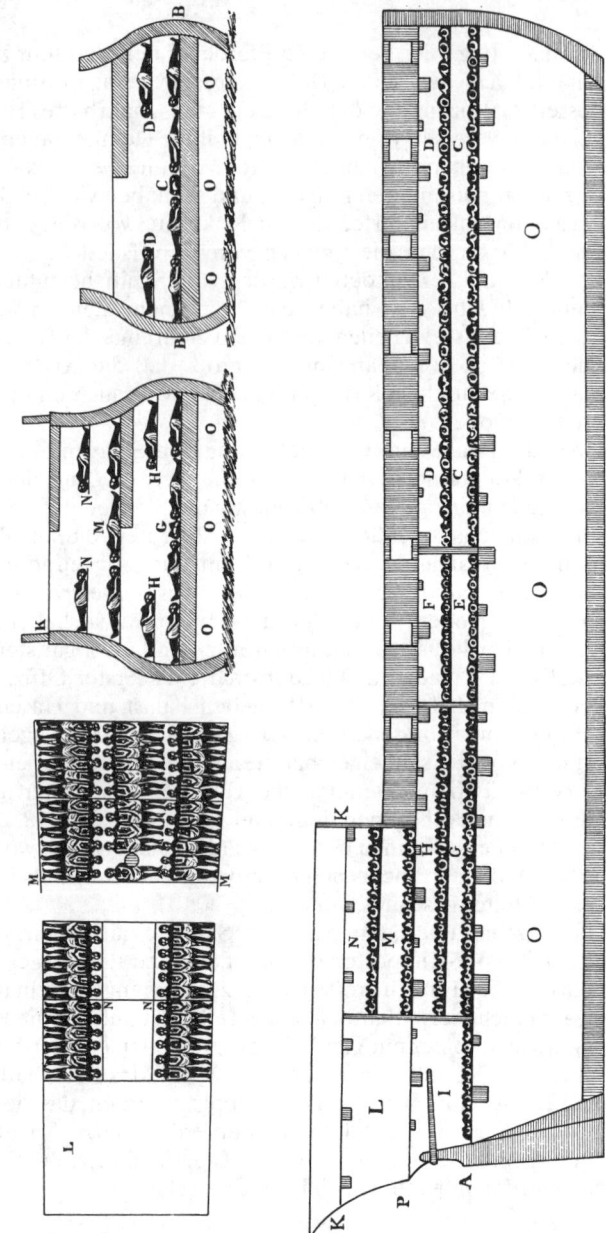

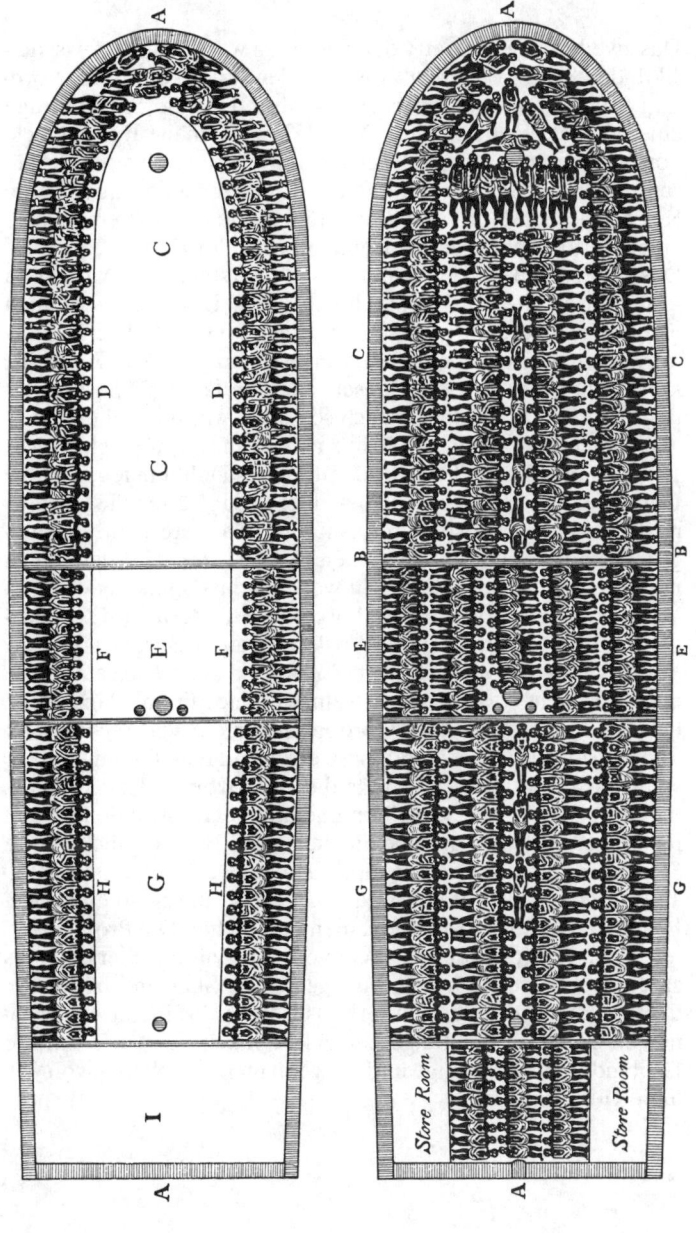

Store Room

Store Room

Das zweite Pech für Natty den Sauberen war es, daß inzwischen 1861 der Sezessionskrieg zwischen den amerikanischen Nord- und Südstaaten ausgebrochen war, bei dem die Sklavenfrage eine wichtige Rolle spielte. Das 1852 erschienene Buch ›Uncle Tom's Cabin‹ von Harriet Beecher-Stowe hatte weltweite Empörung über die Sklaverei ausgelöst, in letzter Konsequenz zum Krieg zwischen Nord und Süd geführt, und nun hatte man also einen der berüchtigten Sklavenhändler in der Hand.

Das Todesurteil für den Kapitän der *Erie* stand von Anfang an fest, man wollte ein Exempel statuieren. Dagegen wäre auch nichts einzuwenden gewesen, wenn der Gerichtshof in New York nicht gar so tölpelhaft zu Werke gegangen wäre. Zunächst kramte man ein englisches Gesetz aus dem Jahr 1824 hervor, das lautete: »Des Seeraubs ist auch schuldig, wer auf hoher See irgendwelche Personen als Sklaven wegbringt.« In England war 1837 die angedrohte Todesstrafe für dieses Delikt in lebenslange Deportation verwandelt worden, aber wohin hätten die USA deportieren sollen? Also wurde Natty der Saubere verurteilt aufgrund eines veralteten englischen (!) Gesetzes, und dann auch noch wegen Piraterie und nicht wegen Sklavenhandels.

Wen wundert es, daß in New York bald Hunderte von Anschlägen und Flugblättern dieser Art kursierten: »Bürger von New York! Rettet die Gerechtigkeit! Soll mitten unter euch ein Justizmord geschehen, ohne daß sich empört eine Stimme dagegen erhebt? Kapitän Nathaniel Gordon ist für ein Verbrechen zum Tode verurteilt, das seit 86 Jahren einzig auf dem Papier strafbar steht!« – Es waren keineswegs die Befürworter der Sklaverei, die diese Flugblätter verteilten und an die Hauswände klebten, im Gegenteil, es war jene in den USA so erfreulich breite Schicht mit einem feinen Empfinden für Recht und Gerechtigkeit, die das Unrecht der Sklaverei ebenso heftig ablehnte wie Ungerechtigkeit selbst gegen einen Verbrecher. Die Proteste retteten den Kapitän der *Erie* nicht vor dem Galgen, aber das, was zu einer scharfen Kampfansage gegen die Sklaverei hätte werden können und sollen, hinterließ im Bewußtsein der Amerikaner einen häßlichen Beigeschmack, ähnlich dem, wie ihn die Engländer auf der Zunge haben, wenn man den Namen von William Kidd ausspricht.

THE GREAT TEA RACE
ARIEL UND TAEPING

<u>GROSSBRITANNIEN 1866</u>

Als erste britische Klipper liefen 1850 die *Stornoway* und 1851 die *Chrysolite* vom Stapel. Die englischen Klipper waren zwar um runde 1000 t kleiner als ihre amerikanischen Schwestern und erreichten auch nie Rekordgeschwindigkeiten wie z. B. die 22 Knoten, die die *Sovereign of the Seas* bei stürmischem Wetter laufen konnte. Doch ihre 15 Knoten Durchschnitt segelten sie allemal, und die Strecke China – Großbritannien bewältigten sie zuverlässig in etwa 110 Tagen. Die Engländer hatten die Klipper zunächst zwar mit einem gewissen Mißtrauen betrachtet, doch bald überschlugen sich auch hier Begeisterung und Wettleidenschaft. In den drei Monaten, die die Schiffe von China nach London unterwegs waren, fieberte die ganze Insel den Zwischennachrichten von Java, Mauritius, dem Kap der Guten Hoffnung und den Azoren entgegen, um zu erfahren, welches Schiff denn nun in Führung liege, und 1866 sollen es nach vorsichtigen Schätzungen mindestens zehn Millionen Pfund gewesen sein, die durch derartige Wetten ihren Besitzer wechselten. Als Amerika 1857 in eine schwere Wirtschaftskrise geriet und anschließend 1861 – 1865 im Sezessionskrieg zwischen Nord und Süd seine Handelsflotte weitgehend ruinierte, fiel der China-Handel vollständig in englische Hände. Ein weiterer Anreiz zu Höchstleistungen, den die Teehändler aussetzten, war eine Prämie von zehn Schilling pro Tonne für den Besitzer jenes Schiffes, das als erstes mit dem Tee der neuen Ernte in London anlegte. Bei einer Ladung von durchschnittlich 500 Tonnen Tee war das eine Summe von rund 2500 Pfund, von denen dem Kapitän 100 Pfund – immerhin ein halbes Jahreseinkommen – zustanden.

Das berühmteste und letzte Teerennen, »The Great Tea Race«, wurde 1866 ausgetragen.

Auf der Pagoda-Reede von Fu-Tschou, der Hauptstadt der Provinz Fu-Kien, wo der Tee bereits im Mai oder Juni geerntet wird, zwei Monate früher als im übrigen China, lagen in jenem Jahr nicht weniger als 16 Klipper, von denen fünf als Favoriten galten: Die *Fiery Cross* mit 888 t unter Kapitän Richard Robinson, die bereits viermal das Rennen gewonnen hatte, die *Taeping* mit

767 t unter Kapitän Donald McKinnon, die auf ihrer Jungfernfahrt den zweiten Platz belegt hatte, die *Serica* mit 708 t unter Kapitän George Innes, die *Taitsing* mit 815 t unter Kapitän Daniel Nutsford, die sich auf ihrer Jungfernfahrt befand, und die *Ariel* mit 853 t unter Kapitän John Keay, der von ihr sagte: »Ich konnte ihr wie einem Lebewesen vertrauen.«

Am Donnerstag, dem 24. Mai, trafen die ersten Sampans mit der neuen Teernte auf der Pagoda-Reede ein, und nun ging es in fieberhaftem Tempo rund um die Uhr. Kulis schleppten die Teekisten an Bord, stapelten sie auf und schlugen sie mit Hämmern fest, damit auch ja kein Zwischenraum ungenützt blieb, während Matrosen mit Bambusstöcken und Tauenden auf jeden Chinesen losdroschen, der in ihren Augen zu langsam zu arbeiten schien. War der Laderaum gefüllt – der billige Tee unten, der hochwertige obenauf –, wurde das Ganze mit Bambusstangen und Segeltuch abgedeckt, und die Luken wurden verschlossen und verschalkt.

Am Montag, dem 28. Mai, gegen 14 Uhr war die *Ariel* als erste mit 1 108 000 Pfund Tee beladen und ging Ankerauf. Mit dem Schlepper, der *Island Queen,* der sie nun die 40 km zwischen engen Felsschluchten, Strudeln und Sandbänken den Min hinunter zum offenen Meer bugsieren sollte, hatte die *Ariel* freilich Pech, und auch der Lotse scheint kein Genie gewesen zu sein. Vielleicht war er auch nur sinnlos betrunken, denn die Lotsen waren in der Regel Europäer, die in China hängengeblieben waren, und dem ärgsten von ihnen, einem gewissen Hughie Sutherland, sagte man nach, er könne zwar einem Schiff einen vollen Tag auf dem Min ersparen, falls er halbwegs nüchtern war, aber eben nur falls …

Als die *Ariel* am 30. Mai an der Mündung des Min die Leinen von der *Island Queen* endlich loswerfen konnte, waren die *Taeping* und die *Serica* bereits zur Stelle, dicht gefolgt von der *Taitsing,* während man von der *Fiery Cross,* die die *Ariel* bereits auf dem Min überholt hatte, gar nur noch die Masten am Horizont verschwinden sah.

Die ersten 2600 Meilen bis zur Sundastraße wechselten bei ständig umspringenden Winden absolute Flauten mit Sturmböen, zudem mußte Kapitän Keay feststellen, daß die *Ariel* vorlastig war – und so etwas konnte schnell einen Knoten Fahrt kosten. Ein Umtrimmen auf offener See war unmöglich, also mußte der Zimmermann schleunigst einen großen Holzkasten zusammen-

›Ariel‹ und ›Taeping‹ während des Great Tea Race

nageln, der mit Eisen, Reserveankern und Kohlen gefüllt wurde
und auf dem Deck so herumgeschoben werden konnte, daß das
Schiff endlich im richtigen Trimm lag. Am 10. Juni sichtete man
die *Taeping* »etwa vier Meilen in Lee«, und Kapitän McKinnon
signalisierte, daß die *Taeping* zwei Tage zuvor die *Fiery Cross*
überholt hatte. Kapitän Keay notierte im Logbuch: »Liegen
aller Wahrscheinlichkeit nach bislang vorn.« Am 18. Juni jagte
die *Ariel* durch die Sundastraße, und bei Anyer Lor auf Java
stoppte sie gerade lange genug, um sich durch Flaggen bei den
Hafenbehörden auszuweisen, und preschte so schnell weiter,
daß sie die Signale nicht mehr sah, die mitteilten, daß die *Fiery
Cross* bereits am Tag zuvor passiert hatte. *Taeping, Taitsing* und
Serica folgten in knappem Abstand.

Unter dem beständigen, kräftigen Passatwind aus Südost jagten die fünf Klipper auf Mauritius, die nächste Landmarke, zu. Dieser Teil der Fahrt unter der Tropensonne galt als der schnellste und schönste, freilich nicht als der trockenste, denn da die Schiffe jeden Fetzen Leinwand gesetzt hatten, flog die Gischt bis zu den Rahnocken, und am 25. Juni notierte Kapitän Keay: »Während der letzten zwei Tage dauernd Brecher übergekommen.«

Am 4. August überquerten *Ariel, Taeping* und *Fiery Cross* fast gleichzeitig, freilich ohne in Sichtweite zu sein, den Äquator, umrundeten das Kap der Guten Hoffnung und flogen weiter die Küste Afrikas hinauf, an Spanien vorbei, durch den Golf von Biscaya dem Ärmelkanal zu.

Am 5. September um 1.30 Uhr sichtete man die Leuchtfeuer Bishop und St. Agnes an der englischen Südküste. Das Wetter hatte sich beträchtlich verschlechtert, und Kapitän Keay ließ Segel wegnehmen. Gegen Morgen wurde ein Klipper querab an Steuerbord gesichtet. Kapitän Keay sagte später: »Ich hatte das unbestimmte Gefühl, daß es sich um die *Taeping* handelte.«

Es war die *Taeping.*

Bei Sonnenuntergang passierten beide Klipper – die *Ariel* immer noch etwas vor der *Taeping* – die Isle of Wight, um Mitternacht Beacha Head und erreichten gegen drei Uhr Dungeness, wo sie ihre Lotsen aufnehmen sollten.

Kapitän Keay ließ Segel wegnehmen und begann Leuchtraketen abzufeuern, um den Lotsen zu rufen.

Wenig später war auch die *Taeping* heran und schoß Leuchtraketen ab, doch statt Segel zu streichen, flog sie weiter auf Dungeness zu, um den ersten Lotsen abzufangen, der vom Hafen herüberkam. Kapitän Keay ließ daraufhin ebenfalls wieder alle Leinwand setzen und Kurs Nordost halten. Die *Ariel* lief damit unmittelbar vor den Bug der *Taeping,* und Kapitän McKinnon hatte keine andere Wahl, als die Segel in den Wind schießen zu lassen, um eine Kollision zu vermeiden, und so auch der *Ariel* den ersten Lotsen zu überlassen.

Mit knapp einer Meile Abstand – bei 14 Knoten waren das zeitlich nicht mehr als acht Minuten, nach einer Fahrt von 99 Tagen und 13 200 Seemeilen – umrundete die *Ariel* vor der *Taeping* die Landspitze von Kent, passierte die Downs und hißte die Erkennungszeichen, damit die Hafenbehörden von Deal die Schlepper zur Fahrt die Themse hinauf schickten. Und wieder hatte die

Ariel mit dem Schlepper Pech, und Kapitän Keay mußte wütend zusehen, wie die *Taeping* vorüberzog.

Doch da war noch Gravesend in derThemsemündung, das beide bei Niedrigwasser erreichten – und nicht überqueren konnten. Während Kapitän McKinnon weiterhastete, ließ Kapitän Keay seinen Schlepper Fahrt wegnehmen und signalisierte nach einem zweiten Schlepper. Die *Taeping* erreichte Gravesend 55 Minuten vor der *Ariel* und ging vor Anker. Doch gerade, als die Tide wechselte und die *Taeping* noch mit dem Aufholen ihrer

Reklameplakat der Teehändler 1866

Anker beschäftigt war, schlüpfte die *Ariel,* nun wieder mit voller Fahrt ihrer beiden Schlepper, an ihr vorbei.

Um 21 Uhr lag die *Ariel* vor dem East India Dock, während die *Taeping* nun erneut an ihr vorbeizog zu ihrem etwas weiter themseaufwärts gelegenen London Dock.

Doch noch stand das Wasser zu niedrig zum Einlaufen. 83 Minuten mußte Kapitän Keay warten, ehe es soweit war, und diese Zeit genügte der *Taeping,* um das London Dock zu erreichen und wenige Minuten vor der *Ariel* die Leinen festzuwerfen.

Nach dem ungeschriebenen Reglement des Rennens war dieses aber erst zu Ende, wenn die Schiffe entladen waren und die Teekisten säuberlich gestapelt auf dem Pier standen.

Doch die Kapitäne hatten die Rechnung ohne die Teehändler und Reeder gemacht.

In den letzten Monaten war der Teepreis in London gesunken, und die Teehändler reute die großzügige Prämie aus besseren Tagen. Ehe diese Prämie nun vielleicht ganz gestrichen wurde, setzten sich die Besitzer der *Taeping,* die Firma Rodger & Co., und die Besitzer der *Ariel,* die Firma Shaw, Maxton & Co., zusammen und verabredeten heimlich, das Ende des Rennens gar nicht erst abzuwarten, sondern die Prämie zu teilen.

Am 7. September wurde im Gasthaus »Ship and Turtle« die *Taeping* als Sieger proklamiert, weil sie als erste angelegt habe, obwohl, wie sich später herausstellte, die *Ariel* ihre Fracht schneller gelöscht hatte. Wenig später liefen auch die anderen Favoriten in London ein: die *Serica* noch mit derselben Tide wie *Taeping* und *Ariel* und machte etwa eine Stunde später fest, die *Fiery Cross* und die *Taitsing* am übernächsten Tag. Binnen 48 Stunden waren so 4 669 500 Pfund Tee in London angekommen, wurden in etwa 24 Stunden entladen und schon am nächsten Morgen auch in Liverpool oder Manchester im Einzelhandel verkauft. Als die anderen Klipper nach und nach mit rund zehn Millionen Pfund Tee an Bord einliefen, verfielen die Preise so sehr, daß nie wieder ein Rennen dieser Art stattfand.

Doch der allgemeine Ärger der Sieger – auf der *Taeping,* weil man zwar als Sieger proklamiert, jedoch nur den halben Preis gewonnen hatte, auf der *Ariel,* weil man zwar den halben Preis bekommen, jedoch auf den offiziellen Ruhm hatte verzichten müssen – änderte nichts daran, daß das Rennen als das »Great Tea Race«, das größte und knappste Rennen dieser Art, das je ausgetragen wurde, in die Annalen der Seefahrt einging.

SCHLACHT DER PANZERSCHIFFE
ERZHERZOG FERDINAND MAX
ÖSTERREICH 1866

Der Krieg von 1866 war eine jener Auseinandersetzungen, die
unter der Flagge des Patriotismus kleinkarierten Großmacht-
strebens, zumal Preußens – aber keineswegs Preußens allein! –,
mutwillig vom Zaun gebrochen wurden. Opfer dieser Kanonen-
politik wurden diesmal Bayern, Württemberg, Sachsen und
Hannover nebst einigen kleineren deutschen Staaten und Österreich, wie es einige Jahre zuvor Dänemark und einige Jahre später Frankreich wurden.
Als die österreichische Flotte am 20. Juli 1866 vor Lissa auf die
italienische Flotte zudampfte, war der Krieg bereits verloren.
Zwar hatten die Österreicher am 24. Juni bei Custozza die mit
den Preußen verbündeten Italiener geschlagen, doch am 3. Juli
bei Königgrätz die Entscheidungsschlacht gegen die Preußen
verloren. Dr. Johann Christoph von Allmayer-Beck schreibt in
›Die K.u.K.-Armee 1848–1914‹ zur Seeschlacht von Lissa: »Ge-

Untergang der ›Re d'Italia‹ bei Lissa am 20. Juli 1866

457

naugenommen grenzte das Ganze fast an Irrsinn. Der Krieg war so gut wie beendet. Die Insel war zwar ein österreichischer Stützpunkt, aber nicht gerade von überwältigender Bedeutung, jedenfalls nicht von so großer, als daß es das Risiko wert gewesen wäre, dafür die österreichische Flotte aufs Spiel zu setzen.« Aus Wien hatte man dringend abgeraten, aber der Oberbefehlshaber, Konteradmiral Wilhelm von Tegetthoff, wollte die Schlacht. »Er (Tegetthoff), der durch so viele Jahre immer wieder davon geredet und auch seine Untergebenen überzeugt hatte, daß eine Flotte nicht dazu da sei, um sich im Ernstfall in den Häfen zu verkriechen oder als Küstenbewacher zu fungieren, er mußte nun die Probe aufs Exempel ablegen. Um jeden Preis, koste es was es wolle!«

Die italienische Flotte unter dem Kommando des Conte di Pesaro verfügte über sieben gepanzerte Fregatten mit Breitseitenarmierung und zudem zwei 25,4-cm-Geschützen für Granaten von 272 Pfund, ein ebenfalls mit zwei 25,4-cm-Kanonen bestücktes Turmschiff, zwei Panzerkorvetten, zwei Panzerkanonenboote und eine Reihe ungepanzerter Fahrzeuge, die aber in der Schlacht nicht eingesetzt wurden. An Artillerie, zumal an modernen, gezogenen Geschützen waren die Italiener den Österreichern eindeutig überlegen, und so ordnete Admiral di Pesaro seine Schiffe in langer Kiellinie an, um den Feind mit wirkungsvollem Breitseitenfeuer zu empfangen.

Wilhelm von Tegetthoff freilich war keineswegs bereit, in dieser Form mitzuspielen, sondern dampfte in drei keilförmigen, hintereinander gestaffelten Geschwadern mit etwa 10 Knoten Fahrt auf die Italiener zu. Die Spitze hielt sein eigenes Flaggschiff *Erzherzog Ferdinand Max,* die sechs anderen Panzerfregatten seiner Flotte rechts und links neben sich. Das zweite Geschwader, geführt vom hölzernen 90-Kanonen-Linienschiff *Kaiser,* bestand aus ungepanzerten Holzfregatten und das dritte Geschwader aus kleineren, ebenfalls ungepanzerten Fahrzeugen. Der Befehl lautete: »Den Feind anlaufen und zum Sinken bringen!« – und zwar nach der Methode der Antike mit Rammstoß!

In diesem Augenblick machte der italienische Flottenchef gleich zwei Fehler auf einmal: Zum einen versäumte er, die Österreicher mit einem massiven Feuer seiner in Kiellinie laufenden Schiffe zu empfangen, was Tegetthoff schwerste Verluste durch die überlegene italienische Artillerie eingetragen hätte, zum anderen suchte sich der Conte di Pesaro genau diesen Augenblick aus, um sein Flaggschiff zu wechseln und von der *Re d'Italia* auf

Die Kommandobrücke der ›Erzherzog Ferdinand Max‹ bei Lissa

459

das Turmschiff umzusteigen, wozu er beide Schiffe stoppen mußte und so zwischen Vorhut und Gros eine eineinhalb Kilometer breite Lücke aufriß.

In diese Lücke stießen die Österreicher hinein und befanden sich Minuten später im dichtesten Gewühl des Mêlée mit den Italienern.

Das letzte Signal, das die Österreicher von ihrem Flaggschiff *Erzherzog Ferdinand Max* aufnehmen konnten, ehe die Schlacht in Schornsteinschwaden und Pulverrauch versank, war das Signal »Muß«; der volle Text hätte lauten sollen: »Muß Sieg von Lissa werden!«, aber gerade dieses kategorische »Muß« war für Tegetthoff vielleicht typischer als alles andere.

Die Schlacht verlief reichlich chaotisch, und bald schon herrschte ein derartiger Qualm, daß Freund und Feind oftmals nur auf kürzeste Distanz identifizierbar waren, was die Artillerie so gut wie ausschaltete, denn konzentrierte Feuerkraft war eben nur dann einzusetzen, wenn den Geschützführern genug Zeit zum Richten blieb, die sie im verworrenen Durcheinander des Mêlée nur selten bekamen. Dafür gab es um so mehr Rammversuche (und ungewollte Kollisionen auch unter eigenen Schiffen), doch auch dies stellte sich sehr schnell als erheblich problematischer heraus, als man sich das theoretisch gedacht hatte. So versuchte der Admiral di Pesaro zweimal, das größte österreichische Schiff, die hölzerne *Kaiser,* mit seinem Turmschiff zu rammen – und wurde beide Male ausmanöveriert, wobei freilich die *Kaiser* schwere Schäden durch die beiden 25,4-cm-Geschütze des Italieners hinnehmen mußte. Als sie auch noch von der *Re di Portogallo* angegriffen wurde, wechselte die *Kaiser* den Kurs und rammte nun ihrerseits die italienische Panzerfregatte, was freilich das Holzschiff letztlich mehr beschädigte als seinen Gegner.

Die eigentliche Entscheidung fiel durch Admiral Tegetthoffs *Erzherzog Ferdinand Max:* Auch ihr war es zweimal mißglückt, das ehemalige Flaggschiff des Conte di Pesaro, die *Re d'Italia,* zu rammen, und erst im dritten Anlauf traf sie das mit Ruderschaden außer Kontrolle geratene Schiff mit etwa 11 Knoten Fahrt backbord, wobei sie ein Loch von rund 13 Quadratmetern riß, das sich zu mehr als der Hälfte unter der Wasserlinie befand. Als Tegetthoff volle Fahrt zurück aufmachen ließ, um freizukommen, legte sich die *Re d'Italia* zunächst langsam nach Steuerbord über, rollte dann nach Backbord, kenterte und sank. Die

Palestro, die der *Re d'Italia* zu Hilfe eilte, erhielt einen Granat-treffer in die Offiziersmesse, trieb brennend ab und explodierte drei Stunden später.

Am Nachmittag zog sich die italienische Flotte zurück. Wilhelm von Tegetthoff hatte seinen heißersehnten Sieg! Bezahlt hatten diesen Sieg auf österreichischer Seite mit ihrem Leben 38 und mit Verwundungen 176 Mann; die Italiener hatten acht Tote und 40 Verletzte zu beklagen, dazu 381 Tote, die mit der *Re d'Italia,* und 231 Tote, die mit der *Palestro* umgekommen waren.

Erstaunlicherweise galt diese erste Schlacht zwischen Panzer-schiffen lange Zeit als Paradebeispiel für die »moderne« Kampf-taktik des Rammens, obwohl sie – genau betrachtet – eher das Gegenteil bewiesen hatte, denn bei all den zahllosen Rammver-suchen war nur ein einziges Schiff auf diese Weise tatsächlich ver-lorengegangen, während ein einziger Granattreffer ein weiteres Schiff vernichtet hatte und der Sieg zweifellos der überlegenen italienischen Artillerie gehört hätte, hätte man sie nur auch ein-gesetzt.

DAS LETZTE SEGELKRIEGSSCHIFF
CAPTAIN
GROSSBRITANNIEN 1870

Seit 1588 die englischen Langrohrgeschütze sich der vorwiegend zum Enterkampf gerüsteten, unüberwindlichen Armada als weit überlegen gezeigt hatten, war die Schiffsbewaffnung stagniert und geriet erst Anfang des 19. Jahrhunderts – dann freilich um so heftiger – wieder in Bewegung. 1822 veröffentlichte der französische General Paixhans die ›Nouvelle Force Maritime et Artillerie‹ als erstes einer ganzen Reihe von Büchern und Schriften, die die Seekriegsführung revolutionieren sollten. Als unmittelbare und mittelbare Auswirkung der Arbeiten des französischen Generals kam die Granate mehr und mehr in Gebrauch, trotz aller Vorbehalte gegen die »unmoralischen und inhumanen Explosivgeschosse« und wenn sie auch bis zur Jahrhundertmitte oftmals das eigene Schiff mehr gefährdeten als den Feind – die Explosion der *L'Orient* bei Abukir soll durch die eigenen Granatenbestände erfolgt sein. Verbunden mit der Erfindung der neuen Geschosse war auch ein sprunghafter Anstieg der Kaliber und Gewichte der Geschütze selbst, wie sie etwa von Armstrong in England oder Krupp in Deutschland gebaut wurden, die bald ein Eigengewicht von 36 Tonnen erreichten und überstiegen.

Selbstverständlich konnte man solche Brocken nicht mehr wie bislang üblich in langen Breitseitenbatterien nebeneinander auf-

Kampf der ›Monitor‹ gegen die ›Virginia‹ ex ›Merrimack‹

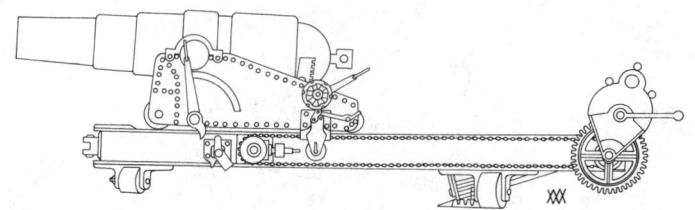

9-Zoll-Vorderlader Armstrong-Kanone mit gezogenem Lauf

stellen, und der englische Commander Cowper Coles entwikkelte das neue System des Drehturms – erst die Fernlenkwaffen unserer Tage setzten dieser Ära ein Ende – mit seiner *Lady Nancy,* eigentlich nur einem Floß mit einem 32pfünder auf einer Drehscheibe in der Mittellinie, mit der er 1855 russische Küstenbatterien im Krimkrieg so erfolgreich angriff, daß er sofort ein weiteres, für einen 68pfünder ausgelegtes Fahrzeug entwarf, dessen Bedienung durch einen halbkugeligen Eisenschild geschützt werden sollte, und der Admiralität vorschlug, eine ganze Flotte solcher Schiffe zu bauen.

Das nächste Kapitel dieser Entwicklung spielte in den Vereinigten Staaten von Amerika. Als im Sezessionskrieg die Konföderierten auf der Marinewerft von Norfolk den halbverbrannten Rumpf der Fregatte *Merrimack* fanden, schnitten sie ihn bis zur Wasserlinie herunter, versahen ihn mit einem stabilen Deck, errichteten darauf eine mit Eisenplatten und Bahnschienen geschützte Kasematte für zehn schwere Geschütze und nannten das Schiff *Virginia.* Die Nordstaaten antworteten mit der *Monitor* des schwedischen Ingenieurs John Ericsson, deren Rumpf sich ebenfalls kaum aus dem Wasser erhob und die über zwei 28-cm-Geschütze verfügte, die in einem stumpf-zylindrischen, schwer gepanzerten Drehturm aufgestellt waren.

Am 8. März 1862 versenkte die *Virginia* ex *Merrimack* die Unionsschiffe *Congress* mit 50 und *Cumberland* mit 30 Kanonen, während die feindlichen Kugeln von ihrer Panzerung wirkungslos abprallten, und demonstrierte damit die Überlegenheit gegenüber konventionell gebauten Schiffen. Erst am nächsten Tag, als die *Monitor* in den Kampf eingriff, mußte sich das Südstaatenschiff vor der überlegenen Bewaffnung der *Monitor* zurückziehen.

Für Commander Cowper Coles bedeutete das Aufeinandertref-

463

Eine tragische Fehlkonstruktion: die ›Captain‹

fen der beiden Amerikaner vor Hampton Roads am Ausgang
der Chesapaeke-Bucht selbstverständlich mächtigen Aufwind,
und da er eine Ader für Publicity hatte, konnte er bald auf die
uneingeschränkte Unterstützung sowohl des Prinzgemahls der
Königin Victoria als auch der nationalen Presse zählen. Sein
nach dem hohen Gönner *Prince Albert* genanntes, freilich nicht
hochseetüchtiges Versuchsschiff von 1866 war denn auch ein beträchtlicher Erfolg, wenngleich er dabei zunächst das größte
Problem umging: die Takelage, die man auf einem Hochsee-
schiff immer noch für unabdingbar hielt und die mit ihren Masten, Stagen, Wanten und Pardunen den in Mittellinie aufgestell-
ten Turmgeschützen überall im Schußfeld stand. Mit seiner auf
7767 Tonnen ausgelegten *Captain* versuchte Commander Coles
nun auch diese Schwierigkeit zu lösen: Zwischen Vor- und Achterschiff und dem Maschinenhaus in der Mitte, die mit einem
schmalen Manöverdeck verbunden waren, von wo aus man die
Segel bediente, wurde das extrem niedrige Turmdeck mit den
beiden Geschütztürmen eingebettet, und zusätzlich zu ihren
starken Dampfmaschinen takelte man die *Captain* als Vollschiff.
Zwar versuchte man, Gewicht zu sparen und das Tauwerk zu ver-
mindern, indem man die Untermasten als Dreibeine baute,
doch die *Captain* blieb immer noch bedenklich instabil, und im

Zusammenhang mit dem extrem niedrigen Freibord des Turm-
decks wurde ihr das zum Verhängnis.

Anfang September 1870 lief das Schiff zu seiner Jungfernfahrt
aus – und kenterte am 7. September in einer Bö in der Biskaya,
wobei sie ihren Erbauer samt 471 Mann Besatzung mit in die
Tiefe riß.

Mit brutaler Härte hatte der Untergang der *Captain* aufgezeigt,
daß für Takelage auf einem modernen Kriegsschiff kein Platz
mehr war, ja, daß ihr zusätzliches Gewicht neben Panzerung und
schweren Geschützen sogar ausgesprochen gefährlich werden
konnte. So wurde die *Captain* das letzte Segelkriegsschiff Großbritanniens, und wenige Jahre später waren auch in allen anderen Kriegsmarinen Europas Masten und Segel verschwunden.

EIN RÄTSELHAFTES WRACK
MARY CELESTE EX AMAZON
KANADA UND VEREINIGTE STAATEN VON AMERIKA
1861–1872

Seit der »Vater« von Sherlock Holmes, der Schriftsteller Arthur Conan Doyle, 1884 seine Erzählung ›J. Habakuk Jephson's Statement‹ veröffentlichte, gehört die *Mary Celeste* zu den berühmtesten und rätselhaftesten Schiffen der Welt, deren Geschichte so oft erzählt und wiedererzählt, mit so vielen glaubhaften und unglaubhaften Details ausgeschmückt wurde, daß es mitunter recht schwierig ist, die nüchternen Tatsachen überhaupt noch herauszufiltern.

Die auf 282 BRT gebaute und als Hermaphrodit-Brigg getakelte *Mary Celeste* war 1861 auf der Joshua-Dewis-Werft in Spencer Island, Neuschottland, als *Amazon* vom Stapel gelassen, und vom ersten Tag an war sie ein Unglücksschiff: Ihr erster Kapitän starb 48 Stunden nach der offiziellen Registratur des Schiffes; bei der Jungfernfahrt unter ihrem zweiten Kapitän geriet die *Amazon* an der Küste von Maine in ein Fischwehr, und noch während der anschließenden Reparatur brach ein Feuer aus, das Teile ihres Decks zerstörte; unter dem dritten Kapitän kollidierte sie in der Straße von Dover mit einer anderen Brigg, die daraufhin sank; 1867 strandete sie vor Cape Breton Island an der neuschottischen Küste, kam schwer beschädigt wieder frei, ging nach der Reparatur durch zwei oder drei Hände, lief an der gleichen Stelle nochmals auf Grund, wurde wegen der Reparaturen-Schulden ihres Besitzers gepfändet und schließlich an den New Yorker Reeder James Winchester verkauft, der sie zunächst generalüberholen und ihren Boden neu verkupfern ließ.

Robert Louis Stevenson läßt seinen Long John Silver in der ›Schatzinsel‹ sagen: »Ich kenne keinen Fall, in dem die Änderung eines Schiffsnamens Glück brachte. Wenn ein Schiff einmal getauft ist, dann laßt diesen Namen bestehen, sage ich.« – Doch genau das passierte auch noch; ob nun James Winchester der Initiator dafür war oder einer seiner Vorgänger, die *Amazon* wurde jedenfalls in *Mary Celeste* umbenannt.

Anfang September 1872 lag die *Mary Celeste* am Pier 44 des East River in New York, um eine Ladung von 1701 Barrels reinen Al-

James Winchester *Edward Morehouse*

kohol an Bord zu nehmen, und am 7. September lichtete sie die Anker mit Zielhafen Genua.

Kapitän des Schiffes war Benjamin Spooner Briggs, dem einige Anteile der *Mary Celeste* gehörten, 37 Jahre alt, ein strenger Puritaner aus Neuschottland, robust, korrekt, ausgeglichen, ein anerkannt fähiger Seemann und überzeugter Abstinenzler. Begleitet wurde er von seiner Frau Sarah und seinem zweijährigen Töchterchen Sophia Matilda. Die Mannschaft umfaßte drei Amerikaner, den Ersten Maat Albert Richardson, der mit einer Nichte Winchesters verheiratet war, den Zweiten Maat Andrew Gilling und den Koch und Steward Edward Head, sowie vier deutsche Matrosen namens Gottlieb Goodschaad (oder Gondschatt), Adrian Martens und die Brüder Volker und Boz Lorensen aus Schleswig-Holstein.

Als die *Mary Celeste* das nächste Mal gesichtet wurde, war dies am 5. Dezember 1872 etwa 590 Seemeilen vor Gibraltar durch die Brigg *Dei Gratia* unter Kapitän Edward Morehouse. Dieser war ein Freund oder zumindest guter Bekannter von Kapitän Briggs und mit einer Ladung Petroleum für Gibraltar einen Tag nach der *Mary Celeste* von New York ausgelaufen. Ihm fiel auf, daß das nur unter Fockmarssegel und Klüver fahrende Schiff einen eigenartigen Kurs lief, und beim Näherkommen ent-

467

deckte er, daß kein Mann am Ruder stand – und das konnte nur eines bedeuten: Da drüben war irgend etwas gründlich faul! Kapitän Morehouse schickte seinen Ersten Maat Oliver Deveau und seinen Zweiten Maat John Wright mit einem weiteren Mann in einem Boot zur *Mary Celeste* hinüber.

Als die drei Seeleute an Deck stiegen, fanden sie niemanden – weder Lebende noch Tote –, obwohl das Schiff selbst leidlich in Ordnung war. Die beiden gesetzten Segel samt ihrer Takelage waren zwar beschädigt, doch keineswegs irreparabel, im Laderaum schwappte auch Wasser, freilich nicht beängstigend viel, von einem Leck keine Spur, und zumindest eine der Pumpen war tadellos in Ordnung. Beschädigt waren das Kompaßgehäuse und der Kompaß selbst, zwei Luken standen offen und eines der Alkoholfässer war geöffnet, später fand man neun weitere ausgelaufene Fässer in der Ladung, doch nirgendwo einen Grund, weshalb man die *Mary Celeste* hätte aufgeben müssen! Und doch hatte man es getan, allen Anzeichen nach sogar in größter Eile: In die Kajüte war durch die offene Tür und ein geöffnetes Bullauge Wasser eingedrungen, die Uhr war ruiniert, und Kleider und Bettzeug waren naß. Oliver Deveau sagte später aus: »Ein Bett wirkte so, als ob jemand darin geschlafen hätte – es war nicht gemacht. Eine Frau muß an Bord gewesen sein, denn ich sah Frauenkleidung. Das Bett wies einen Abdruck wie von einem Kinderkörper auf. Es schien alles so zurückgelassen, als ob man in großer Eile von Bord gegangen sei, aber es war alles an seinem Platz. Da waren Kleiderkisten, Nähkörbchen mit Nadeln, Garn, Knöpfen, es gab Bücher, einen Schrank mit Instrumenten und einen Schreibtisch. Ein Harmonium war ebenfalls in der Kabine.« Später wollte es die Legende, daß in der Kabine Reste einer halbverzehrten Mahlzeit auf dem Tisch gestanden und in der Kombüse noch das Wasser für den Frühstückskaffee gekocht habe, doch Maat Deveau bestritt beides energisch: Weder habe es in der Kajüte Speisen gegeben noch irgendwelches kochendes Essen in der Kombüse; Töpfe und Kessel seien gereinigt und weggestellt gewesen. Freilich fand man auch eine offene Medizinflasche, die von ihrem Besitzer in der Eile nicht einmal mehr verkorkt worden war. Fast noch deutlicher wurde diese Hast, von Bord zu kommen, als man das Mannschaftslogis untersuchte, das weitgehend vom Wasser verschont geblieben war: Zwar waren die Backbordbullaugen mit Brettern vernagelt, doch mochte dies schon vor jener Fahrt geschehen sein, doch nicht nur die Seekisten – mit aller Habe ihrer Besitzer – waren zurückgelassen worden, sondern auch die Gummistiefel und Pfeifen, Dinge, von denen sich ein Seemann wirklich nur im Augenblick höchster Gefahr zu trennen bereit ist.

Schließlich registrierten Deveau und Wright jene Dinge, die offensichtlich fehlten: das Beiboot – um es zu Wasser zu lassen, hatte man zwei Teile der Reling entfernt –, Sextant und Chronometer sowie die meisten Schiffspapiere.

An Bord geblieben war dagegen das Logbuch, dessen letzte Eintragung vom 24. November stammte und die Position des Schiffes mit 100 Meilen südwestlich der Azoren angab, und auf der Logtafel des Kapitäns fand sich unter dem 25. November der Hinweis, daß man um 8 Uhr morgens die Insel Santa Maria passiert habe. Zwischen diesem letzten zeitlichen Hinweis und dem Auffinden der *Mary Celeste* waren zehn Tage vergangen, was freilich nicht heißt, daß bereits am 25. November das – was immer es war – geschehen ist, was zur Aufgabe des Schiffes führte. Auf solch kleinen Seglern wurde das Logbuch in der Regel recht schlampig geführt – für die Zeit zwischen dem Auslaufen aus New York und der letzten Eintragung gab es nur sieben Aufzeichnungen, von denen eine von stürmischem Wetter

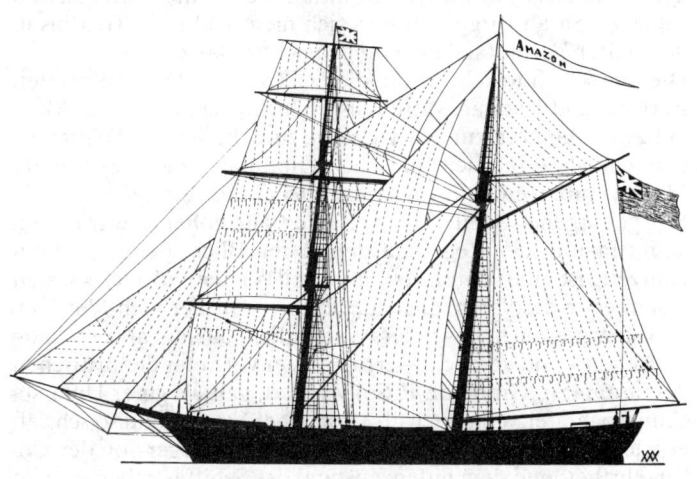

Die ›Amazon‹, die später unter dem Namen ›Mary Celeste‹ zu zweifelhaftem Ruhm gelangte

sprach. Besser ermitteln ließ sich aus den Indizien die Tageszeit, an der die Besatzung von Bord gegangen war, es muß genügend lang nach einer Mahlzeit – Abendessen oder Frühstück – gewesen sein, daß der Smutje die Kombüse noch aufräumen konnte, aber spätestens am frühen Vormittag, denn eine Puritanerfrau wie Mrs. Sarah Briggs hätte es sich nie erlaubt, ihr Bett bis in den späten Vormittag hinein ungemacht zu lassen.

Die drei Seeleute kehrten auf die *Dei Gratia* zurück, erstatteten Bericht, und Kapitän Morehouse schickte seinen Ersten Maat mit zwei Männern zur *Mary Celeste* zurück, ließ das Schiff wieder seetüchtig machen und nach Gibraltar segeln, wo sie am 13. Dezember, einen Tag nach der *Dei Gratia,* eintraf.

Ein geborgenes Schiff, das verlassen auf hoher See trieb, erkennt man in der Regel auf den ersten Blick, denn solch ein Fahrzeug ist meist entmastet, halb voll Wasser und auch sonst in einem eher desolaten Zustand. Dieses war hier nicht der Fall, und so war es nicht besonders erstaunlich, daß die *Mary Celeste* Aufsehen – und Verdacht – erregte. Der Vertreter der britischen Admiralität in Gibraltar, F. Solly Flood, galt als guter Untersuchungsbeamter, aber auch als kleinlicher Fiesler, und so schrieb er nach London: »Die Darstellung, die die Berger von der Unversehrtheit und dem guten Zustand des Schiffes gaben, war so merkwürdig, daß ich mich zu einer genauen Untersuchung gezwungen fühlte.« Das Ergebnis dieser Untersuchung stand für

F. Solly Flood offensichtlich von Anfang an fest: Entweder ein abgekartetes Spiel zwischen Briggs und Morehouse, um den Bergelohn zu kassieren, der recht ordentlich, jedoch keineswegs so hoch war, um Kapitän Briggs samt seiner siebenköpfigen Mannschaft zu veranlassen, für immer zu verschwinden, zumal sie ja auch noch mit Kapitän Morehouse und dessen Mannschaft hätten teilen müssen, oder ein übles Piratenstück von seiten der *Dei Gratia,* wobei offen blieb, wie die »Piraten« überhaupt an Bord der *Mary Celeste* gekommen sein sollten.

Meuterei, Mord, Piraterie? Mit wahrer Begeisterung stürzte sich Flood auf ein paar braune Flecken an Deck der *Mary Celeste,* die er für Blut hielt, und auf ein reichverziertes italienisches Schwert, das man unter der Koje Kapitän Briggs' entdeckt hatte. Oliver Deveau wurde einem scharfen Verhör unterzogen, wies wütend alle Anschuldigungen zurück und bezahlte sogar die Analyse jener ominösen Flecken, die zwar gemacht und Mr. Flood vorgelegt wurde, doch dann einfach stillschweigend verschwand. Auch in den recht mangelhaften Logbucheintragungen Deveaus für die Zeit zwischen dem Auffinden der *Mary Celeste* und ihrer Ankunft in Gibraltar witterte der Untersuchungsbeamte Unrat und wies nach, daß alle Eintragungen erst nach der Ankunft im Hafen gemacht worden seien. Doch Deveau konterte durchaus glaubwürdig, er habe bei Gott mit nur zwei Matrosen an seiner Seite genug zu tun gehabt, um das Schiff in Sicherheit zu bringen, ohne dabei noch in Muße langwierigen Papierkrieg zu führen.

Das Seegericht, in dem erfahrene Seeleute saßen, befand die Anschuldigungen F. Solly Floods eher für albern, sprach Kapitän Morehouse, Oliver Deveau und ihre Mannschaft in aller Form von jedem Verdacht frei, erklärte sich selbst aber für unfähig, einen Grund zu finden, weshalb die *Mary Celeste* verlassen worden sei.

Für das Verschwinden der Besatzung des Unglücksschiffes gibt es ungezählte Theorien, sie reichen vom Angriff eines Riesenkraken, der Mann für Mann mit seinen Saugarmen von Bord geholt habe, bis zur Entführung durch ein UFO. Die relativ logischste Begründung – sie wurde von der berühmten Versicherung Lloyds of London akzeptiert – nennt Jochen Brennecke in seiner ›Geschichte der Seefahrt‹: Demnach hätten die »schwitzenden« Fässer mit dem leicht verdunstenden Alkohol, von denen einige auch noch ausgelaufen waren, dazu geführt, daß

Eine der vielen falschen Darstellungen zeigt Kapitän Morehouse an Deck der ›Mary Celeste‹

Kapitän Briggs Angst bekam, sein Schiff würde durch die Dämpfe in Brand geraten oder gar explodieren, weshalb er befohlen habe, ins Beiboot zu gehen, während das Schiff mit offenen Luken durchgelüftet wurde – eine auf Alkoholtransportern keineswegs unübliche Methode. Dann habe ein Windstoß die *Mary Celeste* abgetrieben und die Schleppleine zum Boot zerrissen, das samt seinen Insassen im Sturm gekentert und versunken sei. Doch Jochen Brenneckes Feststellung, damit sei »das vielgerühmte und viel umrätselte Geheimnis der *Mary Celeste* kein Geheimnis mehr«, ist leider so auch nicht ganz akzeptabel; bei einer kurzen Ausbootung während des Durchlüftens wäre es zwar verständlich, weshalb die Seeleute ihre Stiefel und Pfeifen, Mrs. Briggs die Babywäsche für ihr Töchterchen zurückließen, aber weshalb nahm dann Kapitän Briggs Sextant, Chronometer und alle wichtigen Schiffspapiere mit ins Boot, was man doch eigentlich nur tut, wenn ein Schiff tatsächlich aufgegeben werden muß, und weshalb ließ der Kapitän zwei Segel stehen, jedoch ohne das Ruder festzulaschen, bei einem Wetter, das, wenn Herrn Brenneckes Theorie stimmt, schlecht genug war, um wenig später die Schleppleine brechen zu lassen, wenn er seine Leute nur für die kurze Zeit des Auslüftens ins Beiboot kommandierte und anschließend wieder an Bord zu gehen gedachte???
Doch verlassen wir die Spekulationen: Dreieinhalb Monate später als vorgesehen erreichte die *Mary Celeste* Genua und löschte

ihre Ladung. Nach New York zurückgekehrt, verkaufte James Winchester das Unglücksschiff, das noch mehrfach den Besitzer wechselte, ehe es 1884 unter einem gewissen Gilman C. Parker als Besitzer-Kapitän in Westindien unter höchst verdächtigen Umständen auf ein Riff lief und sank. Parker wurde wegen versuchten Versicherungsbetruges vor Gericht gestellt und wegen eines Formfehlers freigesprochen. Er starb acht Monate später, sein Erster Maat wurde wahnsinnig, sein Zweiter Maat beging Selbstmord – die *Mary Celeste* ex *Amazon* war ihrem Ruf als Unglücksschiff treu geblieben.

DIE HÖLLENMASCHINE
MOSEL

DEUTSCHLAND 1876

Versicherungsbetrüger gibt es seit dem Tag, an dem die Idee
einer »Versicherung« geboren wurde. Mehr oder minder raffi-
niert sind immer wieder Leute der Versuchung unterlegen, eine
Versicherungssumme zu kassieren, auf die sie eigentlich keinen
Anspruch haben, und sei es »nur«, am Montag »auf Kasse
krank« zu sein, obwohl man lediglich einen Kater von der Sonn-
tagabend-Party hat. Neben diesen zahllosen kleinen Versiche-
rungsschwindlern gibt es freilich auch jene, die brutal und gewis-
senlos, ohne sich dabei auch nur einen Deut um Leben, Gesundheit und Glück ihrer Mitmenschen zu scheren, das große Versi-
cherungsgeld zu ergaunern versuchen.

Einer der grausigsten Vorfälle dieser Art ereignete sich am
11. Dezember 1876 in Bremerhaven: Der als Barkentine getakelte Lloyd-Dampfer *Mosel* lag fertig zum Auslaufen am Pier,
die Kessel standen bereits unter Druck, und der Hafenschlepper
Simson lag vor dem Schiff, die Schleppleine war befestigt, die
Passagiere waren vollzählig an Bord und drängten sich an der
Reling, um mit den Zurückbleibenden drunten auf dem Kai
letzte Grüße, gute Wünsche und Ermahnungen auszutauschen,
und nur das Verladen von ein paar letzten Fässern und Kisten
hielt das Ablegen noch auf.

In diesem Augenblick erschütterte der donnernde Feuerstrahl
einer Explosion den Kai, zerfetzte über 100 Menschen, ließ mindestens ebenso viele blutüberströmt verletzt zusammenbrechen
und beschädigte die beiden Schiffe schwer. Wenige Minuten später fiel in einer der Kabinen der I. Klasse ein einzelner Pistolen-
schuß.

Die Polizei-Recherchen brachten folgendes zutage: Jener
Mann, der sich nach der Katastrophe eine Kugel in den Kopf gejagt hatte, war ein Versicherungsbetrüger gewesen, und von ihm
führte eine Spur zu einem arbeitslosen Mechaniker in Bern-
burg, der schließlich den ganzen teuflischen Plan enthüllte: Der
in einem Faß mit Pulver eingebaute Zünder der Höllenmaschine
war auf eine Laufzeit von zehn Tagen eingestellt gewesen. Der
Betrüger hatte für die ganze Überfahrt nach Amerika gebucht,

Der Pier in Bremerhaven nach der Bombenexplosion

wollte aber »wegen dringender Geschäfte« bei der Zwischenlandung in Southampton an Land zurückbleiben, um das Schiff mit einer ziemlich wertlosen, jedoch auf seinen Namen hoch versicherten Ladung weiterfahren zu lassen, damit es die Bombe dann mitten auf dem Atlantik zerreißen und mit Mann und Maus versenken sollte.

Als die Höllenmaschine beim Verladen vorzeitig explodierte und er seinen Plan vereitelt sah, beging der Mann – sein richtiger Name wurde nie mit Sicherheit ermittelt – Selbstmord; sein Mechaniker-Komplize wurde hingerichtet.

DIE MORITAT VOM UNTERGANG
CIMBRIA
DEUTSCHLAND 1867–1883

Schiffskatastrophen gehörten zum beliebten Repertoire der Moritatensänger (nicht unähnlich heutigen Boulevardblättern), und so konnte man 1883 allerorten hören:

>»Schauder drängt sich durch die Glieder,*
>*Wenn man liest von* Cimbria,
>*Dieses Dampfschiff wollte wieder*
>*Fahren nach Amerika,*
>*Als Cuxhaven es vorüber,*
>*Sank ein starker Nebel nieder*
>*Auf das große, weite Meer,*
>*Dunkle Nacht war's rund umher.*

>*Jeder war auf seiner Stelle*
>*Und die Ordnung wohl an Bord.*
>*Damit nicht das Schiff zu schnelle,*
>*Sprach auch der Kapitän das Wort:*
>*Die Maschinen halb zu stellen.*
>*In dem Nebel auf den Wellen*
>*Sah man bei dem Schiffe dicht*
>*Bald ein schwaches grünes Licht.*

>*Plötzlich kracht es von der Seite,*
>Sultan *fuhr direkt sogar*
>*Auf der grausen Meeresweite*
>*Los aufs Dampfschiff* Cimbria.
>*Furchtbar war die Schreckensstunde,*
>*Angstschrei tönte es in der Runde,*
>*Denn ins tiefe Wassergrab*
>*Sank das stolze Schiff hinab.*

>*Keine Rettung ließ sich blicken,*
>Sultan *war bald außer Sicht,*
>*Manches Leben mußte knicken,*
>*Rettung gab es leider nicht.*

Gar nichts wurde unterlassen,
Doch die großen Menschenmassen
Rannten nutzlos hin und her.
Und bald deckte sie das Meer.

Wenige sind nur entkommen,
Ach, vielleicht der achte Teil,
Wie man leider hat vernommen,
Findet noch am Leben heil.
Doch wie diese Leute sagen,
Hat ein ritterlich Betragen
den Off'zieren nicht gefehlt,
Auch vom Arzt wird so erzählt.

Vorsicht ist gewiß vonnöten
Auf den Schiffen wie bekannt,
Die Schwimmgürtel, Rettungsböte
Waren alle gut imstand.
Aber wenn das Schicksal wollte,
Daß es untergehen sollte
Dieses Schiff mit Mann und Maus
Brechen unsere Tränen aus.«

Als die *Cimbria* am 17. Januar 1883 mit Zielhafen New York von Hamburg ablegte, galt sie als solid und zuverlässig, ohne sonderliche Glanzleistungen, aber auch ohne bemerkenswerte Unfälle.

Ihre einzige Besonderheit bestand darin, daß sie vor nunmehr 16 Jahren, 1867, bei Caird & Ço. in Greenock ungetauft vom Stapel gelaufen war, weil sich die Ehrengäste verspätet hatten. Auch von Kapitän Carl Wilhelm Julius Hansen ließ sich nichts anderes sagen, als daß er als verläßlicher, ruhiger Seemann galt, der weder durch Brillanz noch durch dunkle Punkte in seiner Karriere aufgefallen war.

Die *Cimbria* gehörte der Reederei HAPAG in Hamburg. Sie war als Schraubendampfer mit Brigg-Takelung bei 100,93 m Länge, 12,10 m Breite und 6,00 m Tiefgang auf 2167 NRT gebaut und hatte an jenem Januartag 91 Mann Besatzung, sechs Passagiere in der I. und 17 in der II. Klasse sowie 378 Menschen im Zwischendeck – in summa 492 Personen – samt 1200 Tonnen Ladung an Bord, und eigentlich sprach nichts gegen eine routine-

Das Titelblatt der Moritat

mäßig verlaufende Fahrt, wie sie die *Cimbria* bislang schon über 70mal hinter sich gebracht hatte.

Doch auf dieser Reise schien sich alles gegen Schiff und Kapitän verschworen zu haben, insbesondere die für die Jahreszeit ungewöhnliche Wärme – 2° über Null –, was dazu führte, daß die Unterelbe in eine dicke Waschküche getaucht war.

Nebel: Vielleicht ist er der gefährlichste Feind der Seefahrt, wenn wir uns an die Kollision – trotz Radar und aller technischen Finessen – der schwedischen *Stockholm* mit der italienischen *Andrea Doria* am 26. Juli 1956 erinnern.

Jonny Lührs, der Elblotse, wäre am liebsten am Pier liegengeblieben, bis sich die Sicht wenigstens etwas besserte, doch Kapitän Hansen wollte auslaufen – nicht nur, weil Kapitäne schließlich ihren Ehrgeiz in Sachen Pünktlichkeit haben, sondern auch, weil das Auswanderergeschäft und damit die HAPAG durch die Dumpingpreise der Konkurrenz hart an den roten Zahlen arbeitete und man sich verlorene Tage einfach nicht leisten zu können glaubte.

478

So lief denn die *Cimbria* mit halber Kraft elbabwärts in einem Nebel, der so dick war, daß man von der Brücke aus kaum noch den Bug zu erkennen vermochte, und es grenzte schon fast an ein Wunder, daß man noch Anker werfen und eine Kollision vermeiden konnte, als gegen Mittag der Ausguck am Bug plötzlich »Schiff voraus« brüllte. Es war die *Hansa* unter Kapitän Kördell, und Lotse Lührs hoffte, daß Kapitän Hansen nun doch bessere Sicht abwarten würde.

Doch der drängte weiter, und gegen 18 Uhr ging die *Cimbria* erneut ankerauf.

Mit langsamer Fahrt tastete sich das Schiff weiter elbabwärts – und lief am 18. Januar gegen Mittag auf eine Sandbank nicht weit von dem Dorf Brunsbüttel. Es war keine Katastrophe, höchstens eine herbe Warnung; das Schiff war heil geblieben, gegen 17 Uhr kam es mit der auflaufenden Flut und dank eines Schleppers frei und eilte in die Nordsee hinaus.

Die ›Sultan‹ rammt im Nebel die ›Cimbria‹

Carl Wilhelm Julius Hansen

Es war 2.12 Uhr, und man schrieb den 19. Januar 1883: Die *Cimbria* hetzte nahe dem Borkum-Riff durch Nebel und Nacht, als aus dem Dunkel die verschwommenen Lichter eines anderen Schiffes – es war die *Sultan* der Hull-Hamburg-Linie unter Kapitän James Cuttill mit 600 Tonnen Kohle, Stückgut und einigen Passagieren an Bord – auftauchte und sich Sekunden später krachend, ungefähr 12 Fuß vor dem Fockmast der *Cimbria,* in den Rumpf des unglücklichen Schiffes bohrte und diesen bis weit hinter das Kollisionsschott aufriß.

Die *Cimbria* begann fast augenblicklich zu sinken. Von den zehn Booten, die auch im günstigsten Fall nur 370 von 492 Menschen hätten fassen können, kamen nur zwei heil zu Wasser – ihre Insassen, 39, wurden am nächsten Tag von der britischen Bark *Theta* aufgenommen. Die Bark *Diamant* rettete weitere 17, die sich nach dem Untergang der *Cimbria* in die noch aus dem Wasser ragende Takelage geflüchtet hatten. 436 Menschen, unter ihnen Kapitän Julius Hansen und eine junge Frau, die dem Myrtenbäumchen, das sie zu ihrer Hochzeit in die Neue Welt mitbringen wollte, nachsprang, ertranken.

»Die Geretteten sind sich einig im Lob von Offizieren und Mannschaft der untergegangenen *Cimbria.* Erzählt wurde andererseits auch, daß die *Sultan,* obgleich das entsetzliche Hülfegeschrei dort gehört worden sein müßte, davongedampft sei. Ein bitterer Fluch entrang sich den Lippen des Erzählenden.«

Tatsächlich hätten Kapitän James Cuttill und seine *Sultan* die Möglichkeit gehabt, den Großteil der Menschen von der *Cimbria* zu retten – es wäre die einzige Chance für die Schiffbrüchigen gewesen. Doch auch Kapitän Cuttill hatte Passagiere und Mannschaft an Bord, und so ließ er zwar die Boote ausschwingen, doch dann schlich er sich durch Nebel und Nacht davon und erreichte Hamburg schwer beschädigt – sein Kollisionsschott im Bug hielt nur dank etlicher Abstützungen –, aber letztlich wohlbehalten.

Von der *Cimbria* überlebten nur einer der Offiziere, Friedrich Spruth, und 21 Matrosen, von den Passagieren 34, davon 17 Auswanderer aus dem Zwischendeck, von denen die Zeitungen berichteten: »Zum Teil werden sie schon am Mittwoch wieder die Reise antreten nach dem fernen Westen – möge ihnen das Glück lächeln.«

DER VULKAN
KONINGIN WILHELMINA
NIEDERLÄNDISCH-INDIEN 1883

Trotz ihres patriotischen Namens hätte niemand jemals der *Koningin Wilhelmina* prophezeit, daß ihr Name über die Grenzen Niederländisch-Indiens hinaus bekannt werden könnte, wäre sie nicht in eine der größten Naturkatastrophen der bekannten Geschichte geraten und ihr, wenn auch arg mitgenommen, fast wie durch ein Wunder entkommen. Und auch der junge Mann, der diesen Ruhm ganz ohne Absicht verbreitet hatte, war eigentlich ein Niemand namens Jean Olbeck, ein unbedeutender Angestellter einer noch unbedeutenderen Handelsfirma in Groningen, die sich schlecht und recht mit dem Indiengeschäft durchschlug.

Die *Koningin Wilhelmina* war Ende der 40er oder Anfang der 50er Jahre des 19. Jahrhunderts gebaut worden und in ihren besten Zeiten mit ihren beiden Schaufelrädern wohl an die neun Knoten gelaufen. Zudem verfügte sie über eine Hermaphrodit-Brigg-Takelung. In jenem Jahr 1883 hatte sie rund drei Jahrzehnte als Frachter in Niederländisch-Indien zwischen Java, Sumatra, Borneo, Celebes, den Molukken und Neu-Guinea zweitklassige Passagiere und drittklassige Fracht transportiert, war ein wenig rostig und wurmstichig und gehörte einem gewissen Adriaen van Zevenaar, der sie irgendwann aus zweiter, vermutlich sogar aus dritter Hand gekauft hatte.

Am Samstag, dem 25. August 1883, vormittags betrat Jean Olbeck das Deck der *Koningin Wilhelmina* in Batavia, dem heutigen Djakarta, um auf ihr nach Padang an der Südwestküste Sumatras zu reisen.

Wie er später in seinem Bericht an die Groninger Handelsgesellschaft schilderte, begann die Reise schon einmal mit Verspätung, da Kapitän und Eigner Adriaen van Zevenaar noch seinen Rausch vom Vortag ausschlafen mußte. Als er endlich am späten Abend ablegte, dachte er keineswegs daran, die verlorene Zeit wieder einzuholen, sondern ließ um Kohlen, also Betriebskosten zu sparen, lediglich die Segel setzen und nahm erst am Eingang der Sundastraße zwischen Sumatra und Java die Maschinen in Betrieb.

Unterdessen war es Sonntag geworden, und Jean Olbeck vermerkte: »Wären wir pünktlich ausgelaufen oder hätte der Kapitän wenigstens das Schiff von Anfang an rechtschaffen vorangebracht, wie es doch seine Aufgabe gewesen wäre, so wären uns allen die unglaublichsten Schrecknisse und Todesgefahren wohl ganz oder doch zumindest zum größten Teil erspart geblieben.« Er fährt fort:

»Gegen ein Uhr mittags erschütterte eine schwere Explosion vor uns die See, der bald weitere folgten, zunächst im Abstand von etwa zehn Minuten, doch bald schon schneller, so daß sie wenig später alle zwei Minuten erfolgten. Die erschreckten Passagiere fragten den Kapitän, was dies zu bedeuten habe, doch dieser antwortete sehr gelassen, daß es sich lediglich um den Ausbruch eines unbedeutenden Vulkans der kleinen, unbesiedelten Insel Krakatau in der Sundastraße handele. Im Gegensatz zu den großen, tätigen Vulkanen auf Java und Sumatra sei der größte Berg dieser Insel, der Rakatam genannt werde, nur knapp 900 Meter hoch, obwohl er im Mai schon einmal durch eine Explosion, die bis nach Batavia (150 km) zu hören gewesen, die Bevölkerung erschreckt habe.«

Damals war das holländische Postschiff *Zeeland,* das eben durch die Sundastraße fuhr, mit hühnereigroßen Bimssteinen überschüttet worden, und auch in den darauffolgenden Wochen hatte es immer wieder kleinere Eruptionen gegeben, die freilich kein Mensch ernst genommen hatte.

»Eine Stunde nach dem ersten Donner sahen wir, wie steuerbord eine wahrhaft gigantische schwarze Wolke in die Höhe geschleudert wurde, die sich rasch ausbreitete, so daß bald tiefste Finsternis über dem Meer herrschte, die nur von grellsten Blitzen erhellt wurde, während Steine auf uns niederprasselten, so daß niemand mehr wagen konnte, ohne Gefahr für Leib und Leben das Deck zu betreten.«

Man schätzt, daß die Rauch- und Aschenwolke bis zu 30 km hoch geschleudert wurde, wo sie noch jahrelang in den obersten Luftschichten um den Erdball zog. In einem Umkreis von etwa 75 km herrschte für rund 57 Stunden totale Finsternis. Der Kapitän des englischen Schiffes *Charles Bal,* der ebenfalls um die gleiche Zeit die Sundastraße durchfuhr, notierte in seinem Logbuch: »Der die Augen beizende Regen aus Sand und Steinen, die tiefe Schwärze um uns, die nur das ständige Zucken großer und kleiner Blitze durchbricht, und das fortgesetzte brüllende

Donnern des Krakatau machten unsere Lage wahrhaft entsetzlich.« Jean Olbeck schreibt weiter:

»In diesen schrecklichsten Stunden zeigte unser Kapitän, was für ein Mann er wirklich war. Obschon die Vor- und die Toprah von den Steinbrocken zerschmettert wurden und der Schornstein wie von Schrotkugeln durchsiebt wurde, steuerte er das Schiff unbeirrt nach Süden, wo er hinter der Prinsen-Insel Schutz zu finden hoffte. An Schlaf war in dieser Nacht nicht zu denken, und ich weiß nicht, was am schlimmsten war: die wahrhaft ägyptische, nur von tausend Blitzen für Augenblicke erhellte Finsternis rundum, das grauenerregende und unausgesetzte Donnern und Krachen des Vulkans oder der schwere Sturm auf dem Meer, der das Schiff hin und her warf.«

Mit der letzten Bemerkung irrte Jean Olbeck übrigens. Der »Sturm« waren die schweren, durch die Explosionen ausgelösten Wellen, die an den Ufern Boote und Häuser zertrümmerten. Im Laufe des Montags gelang es Kapitän Adriaen van Zevenaar tatsächlich, die *Koningin Wilhelmina* im Windschatten der Prinsen-Insel oder der Westspitze Javas einigermaßen in Sicherheit zu bringen, obwohl die Sicht gleich Null war, »eine Sekunde tiefste Dunkelheit, in der nächsten greller Feuerschein«, und obwohl »das Deck vollkommen zerschlagen war. Überall sahen wir die Abdrücke schwerer Steine, die manchmal sogar die Decksplanken durchschlagen hatten.«

Doch dies alles war nur ein Vorspiel.

Am Montag, dem 27. August, um 20.02 Uhr brachen 28,5 Quadratkilometer der Insel Krakatau in die leere Magmakammer des Vulkans hinunter. Das Meer stürzte in das klaffende, glutheiße Loch, verwandelte sich fast augenblicklich in Dampf und zerriß die Insel in einer gigantischen Explosion.

»Gegen Abend folgte ein letzter, entsetzlicher, alles Bisherige weit übertreffender Donnerschlag, der uns bis ins tiefste Mark erschütterte. Dann folgte Totenstille, die freilich um so erschreckender war, als wir bald erkannten, daß es nicht die Natur war, die schwieg, sondern daß nur wir selber taub geworden waren, und auch heute, acht Wochen nach jenen entsetzlichen Ereignissen, leide ich noch unter Störungen des Gehörs und bin damit noch weit glücklicher als viele jener, die diesen Sinn wohl für immer eingebüßt haben.«

Im Inneren Australiens, 3500 Kilometer entfernt, war dieser Donner noch so laut, daß man ihn für eine Sprengung in einem

Der Ausbruch des Vulkans Krakatau am 26. und 27. August 1883

Steinbruch hielt, und 4700 Kilometer westlich, auf der Insel Rodriguez bei Mauritius im Indischen Ozean, wurde er noch von einem Mann der Küstenwache gehört und für Gewehrfeuer gehalten. In Batavia riß die Druckwelle Mauern ein, hob einen Gasometer aus den Verankerungen, und im Süden von Sumatra starben Hunderte unter dem Hagel von Bimsstein und glühender Asche.

Die meisten Opfer freilich forderte die ungeheure Flutwelle, die von der explodierenden Insel mit teilweise bis zu 700 Stundenkilometern fortjagte und stellenweise eine Höhe von über 40 Metern erreichte.

»Das Heck unseres Schiffes wurde wie von einer gewaltigen Hand emporgerissen, so daß das Deck für Augenblicke fast senkrecht stand. Ich selbst wurde gegen Mr. Peagrove geschleudert, was meinen Aufprall so sehr milderte, daß ich mit einigen Quetschungen davonkam, während Mr. Peagrove derart heftig gegen die Wand geschlagen wurde, daß er zwei Stunden später verstarb. Sechs andere Passagiere, darunter zwei Damen und ein neunjähriger Knabe, erlitten ein ähnliches Schicksal. Auch unter der Mannschaft und den chinesischen Heizern im Kesselraum war kaum einer ohne schwere Knochenbrüche davongekommen obwohl nur einer der Chinesen seinen Verletzungen erlag. Kapitän van Zevenaar hatte sich bei dem Sturz einen Arm und wohl mehrere Rippen gebrochen, trotzdem hielt er nun bis zu unserer Ankunft und Rettung in Batavia am Steuerruder aus, und was immer man ihm an Versäumnissen zu Beginn der Fahrt vorwerfen mag, war es jetzt seine unerschütterliche Tapferkeit, die uns allen neuen Mut einflößte und uns letztlich gerettet hat.«

Weit schlimmer noch als auf See hatte die Flutwelle an Land gewütet. 295 Städte und Dörfer wurden ganz oder teilweise von den gewaltigen Wassermassen fortgeschwemmt. In der pechschwarzen Finsternis hatten die Menschen das Unheil nicht einmal kommen sehen, und die wenigen Überlebenden wurden teilweise erst nach Tagen aus den Baumkronen gerettet. Im javanischen Hafen Merak war die Flutwelle so hoch, daß sie die Steinhäuser auf einem 40 Meter hohen Hügel wegriß, auf den sich die meisten der 2700 Einwohner geflüchtet hatten. Nur zwei von ihnen überlebten. Im Hafen von Teluk Betung auf Sumatra wurde das holländische Kanonenboot *Berouw* eineinhalb Kilometer landeinwärts geschwemmt und strandete zehn Meter über dem Meeresspiegel hinter einem Hügel, wo es heute noch als Mahnmal der Katastrophe liegt.

»Als wir später unser Schiff besichtigten«, fährt Jean Olbeck in seinem Bericht fort, »sahen wir, daß der Schornstein, der Bugspriet und der Fockmast sowie die Großstenge verschwunden waren. Eines der Schaufelräder war gänzlich zerschlagen, das andere ebenfalls beschädigt. Von der Besatzung fehlten zwei

Mann, desgleichen vier Passagiere, die die wütende See wohl über Bord gerissen hatte.«

Unter Notsegel kehrte die *Koningin Wilhelmina* durch die Sundastraße heim und rettete unterwegs über 80 Menschen, darunter einen Bauern mit seinem Schwein: »So knapp die Lebensmittel durch die vielen Menschen an Bord sein mochten, der Mann teilte alles mit seinem Schwein, indem er sagte, er werde es niemals schlachten oder auch nur hungern lassen, da das Tier ihm das Leben gerettet habe. Durch die fürchterlichen Explosionen des Vulkans erschreckt, sei das Schwein geflohen, und als er sich landeinwärts nach ihm auf die Suche gemacht, sei er von der Flutwelle überrascht worden und habe sich samt dem Tier schließlich in einer Baumkrone hängend wiedergefunden, von wo wir ihn befreit hatten.«

Am Nachmittag des 1. September erreichte die *Koningin Wilhelmina* wieder den Hafen von Batavia.

Nach amtlichen Zählungen haben Ausbruch und Explosion des Krakatau 36 417 Todesopfer gefordert.

RACHEKURS
FRIGORIFIQUE UND RUMNEY
FRANKREICH UND GROSSBRITANNIEN 1884

Am 19. März 1884 dampften zwei Schiffe durch den dichten Nebel vor der Küste Frankreichs. Das eine war die französische *Frigorifique* unter Kapitän Raoul Lambert. Acht Jahre zuvor war sie vom Stapel gelaufen und als erstes französisches Schiff mit speziellen Kühlaggregaten ausgerüstet, um Gefrierfleisch von Uruguay nach Frankreich zu transportieren. Wie alle Kühlschiffe war sie nicht sonderlich groß, dafür verliehen ihr die kräftigen Maschinen und die drei schonergetakelten Masten eine beachtliche Geschwindigkeit.

Das andere Schiff, die britische *Rumney* unter Kapitän John Turner, war ein langsamer, schwerfälliger Transporter, der Kohlen von Cardiff nach La Rochelle verfrachtete.

An jenem 19. März lief die *Frigorifique* mit langsamer Fahrt durch den Nebel und ließ dabei von Zeit zu Zeit ihr Nebelhorn tuten, als Kapitän Lambert in der Nähe eine andere Sirene hörte, ohne freilich die Richtung feststellen zu können. Vorsichtshalber ließ er die Maschinen stoppen und dreimal die eigene Sirene aufheulen. Da keine Antwort erfolgte, lief die *Frigorifique* mit langsamer Fahrt weiter.

Als steuerbord die schwarze Masse eines Schiffes aus dem Nebel auftauchte, war es für jedes Ausweichen zu spät. Kapitän Lambert ließ noch das Steuer herumreißen, doch schon krachte die *Rumney* in die Breitseite der *Frigorifique,* die sofort Schlagseite bekam. Kapitän Lambert gab der Besatzung den Befehl, das Schiff zu räumen und an Bord der unbeschädigten *Rumney* zu gehen. Die *Frigorifique* verschwand indessen im Nebel. Auch die *Rumney* nahm wieder Fahrt auf und war etwa zwei Meilen gelaufen, als ein schwarzer Schatten aus dem Nebel direkt auf sie zuglitt. Es war die *Frigorifique.* »Rauch quoll aus ihrem Schornstein, und sie schien auch keine Schlagseite mehr zu haben«, berichteten die beiden Kapitäne später. Der Rudergänger der *Rumney* riß das Steuer herum, und es gelang ihm, um wenige Zentimeter dem Bug des französischen Schiffes zu entgehen. Die *Frigorifique* verschwand erneut im Nebel.

Und dann, eine Meile weiter, sahen sie die *Frigorifique* wieder

aus dem Nebel auf sich zukommen, »leise und schnell, den Bug
wie zum Angriff vorgestreckt«. »Hart steuerbord!« brüllte Kapitän Turner, und: »Maschinen volle Kraft zurück!«
Doch diesmal rammte mit donnerndem Krach die *Frigorifique*
die *Rumney,* und während das Wasser in Lade- und Maschinen-
raum einbrach und der Kohlentransporter zu sinken begann,
verschwand das Kühlschiff zum dritten Mal im Nebel.
Die beiden Mannschaften gingen in die Boote und sahen zu, wie
die *Rumney* gurgelnd in der Tiefe verschwand.
Etwa eine Viertelstunde später riß der Nebel auf, am Horizont
lag die französische Küste, und auch die *Frigorifique* tauchte aus
dem Nebel auf, in einem weiten Kreisbogen laufend.
Kapitän Lambert beschloß, an Bord zu gehen, um zu versuchen,
das Schiff in den nächsten Hafen zu bringen. Als die Boote nach
einigen Schwierigkeiten längsseits lagen und der Kapitän mit etlichen Freiwilligen das Schiff betrat, fanden sie auch eine Teiler-
klärung für die Ursache dieser »Rachefahrt«: Das hart steuerbord eingeschlagene Ruder war beim Verlassen des Schiffes ste-
hengeblieben, und die *Frigorifique* fuhr so einen weiten Kreis,
der zweimal den Kurs der langsam laufenden *Rumney* geschnitten hatte.
Vor allem die zweite Kollision hatte das Kühlschiff nun so
schwer beschädigt, daß das Wasser schnell stieg und Kapitän
Lambert binnen einer Stunde zum zweiten Mal den Befehl gab,
das Schiff zu räumen.
Als die Boote ablegten, rollte die *Frigorifique* langsam nach
steuerbord über und sank in die Tiefe.
Ihre Rache war vollendet, ihre Ehre wiederhergestellt.

WINDJAMMER
PREUSSEN
DEUTSCHLAND 1902–1910

»Ich bitte die Segelschiffe um Vergebung«, schrieb Ferrand de Lesseps, der Erbauer des Panamakanals, ein Jahr nach dessen Eröffnung 1869, denn so ideal er für Dampfschiffe war, Segler konnten diese schmale, oft windstille Wasserstraße praktisch nicht passieren.

In den Vereinigten Staaten bedeutete dies de facto das Ende der Segelschiffe, und auch in Großbritannien waren die Dampfschiffe – nicht zuletzt dank der Erfolge von »Cunards stinkenden Dampfkesseln« – auf der ganzen Linie im Vormarsch.

So war es denn Frankreich und insbesondere Deutschland vorbehalten, die Großsegler zu einer letzten Glanzepoche zu führen, der Ära der »Windjammer« – einst Spottbezeichnung der Dampfschiffmatrosen für die Segelschiffe, die bald zum Ehrennamen wurde –, und hier waren es wiederum die »P-Liner« – binnen kurzem »Flying P-Liner« genannt –, die ihnen nochmals zu einem fast legendären Ruf verhalfen.

Angefangen hatte alles ganz leise und behutsam mit einem Geschäft für Seidenhüte, das ein gewisser Ferdinand B. Laeisz 1825 in Hamburg eröffnete. Bald schon exportierte man die Hüte auch nach Übersee, dann waren es nicht nur Hüte, sondern auch allerlei andere Güter, und 1856 war das Ex- und Importgeschäft der Firma Laeisz derart angewachsen, daß sich eigene Schiffe rentierten. Doch auch hier waren Ferdinand B. Laeisz und sein inzwischen in die Firma eingetretener Sohn Carl zunächst recht vorsichtig. Das erste Schiff war die 43 m lange Bark *Pudel*, genannt nach dem Kosenamen für Carls junge Frau Sophie, den sie ihrer üppigen Lockenpracht verdankte.

Das »P« wurde zum Markenzeichen der Reederei, deren Schiffe alle Namen mit einem P am Anfang führten wie *Professor, Pluto, Passat, Pamir, Protosi* und die unvergleichliche *Preussen,* das einzige Fünfmastvollschiff, das je die Meere befuhr. 15 Jahre nach dem Stapellauf der *Pudel* hatte die Reederei 16 Schiffe unter ihrer Flagge, und bei dieser Zahl beließ man es auch, nur die Gesamttonnage stieg sprunghaft von 6700 t im Jahr 1870 auf 39485 t im Jahr 1910.

Ferdinand B. Laeisz

Dieser gewaltige Anstieg der Tonnagen war in erster Linie dem Stahlschiffbau zu verdanken, der seit 1880 auch im Segelschiffbau um sich griff.

1902 lief auf der Werft von Johann C. Tecklenborg in Gestemünde im Auftrag der Firma Laeisz ein Schiff vom Stapel, das als Prototyp für eine Generation von neuen Superseglern gedacht war: die *Preussen,* die man schon wenig später die »Königin der Meere« nannte. Ihr Stahlrumpf maß 132 m in der Länge, 16,40 m in der Breite und war von Kiel bis Deck 10 m hoch mit einem Deplacement von 11 150 Tonnen. Sie verfügte über fünf voll rahgetakelte Stahlmasten, von denen der höchste 68 m über das Deck ragte, gestützt von 10 860 m Stahltauen des stehenden Gutes. Mit ihren maximal 48 Segeln an bis zu 30 m langen Rahen, bedient mit 30 670 m laufendem Gut, das durch nicht weniger als 1260 Blöcke geschoren war, verfügte sie über 5560 m² Segelfläche, die bei steifer Brise eine Vortriebskraft von über 6000 PS entwickelten und dem Schiff eine Spitzengeschwindigkeit von 17 Knoten verliehen. Und selbst von ihren durchschnittlich 8 bis 10 Knoten konnten die meisten damaligen Frachtdampfer höchstens träumen. Hatte die *Taeping* ein Ladevolumen von 767 Tonnen gehabt bei einer Mannschaft von ca. 35 Mann, so verfügte die *Preussen* mit 10 000 Tonnen über das 13fache an Ladekapazität, konnte jedoch von einer Mannschaft, die nur um zehn Köpfe mehr zählte, gesegelt werden.

Gegen Ende des 19. Jahrhunderts hatten viele Leute Segelschiffe als unwirtschaftlich abgeschrieben, doch die P-Liner bewiesen das genaue Gegenteil: Richtig geführt – mit Kapitänen wie Robert Hilgendorf und Robert Miethe hatten die Laeisz' zwei der besten Schiffsführer der Welt unter Vertrag –, gewartet und mit einer entsprechenden Ladung, waren die Windjammer nicht nur wirtschaftlich, sondern so ungeheuer rentabel, daß es sich Vater und Sohn Laeisz leisten konnten, für die Armen ihrer Heimatstadt mietfreie Wohnhäuser zu bauen – und für die Reichen ein Opernhaus.

Die Ladung der Windjammer waren keine Luxusartikel mehr wie Tee, sondern Massengüter, für die die Kanalgebühren in Panama zu hoch geworden wären und die man deshalb lieber um das stürmische Kap Hoorn segelte, wie etwa Getreide oder australische Wolle, vorzugsweise aber solch unangenehme Ladungen wie Kohle, die dazu neigte, durch Selbstentzündung ins Schwelen zu geraten, Brände, die oft nicht anders zu bekämpfen waren, als daß man den Laderaum abdichtete und hoffte, den nächsten Hafen zu erreichen. Berühmt wurde der Schwelbrand auf der Viermastbark *Cedarbank* die 1893 Kohle von Australien nach San Francisco bringen sollte und die über einen Monat lang brannte, während die Pumpen Tag und Nacht liefen, die Männer in beißendem Rauch abgesprengte Lukendeckel neu verschalkten und der Teer zwischen den Decksplanken schmolz; doch der »schwimmende Ofen« erreichte sein Ziel, wo das Feuer gelöscht werden konnte. Fast noch ekelhafter war Salpeter, ein gesundheitsschädliches, hoch feuergefährliches Zeug. Doch die entstehende chemische Industrie Europas lechzte danach, und so jagten die P-Liner durchschnittlich zweimal pro Jahr nach Chile und zurück, um es heranzuschaffen. »Meine Schiffe können und sollen schnelle Überfahrten machen«, begannen die Anweisungen, die 1892 Carl Laeisz eigenhändig für seine Kapitäne zusammengestellt hatte und die sich in höchst patriarchalischer, freilich nie diktatorischer Form um alles kümmerten, was mit Schiff und Mannschaft zusammenhing: »Meine Kapitäne dürfen nie unter Alkoholeinfluß stehen, jede gegenteilige Information, die mir zu Ohren kommt, zieht sofortige Entlassung nach sich«, und in der Reederei wurde ein vertrauliches »Kapitänsbuch« geführt mit Anmerkungen wie »hervorragender Seemann«, »zur Beförderung vorgesehen«, aber auch »aggressiv« und sogar »unbrauchbar«. Und was für die Kapitäne galt, galt ebenso für die

Mannschaft: Ein Matrose, der sich einem Befehl widersetzte oder auf Wache einschlief, mußte mit einer gepfefferten Geldstrafe rechnen, im Wiederholungsfall wurde er gefeuert – und das tat weh, denn Laeisz zahlte weit überdurchschnittliche Heuern und war bei besonderen Leistungen auch mit Zusatzprämien keineswegs knauserig –; erstklassige Leute zu bekommen, ließ man sich durchaus etwas kosten. Auch mit Schmiergeldern in Form zahlloser Kisten guten Hamburger Biers, die großzügig unter die Bonzen der chilenischen Salpeterhäfen verteilt wurden, hatte man eine offene Hand und erreichte so, daß die deutschen Schiffe binnen Tagen ihre Verladearbeiten abschließen konnten, während andere Schiffe bei dem ortsüblichen Schlendrian nicht selten bis zu drei Monaten in den Häfen verplempern mußten, ehe sie ihre Ladung an Bord hatten.

Ansonsten freilich wurde keine Verschwendung geduldet, und Carl Laeisz schrieb: »Nächst dem navigatorischen Geschick lege ich größten Wert auf Sparsamkeit.« Verschlissene Teile mußten mit nach Hause gebracht werden, wo sie von deutschen Handwerkern repariert oder ersetzt wurden, damit die Reederei ein wachsames Auge auf die Preise haben konnte.

Bei solcher Führung war es nicht erstaunlich, daß die Reederei Laeisz eine besonders geringe Quote an Unfällen und Verlusten aufweisen konnte, und um so tragischer, daß die mächtige *Preussen* nach nur acht Jahren solch einem Unglück – freilich schuld-

Die ›Preussen‹, das einzige Fünfmast-Vollschiff der Welt

los – zum Opfer fiel. Am Sonntag, dem 6. Juni 1910, war sie mit einer Ladung von 10 000 Tonnen Zucker, Zement, Eisenbahnmaterial, Ziegelsteinen und 100 Pianos auf der Reise nach Westafrika, als der englische Kanaldampfer *Brighton* hochmütig vor ihrer Nase vorbeirauschen wollte – entgegen allen Seefahrtsvorschriften, die stets dem Segler die Vorfahrt vor dem Dampfer einräumen.

Die *Brighton* hatte die Geschwindigkeit des mächtigen Fünfmasters gründlich unterschätzt: Bei der Kollision wurde der Bugspriet der *Preussen* weggerissen, Teile der Takelage kamen von oben, Wasser drang ins Vorpiek ein. Fast noch schlimmer erging es dem Engländer, dem nach dem Zusammenstoß der vordere Schornstein und der Großmast fehlten und dessen Backbordseite fast völlig zertrümmert war. Doch mit knapper Not schaffte er es, sich in den Hafen von Newhaven zu retten, während die *Preussen* vor Dungeness Anker warf und mit allen Pumpen das eindringende Wasser bekämpfte. Doch dann kam der Sturm. Die Ankertrossen brachen, der Versuch, sie nach Dover abzuschleppen, mißlang, als auch die Schlepptaue rissen. Die *Preussen* wurde auf die Steilküste getrieben, strandete mit hartem Aufsetzen und ging, da alle Abbringungsversuche scheiterten, total verloren.

DER SEETEUFEL
SEEADLER EX PASS OF BALMAHA
DEUTSCHLAND 1917

»Nun, Majestät, wenn unser Admiralstab sagt, das sei unmöglich und lächerlich, dann bin ich sicher, daß es sich machen läßt. Denn dann wird es auch die britische Admiralität für unmöglich halten. Und man wird gar nicht erst nach so etwas Absurdem wie einem als harmloser alter Segler getarnten Hilfskreuzer suchen.«

Der das 1916 zu Kaiser Wilhelm II. sagte, war Kapitänleutnant Felix Graf von Luckner, ein hervorragender Offizier, der sich viele Jahre unter dem Namen Philax Lüdicke in aller Welt als einfacher Matrose auf Segelschiffen herumgetrieben hatte, und so wurde das Projekt »Seeadler« geboren.

Deutschland stand im dritten Kriegsjahr, und während Frankreich und Großbritannien über den Atlantik von überall Rohstoffe und Nachschub bezogen, wurden diese in Deutschland mehr und mehr knapp. Eines der wichtigsten Kriegsziele mußte es also sein, die alliierten Nachschubwege zu unterbrechen oder doch zumindest empfindlich zu stören, und obwohl die deutsche Flotte in der Schlacht am Skagerrak am 30. Mai 1916 glanzvoll demonstriert hatte, daß sie die Briten keineswegs zu fürchten brauchte, hielt sie Kaiser Wilhelm II. nun untätig in den Häfen zurück (was ihm mit der von der Flotte ausgehenden Revolution 1918 schließlich den Thron kostete), und es blieb U-Booten und Hilfskreuzern (bewaffneten, als Schiffe neutraler Staaten getarnten Handelsfahrzeugen), deren Einsatz freilich durch den mangelnden Treibstoffnachschub arg eingeengt war, überlassen, im Atlantik zu operieren.

So war die Idee Graf Luckners, einen von Treibstoff unabhängigen Segler als Hilfskreuzer einzusetzen, nicht gar so absurd, wie dies im ersten Augenblick vielleicht erscheinen mochte.

Die 1888 in Schottland erbaute *Pass of Balmaha* hatte sich einen Ruf als hervorragend schneller Segler erworben, als sie 1916 von einem deutschen U-Boot aufgebracht und nach Cuxhaven geschickt wurde. Das auf den Namen *Seeadler* –Tarnname *Walter* bzw. *Irma* – umgetaufte Dreimast-Vollschiff wurde nun zu »einem merkwürdigen Schiff voller Geheimtüren und falschen

Verkleidungen« verwandelt, wie sich Graf Luckner erinnerte, um nicht nur versteckten Wohnraum für einen Teil der Besatzung zu schaffen, sondern auch Raum für 400 Gefangene der aufgebrachten Schiffe, und der Graf bestand darauf, daß diese Räume nicht nur mit Kojen und Toiletten ausgestattet waren, sondern auch mit Lesestoff in englischer und französischer Sprache. Unter einer »Ladung« Holzbretter wurden am Bug zwei 10,5-cm-Kanonen versteckt, und da man als neutraler »Norweger« durch die britische Blockade zu schlüpfen gedachte, wurden nicht nur norwegische Originalschiffspapiere beschafft (von Luckner persönlich gestohlen!) und entsprechend gefälscht, 16 Mann und der Kapitän sprachen fließend Norwegisch, »die Besatzungsmitglieder trugen norwegische Holzpantinen, dicke Norwegerpullover und blaue Schiffermützen, und jeder hatte norwegischen Priem und vor allem einen norwegischen Ausweis bei sich. Viele hatten über Nacht eine ›Braut‹ in Norwegen bekommen, von der sie sogar Liebesbriefe besaßen. Wir ließen uns einen Bart wachsen und nahmen norwegische Namen an«, und sogar die »Gattin« des Kapitäns war an Bord – ein junger Matrose in Perücke und Frauenkleidern –, und damit er/sie sich nicht durch die Stimme verriet, hatte die »Dame« während der Durchsuchung durch britische Offiziere der HMS *Avenger* einen dicken Schal um den Kopf und fürchterliche »Zahnschmerzen«.

Das Ganze war eine Glanzleistung der Tarnung, und den britischen Offizieren, die die *»Irma«* durchsuchten, kam keinen Augenblick auch nur der leiseste Verdacht, ja sie wünschten dem »Norweger« zum Schluß noch »glückliche Reise«.

224 Tage lang hielt der *Seeadler* die alliierte Schiffahrt in Angst und Schrecken, versenkte zuerst im Atlantik, dann im Pazifik 14 Schiffe, darunter sogar zwei Dampfer (die laut Order gar nicht angegriffen werden durften), und leistete sich eine Reihe fast unglaublicher Husarenstückchen, ehe er am 13. Juli 1917 bei Mopelia im Pazifik strandete und aufgegeben werden mußte.

Man hat Felix Graf von Luckner den Ehrennamen der »Seeteufel« gegeben, doch ein »Teufel« war er ganz bestimmt nicht, denn er war nicht nur bis zum äußersten ritterlich seinen Gefangenen gegenüber, er bedauerte auch seine Opfer: »Es war für uns immer ein Stich durchs Herz, ein Segelschiff zu versenken. Die Poesie des Meeres! Jeder Segler, der untergeht, kommt ja nicht wieder, da keine mehr gebaut werden«, und sein größter Stolz war es, daß bei dem ganzen Unternehmen nicht mehr als

Felix Graf von Luckner

nur ein einziger Mann ums Leben gekommen ist – und dieser nur durch unglücklichen Zufall durch den verirrten Granatsplitter eines Warnschusses.

Sie waren ein Anachronismus, der *Seeadler* und sein Kapitän, Felix Graf von Luckner, in einer Zeit der dampf- und dieselgetriebenen Kriegsschiffe mit ihren immer größeren Tonnagen und immer gewaltigeren Geschützen – ein freilich höchst erfolgreicher Anachronismus!

Und noch etwas war der *Seeadler:* das letzte Segelschiff im Kriegseinsatz.

DIE LETZTEN SEGLER
HERZOGIN CECILIE
DEUTSCHLAND UND FINNLAND 1902–1936

»Die erhabensten und schönsten Schöpfungen, die der Mensch im Laufe seiner Geschichte jemals hervorgebracht hat«, so wurden die großen Rahsegler einmal genannt.

»Es schien fast, als sei sie ein lebendes Wesen, wenn sie so dahinsegelte, rein und stark, unter dem vollen Druck all ihrer Segel. Kein Rauch. Kein Lärm. Nur die Melodie des Windes und der See«, schrieb Kapitän John Riber Mathieson.

»Für uns war das Schiff eine Art Lebewesen, und Kapitän und Besatzung waren dazu da, ihm zu dienen«, vermerkte der Laeisz-Kapitän Robert Miethe.

Man könnte Seiten um Seiten füllen mit den begeisterten Aussprüchen zu den letzten großen Seglern, den Windjammern. Und eines der größten, schnellsten, stolzesten dieser Schiffe war die *Herzogin Cecilie*. 1902 war sie im Auftrag des Norddeutschen Lloyd einerseits als Frachter, andererseits und ganz besonders als Schulschiff für die Kadetten der deutschen Handelsmarine vom Stapel gelaufen – obwohl der Norddeutsche Lloyd eigentlich eine reine Dampfschiffahrtsgesellschaft war, legte er höchsten Wert auf die Ausbildung seiner zukünftigen Offiziere auf Segelschiffen –, und seinen Namen erhielt das Schiff nach der Herzogin Cecilie von Mecklenburg, der nachmaligen deutschen Kronprinzessin.

Das Schicksal der *Herzogin Cecilie*, wurde bezeichnend für das Schicksal vieler der großen Rahsegler.

Zwölf Jahre, bis zum Ersten Weltkrieg, fuhr die *Herzogin Cecilie* beladen mit chilenischem Salpeter um Kap Hoorn, ehe sie 1914 im chilenischen Hafen Coquimbo für die Dauer des Krieges und noch zwei Jahre darüber hinaus interniert wurde.

Müßte man ein Ende der Segelschiffahrt benennen, so wären dies wohl die Daten des Ersten Weltkrieges. Es waren nicht einmal so sehr die zahlreichen Segler, die versenkt wurden – »Jeder Segler, der untergeht, kommt ja nicht wieder, da keine mehr gebaut werden«, hatte Graf Luckner geschrieben –, die aufgrund der immens gestiegenen Nachfrage in den Kriegsjahren entwickelte synthetische Salpeterherstellung kostete die Windjammer eine ihrer einträglichsten Frachten, das Cilesalpeter, und die allgemeine Öffnung des Panama-Kanals nach dem Krieg machte die Kap-Hoorn-Fahrten mehr und mehr unrentabel. Das war wohl auch der Grund, weshalb Frankreich, bislang noch einer der tapferen Verfechter der Segelschiffahrt, aus diesem Geschäft ausstieg, und Deutschland, als Verlierer des Krieges,

Die ehemals deutsche Viermastbark ›Pamir‹

mußte in dem skandalösen »Versailler Vertrag« alle Handelsschiffe mit 1600 Bruttoregistertonnen und mehr – das bedeutete auch alle Windjammer – an die Siegermächte abliefern, so daß auch dieser zweite Hort der Segelschiffahrt vernichtet wurde.

Die Reederei Laeisz versuchte zwar in den 20er Jahren trotz allem nochmals eine Segelflotte aufzubauen, indem sie alte Schiffe zurückkaufte, sogar den Neubau der 97 m langen und 3064 BRT großen Viermastbark *Padua*, dem letzten Kap-Hoorn-Segler, in Auftrag gab, doch auch sie vermochte das Steuer nicht mehr herumzureißen.

Die *Herzogin Cecilie* wurde im »Versailler Diktat« Frankreich zugesprochen, das sie schleunigst um die lächerliche Summe von 20 000 Dollar dem finnischen Reeder Gustaf Erikson verkaufte. »Ich liebe diese Schiffe. Wenn ich einmal nicht mehr bin, werden auch sie nicht mehr sein, aber solange ich bin, werden auch sie sein«, hatte Gustaf Erikson einmal fast prophetisch gesagt, »Pjutte Gusta« (knickriger Gustaf), wie man ihn nannte, der »jeden Pfennig zweimal umdreht«, um »halbverfaulte alte Archen« zu kaufen und in Betrieb zu halten, der letzte Segelschiff-Reeder, der in Mariehamn auf Åland bis zu seinem Tod verbissen und durchaus erfolgreich gegen den Tod der letzten Rahsegler kämpfte, der ihnen sogar, allen Widrigkeiten zum Trotz, einen neuen Markt erschloß: den australischen Weizen, dessen Transport fast wie in früheren Tagen im Rennstil ausgetragen wurde.

Viermal gewann die *Herzogin Cecilie* dieses Rennen (1927, 1928, 1931, 1936), dessen Rekord die *Parma* (ein ehemaliger Laeisz-Segler) mit 83 Tagen hielt.

1934 war es auch die *Herzogin Cecilie,* die ein allerletztes Duell mit einem Dampfschiff ausfocht: Der Kapitän des nach Rio de Janeiro dampfenden Passagierschiffes hatte den Maschinentelegraphen auf »Volle Kraft voraus« gestoßen, als er in den Morgenstunden einen sich näher und näher schiebenden Segler sah, um seinen Passagieren ein überragendes Beispiel moderner Technik zu demonstrieren. Doch unter dem Druck seiner 34 Segel mit einer Gesamtfläche von 4181 m^2 bei einer Windstärke 8 auf der Beaufortskala, »stürmischer Wind«, holte die *Herzogin Cecilie* Meter um Meter auf, lag schließlich gleich und zog majestätisch vorbei. Während der Dampfer weiter und weiter zurückfiel, ließ der Kapitän in ritterlicher Anerkennung seiner Niederlage dreimal die Dampfpfeife ertönen und die Flagge dippen, ein Gruß,

*Für einen angehenden Schiffsoffizier galt früher wie heute die Ausbildung
auf einem Segelschiff als die beste; hier das Schulschiff ›Gorch Fock I‹ der
deutschen Reichsmarine*

den Kapitän Matthias Sven Eriksson in gleicher Weise erwiderte.

Zwei Jahre später, am 25. April 1936, lief die *Herzogin Cecilie* im
dichten Nebel am Ham Stone Rock, 49 Meilen vor Falmouth,
auf Grund und schlug leck. Früher hätte man das Schiff aufgegeben, doch sie waren so selten geworden, die großen Rahsegler,
daß nicht nur der knickrige Gustaf 9000 Dollar für die Rettung
und Instandsetzung der *Herzogin Cecilie* zur Verfügung stellte
(immerhin fast die Hälfte des ehemaligen Kaufpreises), sondern
auch 3000 Dollar aus Spenden zusammenkamen. Doch die
Mühe war vergebens. Zwar konnten zwei Schlepper am 19. Juni
das gestrandete Schiff abbringen und in die Starehole Bay
schleppen, doch in der Nacht vom 17. zum 18. Juli wurde sie er-

neut von einem Sturm auf die Felsen geworfen, die ihr das Rückgrat brachen.

Der Zweite Weltkrieg und der Tod Gustaf Eriksons 1947 vollendeten, was der Erste Weltkrieg begonnen hatte: Der Sohn des letzten Segelschiff-Reeders ließ die meisten der Windjammer verschrotten, und nur wenige entgingen als Museumsschiffe diesem Schicksal: die *Passat* in Lübeck, die *Viking* in Göteborg, die *Pommern* in Mariehamn. Auch einige andere Großsegler entkamen so der Vernichtung, die *Star of India* und die *Balclutha,* die in San Diego bzw. San Francisco liegen, oder die *Seute Deern* in Bremerhaven.

Wohl zum letzten Mal Schlagzeilen in der Weltpresse machte ein Windjammer 1957, die *Pamir,* als das 1905 für die Reederei Laeisz erbaute, 94,48 m lange und 3020 BRT große Schiff 600 Seemeilen südwestlich der Azoren in einem Orkan sank und 80 Menschen, darunter 45 junge Schiffsoffiziersanwärter, mit sich in die Tiefe riß. Obwohl damals die wohl größte Rettungsaktion zur See anlief, an der sich 78 Schiffe beteiligten, konnten nur sechs Überlebende geborgen werden.

Fast von der Öffentlichkeit unbemerkt, versank dagegen der letzte Frachtsegler am 26. Juni 1958 im Pazifik, die *Omega* – wie Omega, der letzte Buchstabe im griechischen Alphabet.

DOCH NICHT DAS ENDE?
GORCH FOCK II
DEUTSCHLAND 1958 BIS HEUTE

Haben Segelschiffe heute noch einen Sinn – und sei es auch nur noch den, junge Seekadetten auf ihnen auszubilden?
Im Deutschland der 50er Jahre wurde dies, auch in der Öffentlichkeit, zu einem heißdiskutierten Thema, als die junge Bundesmarine ihren Wunsch nach einem solchen Ausbildungsschiff laut werden ließ.
Die kalten Rechner fragten, was es für einen Sinn haben solle, angehenden Seeoffizieren beizubringen, wie man bei Windstärke 9 ein paar Dutzend Meter über dem Deck auf eine Rah hinausklettert, um ein Segel zu bergen, wenn sie in ihrer ganzen zukünftigen Karriere nur noch in einem wettergeschützten Kommandostand Knöpfe drücken würden.

Die ›Gorch Fock II‹ der deutschen Bundesmarine

Die Verantwortlichen der Bundesmarine waren da entschieden anderer Ansicht – und letztlich konnten sich ihre Argumente auch durchsetzen, die da lauteten: Eben nur der, der bei Windstärke 9 weit draußen auf einer Rah einmal ein Segel bergen mußte, weiß, was Windstärke 9 tatsächlich bedeutet! Wer nur die moderne Supertechnik kennt, der wird nur allzuleicht dazu verführt, ihr bedenkenlos zu vertrauen, und der vergißt nur allzu schnell, daß auch das modernste und stärkste Schiff sehr klein und sehr zerbrechlich ist, wenn Sturm und Meer einmal tatsächlich zu toben beginnen, und nirgendwo lernt man Wetter, Wind und See besser kennen als eben auf einem Segelschiff.

So lief denn am 23. August 1958 die bei Blohm & Voss in Hamburg erbaute Bark *Gorch Fock II* der Bundesmarine von Stapel, gebaut auf 1760 Tonnen Wasserverdrängung mit 81,3 m Länge über alles, 12 m Breite, 4,8 m Tiefgang und 1964 m² Segelfläche, dazu als Hilfsantrieb ein MAN-Dieselmotor mit 850 PS.

Und die *Gorch Fock II* ist nicht das einzige Schulschiff dieser Art: die *Padua* der Reederei Laeisz mußte 1946 als Kriegsentschädigung an die Sowjetunion abgetreten werden und segelt seitdem unter der Hammer-und-Sichel-Flagge und dem neuen Namen *Krusenstern.* Unter dem weißen Kreuz im roten Feld Dänemarks segelt die *Danmark,* unter der blau-weiß-blauen Flagge Argentiniens die *Libertad* und unter den Stars-and-Stripes der USA die *Eagle;* und eine ganze Reihe anderer Staaten halten zum gleichen Zweck wenigstens noch kleinere Segler in Dienst.

Und dann kam in den 70er Jahren mit der ersten Ölkrise die erschreckende Erkenntnis, daß die Treibstoffressourcen dieser Erde, gerade für die großen Verbrennungsmaschinen, keineswegs unerschöpflich sind, daß sie zudem unsere Umwelt in geradezu verheerendem Maße vergiften, und daß es hoch an der Zeit ist, sich wieder verstärkt jenen natürlichen, unbegrenzt vorhandenen Energiepotentialen zuzuwenden, wie etwa dem Wind, der Jahrtausende lang Schiffe über alle Weltmeere getragen hat.

Diesmal war es Japan, das als erstes die Zeichen der Zeit erkannte und einen seiner modernsten Tanker mit Segeln ausrüstete. Gewiß, mit einem Segelschiff traditioneller Bauart hat dieser japanische Segel-Tanker kaum etwas gemein, mit seinen Leichtmetallsegeln, die computergesteuert aus dicken, drehbaren Holzmasten ausgefahren und, ohne daß ein einziger Matrose an einem Tauende zerren müßte, gesetzt und in den Wind gerichtet werden können.

Romantiker und Ästheten der Seefahrt mögen dieses Schiff vielleicht scheußlich finden (Phineas Pett hätte die *Gorch Fock II* vermutlich ebenfalls grundhäßlich genannt), doch diese Segel könnten es durchaus sein, die morgen schon, wenn Kohle, Öl und Erdgas weitgehend erschöpft sind, Schiffe wieder um unseren Globus tragen:

Die »Segel der Zukunft«.

BILDNACHWEIS

Schutzumschlagbild: aus dem Buch »Maler der See« von Jörgen Bracker, Michael North, Peter Tamm, Koehlers Verlagsgesellschaft, Herford, 1980

Amsterdam, Vereeniging Nederlandsch Historisch Scheepvaart Museum S. 205, 211, 213, 239; Amsterdam, Rijksmuseum S. 175, 207, 209, 210; Annapolis, US Naval Academy Museum S. 312, 318 (2), 319 (2); Antwerpen, Nationaal Scheepvaartmuseum S. 35 (rechts); Athos, Karyes Protaton-Kirche S. 50; Barcelona, Biblioteca Central S. 140 (rechts); Bayeux, Musée de la Tapisserie de la Reine Mathilde S. 45 (links); Bergen, Sjøfartsmuseum S. 15; Berlin, Archiv für Kunst und Geschichte S. 201 (rechts); Berlin, Bildarchiv Preussischer Kulturbesitz S. 125; Berlin, Museum für Meereskunde (Foto Walther Hubatsch) S. 382; Berlin, Nationalgalerie, ehem. Schloß Charlottenburg, S. 226; Berlin, Ullstein Bilderdienst S. 93, 219; Boston, USS Constitution Museum S. 323; Bremerhaven, Deutsches Schiffahrtsmuseum S. 61, 497; Bremervörde, Freerk de Vries S. 403; Cambridge, Magdalene College S. 124, 131; Düsseldorf, Siegfried Verbeeten S. 329; Edinburgh, Royal Scottish Museum S. 122, 423; Haarlem, Frans Hals-Museum S. 169; Hamburg, Hapag-Lloyd S. 480; Hamburg, Hans H. Hildebrand 501, 503; Hamburg, Historia-Photo S. 146; Hamburg, F. Laeisz (Foto Fischer-Daber) S. 491; Hamburg, Museum für Hamburgische Geschichte S. 217; William L. Harrington Collection S. 408; Hart Nautical Museum, MIT. S. 415; Harvard University, Houghton Library S. 417; København, Nationalmuseet S. 18; Leningrad, Russisches Museum S. 237; Leningrad, Staatliches Marinemuseum S. 236, 238, 260; Leipzig, Leipziger Illustrierte Zeitung S. 475; Liverpool, Merseyside County Museum S. 370, 371; Liverpool, The University of Liverpool S. 374; London, British Museum S. 23 (links); London, Keystone S. 467 (rechts), 470, 472; London, National Portrait Gallery S. 153, 155, 170; London, The Parker Gallery S. 275; London, Science Museum S. 203, 222, 223, 244 (unten), 247, 309, 310, 329, 361; London, Tea Centre S. 453; London, The Illustrated London News S. 373 (unten), 492, 499; London-Greenwich, National Maritime Museum S. 129, 130, 139, 143, 145, 165, 172, 201 (links), 211 (rechts), 215, 245, 248, 249, 252, 255, 257, 263 (rechts), 265, 267 (links), 281, 284 (rechts), 285, 304, 317 (rechts), 357, 375, 425, 441, 464; London-Greenwich, Hospital Collection S. 289 (links), 293, 295, 355; Lübeck, Schiffergesellschaft S. 133; Madrid, Museo el Escorial S. 135; Madrid, Museo Naval S. 77, 81 (rechts), 109; Marseille, Chambre de Commerce et d'Industrie S. 489; München, Deutsches Museum S. 25, 29, 199; New Bedford, Whaling Museum S. 413, 422 (rechts); New York, Chamber of Commerce and Industry S. 386; New

York, City Art Commission S. 317 (links); New York, The New-York Historical Society S. 313; New York, Metropolitan Museum of Art S. 407; New York, Mark Sexton Collection S. 397; New York, Smithsonian Institution S. 427; Oslo, Universitetets Oldsaksamling S. 27 (rechts); Paris, Bibliothèque Nationale S. 64, 68, 229, 231, 284 (links); 301, 358 (rechts); Paris, Bibliothèque Nationale (Foto Hachette) S. 233 (links); Paris, Musée de Louvre S. 333; Paris, Musée de la Marine S. 127, 229, 231, 232, 269; Paris, Palais du Luxembourg (Foto Hachette) S. 233 (rechts); Philadelphia, CIGNA Corporation S. 369; Plymouth, The City Museum and Art Gallery S. 345; Québec, Musée du Québec S. 359; Rampoldstetten, Wolfram zu Mondfeld S. 46, 47, 63, 85, 107 (rechts), 302, 303; Rostock, VEB Hinstorff Verlag S. 435; Rotterdam, Maritiem Museum »Prins Hendrik« S. 78; Saint Malo, Musée de Saint Malo S. 304; Salem, Peabody Museum S. 353, 392, 395, 431; Schleswig. Landesmuseum für Vor- und Frühgeschichte S. 21; Sevilla, Museo Naval S. 111, 115, 117; Sharon, The Kendall Whaling Museum S. 411; Stockholm, Anders Franzén S. 192, 193; Stockholm, Stadsmuseum S. 190, 191; Stockholm, Statens Historiska Museum S. 35 (links); Stockholm, Statens Sjöhistoriska Museum S. 195; Venedig, Fondazione Giorgio Cini S. 97; Venedig, Museo Storico Navale S. 39, 41 (rechts unten), 140 (links); Washington, Kennedy Galleries S. 349, 365; Washington, The Library of Congress S. 183, 270, 391; Washington, National Gallery of Art S. 325; Washington, US Naval Air Station, Annacostia, Photographic Centre S. 462; Wien, Heeresgeschichtliches Museum S. 457, 459; Wien, Kunsthistorisches Museum S. 159; Wyk auf Föhr, Dr. Carl-Haeberlin-Friesen-Museum S. 493.

Alle Zeichnungen: Wolfram zu Mondfeld.

507

REGISTER